国家社科基金项目“多元目标引领的西北民族地区旅游产业发展模式研究——以甘南藏族自治州为例”成果（项目批准号：09BJY086）

西北师范大学青年文丛

多元目标体系导向的西北民族地区旅游产业发展模式研究：以甘肃甘南藏族自治州为例

把多勋　梁旺兵　王　力　夏　冰◎著

中国社会科学出版社

图书在版编目(CIP)数据

多元目标体系导向的西北民族地区旅游产业发展模式研究：以甘肃甘南藏族自治州为例/把多勋等著.—北京：中国社会科学出版社，2017.3
(西北师范大学青年文丛)
ISBN 978-7-5161-9525-3

Ⅰ.①多… Ⅱ.①把… Ⅲ.①民族地区-地方旅游业-旅游业发展-发展模式-研究-西北地区 Ⅳ.①F592.74

中国版本图书馆 CIP 数据核字(2016)第 325248 号

出 版 人 赵剑英
责任编辑 王 茵 张 潜
责任校对 胡新芳
责任印制 王 超

出 版 中国社会科学出版社
社 址 北京鼓楼西大街甲 158 号
邮 编 100720
网 址 http://www.csspw.cn
发 行 部 010-84083685
门 市 部 010-84029450
经 销 新华书店及其他书店

印刷装订 北京君升印刷有限公司
版 次 2017 年 3 月第 1 版
印 次 2017 年 3 月第 1 次印刷

开 本 710×1000 1/16
印 张 25
插 页 2
字 数 359 千字
定 价 106.00 元

前 言

我国民族地区旅游业起步于20世纪80年代初期，是对旅游业的认识水平较高和中国旅游业发展较早的区域之一。历经30多年的发展和积累，旅游产业在 民族地区已经成为名副其实的支柱产业，部分地区诸如云南、广西等已经成为旅游大省，并进一步实施建设旅游强省发展战略。但是，我国民族地区由于其发展基础、产业结构、资源基础和发展阶段具有民族地区的特殊性，因此，民族地区旅游产业的发展也有不同于我国其他地区旅游产业发展的特点和特殊规律。

西北民族地区是我国重要的民族地区，在我国政治、经济、生态和社会发展中具有举足轻重的特殊地位。近二十年以来，我国西北民族地区经济社会发展取得了长足的进步，尤其是新型旅游产业对西北民族地区的整体和全面发展起到了相当重要的支撑作用，是助推我国西北民族地区经济社会全面进步和发展的重要战略性新兴产业。长期以来，西北民族地区由于区情、区位、客观环境与经济社会发展水平等因素的制约，经济增长与发展水平一直落后于全国的平均水平，也落后于西北地区平均水平；但同时我国西北民族地区地域辽阔，自然、文化与民族风情差异度大，旅游资源丰富，有着发展旅游产业得天独厚的条件。近年来，由于经济社会发展的内在动力和与全国共同进入全面小康社会的外在压力，在民族地区特殊经济结构转型的发展背景下，支配旅游产业发展的基本目标或价值导向都是经济增长价值，导致在西北民族地区旅游产业的快速发展中产生了较为突出的环境、生态、资源、文化、人的发展及社会发展的问题，影响了西北民族地区旅游产业的可持续发展和整体全面发展。

本书基于以上认识，旨在解决并推出在同一时空条件下满足多元目标价值体系的民族地区旅游产业全方位发展的创新体系；在理论上刻画和仿真一个当前国际背景和国内新常态发展背景下的民族旅游产业发展的新业态模式；建立一个我国民族旅游产业发展的新的价值基准和价值引领；在新的历史时期和经济社会发展的新阶段探索一条我国民族旅游产业发展的创新驱动的新的路径；解决并推出在同一时空条件下满足多元目标价值体系的民族地区旅游产业全方位发展的创新体系。该研究对我国西北民族地区旅游产业在全球化、经济发展新常态及旅游产业的可持续发展背景下的新发展具有较好的引领和借鉴意义。

本书是笔者国家社科基金项目“多元目标体系导向的西北民族地区旅游产业发展模式研究”的重要成果之一。在笔者完成本书的过程中，笔者的同事和研究生们承担了一部分内容。本书共分为十章，由笔者总统稿。各章节撰写分工如下：前言、后记、第一章第一至六节、第五章、第十章、结论，把多勋；第一章第七节，徐彤、高莹；第二章，梁旺兵；第三章、第四章，夏冰；第六章，王力、刘沛、王雷；第七章，彭睿娟、张杰；第八章，梁旺兵、王雷；第九章，王力、王琼。此外，西北师范大学旅游学院的研究生高莹、徐彤、刘沛、王雷、张杰、王琼等在信息资料获取和书稿校对等方面做了大量工作。在此，谨向他们致以衷心的谢意！还要特别感谢团队成员及其家人，他们无私的支持和帮助也是本书顺利付梓的重要条件。

在我们的研究成果即将出版之际，正值以习近平同志为总书记的党中央提出治国理政的创新、协调、绿色、开放、共享五大新的发展理念，正值我们国家产业结构转型发展的特定阶段，在新的发展理念下我国民族地区的发展更加紧迫。尽管我们的研究具有一定的超前性，但是我们在本书中提出的五大价值引领在现实的民族地区如何落实、如何找到抓手、如何发展，而且如何综合、配套、协调发展，依然需要我们在实践中进一步探索和摸索、在理论上进一步创新、在学术上进一步探究。虽然本书的出版能够一定程度上弥补民族地区旅游产业发展研究方面的不足，但是我们的心里依然是忐忑的。事实上，在寻找民族地区旅游产业发展的抓手、路径、模式和发展方式上我们依然非常浅薄，但是我们会不遗余力地沿着我们的研究方向坚持下去。只要我们持续不断地对民族地区旅游产业的发展进行关注，脚踏实地地去民族地区调研，一丝不苟地对民族地区旅游产业的发展进行科学的思考，我们的研究就一定能够助推未来我国民族地区旅游产业的可持续发展，会助益于中华民族伟大复兴中国梦的伟业！

由于我们水平所限，书中可能会有很多不足甚至谬误，希望读者不吝赐教和指正！

把多勋

2016 年 5 月于兰州

目　录

第一章　绪论 …………………………………………………………（1）

第一节　研究背景……………………………………………………（1）

第二节　研究目标……………………………………………………（9）

第三节　研究价值 …………………………………………………（12）

第四节　研究范围 …………………………………………………（20）

第五节　研究方法与技术路径 ……………………………………（20）

第六节　研究和解决的主要问题 …………………………………（23）

第七节　国内外民族旅游研究现状及其评价………………………（26）

第二章　我国民族地区及西北民族地区旅游产业发展现状 …（50）

第一节　我国民族地区旅游产业发展现状…………………………（50）

第二节　西北民族地区旅游产业发展现状…………………………（57）

第三节　我国及西北民族地区旅游产业发展的
阶段性分析 ……………………………………………（64）

第四节　我国民族地区旅游产业发展的特征………………………（69）

第五节　我国民族地区及西北民族地区旅游产业
发展存在的问题 ………………………………………（72）

第三章　西北民族地区旅游产业多元价值体系的构建 ………（77）

第一节　西北民族地区旅游产业发展价值基准的
反思与批评 ……………………………………………（77）

第二节　西北民族地区旅游产业多元价值体系
构建的必要性分析 ……………………………………（82）

第三节　西北民族地区旅游产业运行中的价值形成机理 …（86）
第四节　西北民族地区旅游产业运行中的价值最优模型构建 ……………………………………（98）

第四章　西北民族地区旅游产业运行绩效评价体系的构建 ……………………………（103）
第一节　西北民族地区旅游产业绩效评价框架设计 ………（103）
第二节　西北民族地区旅游产业绩效评价体系的构建 ……（120）
第三节　西北民族地区旅游产业绩效评价体系的分阶段构建……………………………………（124）

第五章　西北民族地区旅游产业发展的一般条件和运行机制 ……………………………（134）
第一节　西北民族地区旅游产业发展的机理与一般条件 ………………………………（134）
第二节　西北民族地区旅游产业发展模式总论 …………（143）
第三节　西北民族地区旅游产业运行机制 ………………（150）

第六章　新常态视角下西北民族地区旅游产业发展研究 ……（169）
第一节　西北民族地区旅游扶贫研究 ……………………（169）
第二节　西北民族地区旅游城镇化研究 …………………（177）
第三节　西北民族地区旅游融合发展研究 ………………（196）

第七章　西北民族地区旅游产业发展的外部性问题研究 ……（225）
第一节　外部性理论及其在旅游产业发展中的应用 ………（225）
第二节　西北民族地区旅游产业发展的经济外部性问题 ……（233）
第三节　西北民族地区旅游产业发展的环境外部性问题 ……（237）
第四节　西北民族地区旅游产业发展的文化外部性问题 ……（240）
第五节　西北民族地区旅游产业发展的负外部性规避措施……………………………………………（246）
第六节　民族地区旅游发展与文化变迁 …………………（256）

第八章 甘南州旅游发展影响研究 …………………………… (271)
第一节 甘南州旅游产业发展现状及存在的问题 ………… (271)
第二节 旅游对甘南州社会文化变迁的影响研究 ………… (280)
第三节 甘南州当地居民对旅游发展影响的感知研究 …… (302)

第九章 实证研究：多元目标体系导向的甘南州旅游产业发展模式研究 ………………………… (321)
第一节 经济价值视域下的甘南州旅游产业发展模式 …… (322)
第二节 文化价值视域下的甘南州旅游产业发展模式 …… (327)
第三节 生态价值视域下的甘南州旅游产业发展模式 …… (335)
第四节 人的发展价值视域下的甘南州旅游产业发展模式 ………………………………………… (340)
第五节 社会价值视域下的甘南州旅游产业发展模式 …… (345)
第六节 多元目标体系导向的甘南州旅游产业发展路径研究 ……………………………… (351)
第七节 甘南州旅游产业运行绩效评价 …………………… (356)

第十章 西北民族地区旅游产业发展模式的运行核心——兼容性发展 …………………………………… (367)
第一节 兼容性发展：一个审视我国西北民族地区旅游产业发展的新视角 ………………………… (367)
第二节 兼容性发展视角下的民族地区旅游产业发展需要处理好的若干关系 ………………………… (370)

结 论 ……………………………………………………… (377)

参考文献 …………………………………………………… (385)

后 记 ……………………………………………………… (390)

第一章

绪 论

第一节 研究背景

一 国际背景

经济全球化进程的加快和产业的国际转移使得世界经济逐步转向服务型经济，而全球经济一体化的发展又进一步促使世界服务贸易发展势头越发强劲。旅游服务贸易作为各国国民经济的重要产业之一，凭借其强大的产业带动性、紧密的产业关联度以及明显的乘数效应等优势，在国际服务贸易领域中占据着举足轻重的地位。自20世纪90年代开始，各国旅游产业随着本国经济社会的发展，逐渐成为当今世界上服务产业中发展最快、前景最广阔的新兴产业。1980年，全球旅游服务贸易总收入仅为1010.16亿美元，1990年为2660.5亿美元，2000年为4758.2亿美元，到2010年则增加到9190亿美元。从1990年到2010年20年间的全球五大服务贸易产业（旅游、运输、金融、计算机与信息技术、建筑）的增速来看，旅游服务业增速较快，在2012—2013年其增速高于其他服务，2013年旅游服务增速为7%，而其他服务增速为6%。可见，旅游服务业的发展对各国经济的发展具有直接的影响力和明显的效果。

从2013年各国旅游服务贸易进出口的具体数据来看，全球十五大旅游出口国的出口额为9400亿美元，约为全球旅游出口额的79.6%，欧盟、美国、中国为全球旅游服务出口国的前三甲，其出口份额分别占全球的34.1%、14.6%和8.8%；出口增速最快的是泰国和中国香港，其增速分别为24%和18%。全球十五大旅游进口国在2013年的进口总额为8880亿美元，约占全球旅游进口额的82%，三大旅游服务进口国分别是欧盟、中国和美国，分别占全球进口份额的33.2%、12.9%和9%。其中，进口增速最快的是中国、俄罗斯、阿拉伯联合酋长国和巴西，增速分别为26%、25%、17%和13%，进口跌幅最大的是日本和澳大利亚，分别为22%和3%。

然而，一个国家旅游产业的发展无不关乎国际局势的发展状况，旅游产业以其对国民经济的带动系数之强逐渐成为各国的支柱产业，但与此同时，旅游产业对国民经济、政治生态、社会环境等外在生存空间波动的敏感性和脆弱性又是全球性的。上述日本旅游服务进口额跌幅之大多受其国内频发的地震、海啸等自然灾害的影响。从政治经济角度来看，以起源于2007年美国房地产业次级贷款的局部危机并导致全球产出与贸易前所未有的收缩的国际金融危机为例，世界先进经济体自2007年以来的经济增长率的下降导致了全球经济增长率的下滑，并直接引发全球范围内失业率的上升，造成了全球可支配收入的下降，进而引发各国生产要素市场和消费市场的有效需求下降、国际贸易额增长率下降，引起各国出境旅游需求的降低以及出境旅游人次增长率下降。与此同时，国内旅游市场同样严重受挫，即国际金融危机造成了全球范围内的旅游市场的疲软。据国际货币基金组织2011年9月发布的《世界经济展望》预测，到2016年，才有可能使占世界经济总量50%以上的发达经济体的经济增长率逐步恢复到国际金融危机前的水平。

以我国旅游市场的发展为例，2008年国际金融危机严重影响了我国服务贸易的稳定发展：服务贸易由顺差转为逆差，且呈现逐渐扩大的趋势。2009年以来，我国旅游服务贸易由先前创汇大户转为逆差代表，且随着我国经济的进一步发展，旅游服务贸易逆差呈现出逐步扩大的趋势，2009年、2010年和2011年上半年的旅游服务贸易逆差分别为33亿美元、97亿美元、102亿美元，对应的旅游服务贸易同比涨幅分别为6.9%、21.6%、1.8%，旅游服务贸易逆差呈现出逐年扩大的态势，并表现为出境旅游和入境旅游失衡、我国入境旅游与全球旅游失衡。究其原因，可能与出国旅游热带动了出境旅游市场的繁荣、入境游和出境游发展失衡以及人民币汇率形成机制改革进一步刺激了出境旅游等有关。2014 年，我国旅游市场实现稳定增长，入境旅游市场回暖，增幅为 0.27%；港、澳、台同胞入境旅游市场同比降幅减缓，为 0.63%；入境过夜游客 5562 万人次，降幅为 0.11%；出境旅游人次达 1.07 亿人次，增长了 19.49%；国内旅游 36.11 亿人次，增长率为 10.67%。全年旅游总收入 3.38 万亿元，增长了 14.7%，其中国际旅游收入为 569 亿美元，增速为 10.16%。

民族旅游作为旅游产业的重要组成部分，其发展直接影响到一国旅游产业发展的进程与品质。国外的“原住民旅游”和“土著旅游”被视为“民族旅游”，美国、印度尼西亚、澳大利亚等国家由于自然条件迥异、少数民族众多以及民族文化各异等特质，民族旅游业得到了较早和较快的发展。但是，经济波动、自然灾害和恐怖主义等因素威胁着各国民族旅游业乃至旅游业整体的建设与发展，如金融危机给各国民族旅游带来的疲软发展、SARS 为全球旅游业发展带来的停滞现象、恐怖威胁以及恐怖分子侵袭为民族地区带来的游客锐减、旅游接待设施闲置、旅游从业人员失业等旅游安全问题。可见，全球范围内的民族地区旅游发展问题反映了旅游产业的脆弱性和敏感性特质，建立健全危机管理模式和发展模式创新将是民族旅游产业乃至旅游产业整体发展的必要保障。

从整体来看，全球范围内旅游产业的发展呈现出积极开拓、创新运营、多产业交叉融合的态势，具体表现为以下几个方面的特征：一是各国旅游产业的平均增长水平快于各国 GDP 的平均增长水平；二是潜在旅游者绝对数量扩张迅速，刺激旅游产业收益提升、增加旅游产品供给以便旅游者的旅游选择；三是旅游产业的发展将更加注重资源在开发和利用过程中的保护。就我国而言，一是随着我国小康社会的逐步、全面建成，我国居民可支配收入将继续呈现稳定增加的趋势，其出境旅游需求的增长将高于国内旅游需求的增长，出境旅游将在国家平衡外汇和增进国际友好的努力中发挥显著作用；二是长期来看，人民币的升值趋势对于我国出境旅游与入境旅游的影响是一把双刃剑，考虑到国家之间的关系，国民对出境旅游国的选择方面有较强的敏感度；三是我国入境旅游市场将逐步改善，突破停滞甚至打破逆增长，但入境旅游的发展仍然与我国自然生态环境、国内外局势等紧密关联。

二 国内背景

(一) 政策背景

国家为实现区域经济的协调可持续发展，平衡东、中、西部经济社会发展差距，激发欠发达地区的后发性优势，制定了一系列导向鲜明的政策建议。

1. 我国“西部大开发”战略实施

“西部大开发”是我国为提高西部地区经济社会发展水平、巩固国防，通过利用东部沿海地区的剩余经济发展能力来实现的一项国家政策。该政策于2000年提出，并在2012年对西部大开发的“十二五”规划进行了进一步的调整与阐释，使得战略部署的基本思路更加明确。西部大开发的范围包括12个省、自治区、直辖市：重庆市、四川省、陕西省、甘肃省、青海省、云南省、贵州省、广西壮族自治区、内蒙古自治区、宁夏回族自治区、新疆维吾尔自治区、西藏自治区。自我国实施西部大开发战略至2014年，西部大开发累计新开工重点工程240项，投资总规模4.82万亿元，并取得了青藏铁路、南水北调、西气东输、北煤南运、西油南输、西电东送、西棉东调、南菜北运等工程的骄人成绩。

从“十五”到“十二五”期间的发展形势来看，西部大开发战略对于西部地区国民经济建设、社会建设、生态建设、文化建设等方面显示出了丰富的现实意义，逐渐推动西部地区产业结构调整与优化升级，改善就业结构，加大当地居民的就业空间，在一定程度上促进了西部地区的发展。旅游产业尤其是民族旅游产业，作为西部地区发展的优势产业与先锋产业，直接对区域经济增长、社会基础建设、生态环境改善、文化传承发展、就业效果提升等方面起到了积极的带动作用，并以其强大的联动力对关联产业的发展起着不断推动与共同促进的作用。总之，对于西部大开发政策而言，旅游产业占据着不可替代的产业先行者地位；对于旅游产业而言，西部大开发政策使其有了更加突出、鲜明的发展支撑和政策引领。可见，二者相互促进、互为补充，分别从政策指导与产业成长方面为西部地区的发展注入动力。

2. “一带一路”国家战略的启动

“一带一路”是“丝绸之路经济带”和“21 世纪海上丝绸之路”的简称，2013 年 9 月和 10 月由国家主席习近平分别提出建设“新丝绸之路经济带”和“21 世纪海上丝绸之路”的战略构想。“一带一路”作为合作发展的理念和倡议，是依靠中国与有关国家既有的双多边机制，借助既有的、行之有效的区域合作平台，旨在借用古代“丝绸之路”的历史符号，高举和平发展的旗帜，主动地发展与沿线国家的经济合作伙伴关系，共同打造政治互信、经济融合、文化包容的利益共同体、命运共同体和责任共同体。

“丝绸之路经济带”，是中国与西亚各国的经济合作区域，在古丝绸之路范围之内，包括西北五省区和西南四省市，在 2013 年由习近平主席在哈萨克斯坦纳扎尔巴耶夫大学演讲时提出。丝绸之路经济带所覆盖之地多为地域辽阔、物产丰富、能源富集的区域，被称为 21 世纪的战略能源和资源基地，具有强大的旅游资源开发价值，并将辐射、带动我国中西部地域的广泛发展，将呈现出能源合作、经济贸易、互联互通、区域合作和金融合作等趋势。

2015 年 3 月，国家发改委、外交部、商务部联合发布《推动共建丝绸之路经济带和 21 世纪海上丝绸之路的愿景与行动》，分别将新疆和福建设为“丝绸之路经济带”和“21 世纪海上丝绸之路”的核心建设区。对于作为向西开放重要窗口的新疆来说，该文件对于发挥其独特的区位优势，深化与中亚、南亚、西亚等国家交流合作具有重要意义。新疆作为丝绸之路最重要的起点，无论从地理位置还是决策战略上，都是丝绸之路经济带的重要节点区域。目前，新疆打造丝绸之路经济带核心区的建设正进入落地阶段。物流基建、能源互联互通等将是“一带一路”重点打造的样板工程。与此同时，新疆旅游业尤其是民族旅游业的发展将获得更大的发展空间：随着政策沟通、道路联通、贸易畅通、资金融通和民心相通的进一步实现，交通、商贸、旅游、留学等都将便捷实现，随着旅游需求的增加，民族旅游业的发展将呈现出迅速高涨的态势，并通过旅游业的联动性特点带动其他关联产业以及区域经济的整体发展。

宁夏回族自治区在加快丝绸之路经济带建设中，提出了中阿合作“1+2+3”重点任务，即：“1”是打造中阿博览会战略平台；“2”是建设中阿“空中丝绸之路”和中阿“网上丝绸之路”两条纽带；“3”是建设中阿人文交流合作示范区、中阿贸易投资便利化示范区和中阿金融合作示范区3个关键载体。宁夏回族自治区在气候、光电资源和文化旅游资源等方面均具有比较优势，民族文化产业以及民族旅游产业的发展将成为宁夏发展的战略支点。

上述国家针对西部发展的优惠政策以及新疆维吾尔自治区、宁夏回族自治区基于自身特点所制定的经济发展政策分别体现了我国欠发达地区的扶持政策以及自救政策。“丝绸之路经济带”建设对于我国西部尤其是西北民族地区的发展来说是极具现实意义的政策导向，它对于西北民族地区自身独特民族文化的发挥具有引领作用，可促进西北地区具有比较优势的民族特质在新形势下的展现。“丝绸之路经济带”建设也将推动民族地区旅游业和文化产业、体育产业等其他相融合产业的发展，旅游业尤其是民族旅游产业将成为对于西部特别是西北地区极具显示度的产业。

甘肃省作为西北五省区的重要省份之一，在全国范围内属于经济欠发达地区，自然生态条件恶劣，产业体系不完善，企业对生产要素的吸附能力弱；但甘肃省具有可观的历史文化资源存量。省政府在充分认识自身优势与劣势的基础上，认真分析机遇与挑战，肯定了旅游产业发展的必要性和可行性，并紧扣“丝绸之路经济带”建设主题，量体裁衣地制定了《甘肃省关于加快发展旅游业的意见》、《甘肃省关于促进旅游业改革发展的意见》、《甘肃丝绸之路经济带建设大景区总体规划纲要》等促进甘肃省旅游产业发展的一系列政策。

3. 甘肃省华夏文明传承创新区建设

2013年2月19日，国务院办公厅正式批复支持甘肃省以建设华夏文明传承创新区为平台整体推荐文化大省建设。华夏文明传承创新区是我国第一个国家级文化发展战略平台，甘肃省于2013年制定该战略，目标是打破现有行政界限，统筹全省文化资源和各类生产要素，紧跟丝绸之路经济带的发展建设步伐，以文化建设为主题，以经济结构战略性调整和经济发展方式根本性转变为主线，确定了围绕丝绸之路经济带（“一带”），建设以始祖文化为核心的陇东南文化历史区、以敦煌文化为核心的河西走廊文化生态区和以黄河文化为核心的兰州都市圈文化产业区（“三区”），打造文物保护、大遗址保护、非物质文化遗产保护传承、历史文化名城名镇名村保护利用、民族文化传承、古籍整理出版、红色文化弘扬、城乡文化一体化发展、文化与旅游深度融合、文化产业发展、文化品牌打造、文化人才队伍建设、节庆赛事会展举办的工作布局（“十三板块”），即“1313 工程”。同年，甘肃确定华夏文明传承创新区建设重点工作，并提出“6551”文化产业体系，包括六大类型文化产业（资源型、劳动密集型、复合型、非公有制、外向型、高科技型），加快发展五个优势产业（出版发行和印刷业、文化旅游业、广播影视业、演艺娱乐业、民间民俗工艺品加工业），积极培育五个新兴产业（文化创意、节庆会展、数字内容、动漫游戏、移动多媒体），将出版发行和印刷作为首位文化产业做大做强。甘肃省作为华夏文明的富集区、发祥地与保护地，应注重发挥自身优势、规避劣势、抓住机遇、勇面挑战，将由文化资源优势过渡到产业资源优势，推动甘肃省的整体发展，其中重点包括民族地区的发展与传承，而且旅游产业是甘肃省发展的有效载体，旅游产业发展将对欠发达民族地区有重要的引领意义。

（二）经济社会发展的新常态背景

中国经济发展的新常态是中央对当前中国经济增长阶段变化规律的深刻认识，对宏观政策的选择、行业企业转型升级的方向性、决定性有重要影响。这个“拐点”对于发展的稳定性有较高的要求，即经济增长速度适宜、结构优化、社会和谐。转入新常态，意味着我国经济发展的条件和环境已经或即将发生诸多重大转变，经济增长将与过去 30 多年 10%左右的高速度基本告别，与传统的不平衡、不协调、不可持续的粗放增长模式基本告别。认识新常态，适应新常态，引领新常态，是当前和今后一个时期我国经济发展的大逻辑。

我国经济发展新常态下的趋势性变化主要体现在以下九个方

面:“消费需求”(模仿型排浪式消费阶段基本结束,个性化、多样化消费渐成主流)、“投资需求”(传统产业相对饱和,但基础设施互联互通和一些新技术、新产品、新业态、新商业模式的投资机会大量涌现)、“出口和国际收支”(全球总需求不振,同时我国出口竞争优势依然存在,高水平引进来、大规模走出去正在同步发生)、“生产能力和产业组织方式”(新兴产业、服务业、小微企业作用更加凸显,生产小型化、智能化、专业化将成新特征)、“生产要素相对优势”(人口老龄化日趋发展,农业富余人口减少,要素规模驱动力减弱,经济增长将更多依靠人力资本质量和技术进步)、“市场竞争特点”(逐步转向质量型、差异化为主的竞争,统一全国市场、提高资源配置效率是经济发展的内生性要求)、“资源环境约束”(环境承载能力已达到或接近上限,必须顺应人民群众对良好生态环境的期待,推动形成绿色低碳循环发展新方式)、“经济风险积累和化解”(各类隐性风险逐步显性化,风险总体可控,但化解以高杠杆和泡沫化为主要特征的各类风险将持续一段时间)、“资源配置模式和宏观调控方式”(既要全面化解产能过剩,也要通过发挥市场机制作用探索未来产业发展方向)。新常态表明我国经济发展换挡期的到来,虽然在一定程度上表现为国内宏观经济发展速度的放缓趋势,但是国民经济发展水平在质上将有显著的提升,对今后我国经济、生态、社会、文化、人的可持续性发展具有重要的积极意义。

新常态环境下,我国旅游产业的发展也面临着转型升级:由粗放型的旅游产业发展转型为可持续增长式的旅游产业发展;以单一经济导向的旅游产业发展模式转变为非单一经济导向的旅游产业发展模式。粗放式的旅游开发及其管理模式不仅对生态环境和目的地文化环境造成了严重的破坏,而且这种旅游商品的发展模式不能够满足游客的日益增长的旅游需求。旅游产品的同质化竞争严重、产品结构不合理等问题将是各大景区、旅行社、酒店以及其他旅游服务主体亟待改进的内容。单一经济导向下的旅游产业发展不能够妥善处理好区域经济发展与生态环境承载力下降之间的矛盾,相关利益主体的利益冲突仍然普遍存在。对于民族旅游产业发展而言,单一经济导向的民族旅游产业发展模式使得民族文化向经济利益的发展方向变异，逐渐丧失了民族文化的本真性和纯洁性，功利色彩加重。通过新常态下旅游产业的转型升级，以期在经济社会转型的前提下，使旅游业保有可持续发展与多目标发展的旺盛生命力。

第二节　研究目标

一　促进民族地区的经济社会发展、现代化建设、小康社会建设，以及实现民族地区与周边地区经济社会的全面进步与发展

为了使民族旅游产业成为真正意义上的民族产业，以及民族地区乃至欠发达地区的支柱型产业，实现民族地区产业结构的转型升级，让民族地区新型旅游业态的发展不仅仅局限于促进区域经济发展这一指标，而是呈现出生态发展、社会发展、文化发展以及人的发展等民族地区的全面发展，以实现民族地区的现代化建设以及小康社会建设。

单一经济目标的产业发展模式主要依靠经济发展先行来带动其他目标的逐一实现。然而，基于单一经济目标的产业发展模式给不同产业之间的发展程度带来了较大的“贫富差距”，不利于构成区域经济社会的各个组成单元的整体进步，而在发展旅游业的过程中可以最大限度地避免上述单一经济目标发展的弊端。旅游业作为联动性较强的产业业态，对于区域经济发展、社会发展、文化发展、生态发展和人的发展等目标的实现具有直接性、全面性以及同步性的优势。因此，在民族地区实行多元目标体系导向的旅游产业发展，能够从全局带动民族地区经济社会发展、现代化建设、小康社会建设，以及实现民族地区与周边地区社会的发展。

二　在理论上刻画和仿真一个当前国际背景和国内新常态发展背景下的民族旅游产业发展的新业态模式

根据民族地区旅游产业发展的实际，以及旅游产业在区域各个产业中所占有的位置、拥有的体量、扮演的角色以及发挥的功能，可在理论上刻画和仿真一个在当前复杂国际背景和国内新常态发展

背景下的民族旅游产业发展的新业态模式，把我国民族旅游产业的发展推向新的发展阶段，以长远的、可持续的、科学的指向来引领我国民族旅游产业未来的发展态势，使民族旅游产业成为我国民族地区经济社会发展中一个较为完整、成熟和稳定的新型产业业态，为民族地区经济社会提供持久的发展支撑。

目前来看，尽管 2008 年以来的国际金融危机已进入高效恢复期，但国际形势的复杂性和危机事件的突发性对于各国旅游产业的冲击力仍然是猛烈的，甚至是致命的，然而我国旅游产业尤其是民族旅游产业在面对危机应对与危机管理等时，表现出缺乏有力的长效预防与管控机制。因此，处在现今复杂的国际形势背景下的我国民族旅游产业和相关旅游职能部门，应注重在预防突发事件对旅游产业带来的危害、降低危机事件对旅游产业造成的损失等方面进行深入的反思、探讨，制定科学、合理、可行的应对危机的长效机制，为我国民族旅游产业发展的新业态模式注入全新的危机预防与管控理念，以期为我国民族旅游产业的高效、有序、健康发展提供保障。

我国经济发展的新常态背景下，要求作为绿色产业的民族旅游业突出其产业发展与产业带动优势，科学推进其对经济欠发达地区经济增长的贡献程度。但与此同时，随着近几年来国外入境旅游人数的逐年下滑、国内出境旅游热的持续升温，我国旅游贸易逐渐呈现出逆差倾向，民族地区旅游业接待入境人次和旅游外汇收入呈降低态势，这对于现阶段我国民族旅游产业的健康发展提出了挑战。因此，本书将针对当前国际背景和国内新常态发展背景下的民族旅游产业发展的新业态模式进行合理的构建与阐释，以期实现基于多目标价值体系下的我国民族旅游产业的可持续发展。

三　建立一个我国民族旅游产业发展的新的价值基准和价值引领

2010 年后，社会各界已经意识到我国民族旅游亟待反思的一些问题。固然，在旅游产业的探索发展期和轻熟发展期，我国民族旅游产业实现了较快的发展，业已为其他产业发展提供了强大的产业支撑。在我国西南的某些地区，民族旅游产业已成为其重要的产业依托和关乎全局的战略性产业，其对社会经济增长的贡献率甚至高达50%以上。但是，纵观我国民族旅游产业的发展过程，展望其发展前景，不得不站在新千年的历史交汇点回顾我国民族旅游产业过去的发展问题以及今后的发展方向，不得不承认单一经济价值导向下的民族旅游产业发展绝不是民族地区旅游产业发展的模式。在经济环境的新常态下，要支持旅游产业发展为我国民族地区持续稳定的产业，我们就必须通过客观的研究分析和研判，为民族地区未来可能的发展前景、社会发展的趋势以及产业扩张的规律做出判断，在理论、学术和实践上进一步研究我国民族地区的发展到底需要怎样的产业支撑、怎样的价值引领，必须建立我国民族旅游产业发展的价值判断基准，建立基于该基准的我国民族旅游产业发展的约束条件，研究在约束条件下的民族旅游产业发展的多要素均衡模式和协调方式，以期建立一个在多元目标价值引领下的全新的民族旅游产业的发展模式。

四　在新的历史时期和经济社会发展的新阶段探索一条我国民族旅游产业发展的创新驱动的新路径

在新常态下，国家将创新驱动作为经济社会发展的新的动力机制，旅游产业的发展也不例外。通过本书的研究，实际上要求我们要在经济新常态下积极探索出我国民族旅游发展的动力源，通过多元目标价值体系的引领，建设好政府、行业、组织、市场以及社会公众等要素在内的全新旅游产业发展的创新体系，以驱动新常态下我国民族旅游产业的有效运行和发展。但囿于现阶段我国的发展实际，要同时满足民族旅游产业的多元价值目标具有较大的难度。虽然大部分目标的设立互为互补关系，但其中不可避免地会存在某些替代性目标之间的冲突问题，如区域经济发展与付出生态环境代价的关系、民族地区社会商业化与民族文化本真性之间的冲撞等。因此，建立我国民族旅游产业最大化的发展模式是必要的，应注意避免陷入阿罗的“不可能”定理的迷惑之中，应针对我国旅游产业的不同历史发展阶段和民族旅游产业的不同成长阶段，通过独立价值评估和重点价值关注等措施实现民族旅游产业的创新驱动发展。

五　解决并推出在同一时空条件下满足多元目标价值体系的民族地区旅游产业全方位发展的创新体系

中共十八大报告在论述加快完善社会主义市场经济体制和加快转变经济发展方式时明确提出，要实施创新驱动发展战略，这是对经济转型升级之道的创新驱动论，相信依靠创新驱动能够带来颇具质量、更有竞争力的发展。本书以甘南藏族自治州为研究个案，需探索出能够指导我国所有民族地区在新的经济发展形势下适应并适合于我国民族旅游产业发展的动力机制与创新模式，这对于我国处在不同发展阶段、不同背景、不同环境和不同条件下的民族地区均具有一定的启发和借鉴意义，尤其对我国民族地区不同主导主体的旅游产业的发展，不论是政府主导型、市场主导型抑或是政府与市场双重导向型的民族旅游产业发展，都将为其在新常态下的发展政策提供指导与借鉴，引领我国民族旅游产业创新发展的全方位升级。

第三节　研究价值

一　学术价值

（一）对旅游产业运行的哲学基准研究和价值基准研究的重新审视

众所周知，我国旅游产业运行发展的历史已有30余年，在我国旅游产业发展的第一、第二阶段是以经济效益导向型的价值基准作为旅游业发展的目标，后来随着旅游产业的发展成熟度逐渐提高，各个不同产业结构主体都已意识到单一经济价值导向的旅游产业发展基准是存在缺陷的。旅游产业的发展与生态环境、社会、文化、人的发展等之间存在较大的关联，通过与其他产业进行产业优势、产业价值、产业收益的比较，可得出结论：旅游产业是环境友好型、资源节约型的产业，对于带动相关产业发展、促进区域社会发展乃至人的发展等均具有不可小觑的力量。但在先验认知下，并未发现旅游产业的发展对环境造成的负外部性，旅游产业发展与生态环境发展之间的矛盾并未得到应有的重视，国家、区域、企业、个体等均以单一经济价值导向为目标设立旅游产业发展的目标。改革开放以来，以改革、开放、发展为目标的社会经济不断增长，同时国际入境旅游、出境旅游以及国内旅游收入大幅提升。在第三阶段，我国国内旅游产业保持了稳定的增长态势，但是由于生态环境的压力和旅游市场的激烈竞争使得我国国际入境旅游人数逐渐下降，而出境旅游人数在以加速度的增长率提升。在新的历史发展阶段，民族旅游应体现出新的运行特质，并以多元目标体系作为价值导向。发展民族地区旅游产业不仅仅是为了获得经济收益、改善欠发达地区的经济面貌，更重要的是促进生态环境、文化环境、社会环境、人的成长环境的改善和发展，需顾全大局并以指向未来民族地区经济可持续发展的价值基础进行改进，不仅仅要获得区域发展的经济财富，还要实现更广泛的非价值财富。以经济发展带动社会发展，以社会发展促进文化发展，以文化发展带动人的发展，把民族旅游产业发展推向崭新的哲学价值研究和价值基准研究。

（二）为区域民族旅游发展研究注入新的内容

民族地区的旅游业态是我国区域旅游业态的特定类型。我国民族地区主要处于西部地区，是西部地区特定的区域。我国西部地区经济欠发达，但幅员辽阔，自然景观和历史人文资源均体现出了发展旅游业的潜力与优势，尤以民族地区的文化特色和民俗风情构成了绝对的旅游吸引力。因此，区域民族旅游发展作为我国区域旅游发展的重要组成部分，在西部地区的旅游产业构成中是不可或缺的。近几年来，区域民族旅游产业研究已逐渐成为区域产业研究的重要领域，在新的社会历史时期，新环境、新目标、新市场、新政策等将为区域民族旅游产业发展注入新的内涵、新的探究视角、研究内容、研究体系和研究方法，以便丰富、提升我国区域民族旅游产业的发展研究，从理论出发进一步完善我国区域旅游产业的发展内容。

（三）丰富我国民族地区旅游产业高度化的研究

从产业发展的历史规律来看，第一产业、第二产业和第三产业相继产生，并随着经济社会的发展进步，第一产业占比逐渐下降、第二产业结构逐步优化和第三产业比重渐进提升，并已成为产业高度化的趋势之一；在上述趋势进行过程中，三大产业内部结构的优化与转型构成了产业高度化的趋势之二，表现为传统农业通过机械化与专业化向现代农业转变，传统工业通过现代高精尖技术的支持迈向信息产业阶段，服务业由基本的餐饮、住宿等服务内容向休闲、游憩与体验式的多元化服务理念过渡；产业高度化的趋势之三在于产业发展进步的推动力由原先的资源和资本向以创新和技术作为双轮驱动力的新型发展动力进行质态演进。由创新和技术带来的经济收益和边际效益大大提高了有限资源的利用率，使得企业、社会、环境的边际收益提高，各大产业的发展逐渐向环境友好型和资源节约型的发展目标靠拢。

旅游产业高度化的过程主要体现在以下五个方面：一是从旅游产品对旅游者需求的满足来看，逐渐由休闲观光型向度假体验式的产品供给进行升级调整；二是从旅游资源的开发与保护来看，随着游客对自然风光的观光游览到对风情文化的深度体验的过渡，可利用、可发展和应保护的旅游吸引物本体的范围逐渐扩大；三是从旅游创新角度来看，逐渐注重旅游内涵的创新和旅游产品的创新，通过全新的生产手段衍生出新的旅游业以及融合产业，将传统旅游资源与创新旅游资源相结合，产生新型工艺与产品形态；四是从旅游方式来看，从组团出游过渡到自助游、自驾游、自由游，这不仅符合现代人对于个体独特旅游体验的追求，还能够与当今自媒体时代的发展理念相吻合，个体旅游的存在方式不再更多强调团体，而是偏向于追求鲜明的自我体验；五是旅游产业逐渐由单一经济价值导向的发展方向过渡到追求多元价值目标，对单一经济价值导向下的扭曲发展目标进行矫正与完善。

如今，民族旅游地区的社会经济增长乏力，表现出较强的外部性；同时，民族地区的产业结构不完善，相关产业的关联度较低；在就业吸纳能力方面，民族旅游产业对本土少数民族人士的雇用比例较低，旅游从业人员多表现为外来人才的引入；在旅游收入分配方面，由于民族旅游产业的开发商多为资金充裕的外来人士，从而表现为旅游利润的跨区域转出情况，对民族地区经济贡献力量较弱；在本土资源开发利用方面，旅游产品所用取材多为外来资源运入的形式，本土资源开发与利用效率较低。因此，为丰富民族地区产业结构的理论研究，就需反思单一经济价值导向下的驱动机制。本书的主旨就是为民族旅游产业结构的高度化和优化升级提供全新的思路，我们同意通过旅游产业的发展推动经济社会的发展，同意通过民族旅游产业的发展带动民族地区社会的进步，同意经济目标对民族旅游产业发展的带动力，但同时还要考虑注入民族地区发展的旅游新动力体系，构建多元价值目标体系并驱动新型旅游产业竞争战略的五力模型（旅游产业进入壁垒、相关替代品威胁、旅游消费者的议价能力、旅游开发者的议价能力以及现存竞争者之间的竞争）。

（四）促进我国旅游学科体系的发展

经过 30 多年的发展，我国旅游学界及相关学术领域（如资源学、地理学、心理学、社会学、城市规划、景观设计等）均以旅游业的发展为基础进行了同步提升，并产生了相关的子学科、交叉学科、综合学科等，形成了全国旅游研究的谱系。本书基于多元目标价值导向——以甘南藏族自治州为例，对西北民族地区旅游产业的发展模式进行研究，学术上的指导性不仅仅在于对当前价值基准的反思，更是基于相关的子学科、交叉学科、综合学科等的发展的考虑。我们发现，单一经济价值目标对于所有旅游研究谱系均具有狭隘性和单一性，而民族旅游产业结构的优化、高度化应遵循多元目标价值导向，应在民族旅游产业的应用研究、开发研究上着重体现新的价值基准的引领和导向。由于多元目标价值体系辐射到较为广泛和具体的旅游产品，因此要充分考虑多元民族旅游项目的构建对民族旅游产业整体乃至相关产业的价值意义以及贡献程度。所以，本书将直接有助于民族旅游产业的应用开发研究，并将给定民族旅游产业开发的指引、机制、激励基准，以期能够指导民族旅游产业的应用与开发，并促进相关学术领域、相关学科的发展，完善我国旅游科学研究谱系。

（五）构造一个我国高等教育旅游管理类专业课程和课堂教学应当关注的价值基准

多年来，为适应我国旅游产业快速发展的需要，旅游学科和旅游专业也获得了突飞猛进的发展。截至目前，我国开设有旅游管理及相关专业的院校已有1100多所，其中，普通高等本科院校有500多所，已建立与国际接轨且适合中国旅游类专业人才培养的课程体系与培养方案，10万多名旅游类专业人才已顺利走上相应的工作岗位，在这些人才的培养中，就培养方案和课程体系而言，旅游学概论、旅游经济学、旅游地理学、市场营销学等课程居于课程体系的核心地位，但所有课程的假定和前提均以不同的层面和不同方位的旅游主体、经济收益最大化为追求目标来构建该课程的结构和内容，在所培养的各级各类旅游专业人才的理念和知识结构中，基本上不存在一个完整、成熟、理性、科学的关于产业运行的哲学体系的教育和价值基准的研判。因此，本书试图通过研究结论与成果为正在运行中的中国旅游高等教育的培养宗旨、方案和课程体系提供启示，构造一个我国高等教育旅游管理类专业课程和课堂教学应当关注的价值基准，以便学生在走向旅游产业运行一线时，不仅有一个完整的关乎旅游产业的知识能力架构，而且还会在运营和管理旅游产业的工作过程中有一个正确和科学的理念与方法。

二　实践价值

（一）为民族地区旅游产业发展注入一种全新的发展理念

一种人类行为，一种产业运行，以及市场消费行为支配其运行的背后必然存在一种理念价值基准。本书必将为新的经济社会发展阶段下的民族旅游产业发展注入一种新的发展理念和价值体系，为民族旅游产业的发展提供一个有价值的行动原则、一个有边界的行为空间或阈值，必将极大地改善和优化我国民族地区各级各类旅游主体发展民族旅游产业的价值观和方法论，为良好地测度实施转型跨越和升级换代后的新型民族旅游产业发展奠定发展理念基础。

（二）重新界定我国民族地区通过发展民族旅游产业所实现的目标收益结构

在过去单一经济价值引领下的我国民族旅游产业发展，就其收益结构而言，是较为单一和平面的，不外乎获得较大的旅游产值净收入、组织效益收入和个人工资收入等，其表现形式仅为财富价值。若以多元目标价值体系引领的我国民族旅游产业发展的新型业态得以进入崭新发展的运营阶段，我国民族旅游产业的发展为区域经济社会发展进步的贡献必将是立体的、多元的和综合的：其收益涵盖了包括财富价值和非财富价值在内的双重收益，包括以各级旅游主体的经济收益和通过新型旅游产业发展所带来的文化发展收益、人的发展收益、生态环境收益和社会发展收益等在内的综合收益。虽然有些收益不能直接以货币价值进行量化，但它却是民族地区长远的可持续性发展所必需的，是民族地区新型旅游产业发展的题中应有之义，同时它也涵盖了旅游产业发展与其他相关产业发展的紧密关联导致的协同收益，涵盖了民族地区新型旅游产业发展的当下收益和未来收益。由此，便可全面改善和优化改进我国民族地区旅游产业发展的收益结构。

（三）为民族地区测度新一轮关乎旅游产业发展的制度安排和政策制定提供价值基础

一方面，旅游产业发展的规律表明，旅游经济的运行与产业发展是存在周期和阶段的，当面临新的周期与阶段的发展时，往往也面临着新一轮的制度安排和创新；另一方面，在旅游产业正常的周期运行中，由于产业发展的外部环境和条件发生了质的变化，往往会引起一个新的制度创新的制定过程。同时，由于我国民族地区一般都处于整体经济社会发展的低洼地带，所以应多实施政府主导型的旅游产业发展战略。因此，政府在宏观上通过产业政策的制定和制度安排，对旅游产业发展的目标制定、路径选择、过程约束等便会十分鲜明，并集中体现在政府对发展旅游业的一系列政策和意见上。对我国民族旅游产业的发展而言，尤为如此。无疑，多元目标价值体系引领下的我国民族新型旅游产业的发展代表了我国民族地区发展的崭新阶段和民族旅游产业发展的质态进步，同时将对民族旅游产业发展面临着的一系列国际环境变化以及我国经济运行新常态等重大变化的适应性逐渐增强。新一轮民族旅游地区发展的制度创新和政策改进即将来临，本书的结论将为我国民族旅游地区的新型旅游产业运行发展提供有益的政策启示。

（四）改善和优化处在中观层面上的我国民族旅游产业的发展品质

本书结论如果能够有益于我国民族地区旅游产业发展的进程，

也必将极大改善和优化处在中观层面上的我国民族旅游产业的品质，包括结构品质、运营品质、管理品质、主体品质等。在多元目标价值体系的引领、规范和约束下，我国民族旅游产业的产业定位、产业结构、项目选择、安排和实施，自然生态资源和人文资源的认知、评价、开发、产品化以及市场化等一系列产业行为都必须遵循有助于民族旅游产业发展的多元目标价值体系的实现和可持续的原则，重点是改善对民族旅游产业发展过程中的资源选择、项目安排和产品结构，必将“有所为，有所不为”、“当下为，未来不为”、“未来为，当下不为”，通过合理的约束造就一种既能实现民族地区综合收益最大化的目标，又符合多元目标价值体系的实现要求，还能为多要素多元化综合发展提供保障的氛围，进而优化中观层面上我国民族旅游产业发展的品质。

（五）为民族地区区域旅游发展规划和资源开发规划注入新的价值理念

多元目标价值体系对民族地区发展的价值约束应具体体现在民族地区区域旅游发展规划、资源开发规划、景区规划、产品设计（包括硬件设计、软件设计、营销和消费方式设计等众多规划设计领域）等方面。再先进的理念、再符合经济社会发展规律的新价值，在指导产业实践的进程时，都必须同步地体现在产业运行的各个层面上。纵观近 5 年来我国包括民族地区在内的旅游规划工作，也不能说没有完全体现我们所主张的多元目标价值体系，但对经济价值和各类旅游主体的经济收入追求是非常显著的，甚至在各类规划中存在很大一部分将某区域或某景区的运营目标唯一地指向经济价值的实现和经济收益的获取；规划评审也大抵主要尊重区域、政府、产权主体等对经济利益追求的意愿；可行性研究与论证也主要围绕投资、成本、收益和利润等之间的关系进行匡算，从而论证某一区域或某一立项实施和运营的可行性。多元价值目标体系引领的我国民族地区新型旅游产业的发展，不仅会对民族地区政府制度创新、政策安排进行有效的矫正，同时也会极大地改善各种旅游规划设计主体的规划理念、态度和方式，制定出一个全新的、优化的并能够满足在新常态下民族旅游产业发展的规划体系，用于直接指导我国民族地区旅游产业的运营和实施。

（六）引导民族地区旅游产业发展的产业主体和市场主体的行为

多元目标价值体系引领下的我国民族旅游产业的发展研究也直接指向民族地区旅游产业发展的产业主体和市场主体的行为。在过去的发展中，我国民族地区旅游产业发展的微观经济运行是较为混乱和无序的，其中旅游资源开发的无序、项目安排与实施在空间排列和配置上的无序，景区运营和产品生产方面的无序，产品销售、消费、宣传与营销上的无序，民族旅游产业发展收益与分配上的无序等造成的直接结果是我国民族旅游产业的发展存在强大的负外部性，不利于民族旅游产业的可持续发展。产生这种结果的原因很多，但最根本的是缺乏一种在科学发展理念支配下的关乎民族旅游产业发展时序和资源有效配置的制度安排与约束机制。多元目标价值将不但在发展理念、产业品质等规划设计方向规约民族旅游产业的运行与发展，而且这一规约效应必将逻辑地波及微观经济的运营主体，从而全方位激励与规约各类经济主体的融资行为、投资行为、开发行为、设计行为、生产行为、营销行为以及消费行为等，从产业运行的微观层次上使科学发展的价值基准得以有效地贯彻和落实，必将促进我国民族旅游产业健康、有序、科学地发展。

（七）为民族旅游地区的社区和民众提供新的发展观

多元目标价值引领下的民族旅游产业发展研究为我国民族旅游地区社会和民众提供了一个新的发展观。多元目标价值能够充分实现包括民族地区经济的发展、生态环境的发展、人的发展、社会的发展、文化的发展等在内的大发展观。在民族地区旅游产业发展的进程中，民族地区社会和广大农牧民将不再是民族旅游产业发展的受众，而应当是民族地区旅游产业发展和各级各类旅游发展的主体；他们不但是民族旅游产业发展的利益主体，而且也应当是旅游产业发展的评估、监督与约束主体。在民族地区新型旅游产业发展的过程中，将直接改善广大农牧民对新型旅游产业的参与方式，将在民族旅游产业的发展过程中，全面培养其生态环境保护和家园意识，文化自信和个体自省以及个体成长与发展的理性自觉，最后进入到民族地区自由发展的崭新阶段。

第四节　研究范围

本书的研究范围是我国西北民族地区。我国西北民族地区是指宁夏、新疆、青海3个少数民族省区以及甘肃省临夏回族自治州、甘南藏族自治州以及张家川回族自治县、天祝藏族自治县、肃南裕固族自治县、肃北蒙古族自治县、阿克塞哈萨克族自治县，总面积约为260万平方公里，占全国总面积的27%，总人口约为3775万人，占全国总人口的2.75%，是我国藏、回、蒙古、维吾尔、哈萨克等20多个少数民族的主要聚居区。[①] 本书的研究结论、观点以及旅游产业发展新型模式既适应于西北民族地区，也适应于我国其他民族地区，对所有经济价值导向的区域旅游产业发展具有指导和借鉴意义。

第五节　研究方法与技术路径

一　研究方法

（一）规范研究

本书在对我国西北民族地区旅游产业发展的价值基准全面回顾和反思的基础上，首先建立全新的西北民族地区旅游产业发展的价值基准，然后以此为标准，对西北民族地区过去旅游产业发展进行系统的审视和评价，同时指向未来理想的西北民族地区旅游产业发展新型模式的构建。

（二）实证研究

本书研究要突破的一个重要难点是在学理上建立多元目标价值在我国西北民族地区旅游产业发展进程中实现的可能性和有效性。

---

① 高新才、堂伟：《西北民族地区经济发展差距及其产业经济分析》，《民族研究》2006年第1期。

因为影响西北民族地区旅游产业发展新型模式运行的条件是多重的和复杂的，因此我们将所有影响因素视为一个复杂的混成变量，探讨在这一变量的动态发展中对多元目标价值中的某一单一价值的可能影响，据此建立各单体价值实现和多元价值同步实现的定量经济模型。

（三）案例研究

我国幅员辽阔，56个民族居住在广袤的中华大地上，民族旅游发展既有一般性，又有特定性；既有共性，又有个性；既有相似性，又有差异性。我们选取了甘肃省甘南藏族自治州作为本书研究的对象和样本，是因为甘南州旅游产业发展的状态和规律较为适应于本书的研究，且甘南州民族旅游产业的发展是我国民族旅游产业尤其是西北民族旅游产业发展的典型样本，对甘南州民族旅游产业发展规律的把握、问题的审视和理想模式的设计同样适应于我国其他民族地区，有较强的理论普适性、指向性和引领性。

（四）对策研究

由于本书研究的目的旨在解决未来我国西北民族地区旅游产业发展新型模式的构建和现实运行，因此，必须深入研究在新的多元价值基准引领下的西北民族地区旅游产业发展新型模式运行的有效条件上，而这一有效条件的构建又有赖于本区域与旅游产业发展关联的一系列新的制度创新和体制机制的建设上。科学地、系统地和关联地研究我国西北民族地区旅游产业发展的政策条件是本书研究的重要命题和任务。

二　技术路径

在对国际国内旅游产业发展基本规律和旅游产业可持续发展规律充分认识与把握的基础上，先建立西北民族地区旅游产业发展新型模式运行的价值体系；运用新的价值体系对西北民族地区旅游产业的历史与现实发展进行述评，提出对西北民族地区旅游产业发展的评价体系，并预测未来民族地区旅游产业发展的可能空间、结构、模式、方向和绩效；运用新的价值体系整理和评价我国已有民族旅游研究成果，对过去民族旅游研究进行客观和全面的评价，重点提出未来民族旅游研究的重点领域和方向；建立满足多元目标价值的我国西北民族地区旅游产业发展的子模型和总模型，以此作为我国西北民族地区旅游产业发展的理想模式；研究这一模型在我国西北民族地区适用的环境和条件；探讨支撑和支持多元目标价值引领的西北民族地区旅游产业发展新型模式运行所需条件的制度、政策和体制体系。

本书具体的研究框架如图 1—1 所示。

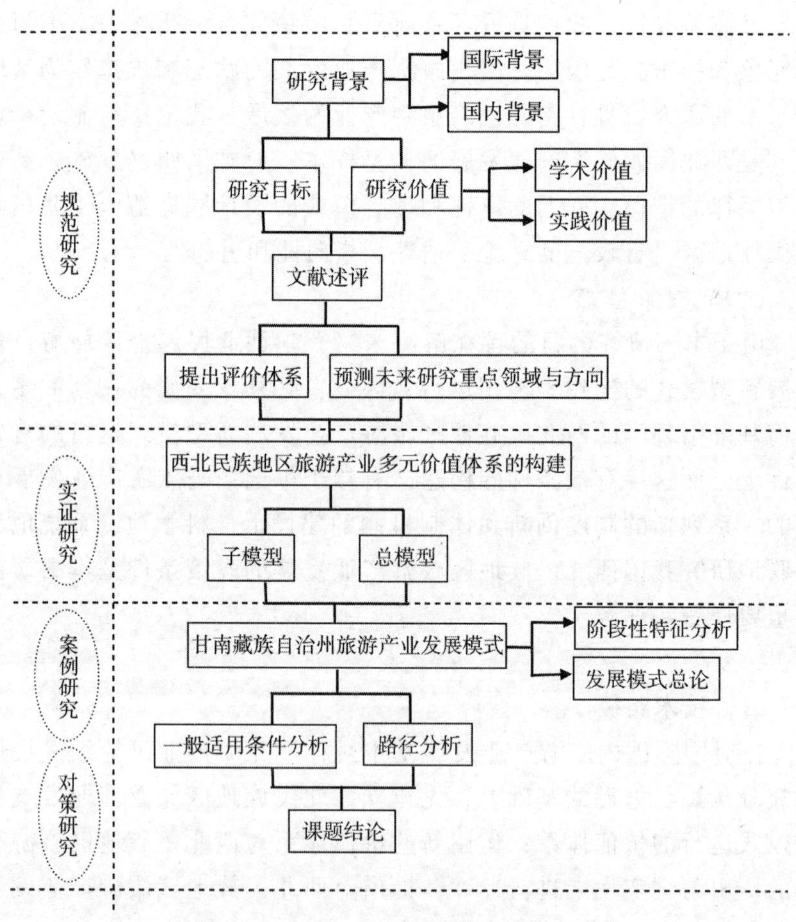

图 1—1　本书的技术路线图

第六节 研究和解决的主要问题

"多元目标体系导向的西北民族地区旅游产业发展模式研究——以甘肃甘南藏族自治州为例"课题是一项对我国西北民族地区旅游产业发展的价值基准的反思、审视和重构为基础的、旨在建立一种我国西北民族地区旅游产业发展新型模式为研究目标的应用研究。本书主要研究和解决以下问题：

一 对过去20年我国西北民族地区旅游产业发展进行反思与评价

我国民族地区旅游产业的发展基础和其他地区旅游产业的发展是同步的，发展状态和特质也基本上是相似的。但是，我国民族地区由于其发展基础、产业结构、资源基础和发展阶段具有民族地区的特殊性，因此，民族地区旅游产业的发展也有别于我国其他地区旅游产业发展的特点和特殊规律。同时，由于西北民族地区经济社会发展水平普遍较低，在新型产业选择和产业高度化发展上，都普遍相当重视民族旅游产业的发展，在某些民族地区，旅游产业的发展甚至早于或快于我国其他地区，因此，旅游产业的发展一方面带动了民族地区经济社会的进步和发展，另一方面也暴露出了由于发展理念和价值基准的偏差导致的民族旅游产业发展的一系列误区和问题。我们必须建立新的产业运行的价值基准，以此为价值判断标准，对我国西北民族地区过去20年旅游产业发展进行客观的描述、理性的反思和科学的评价，以此作为研究我国西北民族地区旅游产业发展新型模式的起点。

二 对过去20年我国西北民族地区旅游产业发展研究的述评

实践是理论的基础，理论是对实践进程的高度概括和一般规律性的研究与刻画。20年来，尤其是近十几年来，我国民族地区旅游产业发展研究取得了丰硕的研究成果，也有一大批成果专门研究我国西北民族地区旅游产业的发展。这一研究极大地推动了我国西北民族地区旅游产业的发展，也极大地丰富了我国旅游科学的研究。本书将全面总结和梳理我国西北民族地区旅游发展已有研究，明晰关于我国民族地区旅游产业发展研究的基本类型和方向，评价我国民族地区旅游产业发展研究的优劣，进而提出我们对西北民族地区旅游产业发展研究的基础、框架和基本思路。

三　重构我国西北民族地区旅游产业发展的价值基准

无论在任何时候、任何社会经济发展条件下和任何阶段，产业经济的运行无不遵循一定的运行原则和价值基础。对那些产业联动和辐射功能强、产业运行的经济效应和社会效应并举且社会效应鲜明的新型产业而言，一个预设的、导向发展的价值基准直接决定着该产业运行的结果和对特定社会结构与文化结构的强大影响。本书将对建立在经济价值导向的我国西北民族地区旅游产业的发展进行全面的反思与审视，试图在新的全球和全国旅游产业发展背景下、我国经济社会新常态前提下，以及旅游消费需求方式和市场发生剧烈变动的条件下，建立一种指向未来的、全面均衡协调可持续发展的我国西北民族地区旅游产业运行的新的价值基准，用于全面引领和导向我国西北民族地区旅游产业的发展，并试图谋求这一价值基准的研究和重构不但成为我国西北民族地区旅游产业的运行基础，而且能够扩展性地指引我国其他区域旅游产业的发展，成为新时期我国旅游产业发展的一种科学的、全新的和指向未来发展的理念。

四　研究我国西北民族地区旅游产业发展新型模式运行的环境和条件

在某种意义上，我国西北民族地区旅游产业发展到今天，是我国特定经济社会发展环境和条件，尤其是民族地区特定的经济社会发展条件和使命作用与推动的结果，而多元目标价值引领的我国西北民族地区旅游产业的新发展从本质上也决定于我国尤其是西北民族地区发展环境和条件的变化。进入 2010 年以后，我国尤其是西北民族地区旅游产业发展的经济环境、制度环境、社会环境和国际国内其他要素环境都发生了重大变化，这就要求我国西北民族地区旅游产业的发展必须适应于这一变化，做出重大的调整和创新，使得我国西北民族地区旅游产业能够健康、科学、有序和协调发展，进一步有力地引领我国西北民族地区社会的全面进步和发展。本书将在产业支撑意义上研究我国西北民族地区旅游产业发展运行的一系列环境和条件，以探索保障我国西北民族地区旅游产业发展新模式运行的可能性和有效性。

五 建立我国西北民族地区旅游产业发展的新型模式

如果说在单一经济价值基准上的运行模式的话，以多元目标价值为价值基准的我国西北民族地区旅游产业的发展则必将是一种全新的发展模式；如果说我国西北民族地区旅游产业发展传统模式只满足单一经济价值和目标的话，我国西北地区民族旅游产业发展的新型模式则必须满足包括经济价值、生态价值、文化价值、人的发展价值和社会发展价值在内的多元价值协调发展的目标。本书将通过多元目标价值基准的构建，试图在我国西北民族旅游产业发展的进程中探索一种能够满足多元目标价值诉求的新型民族地区旅游产业发展模式，以期定义我国西北民族地区旅游产业发展的目标体系，研究西北民族地区新型旅游产业发展模式的实现路径，探索在多元目标价值引领下的西北民族地区旅游产业发展新型模式运行条件及其制度体制保障等重大命题。

六 研究我国西北民族地区旅游产业发展新型模式运行的政策体系

如果说我们在理论上和学理上刻画了一个我国西北民族地区旅游产业发展新型模式的话，这一模式首先就必须具有学术价值；但本书作为一个基础理论研究和应用研究并重的研究，重点要解决我国西北民族地区旅游产业发展模式在西北民族地区的现实运用和实践这一重大命题，这也是本书研究的重点和难点。本书要解决在其他目标价值同步实现的条件下各类单体价值实现的具体路径和政策体系的保障，解决能够同步满足经济发展、生态发展、文化发展、人的发展和社会发展的政策体系的确立、有效实施和可能效果。在新型模式运行的实践进程中，有可能发生各个单体价值在实践中的不同步，甚至可能产生某一目标价值的实现对其他关联目标价值实现的负效应，这就要求我们在研究中最大限度地探索在同时空条件下保证新型模式得以实现的最优政策体系。同时，就每一目标价值的实现而言，必须找到一个合理有效的目标价值来实现核心路径。

第七节　国内外民族旅游研究现状及其评价

一　国外民族旅游研究现状

（一）国外民族旅游发展研究现状

国外关于民族地区旅游产业发展的研究相对较早，主要从人类社会视角加以研究，阐释民族旅游的特征及内涵，例如史密斯（Smith，1989）定义民族旅游是“以满足旅游者的需求为目标将土著习俗及土著居民包装为旅游商品”。伍德（Wood，1984）曾指出民族旅游更多的是注意“古雅的土著民族与习俗”，或是“能够决定某个特定的民族文化活动”。[①] 20世纪90年代，国外对于民族地区旅游的研究已形成了较完整的研究体系。斯特宾斯（Stebbins）等学者对民族地区的游客及旅游者行为进行了相关的研究，[②] 珍妮特（Janet Chang）在对民族旅游者行为研究后指出对于寻求异族文化及文化差异是旅游者出游的主要原因与动机。[③] 最先提出了原真性（authenticity）概念的是马康纳（MacCannell，1973），他指出旅游体验是一种寻求生活的真实体悟，用以回应现代生活方式。[④] 从相关理论研究中易发现，国外民族旅游的研究与社会学和人类学有着更为密切的关

---

① Wood，R. Ethnic，“Tourism，the State，and Cultural Change in SoutheastAsia”，*Annals of Tourism Research*，Vol. 11，No. 1，1984，pp. 353-374.

② Stebbins，D.，“Culture Tourism as Leisure”，*Annals of Tourism Research*，Vol. 23，No. 2，1996，pp. 948-950；Huges，G.，“The Cultural Constranits of Sustainable Tourism”，*Tourism Management*，No. 16，1995，pp. 49-60；Gianna Moscardo，Philip L. Pearce，“Understanding Ethnic Tourists”，*Annals of Tourism*，Vol. 26，No. 2，1999，pp. 416-434.

③ Janet Chang，“Segmenting Tourists to Aboriginal Cultural Festivals：An Example in the Rukai Tribal Area，Taiwan”，*Tourism Managemen*，No. 6，2006，pp. 1224-1234.

④ MacCannell，D.，“Staged Authenticity：Arrangements of Social Space in Tourist Settings”，*American Journal of Sociology*，No. 79，1973，pp. 589-603.

联。研究内容集中在民族旅游的概念和定义研究，民族旅游者的行为研究，对旅游地的影响研究等方面。①

（二）国外民族旅游影响研究现状

在国外有关民族旅游对旅游地影响研究中，史密斯（1973）《东道主与游客》比较具有代表性。直到现在，对于旅游目的地的影响研究依旧会引起国内外许多专家、学者的热议。对于民族旅游地影响研究主要从正面影响和负面影响两个方面进行阐释。

1. 正面影响

正面影响主要从振兴目的地经济、就业机会的增加、维持社区稳定、增加商机、增加税收、民族意识增强、身份地位提高、发展能力提高、社区环境改善、维护地区生态系统等多方面进行了研究。② 详见表1—1。

表1—1　**民族旅游对目的地的正面影响**

研究学者及年份	研究内容
Keogh B.（1985）	通过对加拿大多民族地区的实地研究得出了旅游对于振兴目的地经济起到了重大作用
Boissevain（1979）	旅游业给当地居民提供了大量的就业机会，有效避免了年轻人外出找工作，对维持社区稳定具有重要意义

① 杨昇、王晓云、冯学钢：《近十年国内外民族旅游研究综述》，《广西民族研究》2008年第3期。

② Keogh B., *Social Impacts of Outdoor Recreation in Canada*, Toronto: John Wiley Press, 1985; Boissevain J., "The Impact of Tourism on an Dependent Island: Gozo, Malta", *Annals of Tourism Research*, Vol. 6, No. 1, 1979, pp. 76-90; Akis S., N. Peristianis, J. Warner., "Residents Attitudes to Tourism Development: The Case of Cyprus", *Tourism Management*, No. 17, 1996, pp. 481-494; 谢彦君：《基础旅游学》，中国旅游出版社2011年版，第388页; Amoamo M., "Tourism and Hybridity: Revisiting Bhabha's Third Space", *Annals of Tourism Research*, Vol. 38, No. 4, 2011, pp. 1254-1273; David Jamison, "Tourism and Ethnicity: The Brotherhood of Coconuts", *Annals of Tourism Research*, Vol. 26, No. 4, 1999, pp. 944-967; Pierre L. van den Berghe, "Marketin Ethnic Tourism Promotion in Mexico", *Annals of Tourism Research*, Vol. 22, No. 3, 1995, pp. 568-588; Robes Yiping Li, "Ethnic Tourism A Canadian Experience", *Annals of Tourism Research*, Vol. 27, No. 1, 2000, pp. 115-131; Liu J. C., P. J. Sheldon, T. Var., "Residents Perceptions of the Environmental Impacts of Tourism", *Annals of Tourism Research*, Vol. 14, No. 2, 1987, pp. 17-37.

续表

研究学者及年份	研究内容
Akis（1996）	塞浦路斯的实证研究表明经济利益是当地居民最明显的感知和最重要的方面，增加了就业机会，降低了失业率，带来更多的商机，增加了地方税收
Louise Crandall（1980）	服务、设施得以改善，土地增值
Amoamo（2011）	考察了新西兰毛利人新的身份涌现过程，增强了该民族的民族自信心和自尊心
David Jamison（1999）	种族关系由于旅游发展而缓和
Pierre L. van den Berghe（1999）	研究了墨西哥民族旅游后发现印第安人的地位在当地提高了，遭受不平等待遇减少了
Robes Yiping Li（2000）	以加拿大温根遗址公园为例，指出民族旅游开发管理中政府、企业和社区管理能力明显提高
Liu J. C.，P. J. Sheldon（1987）	一些民族地区的自然资源得到保护、社区环境改善、维护了地区生态环境

2. 负面影响

负面影响主要包括利益分配不均、就业受限、物价上涨、外汇漏损、交通状况变差、犯罪率上升、家庭关系减弱、形象失真、资源过度使用、生态环境退化等消极影响。① 详见表 1—2。

① Pam Dyer，Lucinda Aberdeen，Sigrid Schuler，"Tourism Impacts on an Ausralian Indigenous Community：A Diabugay Case Study"，*Tourism Managemen*，No. 24，2003，pp. 83–95；Perver Korca，"Resident Attitudes toward Tourism Impacts"，*Annals of Tourism Research*，Vol. 23，No. 3，1996，pp. 695–726；Milman A.，A. Pizam，"Social Impacts of Tourism on Central Florida"，*Annals of Tourism Research*，Vol. 15，No. 2，1988，pp. 191–204；Ross G. F.，"Resident Perceptions of the Impact of Tourism on an Australian City"，*Journal of Travel Research*，Vol. 30，No. 3，1992，pp. 13–17；Rothman R. Residents，"Transients：Community Reaction to Seasonal Visitors"，*Annals of Tourism Research*，Vol. 5，No. 1，1978，pp. 8–13；Linda E. Kruger，"Community and Landscape Change in Southeast Alaska"，*Landscape and Ur-Ban Planning*，No. 72，2005，pp. 235–249；姜辽、苏勤、杜宗斌：《21 世纪以来旅游社会文化影响研究的回顾与反思》，《旅游学刊》2013 年第 12 期；Jennifer Devine：《拉丁美洲的旅游与社会文化变迁》，张进福译，《旅游学刊》2013 年第 12 期；杨昇、王晓云、冯学钢：《近十年国内外民族旅游研究综述》，《广西民族研究》2008 年第 3 期。

表 1—2　　民族旅游对目的地的负面影响

研究学者及年份	研究内容
Pam Dyer（2003）	大多旅游企业都不归土著人所有，旅游业的经济收益大部分被外来利益集团所获
Perver（1996）	土著居民在旅游业中主要从事低级或低收入的工作，严重制约了土著居民获得劳动技能的机会
Perver（1996）	发展旅游业有经济成本的付出：物价上涨、外汇漏损
Pizam（1988）	以佛罗里达州为例，在社会与文化中的消极影响主要体现在交通状况变差、犯罪率的上升
Ross（1992）	在澳大利亚居民实证研究中发现旅游发展削弱了人们之间的友谊
Rothman（1978）	指出旅游对土著文化不恰当的描述会影响土著居民的自身建设和社会交往
Linda（2005）	土著文化"迎合式"的展演会破坏当地的民族形象和文化失真
Ishii（2012）	发现在泰国阿卡族部落，旅游在改善当地少数民族生计的同时，破坏了社区传统的家族式社会系统
Jennifer Devine（2013）	在拉丁美洲危地马拉的许多餐馆雇用非土著妇女穿着玛雅服装以迎合旅游者体验危地马拉土著文化
Pam（2003）	昆士兰实证研究指出，旅游发展会造成当地资源过度使用、生态环境严重恶化等消极影响

（三）国外旅游产业价值研究现状

在旅游业发展的初期，人们对旅游业的认知处于感性认知。博迪奥（L. Bodio，1899）发表的《外国人在意大利的移动及其花费的金钱》是最早记载旅游学研究的文献。早期的研究主要是从旅游业的经济效益出发，直到第二次世界大战，许多参战国家的战后国民经济恢复主要依托旅游业，旅游业产生的经济价值引起了社会各界的高度关注。罗马学者马里奥蒂（A. Mriotti，1927）的《旅游经济讲义》从旅游活动的形态活动、结构要素等方面对旅游业做了详尽的解析与阐释，并得出旅游活动实属一种带有经济性质的社会现象的结论。[①] 这也是历史记载中第一次从经济学的角度对旅游现象进行较为详尽的阐释的著作。此后一段时间，各国学者围绕着旅游对旅游接待地产生的经济价值作为研究的主要目标和内容进行研究，随后有学者从经济成本和经济收益等视角对经济价值进行了系统的诠释。现代旅游业的发展过程中，旅游业成了综合性强的大规模产业，其具有联动性高、辐射面广、影响较大等特点，因此吸引了社会各界学者的目光。旅游产业价值的多元化主要包括经济、社会文化、环境生态价值三个方面。

1. 旅游业经济价值

在1960年后，国外旅游产业价值研究以经济价值研究为主，以产业性质为出发点，对旅游地的经济价值进行阐述，并在旅游宏观经济效益上取得了丰富的成果，包括就业率的变化、经济增长的变化、对于国民经济的贡献、外汇增加、地方税收的增加、旅游投资与融资等方面。这一时期主要是通过旅游经济乘数理论的视角评价旅游业发展之于旅游目的地的经济价值研究。主要成果有阿加尔（B. Archer）、R. 沃恩（R. Vaughan）等，通过实地考察研究后验证了旅游产业对旅游地相关产业带动与就业率等旅游经济乘数效应，以及旅游经济乘数的经济价值。[②] 海因兹·许尔曼在《旅游业在第三世界国家的地区发展中的作用》中得出了“旅游业促进了就业机会的增加、改变目的地的就业结构与就业环境、促进对外汇的赚取、有利于接待地的基础设施建设等结论”，进一步论证了旅游产业的经济价值。[③] 21世纪后，国外对旅游产业经济价值的研究进一步加深加强，如旅游卫星账户的设立等。与此同时，以社区为研究单位或对象，针对较贫困的社区及社区内的贫困群体、改善福利等成了主要研究内容。直到目前，依旧有许多旅游目的地在判定旅游价值时将经济价值作为重要的甚至是唯一的判断依据。

---

① 申葆嘉：《国外旅游研究进展之一、之二》，《旅游学刊》1996年第1、2期。

② 申葆嘉：《国外旅游研究进展之三》，《旅游学刊》1996年第3期。

③ ［德］海因兹·许尔曼：《旅游业在第三世界国家的地区发展中的作用》，张凌云译，《旅游学刊》1990年第5期。

2. 旅游业社会价值

在国外学者的研究中，旅游产业的社会价值往往被其对目的地所产生的负面社会影响所遮蔽了，但仍有一定数量的研究成果。研究初期对于旅游产业的社会价值集中表现在人际关系、生活方式、价值体系、治安水平、个人行为、道德信仰、传统民俗等方面。叶斯曼（Esman，1984）对路易斯安那州的卡津人的实证研究表明：发展旅游业在一定程度上对于种族具有保护作用和价值。① 也有研究显示：因为大量的修缮工作，旅游对遗产性的建筑具有一定的保护价值。② 也有研究指出了旅游价值与政治的关系，他们提出"旅游不仅仅是政治的延展，更是经济活动与政治活动的重要组成部分，旅游活动、旅游事业是一种经济工具，有时更是一种政治手段"③。因此，发展旅游事业有利于世界的和平和全球化的经济以及国际化的政治。21 世纪后，关于发展旅游事业的社会价值的研究进一步深入，如哥谭（Gotham，2005）首次提出旅游绅士化概念，意旨通过旅游业的发展以实现中产阶级居住的区域转为专有地区或相对富裕的过程，④ 即旅游业推动了城市化的进程与发展，实现了旅游业对乡村地区城市化或城镇化的促进作用和价值。

3. 旅游业生态环境价值

就目前的研究来看，在旅游产业的环境生态价值研究中，国外更加偏向于消极的环境生态影响研究，而对于其积极方面的研究，主要集中在 20 世纪 80 年代后期这一时段。目前，对于环境生态价值的研究，主要从以下几个方面展开：一是旅游业的开展有助于保护和修复历史遗址、建筑等遗产。格林等（1990）认为一个城市旅

① United Nations Educational Scientific and Cultural Organization，"The Effects of Tourism on Socio-culture Value"，*Annals of Tourism Research*，Vol. 3，No. 4，1976，pp. 74-105.

② Zurick D. N.，"Adventure Travel and Sustainable Tourism in the Peripheral Economy of Nepal"，*Annals of the Association of American Geographers*，Vol. 82，No. 4，1992，pp. 608-628.

③ United Nations Educational Scientific and Cultural Organization，"The Effects of Tourism on Socio-culture Value"，*Annals of Tourism Research*，Vol. 3，No. 4，1976，pp. 74-105.

④ Gotham K.，"Tourism Gentrification：The Case of New Orleans Vieux Carre（French Quarter）"，*Ur-. ban Studies*，Vol. 42，No. 7，2005，pp. 1099-1121.

游业的发展可以促使那些被废弃的历史建筑遗迹等得以重新利用并且得到了一定的修复和保护。[①] 如佩吉（1995）的研究认为，旅游可以潜在地强化本国的建筑风格。[②] 二是旅游业的开展有助于当地环境卫生等的改善。这种改善是一种有意识或无意识的，往往是指通过旅游业的发展，对于那些环境条件一般或是较为恶劣的地区所进行的。三是旅游业的开展有助于该地区野生动物的保护。对于动物的保护同样是环境生态价值的体现。

二　国内民族旅游研究现状

（一）国内民族旅游发展研究现状

刘安全（2008）通过对近 20 年的民族地区旅游研究，概括了我国旅游业发展经历的四个阶段，分别是 1987—1992 年的起步阶段、1993—2000 年的渐进阶段、2001—2004 年的调适阶段以及 2005 年至今的繁荣阶段。[③]

在旅游发展研究方面，国内学者就旅游业对民族地区经济社会等方面的积极作用，提出了许多有价值的发展建议。如生态旅游被付强等列为西部民族地区旅游业发展的路径选择项，同时他们也赞同传统旅游产业中普遍存在的突出问题就是对于生态环境保护的忽视，这也是在西部地区进行旅游开发时务必要考虑的一个重要问题，应该注重走可持续发展之路，必须强调生态环境保护，同时也促进了人与自然的和谐，这意味着生态旅游是值得探索的一条道路。[④] 夏骏等（2000）揭示了旅游业在民族地区经济和社会发展中的重要地位和影响，提出应该合理开发民族地区独特的旅游资源，以打造精品为战略目标，另外给出了加快民族地区旅游支柱产业建

---

① Howard Green, Colin Hunter, Bruno Moore, "Applications of the Delphi Technique in Tourism", *Annals of Tourism Research*, Vol. 17, No. 2, 1990, pp. 270-279.

② Page S. J., *Urban Tourism*, London: Routledge, 1995.

③ 刘安全：《近二十年来民族地区旅游研究综述》，《边疆经济与文化》2008 年第 4 期。

④ 付强、廖勇：《促进西部民族地区生态旅游的发展》，《西南民族大学学报》（人文社会科学版）2004 年第 4 期。

设的建议与措施。[①] 郭玉坤（2005）通过对四川省民族旅游研究，肯定了民俗旅游的发展前景，并认为其可成为四川省民族地区经济发展的核心项目，在剖析了该地区发展民俗旅游的现状及存在的问题的基础上，提出了民俗旅游开发的相关对策和建议。[②] 崔广彬等（2007）提出民俗旅游的特点分别是：地域差异性大、观赏独特、可参与性强、资源非替代性强等特点，并强调了作为重要的旅游资源，该类型资源对民族地区的旅游产业、经济发展、社会发展、创汇收入等都发挥着重要作用，并进一步研究了民族地区开发民俗旅游资源值得关注的问题。[③] 车婷婷（2005）以民族文化为着眼点，根据文化人类学等相关理论，在对旅游产品相关文献成果梳理的基础上，不仅对我国少数民族地区开发旅游商品进行了可行性分析，并且提出了民族地区开发旅游商品的新型模式。[④] 此外，相当一部分学者对民族地区进行个案研究，并获得了大量的实证性学术成果。如梁焰（2006）总结了黔东南苗族侗族自治州旅游产业发展中政府的主导作用，并且深化了以政府为主体、以市场为基础的发展体系，突出政府在旅游培训人才、营销宣传等方面的重要作用。[⑤] 梁敏（2007）详尽地对理塘县“国际赛马节”旅游发展的历史及现状进行了分析，并且对旅游发展与赛马节的互动互惠关系进行了剖析，有针对性地提出了民族地区发展节会旅游的对策及模式。[⑥]

（二）国内民族旅游影响研究现状

目前我国学者针对民族旅游影响的研究领域主要集中在对旅游

---

① 夏骏、王琪：《对民族地区建设旅游支柱产业的战略性思考》，《黑龙江民族丛刊》2000 年第 3 期。

② 郭玉坤：《民俗旅游与民族地区经济发展》，《西南民族大学学报》（人文社会科学版）2005 年第 4 期。

③ 崔广彬、郑岩：《关于民族地区民俗旅游资源开发的几点思考》，《黑龙江民族丛刊》2007 年第 1 期。

④ 车婷婷：《民族地区旅游商品创新开发研究》，硕士学位论文，西北师范大学，2005 年。

⑤ 梁焰：《浅议少数民族地区旅游发展中的政府主导——以黔东南苗族侗族自治州为例》，《黔东南民族职业技术学院学报》（综合版）2006 年第 9 期。

⑥ 梁敏：《少数民族地区传统节日与旅游经济结合模式初探——以理塘县“八一”国际赛马节为例》，《湖北民族学院学报》（哲学社会科学版）2007 年第 1 期。

地区相关的文化影响、环境影响以及社会影响等方面。这些影响通常包括积极影响和消极影响，但一般更侧重于对消极方面的影响，并基于此，探究相应的对策与方法，不仅有利于保护旅游区的现有生存环境和文化体系，同时也有助于我国特色的旅游项目保护和传承。刘韫（2006）将经济学当中的外部性理论与旅游地区在开发过程中可能遇到的问题相结合，提出内化外部经济性的调控手段。[①] 武魏巍（2004）针对目前出现的旅游开发与民族文化保护的多种矛盾，提出社区参与的解决办法以及可实施的具体方案。[②] 牛迪（2005）综合分析旅游开发对少数民族地区经济文化发展带来的正负两个方面的影响，重点提出保护少数民族文化多样性的紧迫性和重要性，倡议在旅游开发的过程中切实将保护方法做到位，以期实现双赢的局面。[③] 吴晓萍通过实证研究，初步探究了民族旅游产业发展的限制因素，指出当前我国在学术研究和政策指导上均存在误区。她认为在学术上应当对旅游业的性质和功能做更加深入的研究，以此在具体的政策实施上更加注重旅游目的地居民的利益和诉求。[④] 王凤辉、许玉贵认为，由于粗放的旅游资源开发模式导致民族地区的社会文化受到严重冲击，其作为旅游核心吸引物的文化正在消失，民族地区逐渐丧失了自己的民族特性。[⑤] 吴昊重点研究分析了旅游产业发展对民族地区当地民族文化的变迁和当地社会心理变化的影响，其文章中提及：由于旅游产业发展中存在的经济不对称性和信息不对等性等各种原因，当地人很容易慢慢开始改变原有的行为模式和意识形态，并以此来迎合旅游者，最终沦为被旅游者。长此以往，民族旅游目的地很容易失去旅游者当初所追寻的那

① 刘韫：《民族地区旅游开发中的外部性影响及其消除》，《黑龙江民族丛刊》2006 年第 6 期。

② 武魏巍：《民族旅游发展与民族文化保护的研究》，硕士学位论文，广西大学，2004 年。

③ 牛迪：《浅论少数民族地区旅游开发中民族文化的保护》，《内蒙古科技与经济》2005 年第 7 期。

④ 吴晓萍：《浅析民族地区旅游可持续发展的某些限制性因素》，《旅游学刊》2000 年第 5 期。

⑤ 王凤辉、许玉贵：《从民族特性入手谈谈民族地区的旅游开发》，《科技信息》2006 年第 4 期。

份真实感，更糟糕的是目的地居民的民族自尊心和自豪感也很容易逐渐丧失。① 为了切实保护民族地区宝贵的民族文化资源，使之能够得以良性协调发展，其提出了几点建议和措施，例如在旅游开发过程中应该珍视当地人对于旅游的态度和意愿。吴晓萍、何彪探究了旅游业对相关族群社区带来的正面影响和负面影响，并提出：正面影响更大部分与民族地区当地居民的经济生活息息相关，而负面影响则更多地与深层次的社会文化领域相关，正面影响显现快、易发现。负面影响则较具隐蔽性，不易察觉。② 以上学者的相关研究对我们认识和了解旅游业发展对民族地区深刻影响具有重要意义。刘云运用文化人类学和旅游人类中的舞台真实理论等相关理论，从游客和目的地居民双方的心理角度出发，对旅游表演和旅游观赏进行了深刻的剖析，探究了民族旅游中民俗表演的舞台真实性问题，以期为民族旅游文化资源开发和民族文化保护等提出些许建设性意见。③

1. 经济影响研究

民族旅游对于经济影响研究主要从宏观角度阐释我国民族旅游产业在发展中存在的问题，研究焦点在民族旅游发展对于地方经济的贡献、就业率等经济特征的影响以及相关经济模式与战略或策略的探讨。④ 详见表1—3。

---

① 吴昊：《旅游对民族地区文化变迁的影响》，《经济与社会发展》2006年第5期。

② 吴晓萍、何彪：《民族地区旅游开发与民族社区的可持续发展》，《贵州民族学院学报》（哲学社会科学版）2000年第1期。

③ 刘云：《论民族文化旅游中的舞台真实》，《云南财经大学学报》2007年第2期。

④ 庄军、张靓：《旅游社区发展模式及其经济效益探讨》，《高等函授学报》2002年第4期；潘建民、李肇荣、黄进：《旅游业对广西国民经济的贡献率研究》，载《2002—2004年中国旅游发展分析与预测》，社会科学文献出版社2003年版，第86页；赵秋红：《腾冲旅游开发对农村发展的影响研究》，《云南地理环境研究》2005年第4期；杨二俊：《藏区旅游地居民对旅游影响的感知研究——以夏河拉卜楞镇为例》，硕士学位论文，西北师范大学，2008年，第43页；黄燕玲、罗盛锋：《基于居民感知的少数民族地区农业旅游影响研究——以贵州巴拉河旅游区为例》，《贵州民族研究》2008年第3期；王美英、许巧云：《凉山旅游发展现状及对策研究》，《西南民族大学学报》（人文社会科学版）2010年第7期；郝晓兰：《基于利益相关者理论的草原旅游发展研究——以锡林郭勒盟为例》，《内蒙古大学学报》（哲学社会科学版）2010年第42期；马剑锋：《黑龙江省少数民族旅游经济发展初探》，《黑龙江民族丛刊》2010年第3期；李瑞、殷红梅：《近10年中国民族村寨旅游研究进展与展望》，《地理与地理信息科学》2010年第4期。

表1—3　　　　民族旅游对目的地的经济影响

研究学者及年份	研究内容
庄军等（2002）	探讨了旅游目的地旅游的发展模式及产生的经济效益
潘建民等（2003）	广西多个民族地区启动“旅游业对广西国民经济省的贡献率”项目
赵秋红（2005）	在对腾冲实地调研后分析了腾冲旅游开发对地方经济的推动作用，对农业产值及目的地农民收入、外部依赖性、就业率等经济特征的影响
杨二俊（2008）	通过对夏河拉卜楞镇的实证研究，得出现阶段居民对旅游经济的正面影响强于负面影响
黄燕玲等（2008）	通过对贵州巴拉河旅游区的研究，分析了我国旅游就业的形势与特征，提出了多条促进旅游就业的建议
王美英等（2010）	通过对凉山州彝族聚居区实证研究，从营销角度着力发展民族旅游产业的战略思想
郝晓兰（2010）	以内蒙古地区为例，从利益相关者的视角剖析了相关利益者的经济矛盾，并提出草原旅游开发模式
马剑锋（2010）	就黑龙江少数民族地区进行研究，得出旅游对于民族地区经济发展影响显著的结论，并提出了发展民族旅游的经济模式
李瑞等（2010）	梳理了近十年我国民族旅游产业发展的文献，评述了民族村寨旅游发展的影响

2．社会文化影响研究

民族旅游的本质是寻求文化差异以获得体验价值的过程，其实质是文化体验旅游，虽然对于社会文化影响的研究在我国起步较晚，但该领域的研究内容丰富、视角多样、成果较多。[①] 详见表1—4。

表 1—4　　民族旅游对目的地的社会文化影响

研究学者及年份	研究内容
周丹（2007）	以四川桃坪羌寨为例，分析了旅游对于村寨文化变迁现象
冯晓宪等（2009）	以贵州省为例，运用唯物主义辩证分析了少数民族地区非物质文化遗产的开发与保护的关系
胡晓等（2010）	从民族旅游文化传播的视角探讨民族文化的多元化与差异性，最终达到构筑和谐社会的目标
吕华鲜等（2010）	通过对云南三月街的实证研究，指出了旅游开发对于文化变迁等三个方面的影响
黄继元（2010）	提出建设生态博物馆是民族地区乡村旅游开发的最佳文化遗产保护方式
孙九霞等（2011）	以傣楼景观为研究对象，论述了旅游对傣族物质文化变迁及资本化的影响
许鹤凡（2012）	以贵州省黔东南少数民族乡村为例，阐述了旅游开发对民族独有的传统文化变迁的消解现象

① 周丹：《民族旅游与村寨文化变迁——以四川理县桃坪羌寨为例》，硕士学位论文，四川大学，2007年；冯晓宪、晏妮、彭秀英：《贵州少数民族非物质文化遗产保护与旅游开发的辩证关系研究》，《贵州民族研究》2009年第6期；胡晓、王飞霞：《民族旅游中跨文化传播与和谐社会建构》，《中南民族大学学报》（人文社会科学版）2010年第7期；吕华鲜、张娟：《旅游开发中的文化变迁研究——以云南大理三月街为例》，《江苏商论》2010年第6期；黄继元：《乡村旅游开发与非物质文化遗产传承与保护研究——以云南省石林县大糯黑村为例》，《云南社会科学》2010年第3期；孙九霞、张倩：《旅游对傣族物质文化变迁及其资本化的影响——以傣楼景观为例》，《广西民族大学学报》（哲学社会科学版）2011年第3期；许鹤凡：《旅游开发与少数民族传统文化的再表达——以贵州省黔东南少数民族乡村为例》，硕士学位论文，华中科技大学，2012年；田敏、邓小艳：《近十年国内民族村寨旅游开发与民族文化保护和传承研究述评》，《中南民族大学学报》（人文社会科学版）2012年第6期；何静、李亮：《旅游驱动下民族村寨社会变迁分析——以西江苗寨为例》，《贵州师范大学学报》（自然科学版）2014年第3期；钟溢颖、王林：《旅游场域下民族特色村寨文化变迁评价》，《旅游论坛》2011年第5期；何玲：《旅游发展背景下的民族文化变迁与保护研究——以西藏墨竹工卡县甲玛乡赤康村为例》，硕士学位论文，西南财经大学，2014年。

续表

研究学者及年份	研究内容
田敏等（2012）	从民族村寨旅游的概念、影响、民族村寨文化的旅游开发背景下的保护路径、对策等方面对民族村寨旅游研究进行梳理
何静等（2014）	以西江苗寨为例，运用模糊综合评价法，阐释了旅游驱动下民族村寨的社会文化影响和变迁现象
钟溢颖等（2011）	建立特色民族村寨评价指标体系，对旧州绣球街、平安寨两个民族目的地进行比较研究
何玲（2014）	以墨竹工卡县甲玛乡赤康村为例，重点探讨了该地区旅游发展后民族文化变迁与保护研究

3．环境影响研究

我国对旅游目的地的旅游环境影响研究起步虽晚，但起点较高。研究主要集中在对旅游环境影响的基础理论的梳理以及对目的地旅游环境影响产生负面效应的剖析与对策研究，但针对民族地区旅游环境影响研究的成果较少。① 详见表1—5。

表1—5　**民族旅游对目的地的环境影响**

研究学者及年份	研究内容
刘晓冰等（1996）	全面比较了国内外旅游环境影响的进展，并进行了总结与归纳，为国内研究各个区域旅游环境影响奠定了理论基础
黄顺红等（2004）	研究了卧龙自然保护区旅游开发现状、出现的问题及对保护区生态环境带来的消极影响，并提出了保护生态环境的对策

① 刘晓冰、保继刚：《旅游开发的环境影响研究进展》，《地理研究》1996年第4期；黄顺红、朱创业：《卧龙自然保护区旅游开发对生态环境的影响及其保护》，《西南民族大学学报》2004年第7期；李志飞：《少数民族山区居民对旅游影响的感知和态度——以柴埠溪国家森林公园为例》，《旅游学刊》2006年第2期；黄玉理、龙良富、王玉琼：《我国世界遗产地居民对旅游影响感知与态度的比较研究——以平遥、丽江古城为例》，《人文地理》2008年第2期；张丽：《延边地区民俗村居民对旅游影响的感知与态度研究》，硕士学位论文，延边大学，2012年。

续表

研究学者及年份	研究内容
李志飞（2006）	以柴埠溪国家森林公园为例，对少数民族山区居民进行了环境意识影响调查，并得出70%以上的受试者不但不会主动破坏环境，而且会及时制止其他人破坏环境的行为
黄玉理等（2008）	通过对丽江居民进行感知研究，运用指标分析得出目的地居民对旅游环境的正面影响感较强
张丽（2012）	通过对延边地区三个民俗村居民证实了旅游地生命周期早期阶段居民感知正面感知更强，对于环境恶化有所认知

（三）国内旅游产业价值研究现状

从1978年改革开放至今，国内现代旅游业已经历了30多年的发展历程。从创建以旅游为核心内容的学术期刊开始，旅游产业的研究发展已经有20多年的历史。在第一个十年中，我们处在学习外国和摸索阶段，随着经济发展，尤其在旅游业兴起后，国内学者对旅游产业做了进一步的探讨，对旅游产业的价值也有了更加深入的认识与探索。

第一阶段（1986—1995年）。我国早期对旅游产业的提法是“旅游事业”，但是“旅游事业”承担着“名利双收”的压力。[①]之后的几年中，旅游在国民经济中的地位成为国内学者对旅游业价值认知的主要研究部分。这是20世纪90年代以来，申葆嘉首次对旅游价值做出的反思：“长期以来，人类将旅游看作为一种赚钱的行业，忽视了它的社会文化意义。”[②]

第二阶段（1996—2005年）。我国学者申葆嘉（1996）全面系统地评述了国外旅游研究现状，这对研究国内旅游产业具有重大意义。这一时期，国内学者从战略的角度出发，将旅游产业定位为新的经济增长点，有助于社会分工的深化，改善人民的就业，推动产业结构的调整，加快服务产业的发展，有利于中西部地区进一步发

① 刘振礼：《中国式旅游道路》，《旅游论坛》1986年第3期。

② 申葆嘉：《旅游研究中的经济和文化问题》，《旅游学刊》1991年第6期。

展经济建设。[①] 部分学者提出旅游业在扶贫方面具有重大意义和经济价值。高舜礼（1997）认为旅游产业的发展有以下几点扶贫意义：开拓了旅游产业发展新思路；展示了旅游业的综合功能；深化了旅游业的影响；发现了旅游业持续快速发展的增长点。[②] 在这一阶段，学者也开始关注旅游产业的可持续发展，在首届"旅游业可持续发展研讨会"上，一些专家学者就传统旅游业发展模式存在的缺陷做了深入探究，也开始积极探索发展旅游业的自然环境与社会文化价值，尽可能地剔除旅游产业发展所产生的消极影响。[③] 一些国内学者从可持续与经济型的双重视角阐述了旅游产业发展观，较系统地描述了旅游业除经济价值外的社会以及生态环境价值，提出"旅游业具有经济、文化、社会、环境的特性与功能"[④]。也有一些学者做了相似的研究，黄震方（2001）在重新审视传统旅游的基础上，对旅游业可持续发展的环境伦理学特征和内涵做了解释。[⑤] 魏小安指出，经济功能阶段，经济功能为主、多种功能共同发挥阶段以及注重生活质量阶段是发展旅游产业功能的三个主要阶段。[⑥] 申葆嘉（2003）评论了"旅游作为经济发展的全新增长点"与"旅游发展适度超前战略"两种观点，表明了不应该将旅游业放在经济发展的支柱产业地位的立场。[⑦] 尽管部分学者开始研究旅游产业的生态环境价值与社会文化价值，然而多数学者的研究依旧针对特定地区的旅游产业发展情况，剖析其对当地经济增长的贡献等，旅游产业的区域经济价值方面依旧是研究的焦点。[⑧]

① 《经济专家论旅游业发展——"旅游业与新的经济增长点"专家座谈会发言摘要》，《旅游调研》1997年第4期。

② 高舜礼：《对旅游扶贫的初步探讨》，《中国行政管理》1997年第7期。

③ 付蓉：《1997年我国旅游研究回顾》，《旅游学刊》1998年第4期。

④ 钟海生：《旅游业的两种发展观和政策导向》，《旅游学刊》1999年第1期。

⑤ 黄震方：《关于旅游业可持续发展的环境伦理学思考》，《旅游学刊》2001年第2期。

⑥ 魏小安：《关于旅游发展的几个阶段性问题》，《旅游学刊》2000年第5期。

⑦ 申葆嘉：《关于旅游带动经济发展问题的思考》，《旅游学刊》2003年第6期。

⑧ 张帆、王雷震、李春光：《旅游业对秦皇岛市社会经济的贡献度研究》，载《2002—2004年中国旅游发展分析与预测》，社会科学文献出版社2003年版，第36—40页；潘建民、李肇荣、黄进：《旅游业对广西国民经济的贡献率研究》，载《2002—2004年中国旅游发展分析与预测》，社会科学文献出版社2003年版，第85—86页。

第三阶段（2006年至今）。这一阶段，在宏观经济方面，专家学者们对旅游业价值的研究主要集中在旅游产业对国民经济的影响研究方面；在微观方面，则主要关注旅游产业的经济价值，以及实现经济价值最大化的手段和方法。与此同时，学术界对旅游业的社会价值的研究趋于成熟。基于经济与社会双重功能的视角，王志发深入剖析了旅游产业的价值，其研究结果显示：在科学发展观的指导下，旅游产业的发展有利于促进产业结构调整和区域经济发展；有利于加快中西部地区脱贫致富，促进边疆少数民族地区繁荣稳定；有利于满足人民群众精神文化生活需要、推动物质文明和精神文明建设、构建社会主义和谐社会。由此可见，旅游业在经济社会领域所发挥的正能量日益明显。[①] 针对旅游产业的时代功能和价值的研究，高舜礼从旅游业对人民群众的生活水平、国家和地区的“软实力”以及经济社会协调发展三个方面的影响入手进行了详细的分析和总结。[②] 赵玉宗等学者引进了旅游绅士化的新概念，并分析了其基本类型与发展机制。[③] 欧阳润平等则系统地研究了可持续旅游发展理论，综述了其研究现状和理论基础，揭示了“可持续旅游发展”的不同价值诉求，探讨了基于良心价值、正义价值和功利价值等不同价值尺度之上的“可持续旅游发展”。[④] 该阶段最重要的特征是旅游产业价值的研究冲破了单一的经济价值内涵，学术界开始从宏观角度研究探讨旅游产业的社会、文化、生态等衍生价值。

（四）西北民族旅游研究现状

1. 西北地区旅游产业相关研究

西北旅游产业发展较晚，相关研究也相对较少，研究专家学者们关于西北民族地区旅游产业的研究主要分布于旅游产业发展现状、旅游产业竞争力、产业协同发展，以及旅游产业的可持续发展等几大方面。

---

① 王志发：《当前旅游产业发展的战略思考》，《旅游学刊》2007年第4期。

② 高舜礼：《对旅游产业范围与地位问题的思考》，《旅游学刊》2007年第11期。

③ 赵玉宗等：《旅游绅士化：概念类型与机制》，《旅游学刊》2008年第11期。

④ 欧阳润平、刘焱：《可持续旅游发展的价值依据比较》，《旅游学刊》2009年第3期。

在旅游产业发展现状方面，把多勋、游喜喜通过分析民族地区旅游产业发展的机理与一般条件，以一般条件为支撑，构建了旅游产业发展的运行机制。阐释了民族地区旅游产业中支撑机制、运行机制、管控机制等需有效对接，才可保障旅游产业的运行。① 王俊以甘南藏族自治州为例，重点对西北民族地区产业结构优化升级模式进行了探究，提出了政府宏观调控指导，摒弃传统的以资源为导向的理念，从基础层面、目标层面、支持层面、实体层面打造市场需求导向、区域协同发展的超前型发展模式。② 窦开龙立足研究基础上，提出了西北民族地区旅游资源的七大特点，并分析了西北民族地区旅游开发的不足和劣势。③

在产业竞争力研究方面，翁钢民、鲁超两位学者运用突变级数法建立了区域旅游产业竞争力的评价指标体系，并采用这个指标体系对西北五省区进行了旅游产业竞争力评价，立足评价结果提出了诸多提高西北省区旅游产业竞争力的措施。④ 把多勋等对甘肃省城市旅游竞争力做了重点研究，指出了甘肃省民族地区属旅游产业竞争力劣势型，并提出了民族地区要提高本地区的旅游综合形象、提升旅游企业的经营管理水平、加强旅游协作、实现优势互补等相关旅游产业发展的建议。⑤

在产业协同发展方面，南宇、李兰军在分析了西北各省区旅游资源的特色、优势及开发利用现状，以及西北旅游产业发展相对滞后的原因和产业发展现状分析的基础上，认为可以通过打造大西北

① 把多勋、游喜喜：《试论我国民族地区旅游产业发展的机理和一般条件》，《开发研究》2007 年第 12 期。

② 王俊：《基于产业结构优化升级的西北民族地区旅游产业发展模式研究——以甘南藏族自治州为例》，硕士学位论文，西北师范大学，2010 年。

③ 窦开龙：《西北民族旅游区民族旅游资源的七大特点》，《现代商业》2008 年第 5 期；窦开龙：《民族旅游开发的劣势分析——以中国西北民族旅游区为例》，《消费导刊》2008 年第 7 期。

④ 翁钢民、鲁超：《基于突变级数法的旅游产业竞争力评价研究——以西北五省为例》，《软科学》2009 年第 6 期。

⑤ 把多勋、徐金海、杨志国：《甘肃省 14 城市旅游竞争力比较研究》，《干旱区资源与环境》2014 年第 7 期。

旅游圈，以此来促进西北旅游产业的协同发展。[①] 把多勋、张欢欢基于协同理论，研究了西北地区旅游产业的发展，并立足该理论分析了西北地区旅游业发展的现状，提出了相关有利于实现西北地区区域旅游协作的可行性具有战略意义的举措。[②]

在可持续发展方面，把多勋从多种视角研究得出新型旅游产业业态的发展是西北民族地区近期发展的重要推动力，亦是未来一段时间内具有相对比较优势的重要产业，并且提出了西北民族地区旅游产业保持可持续发展亟待处理的五大关系。[③] 把多勋、夏冰对单一的经济价值导向的民族地区旅游产业发展模式进行了审视与反思，在此基础上，构筑了西北民族地区旅游产业发展的多元价值目标体系框架，并指出了多元目标价值导向对西北民族地区旅游产业可持续发展的重大意义。[④]

在西北旅游产业发展模式方面，研究相对较少。徐伟在立足研究分析基础上，提出了西北民族地区发展旅游产业的新模式——文化引领与政府主导兼具的旅游产业发展新模式，并详细阐释了该模式的构造分析层、构建层、支撑层、目标层等各个层次的具体组成。[⑤] 把多勋、王艳对于我国西南、西北民族地区的旅游经济发展模式进行了比较研究，指出我国民族地区旅游产业发展模式在市场定位及政府、企业职能分工等方面亟待转变与完善。[⑥]

2. 西北地区民族旅游影响相关研究

国内旅游学界对西北民族旅游影响的相关研究，和其他地区的研究一样，主要集中于旅游发展对民族地区的经济、社会文化和环

---

① 南宇、李兰军：《西北五省区旅游产业联动开发战略研究》，《开发研究》2006年第2期。

② 把多勋、张欢欢：《基于协同理论的区域旅游产业发展——以西北地区为例》，《开发研究》2007年第2期。

③ 把多勋：《大力发展西北民族地区旅游产业》，《光明日报》2006年11月21日。

④ 把多勋、夏冰：《多元目标体系导向的西北民族地区旅游产业发展模式》，《兰州大学学报》（社会科学版）2010年第6期。

⑤ 徐伟：《基于旅游文化发展的西北民族地区旅游产业模式研究》，硕士学位论文，西北师范大学，2011年。

⑥ 把多勋、王艳：《我国民族地区旅游经济发展模式的比较》，《安徽农业科学》2012年第2期。

境三大方面的影响。

在经济影响方面，史雯通过对西北民族地区的详细调查研究，认为旅游发展对民族地区目的地经济有明显的促进作用，且当地居民能比较明显地感知到旅游发展带来的经济领域的积极影响，但也能感知出其他一些负面影响，例如旅游发展受益群体较小、当地物价房价有所提高等。① 梁旺兵等通过调查访谈发现西北民族地区的居民普遍认为物价上涨、土地房屋价格上涨、人与人之间的贫富差距正在不断地扩大，总体表现为居民生活的经济成本是增加的，且增加的幅度远远超过当地的通货膨胀率。在旅游业相对发达、旅游产业链条更紧密的地方，该问题更为明显等结论。② 董平以甘南州为例，就西北民族地区旅游经济外部性进行了阐述，研究指出想从根本上解决甘南州旅游经济的负面影响，需对现有的产权与利益分配制度进行调整与创新。③

西北民族地区旅游发展对社会文化方面的相关研究较多，研究成果较为丰富，主要集中于影响机理、影响反应和影响控制这三大方面。④ 赵赞通过借鉴“原因—效应—响应”模型，探究了旅游发展对民族传统文化影响的具体作用机制，构建了对于民族传统文化的影响因子体系，并构建了旅游对民族地区传统文化影响的 PSR 模型。⑤ 杨振之的研究主要分析了旅游对藏族居民的社会文化影响，其在研究中发现旅游对藏族当地居民的日常生活、宗教信仰、婚俗习惯以及旅游态度问题上产生了非常大的影响。⑥ 代敏的研究则相

① 史雯：《基于居民感知视角的跨文化旅游影响研究》，硕士学位论文，西北师范大学，2012 年。

② 梁旺兵、运金会、徐彤：《基于居民感知视角下少数民族地区旅游影响研究——以甘南州为例》，《资源开发与市场》2015 年第 7 期。

③ 董平：《民族地区旅游经济的外部性问题研究——以甘南州为例》，硕士学位论文，西北师范大学，2008 年。

④ 方世巧：《旅游对民族地区社区文化影响的国内研究述评》，《旅游研究》2013 年第 4 期。

⑤ 赵赞：《基于 PSR 模型框架下旅游发展对民族传统文化影响机制分析》，《中国农学通报》2010 年第 13 期。

⑥ 杨振之：《青藏高原东缘藏区旅游业发展及其社会文化影响研究》，博士学位论文，四川大学，2003 年。

对细化，其以甲居藏寨为研究对象，研究发展旅游改善了目的地居民的生活和就业环境，促进了当地藏族文化的保护和传统社会的变革。[①] 田敏概括分析了旅游对民族文化的正面影响和负面影响，应从辩证分析的视角出发认识旅游对民族社区的文化影响问题。旅游有益于目的地民族传统文化的传播、交流和保护；有利于改善民族地区的社会生态环境；且对提高目的地居民的社会生活质量有明显的促进作用。[②] 李惠惠基于多层次灰色评价方法从物质文化、行为文化和精神文化三个层次建立了社会文化变迁的影响评价体系，并对西北地区社会文化变迁的影响进行了研究，得出民族地区旅游对物质文化的影响最大，其次是行为文化，对精神文化影响最小等结论。[③]

西北民族地区旅游发展对环境影响的研究相对较少，且研究视角较为狭窄，主要集中在生物和地理学界。赵玉宗等认为，旅游对环境的影响主要有积极影响和消极影响。积极影响有保护生态环境、促进生态平衡和保护文化遗产等方面，消极影响主要集中于交通拥挤、破坏生态环境和各种污染增加等领域。[④] 吴士峰从不同生活方式对环境影响进行探析，认为旅游影响带来的生活方式的改变可以通过不同物质要素（例如服饰、饮食、居住、用能等）和不同的精神要素（例如禁忌、态度等）对环境产生相应的影响。且提出了物质要素作用越强，旅游对环境的负面影响就越大，精神要素作用越强，其对环境的保护作用越大。[⑤]

---

① 代敏：《旅游人类学视野下的甲居藏寨研究》，硕士学位论文，四川师范大学，2010 年。

② 田敏：《民族社区社会文化变迁的旅游效应再认识》，《中南民族大学学报》2003 年第 9 期。

③ 李惠惠：《基于多层次灰色评价方法的旅游对民族地区社会文化变迁的影响研究——以甘南藏族自治州为例》，硕士学位论文，西北师范大学，2015 年。

④ 赵玉宗、李东和、黄明丽：《国外旅游地居民旅游感知和态度研究综述》，《旅游学刊》2005 年第 4 期。

⑤ 吴士峰：《西北民族地区不同生活方式对环境影响的时空比较研究——以甘肃定西、甘南、临夏为例》，博士学位论文，兰州大学，2011 年。

三　国内外民族旅游研究评价

（一）国外民族旅游研究的特点

自20世纪60年代以来，民族旅游研究在国外一直是研究的热点问题。与国内民族旅游的研究相比，国外的民族研究时间较早，而且研究往往与人类学等学科相结合，不仅研究成果较多，而且研究的体系较为完善。国外民族旅游的研究不仅涉及土著或者原住民，同时也涉及我们国内意义上的民族旅游。相对于国内的研究而言，国外民族旅游的研究在研究体系、研究内容、研究方法方面要比国内更为完善和广泛。具体而言，体现在以下几个方面。

从研究体系上看，国外学者早期的研究主要强调民族旅游发展所产生的负面影响，研究的视角往往带有一定的局限性。近年来，国外学者逐渐认识到了民族旅游的影响不仅仅局限于经济方面，而且还涉及社会影响、政治影响、环境影响及生态影响等各个层面，并且将其作为一个整体，从宏观层面对其进行研究。也就是说，在民族旅游的研究体系上，国外学者的研究已经比较完善了，这是民族旅游研究的一大进步，也使得民族旅游的研究变得更为客观和系统。

从研究内容上看，国外民族旅游的研究更为广泛，其研究的成果主要集中在民族旅游者、民族旅游影响以及民族旅游地管理三个方面。同时，在社会发展的各个阶段所关注的研究重点也有所不同。比如在民族旅游的影响研究方面，20世纪60年代国外学者关注的重点是民族旅游发展的经济影响，70年代开始关注民族旅游的社会文化影响，80年代以后逐渐涵盖到经济、社会文化和环境等各个方面。之前民族旅游研究被学者诟病的地方之一就是与实践的结合不够，但是随着民族旅游实践的进一步深入和发展，相关管理部门对民族旅游发展的管理和促销也越来越重视。学者们对民族旅游研究的内容也不断地拓展和深入。从最初的主要局限于民族旅游影响的研究，到逐渐向民族旅游的发展模式、民族生态旅游、社区旅游形式、民族旅游中当地居民的价值实现等方面深入。而且，对旅游者的体验、旅游及其相关企业的参与等方面也进行了研究，大大拓展了民族旅游研究的内容和视角。

从研究视角和研究方法上看，民族旅游的研究视角已经从人类学、管理学拓展到了社会学、生态学、环境学、政治学、文学、艺术学等相关方面。虽然目前对民族旅游的研究从经济学角度切入的仍然比较少，但绝大多数国外学者在研究中基本上都采用实际调查和案例分析等研究方法。尽管在民族旅游的研究中仍然侧重于定性的分析，但从研究基本数据及资料的获取方面，大多数学者都能应用实际调查所获得的第一手资料进行研究。在研究方法的应用上，仍然以定性研究为主，经济学的定量研究方法在民族旅游研究中的应用仍然非常有限，这也与民族旅游研究的复杂性有关。

综上所述，国外民族旅游研究多与人类学等学科紧密结合，而且往往通过调查问卷、现场访谈等获取调查的数据，研究方法多为定量分析，同时也采用对比分析、个案研究等方法，在研究内容上更为全面，研究结果也更为深刻理性，更为注重研究结果的可信度。

（二）国内民族旅游研究的特点

近年来，我国学术界针对民族旅游问题的研究日益增多，研究成果逐渐增加。尤其是近 10 多年来一直是学者关注的热点领域。学者们从多种层面和角度，对民族旅游进行了较为细致的研究。学者们研究的内容和视角不断扩大，研究的理论也从单一化向多元化方面发展，不同学科的交叉性研究特征日益明显，体现了研究范围扩大、研究者及研究机构区域分布比较集中、多学科参与、研究的视角和关注的热点不同等特点。

第一，从研究体系和研究内容上看，国内学者的研究重点主要集中在民族旅游的发展、民族旅游资源的开发规划、民族旅游影响、民族旅游市场的发展、民族旅游社区发展等方面，其次是有关民族旅游产品设计的研究、利益相关者研究、资源保护和利用研究等方面。而民族旅游对于旅游者、当地居民、相关旅游企业、管理部门等方面的影响研究文献则比较少。与国外的研究相比，国内在民族旅游的研究内容方面逐渐和国外的研究相一致，而且在有些内容的研究上比国外更为广泛和深入。

第二，在研究方法上，主要以定性研究为主，相关的定量研究和实证研究比较少。随着我国民族地区旅游的发展，与之而来的研究也能够跟进，且能够规范研究与实证研究并进，并据此提出了许多可行性意见和建议，充分体现出学者对这一研究领域的关注。民族旅游很多领域的研究都需要运用定量研究、实证研究才能够深入地研究，如民族旅游资源的经济价值评估研究、民族旅游发展的模式研究、旅游的影响研究（如哪些影响属于旅游发展带来的影响？哪些属于社会正常发展带来的影响？如何将两者区别开来？）等。

第三，在对西北民族旅游的研究方面，当前国内学者涉及这一领域的研究，研究的侧重点在于西北民族地区旅游产业运行的一般性规律、社会文化影响等一般性问题的研究上，而对西北民族地区旅游产业发展机理和发展模式的研究尚处于探索阶段，对于民族旅游地区产业升级和优化产业结构方面的研究还有很大的不足，而关于多元价值目标体系引领下的民族地区旅游产业发展的相关文献则更少。

（三）国内外民族旅游研究不足及今后研究展望

综观国内外对于民族旅游的研究，无论是研究方法还是研究内容上都已经相对成熟，有一些成果在实际运用中已经取得了一些成效。但是研究的不足之处也非常明显。国外对民族旅游的研究偏重于个案分析，有些研究的成果对国内民族旅游研究的指导性不强。而国内有关民族旅游研究的大多数成果只是处在理论的研究和论证阶段，在实践的应用中还需要进一步加强。尤其是国内对民族旅游的研究大多数仅仅流于对民族旅游表象问题的归纳，对于民族旅游发展过程中形成问题的因素鲜有深入挖掘，导致研究所提出的解决问题的方案也缺乏说服力。同时，国内民族旅游的研究往往忽略了民族地区经济发展的客观规律，对民族旅游的研究缺少从经济学的角度进行系统的研究。已有的研究成果往往过于简单地注重对民族文化的保护，对民族地区经济发展的迫切需求考虑较少，导致相关的研究得不到当地政府、民众的支持和响应而流于失败。

无论是国内还是国外民族旅游的研究，都存在一些一般性的问题，具体表现在民族旅游研究深度不够、民族旅游研究学科队伍建设滞后、民族旅游学科体系尚未建立与完善、民族旅游区域研究欠缺、实证研究与实地调查研究少、民族旅游理论研究不足等方面。在我国民族地区，由于旅游产业被赋予了更多带动并提高地方经济发展水平的期待和使命，导致旅游发展过程中出现了文化本体价值及其扭曲、环境生态价值发展的“被代价化”、人的发展尺度和标准的模具化等诸多问题。因此，今后急需加强对我国民族地区旅游产业价值的研究与反思，探索多元目标价值体系下民族地区旅游产业发展的科学路径，以实现我国民族旅游的可持续发展。

根据目前研究成果来看，未来民族旅游的研究以定性与定量研究相结合以及跨学科研究为主。在研究内容方面，今后仍然有很多需要进一步加强研究的方面：（1）加强民族旅游发展的理论研究，加强民族旅游研究的学术累积，构建民族旅游学学科；（2）进一步加强我国民族地区旅游产业发展现状的描述和评价；（3）重构多元目标价值下我国民族地区旅游产业发展的价值基准；（4）建立我国民族地区旅游产业发展的新型模式；（5）加强对我国民族地区旅游产业发展新型模式运行的环境和条件的研究；（6）加强对民族旅游不同族群的研究，尤其是从旅游者和当地居民的角度研究群体心理和行为特征；（7）加强对我国特定民族地区旅游影响的研究，尤其是旅游带来的影响和其他非旅游带来的影响的区分研究；（8）加强对民族旅游相关的知识产权议题的研究；（9）民族旅游发展对国家认同的影响研究；（10）民族旅游对我国文化安全的影响研究。

第二章

我国民族地区及西北民族地区旅游产业发展现状

第一节 我国民族地区旅游产业发展现状

一 我国民族地区旅游产业发展历程

由于历史、经济、社会等综合因素制约，与发达地区比较，多数少数民族地区相对闭塞，交通不发达，国民经济的发展也明显滞后。然而，也正是由于这一原因，这些地区丰富奇秀的自然景观和古朴的传统文化被保存了下来，这对于城市居民来说是一种异质的文化和遗产资源。现代人对异质文化的好奇和追求，使得他们对民族地区文化的神秘性产生了浓厚的兴趣。少数民族地区独特的山山水水、历史文物、名胜古迹及他们的生产生活方式、社会结构、风俗习惯等构成了既多姿多彩又具有独特民族特色的旅游资源，是发展民族旅游产业的基础。这些文化和遗产资源成为民族地区开发旅游、发展经济不可或缺的基础和条件。

我国民族地区旅游产业的发展起步于 20 世纪 80 年代初期。改革开放拉开了民族地区旅游产业真正意义上发展的帷幕。20 世纪 80 年代末到 90 年代初，我国民族地区旅游产业开始快速发展。2000 年西部大开发及 2007 年十七大报告中把旅游业作为第三产业的龙头产业来建设，作为拉动内需的重要产业，国家进一步加大了对民族地区旅游基础设施和配套设施建设的投资。

从我国旅游业发展初期开始，由于国家的重视、旅游先发优势和丰富的旅游资源优势使得民族地区旅游业的发展始终处于领先地位。在国家发展旅游业的大背景下，民族地区先后制定一系列促进旅游业发展的政策和法规，旅游业被列入国民经济发展总体规划体系，并以旅游工作会议和旅游现场办公会等形式不断推动旅游业向前发展。如青海省、宁夏回族自治区、云南省从2001年开始就强调要大力发展旅游，做大做强旅游支柱产业。虽然民族地区旅游业经受了“天灾和人祸”的干扰，但历经30余年的发展，民族地区旅游业已经成为名副其实的支柱产业，部分地区如云南、广西等已经成为旅游大省，并进一步向建设旅游强省的战略发展。目前我国民族地区旅游业已经驶入一个前所未有的黄金发展期。

二　良好的外部环境为民族地区旅游产业的发展提供了保障

我国在改革开放后，着力建设一个经济发展快速、政治民主文明、法律规范有序的环境。与旅游业发展相关的重大事件有：2004年7月1日起正式施行的《中华人民共和国行政许可法》中，国务院取消和调整的行政审批项目达1795项，审批事项减少了48.9%。经国务院审定，旅游行政审批项目保留14项，取消7项，改变管理方式7项。目前，全国已有24个省（区、市）将旅游业确定为当地的支柱产业、龙头产业或先导产业。全国60%以上的省（区、市）出台了加快旅游业发展的决定，70%以上的省份和旅游城市制定了有关旅游的法律法规。随着我国旅游业的持续快速发展和国际地位的不断提高，旅游已成为我国政治、经济、外交工作的一个重要内容。2001年12月，国务院发布334号令公布了修订后的《旅行社管理条例》，对试办中外合资旅行社的条件和要求进行了修改。2001年12月，国家旅游局颁布了《导游人员管理实施办法》、《旅行社管理条例实施细则》（修订），国家旅游局将涉外饭店星级标准修改为旅游饭店星级标准，把旅游饭店的统计对象由原来的涉外饭店改为星级饭店，兑现了“入世”的有关承诺，也确保了饭店星级评定，统计口径也与世界旅游业接轨。法律法规的完善为旅游业相关的构成要素如酒店、接待、旅行社确定了标准和规范，为提高旅游业发展水平奠定了良好的基础。近年来，国家又出台了一系列相关政策，大大促进了旅游业的发展。2009年《国务院关于加快发展旅游业的意见》首次明确了旅游业是“国民经济的战略性支柱产业和人民群众更加满意的现代服务业”的定位，并提出了近几年旅游业发展的主要任务；2012 年 2 月国家《关于金融支持旅游业加快发展的若干意见》指出，要充分认识金融支持旅游业加快发展的重要意义，加强和改进旅游业金融服务，加强旅游景区金融基础设施建设等；2012 年 7 月《关于鼓励和引导民间资本投资旅游业的实施意见》指出，要坚持旅游业向民间资本全方位开放，通过民间资本推进旅游产业投资；2013 年《国民旅游休闲纲要（2013—2020 年）》提出到 2020 年，职工带薪年休假制度基本得到落实，城乡居民旅游休闲消费水平大幅增长的发展目标，并提出了大力发展旅游业、扩大旅游消费的几大措施；2014 年《关于促进旅游业改革发展的若干意见》提出，要增强旅游发展动力，扩张旅游发展空间，并在政府扶持旅游消费方面，部署了一些重要的举措；2015 年《2015 年全国旅游工作会议报告》中，重点提到了旅游大投资大项目问题；2015 年 7 月《关于进一步促进旅游投资和消费的若干意见》专门针对增强旅游投资和消费提出了 6 个方面、26 条具体政策措施。所有这些政策和法规对于作为旅游欠发达地区，尤其民族地区，无疑是个福音，将会大大促进民族地区旅游业的发展。

三　政府的角色在民族地区旅游产业的发展中起着重要的作用

民族地区经济、技术水平有限，旅游经济发展对政策的依赖性比较强，因此政府的主导作用很重要。从基础设施投资建设、旅游产品体系的构建到旅游的对外宣传和营销等一系列工作都需要政府“有形的手”来实施调控。

近年来我国旅游业发展势头良好，对区域经济增长起到了很大的促进作用，对民族地区就业结构、城市化进程和文明程度的提高都发挥了重要的积极作用。出于迫切追求经济增长目标的要求，民族地区政府纷纷制定了吸引外资参与旅游开发经营的诸多政策，以出让土地、景点等资源和各类优惠政策作为对外引资的条件，对当地少数民族群众则以核算土地出让金的形式进行补偿，无暇顾及对少数民族群众自身发展能力的培养，严重影响了民族地区当地居民自身的发展。

四　我国民族地区旅游产业发展概况

从我国近30多年来的旅游发展历程来看，国家发展旅游的初期阶段奉行的政策是“大力发展入境旅游，积极发展国内旅游，适度发展出境旅游”。由此可以看出当时国家发展旅游的主导思想是以出口创汇为导向。因此在这个阶段入境旅游在三大市场中占有相当大的比重，而国内旅游发展缓慢。国家根据旅游业发展的变化，于2005年将我国三大旅游市场的发展政策调整为“大力发展入境旅游，规范发展出境旅游，全面提升国内旅游”。此后一段时间，尤其是在应对2008年金融危机的过程中，以国内旅游为主体的区域旅游在保增长、调结构、惠民生中承担了更加重要的作用。可以预见，随着我国社会主义市场经济的深入发展和国民人均可自由支配收入的不断增长，人们对旅游的消费需求将进一步增强。因此，国内旅游业在国民经济社会发展中的地位与作用将越来越重要。

从2000—2014年民族地区国内旅游者接待人数逐年增长率来看(见表2—1)，各省区国内旅游接待量基本呈现出由慢到快，再由快到稳定的特征，旅游接待量呈收敛发展趋势。从2000—2014年民族地区各省份国内旅游接待人数的年均增长率来看（见表2—2)，西藏接待人数增长率最快，高达33.29%，其次是贵州、青海、内蒙古、新疆、宁夏、广西、云南等地。由此可知，旅游发展较成熟的地区，如广西、云南等旅游接待量较大的地方增长稳定；旅游接待量较小的地方，如西藏接待量的增长较快，也呈现出了区域收敛均衡发展的趋势。而新疆受危机事件影响较大，波动增长明显。

表2—1　　2000—2014年民族地区各省份国内旅游接待人数逐年增长率　　单位:%

年份	内蒙古	宁夏	新疆	西藏	广西	青海	云南	贵州
2000	13.08	12.50	9.06	34.85	7.69	98.75	4.55	3.66
2001	23.14	15.23	10.69	21.81	11.44	16.35	19.21	6.06

续表

年份	内蒙古	宁夏	新疆	西藏	广西	青海	云南	贵州
2002	26.98	8.93	15.38	29.70	10.99	12.97	11.60	4.76
2003	-13.79	-10.16	4.55	21.03	-7.10	-5.74	1.14	-16.59
2004	52.01	47.45	22.73	28.47	21.54	29.19	16.31	35.15
2005	36.47	23.76	17.95	48.97	17.67	24.36	14.14	24.96
2006	18.91	18.94	13.38	40.37	13.97	27.96	12.53	52.18
2007	18.60	23.23	28.00	55.44	15.54.	23.09	16.38	31.89
2008	9.97	6.27	3.25	-40.54	22.35	-9.53	14.07	31.05
2009	21.33	17.10	-4.42	149.52	21.81	22.51	17.07	27.59
2010	15.40	12.09	44.80	21.84	19.27	10.54	15.00	23.68
2011	15.64	14.61	26.04	27.23	22.62	15.20	18.12	31.86
2012	13.70	14.60	23.00	21.70	20.40	12.10	20.20	25.75
2013	12.32	14.56	7.09	18.98	13.10	12.60	22.10	20.00
2014	12.13	9.00	13.02	20.00	10.00	12.70	17.60	20.08

表2—2　**2000—2014年民族地区各省份国内旅游接待人数年均增长率**　单位:%

省份	内蒙古	宁夏	新疆	西藏	广西	青海	云南	贵州
增长率	18.39	15.21	15.63	33.29	14.70	20.20	14.67	21.47

从2000—2014年民族地区国内旅游收入逐年增长率来看（见表2—3），各省份除2003年、2008年等特殊事件年份外，国内旅游收入逐年增长率基本上都维持在20%以上，说明民族地区各省份的旅游收入增长情况好于旅游接待人数增长情况，保持着持续高速增长的态势。

从2000—2014年民族地区国内旅游收入年均增长率来看（见表2—4），内蒙古、西藏、贵州的年均增长率位列前三甲，说明西部民族地区国内旅游收入逐渐出现区域空间均衡发展趋势，旅游收入集中度降低。

表 2—3　　2000—2014 年民族地区各省份国内旅游收入逐年增长率　　单位:%

年份	内蒙古	宁夏	新疆	西藏	广西	青海	云南	贵州
2000	168.58	42.48	7.51	16.19	7.23	118.58	4.64	32.46
2001	59.26	16.25	14.57	43.43	22.01	25.91	23.56	30.82
2002	36.37	11.11	16.92.	50.86	13.92	13.34	12.65	31.72
2003	18.99	-14.92	5.65	57.48	-5.27	1.06	9.14	14.52
2004	48.88	46.74	22.85	39.52	19.52	36.63	20.04	40.80
2005	44.83	17.21	19.81	28.27	20.20	27.58	15.59	50.81
2006	38.13	45.10	14.24	45.32	20.24	39.41	16.78	55.58
2007	41.40	23.39	29.35	67.37	20.36	33.15	10.65	33.42
2008	22.36	28.24	2.61	-46.7	22.35	1.28	20.22	27.32
2009	33.46	71.70	-10.71	147.75	33.57	79.87	22.85	23.90
2010	20.88	26.74	59.06	27.29	36.70	-17.11	25.48	33.04
2011	22.28	24.53	46.20	37.36	34.67	30.06	30.42	33.87
2012	22.90	22.80	30.00	30.3	29.90	34.90	30.20	30.13
2013	24.36	23.24	16.88	30.6	21.00	28.10	24.10	22.00
2014	28.72	14.70	24.00	23.0	11.00	27.30	22.58	22.16

表 2—4　　2000—2014 年民族地区各省份国内旅游收入年平均增长率　　单位:%

省份	内蒙古	宁夏	新疆	西藏	广西	青海	云南	贵州
增长率	42.09	26.62	20.14	39.87	20.49	32.00	19.26	32.17

表 2—5 所示的是民族地区对于旅游业的支持情况。结合表 2—5 与上述分析可知，民族地区旅游业的发展速度总体上和宏观的经济发展速度成正比。改革开放以来，经过 30 多年的发展，我国社

会生产力和综合国力已迈上了新的台阶，人民的生活水平总体接近小康。双休日、国家法定节假日和其他假期制度的施行，使人们可自由支配的时间增多，我国交通运输网发展迅猛，出行越来越方便。人们越来越关心生活质量，用于旅游、休闲、娱乐的时间和花费不断增加。我国已形成了世界上规模最大、增速最快、潜力最大的旅游消费市场。民族地区的多样的生态环境为省内各民族的生存和多元文化的发展提供了天然的物质基础，我国作为多民族的国家，由于历史的、社会的、自然条件的以及其他因素的作用，各民族的文化在类型上、发展层次上、辐射力的强弱上存在种种差异，但毫无疑问，它们都有各自不可替代的文化魅力和吸引力。文化是支持旅游业发展的不竭动力，民族传统文化从不同角度反映了各民族的历史、宗教和风俗习惯等，是吸引大量游客的特色旅游资源。各个民族所处的自然地理环境不同，经济、社会、文化、政治的发展程度不同，不同的民族有着不同的历史传统、生产方式、宗教信仰和生活习俗，这使得我国民族地区的旅游资源丰富多彩、充满奇趣。

表2—5　　　　**民族地区对于旅游业的支持情况**

地区	政策支持	财政支持	信贷支持	资金支持
重庆	有	有	有	有
四川	有	有	有	有
贵州	有	有	有	有
云南	有	有	有	有
西藏	有	有	有	有
甘肃	有	有	有	无
青海	有	—	—	—
宁夏	有	有	有	有
新疆	有	有	—	有
内蒙古	有	有	有	有
广西	有	有	有	有
陕西	有	有	有	有

资料来源：根据国家统计局《新世纪·新产业·新增长》补充。

第二节　西北民族地区旅游产业发展现状

西北地区幅员辽阔、民族众多，而真正意义上属于西北民族地区的是宁夏回族自治区、新疆维吾尔自治区以及青海省 3 个民族省区。甘肃拥有临夏回族自治州、甘南藏族自治州两个民族自治州，张家川回族自治县、天祝藏族自治县等七个民族自治县，东乡族、保安族、裕固族 3 个特有少数民族，是我国藏、回、蒙古、维吾尔、哈萨克等 20 多个少数民族的主要聚居区，因此，本书所指的西北民族地区包括宁夏、新疆、青海、甘肃 4 个省区。

一　旅游收入与 GDP 比重分析

（一）三次产业结构现状

西北民族地区产业结构由于其自身的特殊性使得其产业结构的优化升级进程相对全国来说较为缓慢，其三大产业结构状况与全国存在较大的差距（见表 2—6）。从表 2—6 我们可以看出，2009—2014 年西北地区各省份旅游产业所属的第三产业所占比重总体来说低于全国水平，只有青海省 2009 年比重超过全国 0.2 个百分点，甘肃省在 2012 年比重超过全国 0.6 个百分点，其余年份各省第三产业比重均低于全国水平。可喜的是，甘肃民族地区一直保持着第三产业平稳增长的趋势，并在 2012 年赶超全国水平，这说明西北民族地区中，甘肃民族地区第三产业的发展水平正在平稳提高，这也就为该地区发展旅游产业提供了基础条件。整个西北民族地区产业结构与全国相比，第一产业比重远大于全国水平，这直接反映了西北民族地区农牧业仍然起着很重要的作用；第二产业比重总体低于全国水平，只有 2011 年超过全国 0.7 个百分点；第三产业比重则一直远低于全国水平。

从西北民族地区自身产业结构状况来看，我们可以发现以下特征：（1）第一产业比重总体保持下降趋势；（2）第二产业比重除 2012 年之外呈现逐年增长态势；（3）第三产业比重较全国水平较低，且不稳定。

从对西北民族地区产业结构状况的分析中我们可以看出，西北民族地区第三产业发展水平不及全国水平，因此该地区第三产业发展前景和发展空间巨大，对旅游资源丰富的西北民族地区来说，这也反映了其旅游产业发展潜力巨大。

表 2—6　　2009—2014 年西北民族地区三次产业结构状况　　单位：%

年度 地区	2009	2010	2011
全国	10.3：46.2：43.5	10.2：46.9：42.9	10.1：46.8：43.1
宁夏	10.6：46.8：42.6	10.2：46.8：43.0	8.9：52.2：38.9
新疆	17.8：45.7：36.5	19.9：46.8：33.3	17.3：50.0：32.7
青海	9.9：53.3：36.8	10.0：55.1：34.9	9.5：57.5：33.0
甘肃	14.7：44.7：40.6	14.5：48.2：37.3	13.5：50.3：36.2
甘肃民族地区	18.2：37.7：44.1	23.1：26.7：50.2	22.1：28.1：49.8
年度 地区	2012	2013	2014
全国	10.1：45.3：44.6	9.4：43.7：46.9	10.1：46.7：43.2
宁夏	3.4：49.7：46.9	4.2：54.0：41.8	4.0：54.5：41.5
新疆	17.6：46.4：36.0	17.6：45.2：37.2	16.7：42.4：40.9
青海	9.4：57.9：32.7	9.9：57.3：32.8	9.4：53.5：37.1
甘肃	13.8：46.0：40.2	14.0：45.0：41.0	13.2：42.8：44.0
甘肃民族地区	21.8：28.7：49.5	21.2：26.5：52.3	20.7：25.7：53.6

（二）旅游外汇收入及排名

1. 旅游外汇收入

西北民族地区具有丰富的、极富特色的旅游资源，也不缺乏世界性的知名景区，各省份又均把旅游产业作为龙头产业、支柱产业加以扶持，因此西北民族地区旅游业外汇收入其年度增长速度除个别年份以外均大大高于全国旅游外汇收入年度增长水平（见表2—7）。

由表2—7可知，2009—2014年我国西北民族地区省份旅游外汇收入年度增长率均保持持续增长，同时该地区各省份旅游景区景点的知名度也相应提高，知名度的提高也就意味着将会有越来越多的外国游客来到这里，因此旅游产业的发展是该地区发展外向型经济的重要组成部分。

表2—7 **西北各地区旅游业外汇总收入年度增长率** 单位：%

年度 地区	2009	2010	2011	2012	2013	2014	2009—2014
全国	-2.9	8.0	5.8	3.2	3.3	10.2	4.6
宁夏	47.16	35.3	3.4	-12.0	121.7	52.9	41.4
新疆	0.63	35.7	150.9	18.4	6.3	-15.0	32.8
青海	52.0	32.6	30.0	-8.5	-20.2	32.6	19.8
甘肃	-21.8	18.1	17.4	28.5	-8.8	-50.0	-2.8

资料来源：根据国家旅游局编《中国旅游统计年鉴》（2009）、（2010）、（2011）、（2012）、（2013）、（2014），中国旅游出版社2009、2010、2011、2012、2013、2014年版。

尽管西北民族地区旅游外汇收入逐年增加且增加幅度较大，但是该地区各省份旅游外汇收入在全国的排名情况并未出现多大的好转，甘肃、青海、宁夏地区排名情况近年来分别排在全国28、30、31位，且基本保持不变，情况最好的新疆最高也仅在2002年排在全国22位，并且在2012年、2013年跌至27、26位。这说明西北民族地区旅游外汇总收入情况相对全国水平来说还相当低。

一方面，旅游外汇收入年度增长率高于全国；另一方面旅游外汇收入的排名情况又一直落后，究其原因在于西北民族地区经济发展水平较全国其他省份而言相对较低，经济发展的基数相对较小，同时旅游产业的发展还处于相对较弱的状态，因此对于西北民族地区而言，旅游景区景点的对外营销还需要进一步加强，旅游景区景点的包装水平、旅游产品的创新力度还需要进一步加大。总体来说西北民族地区旅游产业的发展程度不高，但发展势头强劲，潜力巨大。

2. 旅游产业收入占 GDP 比重分析

从表 2—8 我们可以看出，2009—2014 年度我国旅游业总收入所占 GDP 的比重除 2009 年、2010 年外，均保持在 4.20%以上。综观西北民族地区省份旅游发展的情况可以看出，新疆、青海、甘肃旅游业总收入占 GDP 比重一直高于全国水平，每年均高出全国比重 1 个百分点以上，其中甘肃省 2014 年旅游业总收入最高达到 GDP 总量的 11.40%，高出全国平均水平近 7 个百分点，表明西北民族地区旅游业在国民经济发展中的作用越来越大。而宁夏旅游业总收入占 GDP 比重则与全国水平基本持平，近两年来发展速度高于全国平均水平。

表 2—8　　**西北民族地区省份旅游业总收入占 GDP 比重**　　单位:%

年度 / 地区	2009	2010	2011	2012	2013	2014
全国	3.16	3.95	4.20	4.47	4.62	4.85
宁夏	4.00	3.5	4.09	4.44	4.96	5.19
新疆	4.17	5.25	6.25	7.20	7.91	7.01
青海	5.56	5.26	5.64	6.57	7.55	8.77
甘肃	5.67	5.73	6.62	8.31	9.84	11.40

资料来源：根据中华人民共和国统计局编《中国统计年鉴》（2009）、（2010）、（2011）、（2012）、（2013）、（2014），中国统计出版社 2009、2010、2011、2012、2013、2014 年版；2009—2014 年宁夏、青海、甘肃、新疆国民经济与社会发展统计公报相关数据计算整理。

从以上分析中我们可以得出西北民族地区旅游产业发展的特征如下：（1）总体来看，西北民族地区旅游产业处于较低的发展水平；（2）西北民族地区旅游外汇收入很低，在对外宣传方面有待于加强；（3）西北民族地区旅游业的发展速度提升空间巨大。

二　西北民族地区旅游产业发展比较

西北民族地区旅游产业经过近几年的长足发展虽然取得了可喜

可贺的成绩，但无论从产业发展所带来的社会效应、经济效应和生态效应方面，还是从产业发展参与的主体、内容和发展保障机制的建设方面都无法与非民族地区相提并论，甚至还略低于全国平均发展水平。以下将从产业参与的主体、内容和保障机制的建设等方面将我国民族地区与非民族地区进行比较，分析西北民族旅游产业发展所存在的问题。

（一）参与的主体比较分析

目前，我国非民族地区旅游产业发展的重要主体还是政府，政府在倡导、组织、推动产业协同发展方面起到了十分重要的作用。近年来，区域内政府高层领导多次聚会，共同研究旅游产业发展重大问题，从宏观层面上明确区域旅游发展的总体思路和战略目标，以及当前及今后区域旅游产业发展的重点内容和行业领域。政府间的管理工作正从局部的、零星的和松散型向高层次的、全方位的、紧密型方向发展。如我国长三角旅游企业积极开展互动联合，苏浙沪旅游部门积极鼓励有实力的旅行社进入上海、江苏和浙江市场开设分支机构和兴办旅行社。

一直以来，在西北民族旅游发展的进程中，政府是最重要的推动力量。无论是“丝绸之路”和“神奇大西北”等品牌旅游产品的建设，“唐蕃古道线”、“青藏线路旅游线”等特色民族旅游线路的设计，还是国际和国内的旅游交易会联合市场促销，旅游宣传手册的印制，都不乏各级政府活跃的身影，许多活动其实就是通过政府间的安排来进行的。区域内的旅游企业反应远不如政府积极，许多旅游企业对区域旅游产业发展采取一种观望态度，有些旅游企业虽碍于情面或迫于压力参与到活动中来，却往往缺乏自身的积极性、主动性和创造性。就西北民族旅游业发展的现状来看，旅游发展需要以政府为主导，没有政府的介入和相关政策，旅游发展势必就缺乏必要的基础和条件。但政府的某些政策还需要落实到旅游企业的行为上，只有政府的积极性而没有旅游企业的积极性，旅游产业发展是难以深入进行的。

（二）旅游产业发展所涉及的内容比较分析

我国非民族地区和西北民族地区旅游产业在发展内容方面有一

定的差距。以下以非民族地区的长三角为例，主要从区域旅游系统所包含的客源市场系统、出行系统、目的地系统和支持系统子系统四个方面来分析长三角地区和西北地区的民族旅游产业发展所涉及内容的异同（见表2—9）。

表2—9 **我国非民族地区和西北民族地区旅游产业发展涉及内容比较**

<table>
<tr><th colspan="2">子系统</th><th>非民族地区</th><th>西北地区</th></tr>
<tr><td>客源市场系统</td><td></td><td>大力拓展国内和国外旅游市场；与邻近城市互为客源市场</td><td>拓展国内和国外旅游市场；与邻近城市互为客源市场</td></tr>
<tr><td rowspan="2">出行系统</td><td>交通</td><td>交通设施日新月异，机场航线的全面覆盖，高速公路、高铁、城际快车、跨河跨海大桥等发达的交通网络体系形成与完善</td><td>全区尚未形成快捷畅通的现代立体交通网络，机场、航线、航班和火车卧铺及高等级公路较少。交通仍为制约西北地区旅游产业发展的一个主要“瓶颈”。目前，各省区的旅游协作尚未涉及这方面内容</td></tr>
<tr><td>营销宣传</td><td>旅游产品的营销已经受到了各个地区旅游部门和旅游企业的重视并逐渐推广，取得了良好的市场效果。如：举办大型旅游节庆活动；建立旅游广播网，播出地区的旅游信息；组织境内外媒体对旅游景区进行考察、采访；参展英国伦敦国际旅游展、巴黎国际旅游展等大型旅游展会，并赴埃及、土耳其、西班牙促销；出版旅游手册和旅游交通图；编制重点节庆活动的年历；举办旅游发展高层论坛，在国外举行两场推介会；参加国际旅游展并举办旅游推介会；运用彩车和方队相结合的巡游方式促销大阪御堂筋巡游</td><td>在国内国际旅游交易会及新闻媒体上联合举办“神奇大西北旅游推介会”，整体宣传推介，并通过各种方式在彼此的旅游市场上开展宣传促销活动。与西北旅游宣传机构合作，编辑出版联合宣传品17种，总印量超过了50万册，其中《神奇大西北》联合导游图已再版3次。建设了中国西北旅游网，并编辑了《西北旅游》DM杂志。2008年，借奥运会契机，五省区及新疆建设兵团旅游局联合举办2008中国西北旅游网上博览会，向国内外宣传推广西北旅游</td></tr>
</table>

续表

子系统		非民族地区	西北地区
	咨询中心	设立多家旅游咨询中心，以各种文字材料及电脑触摸屏的方式，向旅游者免费提供旅游咨询	设立旅游咨询中心极少，提供简单的服务。目前，各省区的旅游协作尚未涉及这方面内容
目的地系统	旅游资源整合	在传统旅游线路的基础上，大力推出新的旅游线路。并携手毗邻区域，联手推出新旅游线路，丰富旅游产品，满足多元化的市场需求	以享誉世界的"丝绸之路"为龙头，带动区域旅游资源整合，设计出多条探险旅游线路和特色旅游线路
	设施子系统	在基础设施与服务设施领域，配套服务设施比较发达，设施规划和分工布局体系也比较科学，基本上能满足市场需求，产业结构日益优化	由于开发程度低以及资金的匮乏，西北地区的基础设施和住宿接待设施普遍落后，不够完善。相当一部分旅游饭店等设施陈旧，配套设施不完善，严重影响了接待能力。目前，各省区的旅游协作尚未涉及这方面内容
支持系统	政策保障	《中华人民共和国旅游法》、《中华人民共和国"十二五"规划》、《关于促进旅游业改革发展的若干意见》、中国旅游业发展"515战略"等重要法律法规政策	一年一度的"中央民族工作会议"的召开、《西北五省区旅游绿色通道管理办法》、"一带一路"国家战略的推进和实施等多项支持西部民族地区的政策和法律法规
	市场环境	全国市场化程度高，为旅游产业发展创造了良好的制度环境和政策环境，尤其是各地旅游管理机制的创新改革和旅游投融资体制的创新，为大量社会资金进入旅游投资领域创造了条件，也为旅游产业发展提供了有效的市场制度环境。而且，市场化运作机制有力、区域旅游发展的空间范围扩大和保障机制比较成熟与完善，有利于实现旅游要素资源的科学合理配置和优化区域旅游产业机构、空间机构	市场化程度较低，吸引社会资金能力薄弱，投融资企业有限。市场化运作、旅游要素资源的科学合理配置和优化区域旅游产业机构、空间机构正在逐步发展与完善

续表

子系统		非民族地区	西北地区
	人才教育、培训	每年定期召开会议，加强旅游教育培训部门的工作交流；逐步形成职业培训的统一标准和内容；开展旅游业务培训工作；开展各旅游业务技能竞赛活动；促进地区旅游专业人才的柔性流动	西北各个民族地区定期进行旅游从业人员的培训，但培训形式单一，培训体系不健全

从表2—9的对比分析可以看出：第一，非民族地区旅游产业发展所涉及的内容比较广泛，基本涵盖了四个子系统所包含的各个方面；而西北民族地区旅游产业协同发展只是涉及了部分内容，交通建设、旅游咨询中心、设施子系统和市场环境建设等方面都涉及较少。第二，即使在两个地区都涉及的内容方面，如营销宣传、旅游资源整合、政策保障和人才教育培训等方面，非民族地区也比西北民族地区的内容更丰富、更全面。

第三节　我国及西北民族地区旅游产业发展的阶段性分析

一　我国民族地区旅游产业发展的阶段

（一）探索发展期

自改革开放以来到20世纪90年代中后期，我国旅游产业自发形成并运行发展。旅游消费结构由东到西渐次蔓延，逐渐形成了由具有弹性的旅游需求到刚性旅游需求的过渡。入境旅游与出境旅游需求的增加进一步推动了我国旅游产业的发展，我国发展旅游产业的动力源泉逐渐由国家对外宾的政治接待向获取国际外汇储备、再向满足人们日益增长的旅游需求过渡。旅游需求市场的形成以及规模的扩大，刺激了旅游供给的形成，因而出现了各种旅游企业组织，但主要表现为传统经营模式主导下的单一门店的分散化经营。旅游需求的旺盛增长与发展推动着旅游产业向前发展。该阶段为我国旅游产业发展的潜伏期、准备期与形成期，我国旅游产业经过各主体的不断探索，逐渐成长起来。

我国民族地区旅游产业的发展总体上滞后于我国旅游产业整体的发展。20 世纪 80 年代初期，我国民族地区旅游产业基于计划经济体制运行；1984 年后，民族地区的投资方式随着国家政策的调整出现了灵活的改变；80 年代中期，典型的民族旅游城市逐渐加大开放力度，民族旅游一级目的地基本浮现；80 年代末期，我国民族地区旅游产业业态逐渐显现，但民族旅游资源的开发多处于低级甚至原生态待开发阶段。东部客源以及海外客源构成了该阶段民族地区的旅游市场，并且旅游者活动对于民族地区的生态环境、文化环境、经济环境几乎不构成影响。这一时期，民族地区旅游产业的发展整体落后于我国旅游产业整体的发展进程，但该时期同样构成了民族地区旅游产业发展的探索发展期。

（二）成熟发展期

20 世纪 90 年代中后期至 21 世纪的前 10 年，我国旅游产业整体发展基本成熟，逐渐成为我国现代服务业发展的标志。各地旅游产业的发展突飞猛进，但同时存在较大的发展差异。此阶段内我国旅游产业的发展与区域经济发展水平相适应，与旅游目的地的可进入性和可达性直接相关。在东部地区，旅游产业的发展逐渐显现出经济支柱性产业的发展态势；而在西部，尤其在我国西北地区，其旅游产业整体发展规模和发展水平严重落后于东部地区的旅游产业发展，不可同日而语。

随着出境旅游、入境旅游和国内旅游三大旅游市场的逐渐完善，旅游业对国民经济的贡献增加，公民旅游呈现出稳定增加的需求态势，旅游需求的刚性增强，大众旅游时代随之到来。同时，为承载增加的旅游需求，相应的旅游供给也在逐渐完善。从微观角度来看，主题景区、旅游集散中心、旅游宾馆、饭店集团等综合业务多元化发展的旅游服务体出现在我国东部地区，在绝对数量与相对质量上均有大幅增加；从宏观角度来看，各区域公共基础设施和配套服务设施逐步完善，交通的可达性大大增强，旅游产业正在逐渐成为我国经济社会发展的重要产业部门。此阶段，我国旅游业产值迅速增长，是我国旅游产业发展逐渐走向成熟的时期。

1998 年中央将旅游业作为国民经济新的增长点，促使我国民族地区逐渐确立了旅游业的先导和主导地位，旅游业由事业型到产业型的转化于此基本完成，并成为基于市场化运作的政府主导型产业。进入 21 世纪后，随着民族旅游产业体系的健全，成为基于市场化运作的政府服务型产业。西部大开发战略、黄金周、加入世贸组织、十七大等国家政策方针以及发展战略的制定，对于民族地区旅游业的发展具有重要意义，并且直接推动了民族地区旅游产业的发展。这一时期，民族地区旅游景区以及相关企业的供给能力大幅提升，呈现出旅游组织规模化、产业体系链条化、旅游要素高级化的发展态势，由此带来的经济发展的乘数效应逐渐凸显，民族旅游市场的收益率逐渐增加，但生态环境恶化、民族文化蜕变等对民族地区社会、文化、环境等的冲击接踵而至。

（三）质态跨越期

2014 年，我国 13 亿人民的年均出游次数已达 2.6 次，公众对旅游的刚性需求逐年增加。近年来，为迎合国内外经济形势的变化，我国旅游产业也体现出了新的发展特质。

（1）逐渐重视环境保护。长期以来，我国民族地区旅游产业的发展“重开发，轻保护”，民族地区旅游经济飞速扩张的同时也带来了生态环境的严重破坏，异质文化的同化、变异等一系列问题，使得旅游产业原本的吸引力下降，超常态的发展严重影响了旅游产业的可持续发展，旅游目的地的环境承载能力下降。因此，新常态下的旅游产业发展过程中对生态环境和文化环境的保护也提出了更为严格的要求。

（2）强调旅游产业的稳定和可持续发展。激进式的短视发展带来了日后经济利益、生态利益、文化利益以及人的利益的损失，并严重影响到旅游业的可持续发展。旅游产业的发展相对于宏观经济的发展过快或过缓均不是两者之间耦合相长的发展模式，其发展应自觉与宏观经济的发展保持在合理的弹性发展区间内。

（3）旅游业的发展已成为我国各地区经济调整、结构转型的产业选择和依托。旅游业以其强大的产业关联度和联动性成为区域经济调整、产业结构转型的重要推动力量，在新常态的发展环境中，旅游产业的发展应注意淘汰“三高一低”（高投入、高消耗、高污染、低效益）的不良投入—产出结构，并注重与关联产业的协作发展，共同为区域环境的发展进行自我改善以及带动进步。

（4）旅游需求模式发生了变化。大众旅游时代的到来使得旅游需求不再仅仅局限于观光、拍照等感官旅游体验，更多的旅游者青睐于体验、休闲、度假式的旅游形式，旅游需求的模式由最初的一般化、共性、粗放型旅游消费方式逐渐转变为个性化、体验适合休闲度假式的旅游需求模式。

（5）旅游已经进入互联网时代。由于 OTA、O2O 等移动互联网时代的新型旅游企业组织以及新型旅游服务产品的出现，严重影响了传统旅行社的生存环境。与此同时，组团或抱团出游逐渐被自驾游、自由游的出游方式所取代，每一个出游个体都是一个自旅游主体，其中“80 后”人群成了国内游以及国际游的主力军，随着自媒体时代的到来，旅游业也迎来了游客的自旅游时代。

（6）旅游供给已呈现出质的变化。景区的内涵已不再局限于传统的、狭隘的景区，而表现为大景区时代的特质；旅游饭店、酒店的建设已在平实性中注重突出了特有的文化内涵和个体体验，以差异化的贴心服务满足旅游消费者的需求；旅行社在新的发展背景下积极寻找瓶颈突破口，通过个性化服务、新型导游的培养等措施来自救。

该阶段，我国民族地区旅游产业的发展所依托的公共基础设施、可进入性、旅游配套服务设施等物质基础大大增强，网络信息化（移动互联网、物联网、大数据、云端服务等）发展水平逐渐提高，为民族旅游产业在新阶段的转型发展带来新的契机。为增强民族旅游产业对于旅游者以及潜在旅游者的吸引力，民族旅游产业与其他产业业态（文化创意产业、体育产业等）的融合成为民族地区积极探索的主题。民族旅游产业的质态跨越发展对于促进民族地区经济发展、提高民族社区居民生活水平具有重要的意义。

二　西北民族地区旅游产业发展的阶段

根据我国民族地区不同时期旅游业发展的不同特点和不同模式，可以把西北民族地区旅游业发展分为四个阶段。

第一阶段：改革开放以来到20世纪90年代初期，是我国西北民族地区旅游产业发展的探索初创期。当时西北民族地区旅游产业基于计划经济体制运行，民族旅游资源的开发程度及开放程度较低，其主要客源来自东部客源以及海外客源，旅游业的发展以政府主导为主，一些民族旅游发展的弊端还没有完全体现出来，旅游者活动对于民族地区的生态环境、文化环境、经济环境影响也相对较小。

第二阶段：20世纪90年代初期到20世纪末，是西北民族地区旅游业转轨规范发展期。这一时期西北民族地区旅游业的先导和主导地位也得以确立，其旅游业的发展进入了转轨规范发展阶段。这一时期的西北民族地区旅游业全面完成由事业型向产业型转型，进入政府主导型市场化运作阶段。

第三阶段：21世纪初的前10年，是我国西北民族地区旅游产业高速发展阶段，也是我国民族旅游产业发展的成熟期。西部大开发战略、黄金周制度、十七大等国家政策方针以及发展战略的制定，对于西部民族地区的发展具有重要意义，由此带来的经济发展的乘数效应逐渐凸显，民族旅游市场的收益率逐渐增加。但由于区域经济发展不平衡，民族地区区情、区位、环境承载量、资源开发水平等因素的制约，西北民族地区旅游业的发展水平和发展规模与非民族地区发展差距较大，生态环境破坏、民族文化蜕变、社会风气恶化等对民族旅游产业的冲击接踵而至。

第四阶段：2010年至今，是我国西北民族地区旅游业的转型换代时期。近年来，随着区域经济的发展以及区域产业结构优化升级的需要，旅游产业作为全方位、多层次、多功能的经济型产业，已经成为各地区产业结构优化升级过程中必须考虑的重点产业。与此同时，互联网、智慧旅游等旅游新常态的出现，以及西北民族地区旅游业的发展过程中由单一经济价值导向的发展模式弊端逐渐显现，也促使西北民族地区旅游业的发展必须尽快调整发展模式，实现转型升级。

第四节 我国民族地区旅游产业发展的特征

一 我国及西北民族地区旅游产业发展的特征

（一）国家政策及资金的大力支持

我国民族地区旅游业发展30多年中的每一次飞跃都与国家的政策和资金支持有关。2000年西部大开发战略的实施为西北民族地区旅游业的发展提供了巨大的政策和资金支持。同时，从我国民族地区旅游业危机的化解来看，政府担当了主要的风险承担者。亚洲金融风暴（1997）、非典（2003）和全球性金融危机（2008），都对民族地区旅游业产生了严重的负面影响。国家采取减免行政事业性收费和适当财税优惠政策等措施，为旅游企业度过危机尽可能地保驾护航。甘肃的“3·14”事件和新疆的“7·5”事件以后，中国政府秉承公开、透明和宽容的态度承担善后工作，并且积极重塑民族地区安全旅游形象。

（二）旅游业发展的速度高于国民经济发展的速度

在我国民族地区，旅游业的发展速度普遍高于当地的经济发展速度，西北民族地区也不例外。30多年来，我国民族地区旅游业保持了旅游人数和旅游收入“双高”发展，其发展速度都高于当地国民经济的发展速度。近年来，西北民族地区旅游产业要素的扩展速度以及产业固定资产和规模扩张的速度也远远高于其他行业，成为名副其实的支柱产业。但与东部地区相比，西北民族地区旅游业在资金投入和市场占有方面具有先天的不足性。2003年以后，由于假日制度改革，沿海和中部地区旅游业发展凭借其资本、技术和市场优势，西北民族地区旅游业很快就被赶超。因此，西北民族地区旅游业的发展必须要与东部和中部的资本、技术和市场联姻，实现优势互补，从而促进旅游产业东中部和西北民族地区的一体化发展。

（三）民族地区尤其是西北民族地区远离主要的客源市场，旅游业的客源市场结构不平衡

由于地处偏远地区，我国民族地区尤其是西北民族地区远离我国的主要客源市场，无论是时间成本还是花费成本均高于全国平均水平，这也是导致西北民族地区旅游业发展相对滞后的原因之一；同时，由于受政治因素（如甘肃的“3·14”事件和新疆的“7·5”事件）、民族因素的影响比较大，导致近年来入境旅游市场下滑严重，旅游业的发展不够稳定，影响了旅游业的可持续发展。

（四）旅游的发展模式以“政府主导”为主

我国民族地区由于经济发展水平相对落后，长期以来旅游业的发展模式基本上以计划式的政府主导为主。不管是管理制度的建设还是行业服务，政府在其中的作用都非常强势。由于经济发展水平相对落后，民族地区旅游业的发展基础设施建设，普遍比较滞后，可进入性仍较差。近年来，在旅游业的投资经营等方面，市场经济模式逐渐进入，基本完成了由“政府主导型市场化”模式向“政府服务型市场化”模式转变，但政府主导的色彩仍然比较明显。

（五）旅游产业发展势头强劲

我国民族地区不仅具有丰富的旅游资源，也有很多世界性的知名景区，各省份又均把旅游产业作为龙头产业、支柱产业加以扶持。在西北民族地区，旅游业外汇收入其年度增长速度除个别年份以外均大大高于全国旅游外汇收入年度增长水平。可以预见，在未来发展中，西北民族地区旅游业的发展仍然是我国旅游业发展速度最快的地区之一。

（六）旅游业发展的负面影响逐渐凸显

长期以来，民族地区尤其是西北民族地区旅游业的发展过度追求经济价值，导致当地文化本体价值被忽视和扭曲、环境生态价值发展被代价化、人的发展尺度和标准模具化等“价值损漏”问题也逐渐浮现出来。因此，面对经济社会发展水平相对偏低、生态环境相对脆弱、人的自由全面发展需求相对迫切的西北民族地区，如何使旅游业的发展既能满足当地经济社会发展的需求，也能满足人的发展、社会文化及环境的保护等多元发展目标，是目前我国民族地

区旅游业发展迫切需要解决的问题。

二　我国民族地区旅游产业发展环境的脆弱性分析

（一）生态环境的脆弱性

西部地区作为我国民族旅游资源的富集区，尤其在民族文化资源方面的垄断性构成了西部发展旅游业的比较优势；但西部地区的生态环境相比中、东部地区而言，具有明显的脆弱性和不确定性，尤以西北民族地区生态环境的脆弱性最为显著，生态系统的恢复能力弱、自我保护能力差以及利用效率低等使得西北生态环境遭到了严重的破坏，如甘南农牧地区出现了“竭草而牧”的现象，使得草原变成粗放式管理和无序式发展的草场。因此，处在生态环境的边界考量旅游产业的发展体量以及旅游产业发展与农牧活动开展之间的关系，具有现实性和必要性。

（二）文化环境的脆弱性

在我国民族文化体系中，汉文化占据了90%以上的体量，并具有纵深度强、自我修复能力强以及被同化潜力低等特点；相比于汉文化，我国少数民族文化的体量较少，在历史发展过程中具有民族文化的自我消减、自我消解和变异等特性，并处在汉文化的对撞与对冲的包围之中，民族文化的自避式发展态势已经产生。旅游产业是各种民族文化与汉文化对撞的平台，民族旅游产业的发展带来了少数民族文化的被同化、被解构，并逐渐失去了民族文化的本态和本质，存在对外来游客的迎合甚至取悦，以城市化的表演、汉化的旅游商品等构建民族旅游产品，逐渐丢失了少数民族文化的自尊、自爱和自珍。外来文化在民族地区的“滋生”，使得民族地区的大多青少年群体背井离乡到一二线城市展开具有城市化、舞台化和表演化的民族特色职业生涯，同时在市场化和商业化的大潮中逐渐消解了自身民族的特征与属性。因此，克服民族文化的“易感染性”，为民族文化注入针对外来文化侵蚀的“抗体”，是保持民族文化无损传承和发展的重要基础。

（三）人的发展的脆弱性

研究发现，少数民族人民对于在民族地区所从事职业的选择具有较强的边际效应，即面对职业选择时，具有非此即彼的固定思维模式，欠缺对职业选择的融合发展，从而表现出了较高的边际转换率。这表明少数民族人民对自身发展的问题具有模糊性和不确定性，对于从事事业的模式选择较为单一，欠缺多种职业内容的结合发展。本书通过对甘南藏族自治州的藏民进行走访与调研，发现该地区传统农牧业的转型升级发展缺乏弹性，以至于少数民族人民对于从牧还是从商等问题的思考与选择具有较大的局限性，并且对于当地民族旅游产业的发展与少数民族人民之间的发展方式以及促进机制较为模糊，将农牧民看待旅游业发展的眼光从经济层面上升到文化制度层面，仍具有较大的难度。

（四）社会环境的脆弱性

民族地区经济的发展将会直接促进当地财政收入以及人均 GDP 的提升，从而通过反哺的形式对社会发展的多级指标产生积极作用。但如今，民族地区社会经济结构的优化发展、人的全面发展、文化的促进发展以及科、教、文、卫、体等多目标同步发展的平台尚未搭建，民族旅游地区仍处于经济基础薄弱、公共基础设施建设水平滞后、社会整体发展速率缓慢等欠发达环境下，预期在“马太效应”的推动下，民族地区与汉族地区的发展差距将会逐渐增大。因此，为改善民族地区社会环境的脆弱性，有待于通过大力扶持新型产业、努力建设支柱产业、重视联动系数较大的产业的发展来拉动民族地区社会发展水平。

第五节　我国民族地区及西北民族地区旅游产业发展存在的问题

在我国民族地区，旅游业的发展也给当地带来了翻天覆地的变化。然而，随着国内旅游的不断发展，民族地区旅游目的地属地内生态环境恶化、民俗传统异化、道德风气退化、社区冲突不断恶化、目的地利益相关者群体性失落等问题也接踵而至，逐渐暴露了现有旅游发展模式的弊端。目的地的旅游发展如何向生态效益、经济效益、文化效益与社会效益均衡发展模式转变，成为我国目的地旅游可持续发展理论与实践中亟待解决的问题。近年来，学术界对民族地区旅游发展的价值进行了反思和批评，但仍然没有引起政府和行业的重视，民族旅游的发展仍然任重道远。

一　经济发展水平制约了民族地区旅游业的发展

旅游业对其他产业有很强的关联带动作用，换言之，也说明旅游业发展对其他产业的依赖性比较强。作为一个综合性的产业，旅游业就像一只由很多长短不一的木块拼合而成的桶，这些木块分别代表了交通、能源、城建、轻工业、通信和贸易等相关部门。民族地区在目前资金紧缺、技术落后、人才匮乏的情况下，旅游业的发展所要求的接待规模、服务档次和设施标准很难达到，旅游经济运作过程十分艰难。受经济发展状况的制约比较大，因此，民族地区旅游经济发展状况常常表现出诸如旅游开发启动资金不足、开发规模和档次以及接待能力有限、教育培训等缺乏资金支持和技术保障、旅游接待和服务的质量难以向国际标准看齐、产业结构单一、产业体系不健全、缺乏生态旅游的环保设施和环保意识等问题。

二　区位因素制约着民族地区旅游业的发展

民族地区尤其是西北民族地区的旅游业发展面临的一个大问题就是区位。我国少数民族分布地区占全国总面积的63.7%，从地理位置上看，我国民族地区多集中于边疆、牧区和高寒山区，地处偏远，自然条件恶劣，难以进入。这是历史形成的。在有实可查的历史上，除了因扩张和征战而进行迁徙从而与汉民族发生融合的部分少数民族以外，几个世纪以来，我国境内各个民族很少进行迁徙，从而形成了较为封闭的地理环境。

由于远离中心城市和旅游集散地，加上交通和通信不便，对客源地而言，感知距离十分遥远。从旅游者决策行为来看，中国城市居民旅游和休闲出游市场随距离增加而衰减。因此，民族地区旅游经济要克服区位因素造成的不利影响，就必须从两个方面努力：一是通过改善交通通达条件以缩短旅途花费的时间，从而缩短感知距离；二是提高旅游地的档次和知名度，以增加出游的可能性。

三　受资金、理念的限制，绝大多数旅游产品没有得到适宜的开发

由于民族地区经济发展水平相对滞后，许多地方处于“吃财政饭”的状态，使当地政府在基础设施投入和重大项目投资方面的能力受到限制，这样既影响了宏观调控能力的发挥，也影响了投资环境的改善，不利于大规模招商引资。由此形成了单靠财政拨款来发展的尴尬局面，这在很大程度上制约了西北民族地区产业结构调整。当前，国内各省区普遍重视旅游规划工作。发达地区姑且不论，仅以同属西部其他民族地区而言，云南从省到各地州市，均在地方财力并不富裕的情况下争先恐后地抽出钱来委托专家搞旅游规划；四川干脆花了几百万元巨资请世界旅游组织专家制定全省旅游发展总体规划。而西北民族地区还有相当一部分民族传统文化资源的数量、质量、类型和分布尚未完全弄清，已经开发的，利用也不充分，资金有限，即使利用的也未必都用在刀刃上，而且地区经济相对落后及财力支持不足，没有形成特色和规模效应，这样必然降低旅游在旅客心中的总体形象，进而影响该地区旅游业的发展。西北是多民族聚居大区，具有多元文化兼容的文化特征，旅游战略选择应以自然禀赋为基础，以文化为核心，以服务和产品为载体。然而各民族地区旅游景点的民俗活动场所大多将目光盯在了如何尽快赚钱上，忽视了最大限度展示自己特有的文化内涵。目前各地在规划上缺乏理性思考，一哄而上，以发展景点的数量为目标，缺乏对民族丰厚文化底蕴的挖掘和展示，使文化民俗娱乐活动特色的质和量均显得不足。今后应该加强西北少数民族旅游产品开发，增加西北民族旅游产品的文化内涵。除此之外，西北民族地区的旅游商品缺乏创新，旅游商品的生产销售在整个旅游业收入中所占比重较低，和其他发达地区相比，差距较大，究其原因，主要是旅游商品以传统唱主角，缺乏创新。例如，甘南藏族自治州属安多藏区，目前，旅游商品基本上还是以传统手工艺品、小吃等为主，多年来变化不大，旅游产品缺乏特色，新产品的研制、开发滞后，加工工艺停留在低水平，使当地其他产业的发展和居民并未受益于旅游业给

当地经济带来的“乘数效应”和联动效应。

四　未能处理好开发与保护的关系，影响了原生态的少数民族文化

由于部分地方未能处理好开发与保护的关系，一定程度上影响了原生态的少数民族文化。中国社会科学院旅游研究中心研究员魏小安谈到如何突出西部旅游产品特色，强调一定要努力保持和维护文化的多样性，尤其是西部地区的民族文化多样性，保持原创状态。在开发西北民族文化旅游过程中，“急功近利”使旅游地区“被迫接受”的一些文化内容会逐渐以某种形式渗透到本地文化之中。本地文化就有被同化的可能，同化就意味着特色的消失，而特色正是旅游的吸引力之所在。所以从这个角度而言，西北民族旅游业在开发中往往是为了一时的眼前利益而付出了昂贵的“文化成本”，各种原生态的民族风情反映了其丰厚的历史文化传承，是极其宝贵的文化遗产，如果发展旅游事业中未能全面地兼顾各民族多元文化形态，那么发展与速度将无法以乘积来确定。大多素相关利益群体只意识到了发展旅游业带来的积极影响，如可以增加居民收入及提高生活水平、增加就业机会、增加税收、改善交通设施、增加购物场所等各种有利影响。与此同时，旅游发展对目的地的消极影响却没有引起警惕甚至被忽视，如游客的大量流入会造成目的地消费价格的上涨，可能会引起通货膨胀，造成居民与游客的关系紧张，社会生活的忙碌化，价值观念和伦理道德的蜕变；旅游对于当地文化的商品化开发还可能造成当地文化的失真与传统文化的流失，还有可能提高当地的犯罪率，破坏当地的治安环境。对于生态环境来说，旅游活动的开展也可能带来环境污染的增加（例如噪声污染、废水、垃圾等），还可能破坏野生动物生存栖息环境等。这些均是由于未能处理好开发与保护的关系，从而影响甚至是破坏了原生态的民族文化。

五　人力资源素质偏低，与民族旅游产业结构优化升级的人才需求不相适应

提高人口素质对产业结构优化升级有着深远的影响，当前西北

民族地区相当部分地区受地域、自然生态环境及其他方面因素的影响，人口文化素质低下、发展意识薄弱，使得难以把握现有的生产科学技术和市场规律。此外，由于基础设施薄弱、信息闭塞，导致这部分人群在信息的获取、处理、技术应用上困难重重，这使得该地区产业结构优化升级面临着很大的风险和约束。

六　对人的发展问题的忽略极大地影响着民族地区旅游产业的发展

在以往对旅游产业发展的研究中，人们往往比较注重研究旅游地区的社会经济的发展、文化的发展、生态环境的发展以及制度的发展等方面，而忽视了人的发展在旅游产业发展过程中的地位和作用，或者把发展仅仅理解为经济的增长、文化的进步、生态资源的开发和保护，以及发展制度的创新等方面，而忽略了“发展”的真正目的在于人的发展。在旅游产业的发展道路上所遇到的一系列问题既与当地的经济状况、资源禀赋、发展制度等有关，最根本的则在于人的发展。因此，立足于人的发展，解决民族地区旅游产业发展中人的发展问题，升华其发展意义，是今后我国民族地区旅游业发展过程中需要重点关注的问题。

第三章

西北民族地区旅游产业多元价值体系的构建

第一节　西北民族地区旅游产业发展价值基准的反思与批评

欧洲文艺复兴之后，人对自由的追求和向往更深入地挖掘出人的需求与欲望，在以货币为媒介和以人的需求膨胀为撬动下市场经济逐渐形成，新经济伴随着技术的不断革新带来了工业时代。市场经济是工业时代的主要载体，同时也促使市场社会的形成，世间万物皆可成为用来交换的“商品”，货币成为万物价值衡量的主要手段，产业发展的价值衡量也主要以货币化产值贡献为核心，以怎样带动并提高经济发展总量为成熟的标志。旅游产业作为第三产业中的新型产业，扮演着提高经济发展总量和优化区域产业结构的重要角色，在我国东部沿海等发达地区，旅游产业发展较早，旅游产业与地方其他产业的协同水平较高，旅游产业已在经济价值之外逐步体现其多元的社会角色和价值，旅游产业的发展朝着更为科学、合理和可持续的方向发展；而在我国中西部地区，尤其是民族地区，由于经济社会发展水平一般较低，而自然资源和文化资源富集程度一般较好，旅游产业更多地被赋予了带动并提高地方经济发展水平的期待和使命，在发展过程中往往不惜文化、生态和环境以及人的发展等多元的社会价值的“损漏”，导致旅游业在发展过程中严重向单一的经济价值倾斜甚至出现价值扭曲。

一　对经济价值过度追求及其负效应

从 20 世纪 80 年代伊始，国内外已有学者开始关注旅游产业发展的价值属性等问题，国外旅游业发达地区尤其是经济社会发展水平较高的地区逐步开始注重挖掘和考量旅游产业发展除经济价值以外的多元目标价值，但在我国经济社会发展水平较低的西北民族地区，旅游产业的发展仍更多地被赋予经济价值属性，具体表现为两个方面，一方面是各地旅游业在缺乏科学的市场调查分析和资源价值评估基础上进行的无序而往往又是不可逆的开发和利用，导致旅游景区、旅游配套服务设施的大量“烂尾工程”的出现，在对经济价值的急迫追求下，不但难以实现旅游产业的经济价值，甚至出现高沉没成本；另一方面是各地在进行旅游开发过程中，由于低估民族地区的生态脆弱性与文化脆弱性，或是未经科学、合理的规划设计，导致资源的无效利用，出现资源的不可恢复甚至是资源耗竭。上述对旅游经济价值的盲目追求甚至是负效应的出现，主要归咎于以下两个原因：一是作为直接行为主体的旅游饭店、旅游景区景点、旅游购物商店以及旅行社等旅游微观组织，在缺少有效的文化、生态、环境和社会均衡发展的规约和引导下，势必以利润最大化的经济价值追求作为企业发展的核心与根本导向；二是作为间接行为主体的政府，本应注重民族地区的经济社会和谐全面的发展，但由于经济社会发展水平滞后，经济发展成为各地的迫切需求，致使政府往往并未扮演好统筹经济与社会平衡发展的角色，在实现其基本的社会稳定职能外，更多的仅是关注民族地区经济的发展，缺少对民族地区旅游产业发展的合理、科学的研判，缺少对民族地区旅游产业发展的战略性引导和规约，最终出现对单一经济价值追求的倾斜和扭曲，导致对文化、生态和环境、人的发展和社会发展等方面的“价值损漏”。

二　文化本体价值及其扭曲

民族地区旅游产业的文化价值是通过旅游者与当地居民即旅游客源地与民族地区两种社会文化在人与人直接和间接的交互过程中的文化碰撞与文化交融中产生的价值，这种交互过程存在着文化理解、文化认同等正向价值，但也同时存在着文化解构、文化殖民等负向价值。近几年我国民族地区旅游产业发展过程中，民族文化的负向价值或是负面影响受到了越来越多的关注，但是对于旅游产业发展本体的文化价值实现却鲜有重视，旅游产业的企业和政府等行为主体在追求单一的经济价值过程中，往往忽视了旅游本身的文化属性和文化价值，忽视了旅游活动的产生和发展过程中对文化保护和传承的功能和作用。民族地区文化本体价值及其扭曲的主要原因可以归纳为以下三个方面：第一，民族地区旅游产业的产业属性尚未形成统一的认识，就其产业内部的微观组织来看，旅游产业应该属于接待服务业，但从旅游产业核心产品的价值和内涵来看，旅游产业又似乎应该属于文化产业，尤其伴随着近年来文化产业的兴起，民族地区以其特色的文化资源，促进旅游产业和文化产业的不断融合，使民族地区的旅游产业的产业属性边界更为模糊，产业中的行为主体也就很难站在一个准确的位置上去实现或是创造旅游产业的文化价值；第二，我国民族地区经济社会发展水平普遍较低，现代化文明进程普遍较为缓慢，本土文化伴随着发达地区旅游者的到来，也无形中带来了发达地区的“强势文化”，如果民族地区居民对本民族文化没有很强的认同感，同时也没有地方文化保护和地方性战略引导，地方性的民族文化在旅游产业的发展中，将更快地被冲击，甚至被“殖民化”；第三，民族地区在追求旅游产业的单一经济价值的过程中，旅游产业中的行为主体受到经济价值的引导，将旅游产品置于一般商品的序列中，不断地去按照消费者的需求来“改善”旅游产品的内容，甚至不惜改变原本的文化内涵，民族文化在旅游产业的发展中不断地被包装、加工，进而一些民族地区出现了“舞台表演”或“文化失真”，本土民族文化在迎合市场发展中逐渐失去其本来的内涵和价值。以上三个方面在不同程度上影响着西北民族地区旅游产业发展中对本体文化价值的认知和实现，致使文化本体价值向负面价值和影响的扭曲。

三　环境生态价值发展的“被代价化”

西北民族地区一般具有较好但又较为脆弱的生态环境，在旅游产业发展过程中，西北民族地区在追求单一经济价值的引导下，对原有的环境与生态缺少价值评估或是低估对环境与生态的实际价值，使旅游产业行为主体滥用民族地区的环境与生态资源，导致环境的破坏与生态的失衡，旅游产业发展本身对环境和生态的保护和可持续利用等价值“被代价化”[①]。西北民族地区旅游产业发展过程中环境生态价值的“被代价化”产生的原因主要包括以下两个方面：第一，西北民族地区环境与生态的脆弱性在旅游产业发展过程中并未被核算成旅游产业发展的成本和支出，或是地方当局为促进经济社会的发展，在旅游产业的“绿色”、“无烟”等言论误导下，以“低价”甚至是“无价”“出售”或是“出租”[②]给旅游开发商，旅游开发商以低于社会实际成本的价格开发旅游产品，而低出社会实际成本的部分往往由当地居民“无补偿”地承担，即旅游产业在开发过程中对西北民族地区环境和生态产生的负外部性，这种负的外部性如果没有政府的宏观调控，旅游企业等产业行为主体在低成本高利润的驱使下可能更为肆无忌惮地不惜破坏生态和环境进行旅游开发，最终导致生态和环境的进一步恶化；第二，在民族地区旅游产业的发展过程中，生态旅游始终是非常重要的业态，但旅游者和旅游开发商对生态旅游的界定均指向对生态和环境的体验和消费过程，即把对环境和生态作为“开发”或是“包装”的产品对象，开发商将其出售给旅游者。而事实上，生态旅游更多的价值存在应该是在体验和享受生态和环境的过程中，逐步提高消费者和当地旅游参与者对生态和环境保护的意识，同时在消费过程中注重对消费环节“生态化”的设计，开发具有生态与环境保护主题的旅游产品，促使整个旅游消费“生态化”，但在西北民族地区，生态旅游的发展完全被替代成“消费生态”，致使西北民族地区旅游产业发展过程中生态和环境作为消费品逐渐被消耗，旅游产业应实现的环

① 生态价值的被代价化，以生态价值作为某事物发展的机会成本，即某事物发展给生态带来的压力甚至是负面影响。旅游产业生态价值的“被代价化”主要是在发展旅游产业的过程中由于对单一经济价值的过度追求，以牺牲生态环境为代价，致使生态环境遭到破坏。

② 这里的以低价或无价地出售和出租的对象是环境和生态的脆弱性或是环境和生态的“影子价格”，及充分考虑环境和生态的外部性之后的社会均衡成本。

境生态价值出现“被代价化”。

四　人的发展尺度和标准的模具化

工业时代发展的最大贡献可以说就是建立标准化的生产流程，我们可以将这一流程认为是模具化的过程，工业时代的模具化大规模地提高了劳动生产效率，更大范围地扩大了生产规模，消费品种类日益繁多，推进了人类文明的进程，但在这一过程中，我们不难发现其在对人的全面自由发展上存在的疏忽：在市场经济推动发展的市场化社会下，人的价值被一定程度地货币化，人的发展的价值标尺被市场化所界定。这一现象在迫切追求经济利益的西北民族地区的旅游产业发展过程中更是如此，主要表现为：一是在西北民族地区的旅游产业发展过程中，人的发展在现代服务业标准模式中一致并统一地界定在就业水平的提高上；二是在旅游产业发展过程中缺乏对民族地区的人的个体差异和自由发展的关照。在西北民族地区旅游产业发展中对人的发展尺度和标准的模具化的原因主要包括以下两个方面：第一，西北民族地区旅游产业发展有着明显的后发型的特征，其旅游产业的发展必然会借鉴甚至遵照发达地区旅游产品和服务的标准化，缺少对本民族地区发展特色路径的挖掘和开发，必然也会忽视个体在旅游产品和服务中的差异和特色，甚至使原本的个体文化特征消解，难以实现人对全面和自由发展的追求；第二，西北民族地区由于其经济社会发展水平的制约，旅游产业同时扮演着解决就业和提高人民生活水平的角色，在解决就业过程中，对广泛而充分就业的追求，使民族地区的个体更多地扮演产业链上的“部件”，成为工具属性的“人”，忽视了个体全面自由的发展。人的全面自由发展应该是旅游产业发展的最高目标，也是经济社会发展的最高目标，其全面性和自由性要求人的发展不应具有统一的尺度和标准。西北民族地区旅游产业如何实现其人的发展的价值应是经济社会和谐并可持续发展的重要命题。

第二节　西北民族地区旅游产业多元价值体系构建的必要性分析

在改革开放至今30多年的时间里，作为国民经济发展序列中的一员，我国旅游产业得以长足的发展，国内各民族地区也纷纷开始发展旅游业，旅游业在民族地区经济发展的强烈需求下承担着经济增长的重要使命，民族地区旅游产业价值属性在承担地方经济发展重任的过程中越来越倾向对单一经济价值的追求。这一单一的经济价值追求从某个角度来说不断地促进了旅游产业的壮大与发展，夯实了旅游产业的发展基础，为我国经济社会发展水平相对较低的西北民族地区带来了新的经济增长点，提高了西北民族地区经济社会总体发展水平，旅游产业在西北民族地区的发展让世界进一步了解并认识了这些地区的特色资源与文化，从某种程度上加强了西北民族地区与外界的交流与沟通，加强了其开放水平。但在旅游产业的发展过程中，如上文所述，对经济价值过度追求及其负效应的出现，文化本体价值被忽视和扭曲，环境生态价值发展被代价化，人的发展尺度和标准模具化等“价值损漏”问题也逐渐浮现出来，这些问题的出现无疑暗示着西北民族地区旅游产业的价值属性亟待被重新界定，面对经济社会发展水平相对偏低、生态环境相对脆弱、民族文化极具特色、人的自由全面发展需求相对迫切的西北民族地区，旅游产业能否兼顾上述问题、能否承载更多元的价值属性，需要对西北民族地区旅游产业发展的目标价值重新界定并梳理，这是产业可持续发展的需求，是民族文化得以有效传承和保护的需求，是民族地区脆弱的生态环境能够永续利用的需求，是民族地区人的全面自由发展的需求，更是新常态经济社会发展的需求。

一　产业可持续发展的需求

从产业发展的一般规律来看，产业的可持续发展需要产业生产要素有效配置以实现其可持续的投入。对于旅游产业来说，其主要的生产要素包括劳动力、资本、自然和文化旅游资源、产业管理和制度约束等。资本的可持续投入意味着要有较多的财富积累和较好的产业基础。综观整个西北民族地区，财富积累水平在经济社会发展水平相对滞后的情况下很难有较高的突破，对于旅游产业来说，发展的初级阶段属性注定其难以有较好的产业基础。故此，西北民族地区旅游产业的发展价值首先应该也必然是经济的，但资本并非是旅游产业可持续发展的唯一要素，从某种意义上说也不是决定性要素，它可以通过吸引外界资本增加投入，对于西北民族地区来说，这种外界资本的吸引更多地依赖于旅游产业其他生产要素尤其是自然和文化资源的持续生产能力。对于西北民族地区来说，其旅游产业的核心要素便是其特色的自然（或是生态环境）和文化资源，要实现生态环境和文化的可持续发展，首先要发挥旅游产业发展过程中对生态环境的保护和改进，对民族特色文化的传承和保护的功能和作用，不断挖掘旅游产业上述两个方面的价值属性是实现自然和文化资源在旅游产业发展中可持续投入的最有效途径。劳动力的可持续投入一方面要求人口基数，另一方面要求产业和地区的吸引力。对于西北民族地区来说，人口基数相对较小，并且在短期内很难对其产生影响，这就需要产业和地方的吸引力来持续地吸引人力资源，产业和地方的吸引力可以是经济层面上的，也可以是社会文化层面上的，对于西北民族地区来说社会文化层面上的吸引更容易实现，这就要求旅游产业在发展过程中兼顾社会环境的改进与人的自由全面的发展。综上，西北民族地区旅游产业多元价值体系的构建是旅游产业可持续发展的需要。

二　文化可持续发展的要求

文化的可持续发展主要表现在文化的保护与文化的传承两个方面，文化的保护是对文化的原真性的保持，维系其原有的价值观念、行为方式与器物形态；文化的传承是对文化在代际间时间轴上和区域间空间轴上的传递和发展，是在继承核心的价值观念、行为方式以及器物形态的基础上及与时代紧密结合后的延续以及在空间范围上的扩展。文化是区域旅游产业可持续发展的灵魂和精神支柱，区域旅游产业是文化赖以存在的产业载体，文化决定了区域旅游产业的性质和个性，而区域旅游产业和其可持续发展则使一个区域或一个共同体的文化获得了永生。[①] 对于西北民族地区来说，文化是旅游产业发展的核心要素，旅游产业的发展在西北民族地区一度承载着过多的经济使命，文化作为生产要素的投入往往具有很强的功利主义和工具性，如上文所述民族文化出现了“舞台表演”或“文化失真”，而从学理上来看，旅游产业的发展能够通过旅游活动的开展实现旅游者在与当地居民的交互过程中加强对民族地区文化的认同、理解与宽容，视为文化在空间上的传承；同时旅游者与当地居民的交互也能实现当地居民对旅游者即客源地文化的有益汲取，完善并改进本土文化，视为文化在代际间的传承；旅游业的发展亦能在经济利益的趋势下促使本地微观旅游企业组织对地方文化进行保护，或是通过市场化的手段对文化进行加工，形成旅游纪念品或文化产品，使民族文化在旅游产业发展中实现市场化。西北民族地区旅游产业的发展需要在文化的保护与传承上做出正确、科学、有效的引导，避免在单一经济价值追求上对其本体文化价值的扭曲。综上，西北民族地区旅游产业构建多元价值体系是旅游产业实现民族地区文化的保护和传承，即文化可持续发展上的需要。

三　环境生态可持续发展的呼吁

环境生态的可持续发展是经济社会和人的可持续发展的基础与保障，在改革开放至今 30 多年的时间里，经济的高速发展是以牺牲环境和生态为代价实现的，环境生态的可持续发展呼吁着产业结构的转型优化和经济增长方式的改变，作为第三产业序列中的旅游产业承担着产业结构转型的使命，从近年来国内旅游的统计数据来看，作为具有拉动国民消费需求潜力的旅游产业同时也承担着改变经济增长方式的任务。但在过去几年，旅游产业作为西北民族地区发展经济的主要手段，地方当局往往忽视了环境与生态的保护，甚至在没有科学、合理的规划的基础上进行无序的开发与建设，无疑

---

① 把多勋、彭睿娟、程容：《文脉视角下的区域旅游产业可持续发展研究》，《兰州大学学报》（社会科学版）2007 年第 1 期。

对当地的环境与生态带来了严重的甚至是不可逆的破坏，产业结构的转型在旅游产业内部结构不良的发展中并未真正实现，对经济的贡献也仅停留在“大而虚”的数据上。对于西北民族地区来说，环境与生态有着先天禀赋的良好“基因”，环境生态是西北民族地区实现经济社会可持续发展重要的基础和发展要素，旅游产业的生产与消费环节是相对绿色的，同时旅游产业能够通过旅游活动、旅游产品和旅游纪念品的开发设计充分考虑消费的生态性，实现旅游产业对旅游活动参与者与旅游目的地利益相关群体的教育与示范功能。但在不同的价值引导下必然要产生不同的结果，这与其处在不同的社会背景中的社会属性有关，而与其产业性质无关。[①] 建立有效的生态与环境价值标尺，科学合理地引导西北民族地区旅游产业的发展，是西北民族地区生态与环境可持续发展的需要。

四　人的自由全面发展的要求

人的自由全面发展是马克思确定的社会发展的最高目标，在实践中具有很强的指导意义。人的全面发展是对人类社会和人类社会生存环境，即宇宙万物的充分认知过程；人的自由发展是人性的解放，也是对人类充分认知状态下的理性的自由。人的自由全面的发展是以物质为基本保障，是要人在稳定的生活状态和良好的生活环境基础上才能得以实现，同时，人的自由全面发展还需要人能够对人类社会及其环境实现充分认知。对西北民族地区来说，人的自由全面发展要在充分理解并保护其本民族宗教与民俗文化的基础上，通过人对人类社会及其环境更为科学、合理和全面的认知得以实现。由于西北民族地区对外开放相对较晚，很多地区在开展旅游活动过程中，现代化文明的“突然入侵”使很多当地居民未能协调好人的发展与人类文明进程的关系，在文化碰撞的过程中未能实现人的全面自由发展。如上文所述，西北民族地区旅游产业发展在对单一经济价值的追求过程中，存在对人的发展尺度和标准的模具化，

① 夏冰：《西北民族地区旅游产业多元价值体系的构建》，硕士学位论文，西北师范大学，2011年，第20—21页。

是民族地区旅游产业发展中对人的忽视和对人的发展价值的缺少所导致的，而旅游产业的发展本身可以实现人的全面自由的发展：一方面通过在就业水平和收入水平上的提高对当地参与旅游发展的居民提供稳定的生活状态和生活环境；另一方面可以通过旅游产业实现文化的传承和创新，提高当地居民作为个体的自由全面的发展。鉴此，构建西北民族地区旅游产业多元价值体系是人的自由全面发展的要求。

五　新常态社会经济发展背景下的需要

新常态是经济发展增速放缓、经济发展方式转变、产业结构转型优化的新常态，也是社会稳步发展的新常态。在新常态社会经济发展背景下，旅游业的发展除了要进一步探讨对经济稳定增长的推动作用之外，更应该充分发挥作为未来重要的居民消费业态的消费力量对经济增长的推动作用，换句话说，旅游是以消费为主导的经济发展方式转变的重要力量，同时，更应发挥作为极具潜力的现代服务业对地区产业结构转型的重要作用。在新常态社会经济发展背景下，旅游业的发展更是满足国民休闲的重要基础，是不断提高国民幸福感的重要渠道，无论是参与旅游业中的个体，还是参与旅游活动的个体，旅游业发展的价值将更多体现在个体的成长与发展，即为人的自由全面的发展，旅游的价值要更加深入地探讨对整体社会文明进程中的功能与作用。

第三节　西北民族地区旅游产业运行中的价值形成机理

一　西北民族地区旅游产业经济价值的形成机理

西北民族地区旅游产业的经济价值形成过程主要包括微观和宏观两个层面。微观经济价值主要是民族地区旅游企业在对本土文化和自然生态等资源和其他生产要素的投入过程中生产和提供的面向旅游者的各种产品和服务的经济价值总和。不同类型的微观企业组织，随着其提供的旅游产品和服务的不同，其经济价值的形成机理也各不相同：如景区景点等旅游企业或组织，是通过对民族地区特色的生态资源或民族文化（包括宗教文化）资源的开发，实现其原本资源的价值提升，即“附加价值”的生产，再通过市场交易，出售给旅游消费者，实现经济价值；再如旅游批发商与零售商，即旅行社，是通过提供“一站式”服务，即将景区景点、交通、餐饮、住宿、购物等旅游要素整合包装，实现在原有单体价值基础上的整合价值的提升，即“附加价值”的生产，整体出售给旅游者，以实现经济价值。西北民族地区旅游产业的微观经济价值是微观企业旅游产品或服务的生产最后通过市场交易实现销售的过程中实现的。无论是哪种微观旅游企业，其经济价值的实现均将受到生产产品或服务的要素价格、旅游产品和服务的最终销售额、旅游产品和服务达成交易的市场价格等因素的影响。

综上，民族地区旅游产业的微观经济价值可以描述成为各景区、旅行社、旅游餐饮与旅游饭店等微观经济组织利用旅游资源、人力资源、土地资本、企业家才能等生产要素所生产的所有最终产品的市场价值总和。最终产品的市场价值是通过市场交换行为形成的，表现为不同最终产品的不同价格。某一旅游最终产品的市场价格用 P_i 表示，消费量用 Q_i 表示，旅游产业经济价值用 EV（Economic Value）表示，从微观组织的生产活动角度，旅游产业经济价值应为全部微观组织生产最终产品的价值总和，可表达为：

$$EV = \sum P_i Q_i \qquad (3—1)$$

西北民族地区旅游产业发展过程中的宏观经济价值是旅游产业的总体运行成效。当某一旅游目的地由于其旅游产品或服务吸引外地游客前往，“旅游目的地便产生了一种非地区性的外部市场，这个非地区性的外部市场为本地区经济创造了一种服务贸易，并以此来获取地区以外的经济收入”①。这种服务贸易可以增加西北民族地区旅游企业和组织产品和服务的生产与销售，带来直接的经济效益，同时由于旅游消费者的到来，为接待旅游消费者所提供的各类

① 高新才、滕堂伟：《西北民族地区经济发展差距及其产业经济分析》，《民族研究》2006年第1期。

产品和服务的旅游企业也将投入更多的资本、人力、资源等生产要素，生产要素拥有者将实现收入等的增加，随着生产要素拥有者的收入增加，他们的消费也会增加（如果生产要素拥有者为企业，企业的投资将会增加；如果生产要素拥有者为一般居民，居民消费会增加；如果生产要素拥有者为政府，则政府支出将可能增加）。这部分消费的增加将带动民族地区其他消费品生产企业的产值，产生第二轮经济增值，如此，由旅游产业的发展所带来的宏观经济价值实际上要远远大于旅游企业的最终产值，即为旅游产业的乘数效应，这将使民族地区实现更大的经济价值增量。

上述旅游产业宏观经济价值包括两个环节，第一个环节是旅游的直接收入，可表达为某一地区旅游的人数与某一地区人均消费之积；第二个环节是旅游的间接收入，即为上述所表达的连锁的间接经济价值，也是旅游乘数效应。最终形成的旅游产业宏观经济价值可以表达为在旅游乘数效应作用下的旅游收入：

$$EV=k\cdot P\cdot Q \tag{3—2}$$

式中：k——旅游乘数（即为旅游直接收入带来的包括间接旅游收入的杠杆作用效应）；

P——某地区某一时间段接待的游客的人均消费水平；

Q——某地区某一时间段接待的游客总数。

从式 3—2 中可以看出，旅游产业宏观经济价值的实现主要受旅游乘数、游客总数和人均消费水平三个变量影响。游客数量的增长主要依靠地区旅游资源及其旅游产品开发的质量和吸引力，同时也受到旅游市场营销投入水平的影响；人均消费水平的增长主要与客源地居民收入水平和本地旅游消费品的销售能力呈正相关；旅游乘数是由本地区旅游产业与其他产业协同发展水平决定的，协同水平越高，旅游产业对其他产业撬动和影响作用越大，旅游乘数越大，反之亦然。在西北民族地区，可以通过提高旅游产品开发的质量、增加市场营销投入、提高旅游产业与其他产业的协同发展水平等方面促进旅游产业经济价值的形成。

二　西北民族地区旅游产业文化价值形成机理

旅游产业的文化价值是伴随着旅游产业的发展和旅游活动设计与开展，在旅游者与当地参与旅游产业的组织与个体交互过程中，旅游目的地与旅游客源地两种文化的交融与碰撞中所产生对旅游目的地文化的保护与传承，即文化的可持续发展。旅游产业的文化价值主要包括微观文化价值和宏观文化价值两个方面。旅游产业的微观文化价值的实现主要是通过旅游活动的开展过程中旅游者与当地居民交互过程中相互之间的示范效应①得以实现。对于西北民族地区来说，一方面，地方文化相对于旅游者来说特色较为鲜明，文化本身就是吸引旅游者主要核心旅游资源或是旅游吸引物，通过开展旅游活动，能够加强旅游者对当地参与旅游活动的居民及其生活方式、价值观念等方面的相互理解、认同与包容，促进当地居民和当地发展旅游的利益相关者对本土文化的保护；另一方面，旅游者以其自身的行为方式和价值观念引起当地居民的一定程度的心理变化，形成一种旅游者对当地居民的示范效应，这种示范效应在个体的心理变化过程中，将逐步演变成对自身行为方式和价值观念的重新理解与认识，加以引导的示范效应将能够促进当地居民正确处理传统文化和外来的现代文化之间的关系，实现社会心理的现代化，而社会心理的现代化则可以促进文化的现代化②。进而实现当地居民对本土文化的改进，实现民族文化在代际间的有效传承。旅游产业的宏观文化价值主要是在微观个体价值实现的基础上产生的，宏观文化价值的产生是从“单一”向“广泛”的过渡，是在个体行为方式、价值观念的改进以及对本民族文化保护意识加强的过程中引起民族地区对自身文化的重新理解与梳理，逐步蔓延到整个社会文

---

① 我国学者保继刚曾指出：“旅游者以其自身的意识形态和方式介入旅游客源地社会中，引起接待地居民的思想变化，从而产生各种影响，这种作用称为示范效应。”这里我们认为示范效应不单是旅游者对接待地居民的影响，同时也包括接待地居民对旅游者的影响。保继刚、楚义芳：《旅游地理学》，高等教育出版社 1999 年版，第 217 页。

② 李祝舜、蒋艳：《欠发达旅游地社会文化变迁与社会心理现代化》，《北京第二外国语学院学报》2003 年第 5 期。

化的变迁过程中。同时，旅游业在西北民族地区的开展，随着旅游活动的深入开展或是旅游产品对本地文化的深入挖掘，使旅游者更广泛全面地接触、认识并理解当地文化，将促使当地民族文化尤其是优秀的民族文化得到整个社会的认同，实现空间上的文化传承，加深各民族之间的相互了解与认知，增强民族之间的团结友爱，促进整个社会的文明进步。

根据上文所述，民族地区由于其文化的独特性以及与大众文化的差异性，可以把其示范效应分为由游客向本地居民的文化示范效应（即为正向示范），以及由本地居民向游客文化示范效应（即为反向示范）。正向示范效应通过文化现代化和文化改进，最后表现为民族地区本土文化的传承；反向示范效应通过文化理解与文化认同，最后表现为民族地区本土文化的保护（见图3—1）。

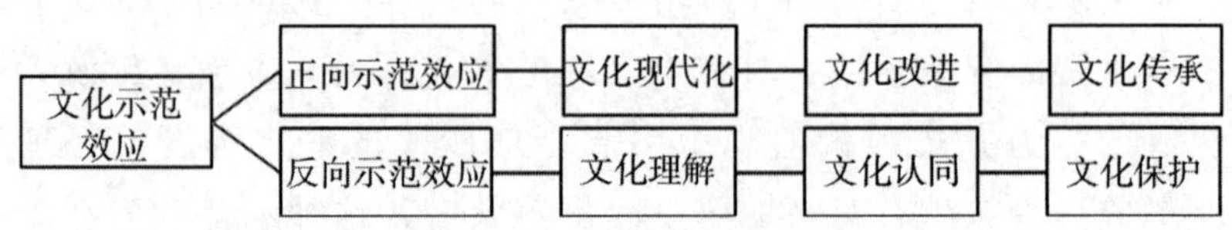

图3—1 文化示范效应结构

民族地区文化价值是在游客与本地居民交互中形成的，所以文化价值的产生与游客数量相关，游客数量越大所带来的正向示范效应和反向示范效应越明显，引用参考系数 d_1、d_2（均大于0），分为表示游客所带来的正向示范效应系数和反向示范效应系数，则民族地区文化价值用 CV（Culture Value）来表示，正向示范效应可以表达为 $d_1 \cdot Q$，反向示范效应可以表达为 $d_2 \cdot Q$，CV 即为与正向示范效应和反向示范效应相关的函数：

$$CV = F(d_1 \cdot Q, d_2 \cdot Q) \tag{3—3}$$

进一步，对于文化价值来说，正向示范效应和反向示范效应是在同一层面上对文化价值产生的所有要素投入，其中相当于在文化价值产生环节中的两个“生产投入要素”，故引入柯布—道格拉斯生产函数①，可以将文化价值函数改进为：

$$CV=A\ (d_1 \cdot Q)^{\alpha}\ (d_2 \cdot Q)^{\beta} \tag{3—4}$$

式中：CV——文化价值；

d_1——$d_1>0$，为正向示范效应系数；

d_2——$d_2>0$，为反向示范效应系数；

Q——某一地区某一时间段接待游客总量；

α——$0<\alpha<1$，为正向示范效应产出在文化价值形成中所占的份额；

β——$0<\beta<1$，为反向示范效应产出在文化价值形成中所占的份额；

A——$A>1$，为文化传承与保护的综合水平。

在文化价值形成过程中，游客与本地居民的交互往往并非有效或有益，如当出现文化改进水平过高、文化同化状态时，可能表现为不同程度上的文化消失，这部分表现为产出弹性系数为负值，即为 $(d_1 \cdot Q)^{-\mu}$，代入到式 3—4 中，即为：

$$CV=A\ (d_1 \cdot Q)^{\alpha-\mu}\ (d_2 \cdot Q)^{\beta} \tag{3—5}$$

μ——$0\leqslant\mu<1$，为正向示范效应中可能出现的文化消失的弹性系数。如果 $\mu=0$，则文化正向示范效应中的改进水平尚未产生文化解构；如果 $\mu<\alpha$，则文化正向示范效应中的改进水平出现一定范围或某种程度的文化解构和文化替代，但并未使文化消失，文化向利好的方向发展；如果 $\mu>\alpha$，则文化正向示范效应中的改进水平出现一定程度的文化消失；如果在 $\mu>\alpha+\beta$ 的极端情况下，将出现文化替代和文化殖民，本土文化将消失。

---

① 柯布—道格拉斯生产函数是由数学家柯布和经济学家道格拉斯于 20 世纪 30 年代初一起提出来的。柯布—道格拉斯生产函数被认为是一种很有用的生产函数，因为该函数以其简单的形式描述了经济学家所关心的一些性质，它在经济理论的分析和实证研究中都具有一定意义。该生产函数的一般形式为：$Q=AL\alpha K\beta$，式中，Q 为产量；L 和 K 分别为劳动和资本投入量；A、α、β 为三个参数，$0<\alpha$、$\beta<1$。柯布—道格拉斯生产函数中参数 α 和 β 的经济含义是：当 $\alpha+\beta=1$ 时，α 和 β 分别表示劳动和资本在生产过程中的相对重要性，α 为劳动所得在总产量中所占的份额，β 为资本所得在总产量中所占的份额。若 $\alpha+\beta>1$，则为规模报酬递增；若 $\alpha+\beta=1$，则为规模报酬不变；若 $\alpha+\beta<1$，则为规模报酬递减。高鸿业：《西北经济学（微观部分）》（第 5 版），中国人民大学出版社 2011 年版，第 104 页。

从式3—5中可以看出，在游客数量给定的情况下，文化价值的产生主要受制于正向与反向的示范效应水平，这种水平一方面取决于客源地与民族地区文化显示度和相互之间的差异度，另一方面取决于旅游产品对本体文化的挖掘和展示程度；文化价值的产生同时受到文化传承与保护的综合水平影响，这一系数主要是由当地政府及相关利益群体对本土文化的理解和认同程度决定的，可具体表现为对地方文化保护的行为规约和对地方文化传承的政策鼓励；正向和反向示范效应产出在文化价值形成中所占的份额，即α、β的提高主要取决于旅游者或开发商设计的旅游方式和旅游路线。西北民族地区可以通过提高对本民族文化在旅游产品中的表达能力、增加文化体验性旅游产品的设计以及政府对文化保护行为的规约和对地方文化传承的政策鼓励等方面实现旅游产业的文化价值形成。

三　西北民族地区旅游产业环境生态价值形成机理

环境与生态对于旅游产业来说是重要的生产要素，同时也是重要的产业基础。旅游产业的环境生态价值是开展旅游活动或是发展旅游产业的过程中，旅游企业或是参与旅游产业发展的相关利益群体为保障环境与生态能够为旅游产品和服务持续性的增值或实现其生产要素的持续有效配置自发地对环境和生态进行保护，或是当地政府对旅游资源开发商收缴环境与生态的利用与使用的相关费用，实现由政府引导的环境和生态保护行为。我国西北民族地区大多拥有较好的环境与生态资源，如前文所述，其本身就是旅游资源和旅游吸引物，是旅游者前来观光、游览的重要目的地，参与旅游产业开发的相关利益群体与政府将在提高旅游产品自身价值及附加价值的驱动下对环境与生态资源的价值认知水平得以不断深入提高，环境生态在以经济价值为主要导向的旅游产业开发之初，也很容易被市场化，但是通过旅游产业的市场化相比其他产业如农业、工业和制造业等对环境和生态资源的市场化利用可以实现一定程度的可持续的保护作用和功能；随着西北民族地区旅游产业对文化价值导向的追求和实现，人的素质不断提高，当地参与旅游发展的相关利益群体将从环境与生态对人的发展和社会发展的角度重新认识其价值，促进对环境与生态更深入的保护与更科学合理的利用；最后，伴随着西北民族地区旅游产业的发展和经济社会的全面进步，旅游产业发展与环境生态可持续发展形成良性互动，环境和生态资源的开发和保护投入和力度将持续加大，旅游产业的发展将实现环境和生态的持续改进，价值不断提高，也为西北民族地区经济社会的可持续发展奠定坚实的基础。综上，通过发展旅游产业，从多个部门和多个层面可以实现西北民族地区环境生态的可持续发展，即为环境生态价值。

从上述民族地区旅游产业中环境与生态价值的形成过程可以看出，环境生态价值的形成最终与环境生态环境的投入总值相关，旅游产业的发展促使当地利益相关者对环境与生态的保护意识的提高，最终可以表现在对环境生态保护和建设工作的投入之中。同时，环境生态价值中还包括由于旅游资源开发与旅游活动的开展给环境与生态带来的负面价值，即为负的影响，这部分影响与旅游者的数量与旅游者的素质呈正相关。故此，可以把环境生态价值用 *EEV*（Eco & Environment Value）表示，包括两个主要部分，一部分表现为随着旅游收入的增加，民族地区旅游目的地利益相关者对生态环境保护投入的增加；另一部分表现为随着旅游人数的增加对民族地区生态环境的破坏。最后可以将环境生态价值表达为：

$$EEV=B\cdot g\cdot Q\cdot P-h\cdot Q \tag{3—6}$$

式中：g——$g>0$，为由旅游收入增加带来的环境生态投入系数。如果$g<1$，即表示目的地利益相关者对旅游环境生态的投入小于旅游总收入；如果 $g>1$，则表示目的地利益相关者对旅游环境生态的投入大于旅游总收入。

h——$h>0$，为由旅游者人数带来的破坏系数，由旅游者生态意识和环境保护行为意识决定。

B——$B>1$，为环境生态改进综合水平。

根据式 3—6 可知，旅游产业的环境生态价值的实现主要取决于旅游收入中对环境生态保护的投入水平、旅游者及旅游活动对环境生态的保护水平以及当地政府和利益相关群体对环境生态保护的认识和态度。旅游收入中环境生态保护的投入水平也受到当地政府和利益相关群体对环境生态保护的认识的影响，主要取决于政府对环境生态保护的政策和制度，同时也取决于旅游产品对生态环境价值的成本的合理核算。对于西北民族地区来说，可以通过完善建立政府对环境生态保护的政策和制度体系，加大对环境和生态的投入水平，完善旅游产品的核算体系，完善旅游产品生态化消费环节的规划和设计，以及提高当地居民对环境生态保护的意识，实现旅游产业的环境生态价值。

四　西北民族地区旅游产业人的发展价值形成机理

人的发展是社会发展的最高阶段和终极目标，旅游产业对人的发展价值是指通过发展旅游业实现民族地区人的全面自由发展。我国西北民族地区经济社会发展相对滞后，在经济发展的强劲需求下缺少对人置于经济社会发展序列中的属性与发展方向的研判与考量。如上文所述，西北民族地区通过发展旅游产业能够在承担经济价值使命的同时，兼顾民族文化的保护与传承，兼顾环境与生态的可持续发展，加快西北民族地区社会文明发展进程，提高经济社会发展质量与水平，也必将能够实现人的全面自由的发展。具体来说，旅游产业的发展对人的发展最直接的影响主要是就业水平提高和收入水平提高两个方面，对于西北民族地区而言，很多民族地区如甘南藏族自治州依然处在原始的生产作业阶段，就业水平程度较低，人均收入差异较大，当地居民很难有稳定的生活状态和良好的生活环境；在较低的生活水平和相对封闭的生产生活环境中，作为个体的居民难以兼顾对自我进一步认识，即在价值观念、生活方式、家庭关系、道德观念等方面的深入理解和认知，导致对自身自由全面发展追求的缺失。鉴于此，西北民族地区发展旅游产业一方面可以通过旅游景区（景点）、旅行社、旅游饭店等旅游企业提供直接的就业岗位，增加个体收入，同时通过旅游产值的提高拉动地方人均收入水平，另一方面在以兼顾文化价值和环境生态价值为价值基准的旅游产业发展中，对当地居民在价值观念、生活方式、家庭关系和道德观念等方面产生积极影响，通过物质和精神两个方面实现西北民族地区人的自由全面发展。

从上述对民族地区旅游产业人的发展价值的形成过程的阐述可以看出，民族地区人的发展价值主要包括三个部分：一是在旅游经济价值发展下实现的人均收入增加，进而实现生活水平的提高；二是在旅游经济价值发展下实现就业水平的提高，在收入可观、工作稳定的基础上最终实现人的自由全面的发展；三是在文化价值和环境价值实现的基础上促进人在价值观念、生活方式、家庭关系和道德观念等方面的改进与优化。我们将人的发展价值用 PDV（Person Development Value）来表示，则民族地区旅游产业人的发展价值是与上述两个部分相关的函数关系，上述人均收入和就业水平可以表现为实现人的发展价值的"生产要素投入"，在价值观念、生活方式、家庭关系和道德观念等方面的改进与优化可以转变为人的发展综合水平系数，则引入柯布—道格拉斯生产函数①，最终人的发展价值可以表达为：

$$PDV=C\ (a\cdot P\cdot Q)^{\eta}\ (b\cdot P\cdot Q)^{\theta} \qquad (3—7)$$

式中：a——$0<a<1$，为人口系数，一般表示某一地区的人口总数的倒数；

b——$b>0$，为就业系数，表示某一地区在旅游收入的增加水平下的就业增加水平；

P——某一地区某一时间段接待游客人均消费水平；

Q——某一地区某一时间段接待游客总量；

η——$0<\eta<1$，为人均收入水平在人的发展价值形成中所占的份额；

θ——$0<\theta<1$，为就业水平在人的发展价值形成中所占的份额；

C——$C>1$，为人的发展综合水平系数。

上式中，$a\cdot P\cdot Q$ 表示地区人均收入水平，主要取决于旅游收

① 关于柯布—道格拉斯生产函数的引入：旅游产业的文化价值和人的发展价值虽然难以量化，但根据文中对文化价值和人的发展价值形成机理的分析和阐释不难发现其影响因素和变量，对于文化价值来说的正向示范效应和反向示范效应，对于人的发展价值来说的就业水平和收入水平，均可以看成是在文化价值和人的发展价值产生过程中的"要素投入"，通过柯布—道格拉斯生产函数的引入，可以寻求文化价值和人的发展价值与其影响变量的线性关系，可以在后续的研究中在对相关投入要素赋值和量化的基础上，通过统计分析寻求参数的具体数值，引入数理统计的分析方法，更为科学地论证现实中文化价值和人的发展价值实现路径。

入水平；$b \cdot P \cdot Q$ 表示地区就业水平，主要取决于旅游收入的增加，同时也取决于旅游产业的内部结构以及旅游产业与相关产业的协同发展水平；η 主要取决于居民的消费结构与消费质量，θ 主要取决于就业的质量与旅游产业发展高度；C 主要取决于地区经济社会发展总体水平以及旅游产业在文化价值上的实现程度。对于西北民族地区来说，通过优化旅游产业内部结构，提高旅游产业与相关产业的协同发展水平，优化当地居民的消费结构以及提高旅游产业文化价值可以实现人的发展价值。

五 西北民族地区旅游产业社会价值形成机理

西北民族地区旅游产业社会价值的形成是在上述经济价值、文化价值、环境生态价值以及人的发展价值得以实现的基础上形成的，它是最高形态的价值表现。具体来说，第一，西北民族地区旅游产业的发展目标必然表现为经济价值，即为旅游总体收入水平的增加，而这种增加是在旅游人数和旅游人均消费水平的两个主要变量决定下实现的，这是社会价值得以实现的物质基础与保障；第二，在旅游行为发生过程中旅游者与当地居民交互形成双向的示范效应，进而实现民族地区文化的保护与传承，这是社会价值得以实现的内涵与价值基准；第三，在旅游产业发展过程中，由于收入的增加和旅游者行为的影响，民族地区利益相关者将对旅游地的生态建设与环境保护等进行投入，这是社会价值得以实现的可持续性的资源保障；第四，在旅游产业的发展过程中，收入的增加和就业的增加将促进民族地区旅游目的地人的全面自由发展，这是社会价值得以实现的核心要素；第五，在民族地区旅游产业的发展过程中，旅游收入的增加将通过税收增加、政府职能改进等方式促进政府对社会保障以及公共服务的完善与提高。民族地区社会价值最终在以上各环节中逐步实现。

从上述对民族地区旅游产业社会价值的形成过程的阐述可以看出，民族地区社会价值主要包括四个部分：一是在旅游经济价值发展下实现的人的发展；二是在文化价值发展下实现的人均文化素质的提高；三是在环境生态价值下实现的生态环境改善；四是在旅游经济价值的发展下实现的教育、医疗等公共服务与社会保障水平的提高，最终实现人的全面自由发展。由此可以发现民族地区旅游产业社会价值是与上述四个变量相关的函数关系。我们将社会价值用 SV（Social Value）来表示，则：

$$SV=F\ (EV,\ CV,\ EEV,\ SP) \tag{3—8}$$

其中，EV 表示民族地区旅游产业发展所带来的经济价值，CV 表示民族地区旅游产业发展所带来的文化价值，EEV 表示民族地区旅游产业发展所带来的环境生态价值，SP 表示民族地区旅游产业发展所带来的社会保障与公共服务的改进水平。

民族地区旅游产业发展所带来的社会保障与公共服务的改进水平与环境生态价值的形成相类似，主要与旅游经济价值相关，并与其呈正相关，可以表达为：

$$SP=D\cdot m\cdot Q\cdot P \tag{3—9}$$

其中，$D>1$，为社会保障与公共服务的改进综合水平。如果 $m>0$，为由旅游收入增加带来的社会保障与公共服务投入系数；如果 $m<1$，即表示目的地政府对旅游社会保障与公共服务的投入小于旅游总收入；如果 $m>1$，则表示目的地政府对社会保障与公共服务的投入大于旅游总收入。

假设民族地区旅游产业发展实现的社会价值是上述各要素和各环节的简单加总，我们可以初步将民族地区旅游产业发展的社会价值表达为：

$$SV=k\cdot P\cdot Q+A\ (d_1Q)^{\alpha-\mu}\ (d_2Q)^{\beta}+B\cdot g\cdot Q\cdot P-h\cdot Q+C\ (aPQ)^{\eta}\ (bPQ)^{\theta}+D\cdot m\cdot Q\cdot P \tag{3—10}$$

式中：k——旅游乘数（即为旅游直接收入带来的包括间接旅游收入的杠杆作用效应）。

P——某地区某一时间段接待游客的人均消费水平。

Q——某地区某一时间段接待的游客总数。

d_1——$d_1>0$，为正向示范效应系数。

d_2——$d_2>0$，为反向示范效应系数。

μ——$0\leqslant\mu<1$，为正向示范效应中可能出现的文化消失的弹性系数。

α——$0<\alpha<1$，为正向示范效应产出在文化价值形成中所占的份额。

β——$0<\beta<1$，为反向示范效应产出在文化价值形成中所占的份额。

A——$A>1$，为文化传承与保护的综合水平。

g——$g>0$，为由旅游收入增加带来的环境生态投入系数。如果$g<1$，即表示目的地利益相关者对旅游环境生态的投入小于旅游总收入；如果$g>1$，则表示目的地利益相关者对旅游环境生态的投入大于旅游总收入。

h——$h>0$，为由旅游者人数带来的破坏系数，由旅游者生态意识和环境保护行为意识决定。

B——$B>1$，为环境生态改进综合水平。

a——$0<a<1$，为人口系数，一般表示某一地区的人口总数的倒数。

b——$b>0$，为就业系数，表示某一地区在旅游收入的增加水平下的就业增加水平。

η——$0<\eta<1$，为人均收入水平在人的发展价值形成中所占的份额。

θ——$0<\theta<1$，为就业水平在人的发展价值形成中所占的份额。

C——$C>1$，为人的发展综合水平系数。

D——$D>1$，社会保障与公共服务的改进综合水平。

m——$m>0$，为由旅游收入增加带来的社会保障与公共服务投入系数。

第四节　西北民族地区旅游产业运行中的价值最优模型构建

从上述对西北民族地区旅游产业运行中价值形成机理的梳理过程中，我们可以得出西北民族地区旅游产业运行的最终价值，即为社会价值的模型。为了求得模型的最优解，我们进行如下假设：

第一，由于在现实旅游产业运行中，旅游者的人均消费水平在某地区一定时间内具有一定的黏性，即随着时间的变化该变量较旅游人数的变化较为缓慢，甚至在短期内我们可以忽略人均旅游消费的变化，该变量则可假设成为在一定时期内不变的常数。

第二，由于构建最优模型是要探讨西北民族地区旅游产业运行实现价值最大化时的条件，而非求解具体价值量，所以为方便求解最优化的条件，变换最终价值，即社会价值模型 $SV=F$（EV，CV，EEV，SP）中函数关系为产业价值、文化价值、人的发展价值以及社会改进水平之积，由于各部分价值均大于 1，同时根据价值形成过程的分析，最优化过程是应该保障各部分价值都得以长足的发展，即为各价值之间差值应为最小，根据定理和相等几个数相乘，差值越小，乘积越大，故乘积最优化下的条件同时也可以看作是满足最优化的条件。

第三，旅游产业多元价值是可以不断增加的过程，最优化并不代表最大值，旅游产业多元价值最优化是这样一种状态：在不对其他产业发展产生阻碍或是负影响的情况下，实现对旅游产业多元价值水平的持续改进，即为最优化。

通过上述条件假设，西北民族地区产业运行中的价值最优模型可表达为：

$$SV=EV\times CV\times EEV\times SP \qquad (3—11)$$

等式两边求对数，则有：

$$\ln SV=\ln EV+\ln CV+\ln EEV+\ln SP$$

根据各部分价值函数公式：

$$EV=k\cdot P\cdot Q$$

$$CV=A\ (d_1Q)^{\alpha-\mu}\ (d_2Q)^{\beta}$$

$$EEV=B\cdot g\cdot Q\cdot P-h\cdot Q$$

$$C\ (aPQ)^{\eta}\ (bPQ)^{\theta}$$

$$SP=D\cdot m\cdot Q\cdot P$$

分别求对数，可得公式：

$$\ln SV=(2+\alpha+\beta-\mu+\eta+\theta)\ln Q+(3+\eta+\theta)\ln P+\ln A+\ln B+\ln C+\ln D+\ln k+\ln g-\ln h+\ln m+(\alpha-\mu)\ln d_1+\beta\ln d_2+\eta\ln a+\theta\ln b \qquad (3—12)$$

进一步改进为：

$$\ln SV = (2+\alpha+\beta-\mu+\eta+\theta)\ln Q + (3+\eta+\theta)\ln P + (\alpha-\mu)\ln d_1 + \beta\ln d_2 + \eta\ln a + \theta\ln b + \ln(ABCDkgm/h) \quad (3—13)$$

令：

$$E = 2+\alpha+\beta-\mu+\eta+\theta$$

$$K_0 = (3+\eta+\theta)\ln P$$

$$K_1 = (\alpha-\mu)\ln d_1 + \beta\ln d_2 + \eta\ln a + \theta\ln b$$

$$K_2 = \ln(A\cdot B\cdot C\cdot D\cdot k\cdot g\cdot m/h)$$

则公式可简化为：

$$\ln SV = E\ln Q + K_0 + K_1 + K_2 \quad (式 3—14)$$

$\ln SV$ 是关于 $\ln Q$ 的线性方程，其中斜率为 E，截距为 $K_0+K_1+K_2$（见图 3—2）。

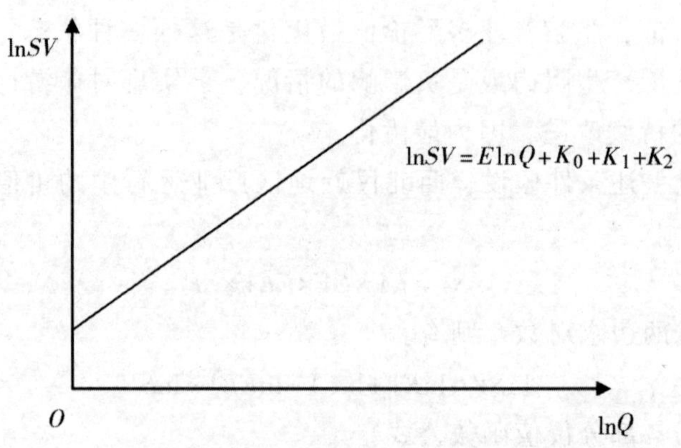

图 3—2　西北民族地区旅游产业多元价值对数函数

对于西北民族地区旅游产业发展来说，价值（对数）的最优模型即为关于旅游者人数（对数）的线性方程，西北民族地区旅游产业价值水平与旅游人数呈正相关，人数越多，价值水平就越高。但其受制于斜率 E 与截距 $K_0+K_1+K_2$。

斜率 E 表示随着旅游人数水平的增加旅游总价值的增加水平，与 α、β、η、θ 呈正相关，与 μ 呈负相关，即与旅游者对当地居民的文化示范效应价值产出水平、当地居民对旅游者的文化示范效应价值产出水平呈正相关。这两者的产出水平主要取决于旅游者与当地居民的旅游活动过程的交互程度，即取决于旅游方式：旅游活动发展过程交互程度越深、时间越长，往往 α、β 值越大。同时，斜率还与人均收入水平对人的发展价值影响的弹性系数、就业水平对人的发展价值影响的弹性系数呈正相关。这两者的产出水平主要取决于地区收入分配的公平性以及经济发展的总体水平，收入分配越公平，经济发展总体水平越高，往往 η、θ 值越大。斜率与正向示范效应中可能出现的文化消失的弹性系数呈负相关，该系数主要与游客以及当地居民对目的地民族文化认同水平相关，游客与居民对目的地民族文化认同水平越高，往往 μ 值越小。斜率水平的调节主要与旅游方式、当地经济社会发展水平以及地方文化认同等方面有关，而这些条件无论是通过政府手段还是通过市场手段往往在短期内很难改变，故斜率 E 是一个变化缓慢的值，如果通过政府主导的方式引导旅游发展实现多元价值，无疑短期内对 E 值的调节很难取得效果，但 E 值的大小决定着旅游业发展多元价值实现的速度，故 E 值需要政府采取战略性的政策引导与环境营造，不断地提高相关弹性系数，实现多元价值的稳步增长。

截距项 $K_0+K_1+K_2$ 表示旅游多元价值不随旅游人数增加的基础水平，基础水平越高，最终实现的旅游多元价值水平越高。通过以上分析，K_0 中涉及的变量 η、θ 和 P 均为变化缓慢的量，尤其是人均消费水平 P 是很难受外界因素影响的。K_1 中涉及的变量除上述已分析的 α、β、η、θ、μ 外，还包括 d_1、d_2、a、b 四个影响因素，d_1、d_2 作为正向示范效应系数和反向示范效应系数主要取决于客源地文化与旅游目的地文化的相互理解与认同程度；a、b 作为某一地区的人口总数的倒数、某一地区在旅游收入的增加水平下的就业增加水平主要取决于地方人口水平以及产业结构水平，不难发现，K_1 也是很难直接影响的值。最后 K_2 主要受到 A、B、C、D、k、g、m 和 h 的影响，A、B、C、D 作为文化传承与保护的综合水平、环境生态改进综合水平、人的发展综合水平、社会保障与公共服务的改进综合水平，主要受到政府、旅游组织、当地居民等目的地相关利益者的行为影响，这一部分是可以通过政策等引导实现其水平值的增加；k 作为旅游直接收入带来的包括间接旅游收入的杠杆作用效应，主要与旅游和相关产业的协同发展水平相关，协同水平越高，该值越大；g 和 m 作为由旅游收入增加带来的环境生态投入系数和由旅游收入增加带来的社会保障与公共服务投入系数，主要由政府、旅游组织以及当地居民等相关利益者对环境生态保护以及对社会保障与公共服务水平改进的意识决定，意识程度越高，两值越大；h 为由旅游者人数带来的破坏系数，由旅游者生态意识和环境保护行为意识决定，意识程度越高，h 值越小。综上，K_2 是相对比较容易受到影响的量，该量的提高有利于实现西北民族地区旅游多元价值的优化，这一变量的提高主要需要政府、旅游组织、当地居民等目的地相关利益群体的有目的、有意义的行为影响，各行为主体应在民族地区旅游产业价值实现过程中充分发挥其作用。

西北民族地区的经济社会、环境生态、民族文化和人的发展有着时代和地域所赋予的发展需求，上述模型的构建，试图梳理各种价值形成的影响变量，并阐释各影响变量之间的逻辑关系，寻求西北民族地区旅游产业发展多元价值形成的一般机理与规律，在此基础上，不难发现西北民族地区旅游产业的发展应该也能够担负起经济、环境、生态、文化、人和社会的多元发展的价值目标与使命，这一使命的实现有赖于科学合理地制定具有前瞻性的旅游规划，有赖于政府政策体系和制度安排的不断完善，有赖于对旅游企业的行为规约，有赖于旅游产品、旅游方式和旅游线路具有逻辑性和文化内涵的策划与设计，有赖于对旅游资源和环境生态环境科学的研判和评估，有赖于当地居民对旅游产业发展的有效参与，等等。通过对模型中各种价值形成影响要素的梳理，深入挖掘上述影响条件，构建以多元价值为引导的旅游产业发展模式，是西北民族地区旅游产业发展多元价值目标的实现路径，具体实现路径以甘肃甘南藏族自治州为例逐一阐述。

第四章

西北民族地区旅游产业运行绩效评价体系的构建

第一节　西北民族地区旅游产业绩效评价框架设计

一　西北民族地区旅游产业绩效评价框架设计原则

根据上文对西北民族地区旅游产业多元价值体系的构建，明晰了西北民族地区旅游产业发展以经济、文化、环境生态、人的发展以及社会为核心的价值基准与目标，这一多元价值基准的实现需要在旅游产业发展运行中对其进行相应的绩效评价，西北民族地区由于自身的地域特征与经济社会发展特殊性使得基于多元价值基准的西北民族地区旅游产业运行绩效评价框架较为复杂，各评价指标之间可能存在的冲突和制约为整个绩效评价指标框架的设计带来难度。对于西北民族地区旅游产业多元价值实现这一复杂的系统，通过几个评价指标进行表述显然是难以保证其科学性、可靠性和全面性，进而，必须设计一个由多层次、多系统、多个价值绩效评价指标组成的有机整体。鉴此，在设置西北民族地区旅游产业绩效评价框架时，要遵循如下原则：

（1）整体性原则。西北民族地区旅游产业绩效评价框架首先是一个有机的整体，设置绩效评价指标时，应能综合反映西北民族地区或是研究区域的旅游产业所带来的反映在经济、社会、文化、环境、生态以及人的各个方面与范畴的价值，同时绩效评价指标的选取还要保证经济、社会、文化、环境、生态以及人的协调发展。

(2) 可操作性原则。西北民族地区旅游产业绩效评价框架设计是西北民族地区旅游产业价值体系得以实现的基础，因此，绩效评价指标的设置同时还要考量指标的可操作性，即指标的衡量、获取、统计等，同时绩效评价指标要具有明确的含义，要使用具有代表性的综合价值指标。为了使西北民族地区旅游产业的绩效评价体系具有更强的指导性与检测性，尽量使用现有的统计资料以及统计指标。

(3) 层次性原则。西北民族地区旅游产业绩效评价框架是一个多价值、多层次的复杂系统，因此，应根据绩效评价指标的可操作程度，设计出概括性的指标以及进一步可细化、可量化的基础性指标，以保证西北民族地区旅游产业运行绩效评价的清晰性。

(4) 科学性原则。西北民族地区旅游产业绩效评价框架必须在公认的科学理论和对价值形成充分认识的基础上，能真实反映经济、社会文化、环境生态以及人的发展价值系统之间的相互关联以及下属各基础指标之间的协调性。同时要保证绩效评价指标概念的清晰、明了，并具有一定的科学内涵，能够将西北地区旅游产业发展所可能产生的价值科学、客观、真实地反映出来。

二　西北民族地区旅游产业绩效评价框架的设计

西北民族地区旅游产业的发展是贯彻科学发展观与和谐社会核心理念的可持续性发展，是涉及经济、社会文化、环境生态以及人的价值实现的发展。因此，西北民族地区旅游产业的绩效评价框架是一个涉及区域发展、区域空间特征、区域时间特征的三维发展。本文初步设计了包括价值构成、时间维、空间维的绩效评价框架，如图4—1所示。该价值框架不仅涵盖了经济、社会文化、环境生态以及人的价值实现，同时又密切关注时间维度上的价值延续与空间维度上的价值扩展。

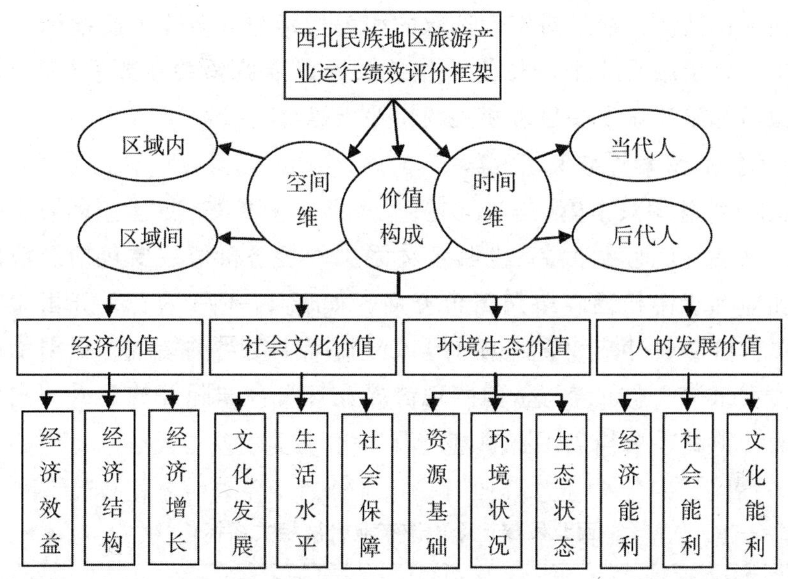

图 4—1　基于多元价值目标导向的西北民族地区旅游产业运行绩效评价框架

三　西北民族地区旅游产业绩效评价框架相关指标的选取

(一) 相关指标选取的思路

西北民族地区旅游产业绩效评价框架设计过程中应包括具体层面的具体问题，进而还应在绩效评价框架中向下延伸具体的衡量价值的相关指标。进行筛选指标所遵循的原则是：在保证所需信息没有缺失的条件下，使用尽量少的指标；所选的指标要在尽可能精辟的词语中阐明其根本原因；选取的指标要尽量可以量化分析；所选指标要具有代表性，能够体现具体旅游产业运行价值的特征信息。相关指标的选取主要从各类价值中聚类选取与旅游业发展相关系数较高的具体指标，突出在旅游产业发展的过程中同时实现经济、社会文化、环境生态以及人的发展与进步。相关指标的选取要同时保证经济、社会文化、环境生态以及人的发展的同步性与协调性，以确保旅游绩效评价目标的实现。

鉴此，西北民族地区旅游产业绩效评价框架设计的相关指标选取分定性选取、定量检验两个步骤：首先，通过定性选取旅游业发展可能实现的经济、社会文化、环境生态以及人的发展等方面的相关指标；其次，通过对定性选取的相关指标与旅游业主要指标（这里主要是指旅游业生产总值）相关系数以及偏相关系数进行分析，检验出与旅游业发展显著相关的相关指标。

（二）相关指标定性选取

1. 经济相关指标

西北民族地区旅游产业价值体系中的经济价值主要包括经济效益、经济结构和经济增长三个方面，如表4—1所示。经济相关指标要求可以通过统计资料的计算或分析得出定量的结果，根据结果来评定旅游产业的经济价值实现情况及其潜在和隐性的对人的发展影响、生态影响和文化影响。

表4—1　**西北民族地区旅游产业经济相关指标**

一级经济相关指标	二级经济相关指标	有无数据
经济效益	国民生产总值	有
	第三产业生产总值	有
	居民消费	有
	批发零售业和住宿餐饮生产总值	有
	社会消费品零售总额	有
经济结构	第三产业占国民生产总值比重	有
	旅游业占第三产业比重	有
	农村居民消费	有
	城镇居民消费	有
	地方财政收入	有
经济增长	国民生产总值增长率	有
	全社会固定资产投资	有
	批发零售和住宿餐饮业固定资产投资	有

2. 社会文化相关指标

西部民族地区旅游产业发展社会文化相关指标主要包括文化发

展、人民生活水平以及社会保障等内容，如表 4—2 所示。社会发展是难以衡量、难以量化的指标，在评价中可以利用专业判断法、调查评价法、比较分析法以及定量评价区域经济发展对社会环境的影响[①]等方法进行社会文化相关指标的赋值。

表 4—2　　西北民族地区旅游产业社会文化相关指标

一级社会文化相关指标	二级社会文化相关指标	有无数据
生活水平	就业人口	有
	第三产业就业人口	有
	批发零售业和住宿餐饮业就业人数	有
	个体就业人数	有
	城乡居民储蓄存款	有
	城乡消费水平对比	有
	公路里程	有
社会保障	教育经费	有
	卫生机构数	有
	城镇服务设施数	有
	参加养老保险人数	有
文化发展	艺术表演团体数量	有
	艺术表演场所数量	有
	文化馆数量	有
	博物馆数量	有
	公共图书馆数量	有
	民族通婚率	无
	外来文化认同感	无
	民族节庆发展水平	无
	民族服饰存量	无

3. 环境生态相关指标

区域内的环境与生态是区域经济社会发展的基础，旅游业在谋

① 傅伯杰、陈利顶、马诚：《土地可持续利用评价的指标体系与方法》，《自然资源学报》1997 年第 2 期。

求自身发展的同时可能会给环境与生态带来负面影响，但正如世界旅游组织秘书长萨维尼亚克所说："旅游业可以在许多方面帮助保护环境，特别是它可以通过提供经济刺激的手段来保护那些无法通过其他途径获得财政收入的生态资源，如珍奇动物种群、独特的自然景区和文物。"① 所以，旅游发展与环境保护是可以共生的，合理地规划设计旅游业环境生态相关指标，就是检测旅游产业发展对环境生态贡献度的有效方法。表 4—3 给出了西北民族地区旅游产业发展环境生态相关指标。

表 4—3　　**西北民族地区旅游产业环境生态相关指标**

一级环境生态相关指标	二级环境生态相关指标	有无数据
资源基础	电力消费量	有
	林用地面积	有
	耕地面积	有
	总人口	有
	人口增长率	有
环境状况	城市园林绿地面积	有
	废水治理设施数	有
	工业污染治理完成投资总额	有
生态状态	森林覆盖率	有
	造林总面积	有
	自然保护区面积	有
	自然保护区占辖区面积比重	有

4. 人的发展相关指标

人的全面发展包括人的经济能利、社会能利以及文化能利的实现，因而，人的全面发展指标主要从这三个方面展开，如表 4—4 所示。

① 颜文洪、张朝枝：《旅游环境学》，科学出版社 2005 年版，第 8 页。

表 4—4　　**西北民族地区旅游产业人的发展相关指标**

一级人的发展相关指标	二级人的发展相关指标	有无数据
经济能利	城镇人均可支配收入	有
	农村家庭人均收入	有
	人均 GDP	有
社会能利	城镇人均消费性支出	有
	农村家庭人居生活消费	有
	居民消费水平	有
	农村居民消费水平	有
	城镇居民消费水平	有
	农村居民家庭住房情况	有
	每万人拥有卫生机构数	有
	养老保险覆盖率	有
	居住环境满意度	无
	健康状况	无
	个人安全	无
	闲暇时间	无
	营养饮食	无
文化能利	城镇居民教育文化娱乐消费	有
	人均教育经费	有
	每十万人口高等学校在校生数	有
	婚姻满意度	无
	亲属关系	无
	教育程度	无
	邻里关系	无
	文化消费	无

（三）相关指标定量检验

1. 定量检验方法及步骤

西北民族地区旅游产业价值指标的定量检验主要是指通过对定性选取的绩效评价指标与旅游业主要指标（这里主要是指旅游业生产总值）进行相关分析，检验出与旅游业发展显著相关的指标。

相关分析是指通过相关系数衡量变量之间相关程度。本书的相关分析皆为对样本数据进行计算，因此相关系数为样本相关系数，记为 r。相关系数的取值范围在-1 和+1 之间，即 $-1 \leqslant r \leqslant 1$。[①] 其中：

若 $0<r \leqslant 1$，表明变量之间存在正向相关关系，即两个变量的相随变动方向相同；

若 $-1 \leqslant r<0$，表明变量之间存在负向相关关系，即两个变量的相随变动方向相反。

在分析变量之间的相关程度时，根据经验可将相关程度分为以下几种情况：

当 $|r| \geqslant 0.8$ 时，视为高度相关；

当 $0.5 \leqslant |r|<0.8$ 时，视为中度相关；

当 $0.3 \leqslant |r|<0.5$ 时，视为低度相关；

当 $|r|<0.3$ 时，说明变量之间的相关程度极弱，可视为不相关。

在一般情况下，总体相关系数 ρ 是未知的，为了判断样本相关系数 r 对 ρ 的代表性，需要对相关系数进行假设检验。首先，假设总体相关性为零，即 H_0 为两总体无显著的线性相关性；其次，计算相应的统计量，并得到对应的相伴概率值。如果相伴概率值小于等于指定的显著性水平，则拒绝 H_0，认为两总体存在显著的线性相关关系，反之亦然。[②]

在相关分析中，相关系数很大，但未必代表两个变量之间有内在的线性联系或因果关系，因为相关系数只表明两个变量的共变联系，在很多情况下，这种共变联系是由某个或某些变量的变化所引起的。所以，需要研究引起两个变量高度相关的变量，去掉这些变量变化的影响因素，计算偏相关系数，进一步确定两个变量之间的关系。因此，本文的相关分析主要应用简单相关系数与偏相关系数。

简单相关系数用来衡量定距变量之间的线性关系，计算公式如下：

---

① 余建英、何旭宏：《数据统计分析与 SPSS 应用》，人民邮电出版社 2003 年版，第 4 页。

② 同上。

$$r=\frac{\sum_{i=1}^{n}(x_i-\bar{x})(y_i-\bar{y})}{\sqrt{\sum_{i=1}^{n}(x_i-\bar{x})^2\sum_{i=1}^{n}(y_i-\bar{y})^2}} \tag{4—1}$$

式中：r——样本简单相关系数；

x，y——样本变量；

n——个案数量。

偏相关系数是指当两个变量同时与第三个变量相关时，将第三个变量的影响剔除，只分析另外两个变量之间相关程度的过程。其计算公式如下：

假定有3个变量：x_1、x_2、x_3，求剔除变量x_3的影响后，变量x_1和x_2之间的偏相关系数$r_{12,3}$的计算公式为：

$$r_{12,3}=\frac{r_{12}-r_{13}r_{23}}{\sqrt{1-r_{13}^2}\sqrt{1-r_{23}^2}} \tag{4—2}$$

式中：r_{12}——变量x_1与变量x_2的简单相关系数；

r_{13}——变量x_1与变量x_3的简单相关系数；

r_{23}——变量x_2与变量x_3的简单相关系数。

为了保证检验结构的准确性和有效性，本书进行两步骤检验。首先，通过简单相关系数分析，对定性选取的相关指标进行筛选；其次，通过剔除时间变量的偏相关系数分析，对筛选过的相关指标进行进一步检验，以确定西北民族地区旅游产业发展相关指标。

2. 样本数据的选取

本书研究的区域为西北民族地区，因此，旅游产业发展相关指标的定量检验样本应该选取西北民族地区具有民族典型性且旅游产业发展水平较高的地区。本书通过对2013年与2014年这两年的西北五省区旅游业生产总值均值、国民生产总值均值以及旅游产业生产总值占国民生产总值的比重等指标衡量旅游产业发展水平；同时，通过少数民族人数比重进行民族典型性比较，并最终通过旅游业生产总值占国民生产总值的比重与少数民族人数比重之积（见式4—3），求得适合检验西北民族地区旅游产业发展相关指标的样本（见表4—5）。

$$H=\frac{\text{旅游业生产总值}}{\text{国民生产总值}}\times\text{少数民族人口比重} \qquad (4—3)$$

表 4—5 **西北五省区民族典型性与旅游产业发展水平比较**

地区	旅游业生产总值（亿元）			国民生产总值（亿元）			旅游业生产总值占 GDP 比重（%）	少数民族比重（%）	H 值（%）
	2014 年	2013 年	均值	2014 年	2013 年	均值			
陕西	2521	2135	2328	17690	16205	16948	13.74	0.49	0.07
甘肃	780	610	695	6835	6331	6583	10.56	8.69	0.92
青海	200	159	180	2301	2122	2212	8.14	45.51	3.70
宁夏	142	127	135	2752	2577	2665	5.07	34.54	1.75
新疆	830	673	752	9264	8444	8854	8.50	59.39	5.05

资料来源：各地区政府官方网站。

从表 4—5 中可以看出，新疆地区在西北五省中 H 值最高，进而，文章选取新疆地区近十年的相关数据作为样本数据，对定性选取的西北民族地区旅游产业相关指标进行定量检验。

3. 简单相关系数分析

（1）旅游产业发展的经济相关指标简单相关系数分析。通过对新疆 2000—2013 年定性选取的有直接数据来源的经济相关指标与旅游业生产总值之间的简单相关系数分析（见表 4—6），可以看出，国民生产总值、第三产业生产总值、居民消费、农村居民消费、城镇居民消费、全社会固定资产投资、地方财政收入、社会消费品零售总额、批发零售和住宿餐饮总收入 9 个经济相关指标与旅游业生产总值呈正向显著相关关系（即 $|r|\geqslant 0.8$，$p<0.05$）。

（2）旅游产业发展的社会相关指标简单相关系数分析。通过对新疆 2000—2013 年定性选取的有直接数据来源的社会相关指标与旅游产业生产总值之间的简单相关系数分析（见表 4—7），可以看出，就业总人口、第三产业就业人数、城乡居民储蓄存款、公路里程、教育经费、参加养老保险人数、艺术表演团体数量、公共图书馆数量 8 个社会相关指标与旅游业生产总值呈正向显著相关关系（即 $|r|\geqslant 0.8$，$p<0.05$）。

表 4—6 以新疆为例旅游产业经济相关指标简单相关系数分析

年份	旅游业生产总值（亿元）	国民生产总值（亿元）	国民生产总值指数（上年=100）	第三产业生产总值（亿元）	第三产业总值所占比重（%）	旅游收入占GDP的比重（%）	居民消费（亿元）	农村居民消费（亿元）	城镇居民消费（亿元）	全社会固定资产投资（亿元）	批发零售和餐饮住宿业固定资产投资（亿元）	地方财政收入（亿元）	社会消费品零售总额（亿元）	批发零售和住宿餐饮总收入（亿元）
2000	70.51	1364.36	107.85	489.34	35.9	5.17	585.69	182.05	403.64	610.39	6.86	79.07	374.5	118.08
2001	79.94	1485.48	108.88	566.99	38.2	5.36	541.09	176	365.09	706	11.69	95.09	406.3	128.6
2002	92.18	1598.28	107.5	621.18	38.8	5.72	600.67	190.85	409.82	800.09	19.42	116.47	442.9	135.21
2003	92.71	1877.61	118.1	667.87	35.6	4.91	617.26	202.68	414.58	973.39	25.84	128.22	421.2	155.6
2004	116.56	2200.15	111.65	745.38	33.9	5.28	663.52	222.49	441.03	1147.2	33.5	155.70	482.1	178.05
2005	137.93	2604.19	118.36	929.41	35.7	5.3	764.26	238.98	525.28	1339.1	31.5	180.32	637.8	190.8
2006	159.14	3045.26	116.94	1058.16	34.7	5.25	853.89	253.58	600.31	1567.1	33.9	219.46	727.6	214.92
2007	205.27	3523.16	115.7	1246.99	35.4	5.83	1013.48	295.52	717.96	1850.8	35.8	220.64	847.7	244.79
2008	207.4	4203.41	119.3	1425.57	33.9	4.96	1171.05	340.69	830.36	2260	29.4	286.55	1025.7	287.55
2009	186.08	4277.05	108.1	1587.72	37.1	4.35	1284.7	385.7	899	2725.5	41.3	301.13	1177.5	315.85
2010	281	5437.47	110.6	1766.69	32.5	5.17	1578.9	456.3	1122.6	3423.2	42.3	500.58	1375.1	344.34
2011	411	6610.05	112.0	2245.12	34.0	6.22	1954.33	560.30	1394.03	4632.1	66.4	593.41	1616.3	449.77
2012	576	7505.31	112.0	2850.06	38.0	7.67	2370.7	675.6	1695.0	6158.775	121.7	908.97	1858.6	535.04
2013	673	8360.24	111.0	3125.98	37.4	8.05	2563.54	745.18	1818.36	7732.3	209.7	1128.49	2108.2	610.88
r		0.95	0.26	0.95	0.72	0.73	0.93	0.91	0.88	0.92	0.75	0.94	0.92	0.93
p		0	0.30	0	0.20	0.44	0	0	0	0	0.007	0	0	0

注：表中 r 为各经济相关指标与旅游业生产总值的简单相关系数，p 为相伴概率。

资料来源：《中国统计年鉴》（2001—2014）。

表 4—7　以新疆为例旅游产业社会文化相关指标简单相关系数分析

年份	旅游总收入（亿元）	就业总人口（万人）	第三产业就业人口（万人）	个体就业人数（万人）	城乡居民储蓄存款（亿元）	公路里程（公里）	教育经费（万元）	卫生机构数（个）	参加养老保险人数（万人）	城镇服务设施数（个）	城乡消费水平对比（城镇=1）	艺术表演团体个数（个）	艺术表演场所（个）	文化馆（个）	公共图书馆（个）	博物馆（个）	批发零售和住宿餐饮业就业人数（万人）
2000	70.51	672.5	191.9	60.8	873.4	34585	606396	6705	175.7	1214	0.45	88	23	92	80	23	—
2001	79.94	685.4	205	64.3	994.3	80947	702243	5279	237.7	2054	0.25	89	23	91	81	23	—
2002	92.18	701.5	213.8	65.6	1137.6	82929	937913	10296	232.9	2203	0.25	89	26	91	82	24	—
2003	92.71	721.5	228.4	70.7	1371.8	83633	1082359	9618	261.2	2304	0.26	88	26	90	84	23	—
2004	116.56	744.5	242.7	74.2	1534.7	86824	1179432	9086	294.8	2504	0.28	87	35	92	92	25	90.89
2005	137.93	764.3	255.4	75.9	1816.4	89531	1331540	8087	302.1	5867	0.26	91	47	110	96	28	88.03
2006	159.14	788.3	265.1	77.7	2035.6	143736	1527225	8175	313.3	1060	0.26	118	43	109	98	28	88.25
2007	205.27	800.8	275	78.9	2054.9	145219	1532702	7465	327.7	1540	0.26	120	30	109	94	32	85.01
2008	207.4	813.7	282.3	82.3	2553	146652	1916673	6739	346.3	1926	0.27	119	20	94	93	47	83.52
2009	186.08	829.2	287.2	51.6	3050.8	150683	2501661	14424	356.9	2039	0.29	139	21	94	94	63	77.73
2010	281	852.6	296.6	90.5	3713.5	152843	2959264	16000	393.8	—	0.29	132	15	—	103	71	71.35
2011	411	924	—	95.8	4421.9	155150	3655998	17412	431.5	—	0.30	133	13	—	103	73	79.4
2012	576	993.38	—	97.2	5281.8	165909	—	18320	458.76	—	0.32	137	16	—	105	72	95.1
2013	673	1055	—	110.3	5305	170155	—	18663	467.3	—	0.32	123	15	—	106	76	116.1
r		0.95	0.96	0.54	0.90	0.92	0.85	0.34	0.91	−0.05	−0.33	0.85	0.06	0.53	0.81	0.71	−0.26
p		0	0	0.26	0	0	0	0.33	0	0.89	0.35	0	0.76	0.12	0.004	0.02	0.47

注：表中 r 为各社会相关指标与旅游业生产总值的简单相关系数，p 为相伴概率。

资料来源：《中国统计年鉴》（2001—2014）。

（3）旅游产业发展的环境生态相关指标简单相关系数分析。通过对新疆2000—2013年定性选取的有直接数据来源的环境生态相关指标与旅游产业生产总值之间的简单相关系数分析（见表4—8），可以看出，电力消费量、城市园林绿化面积、废水治理设施套数、森林覆盖率、总人口5个环境生态相关指标与旅游产业生产总值呈正向显著相关关系（即$|r| \geqslant 0.8$，$p<0.05$）。

（4）旅游产业发展的人的发展相关指标简单相关系数分析。通过对新疆2000—2013年定性选取的有直接数据来源的人的发展相关指标与旅游产业生产总值之间的简单相关系数分析（见表4—9），可以看出，居民消费水平、农村居民消费水平、城镇居民消费水平、城镇人均可支配收入、城镇人均消费性支出、农村家庭人均收入、农村家庭人均生活消费、农村居民家庭住房情况、人均教育经费、每十万人口高等学校在校生数、养老保险覆盖率、人均GDP 12个人的发展相关指标与旅游产业生产总值呈正向显著相关关系（即$|r| \geqslant 0.8$，$p<0.05$）。

（5）偏相关系数分析。由于各相关指标与时间的简单相关系数均较高，受其影响可能会夸大旅游产业生产总值与各指标的相关性。鉴此，为提高旅游产业相关指标的准确性、有效性与科学性，本义剔除时间变量，通过对简单相关系数分析得到的与旅游产业生产总值具有显著正向相关的各相关指标与旅游业生产总值进行偏相关系数分析（见表4—10至4—13），最终选定与旅游产业生产总值具有一定相关性的国民生产总值、第三产业生产总值、居民消费、城镇居民消费、就业总人口、第三产业就业人口、公路里程、艺术表演团体个数、城市园林绿化面积、废水治理设施套数、森林覆盖率、总人口、居民消费水平、农村居民家庭住房情况、城镇人均可支配收入、人均GDP 16个相关指标（即$|r| \geqslant 0.3$，$p<0.5$）。

表 4—8　以新疆为例旅游产业环境生态相关指标简单相关系数分析

年份	旅游总收入（亿元）	电力消费量（亿千瓦小时）	城市园林绿化面积（公顷）	废水治理设施套数（套）	林用地面积（万公顷）	森林覆盖率（%）	造林总面积（公顷）	自然保护区面积（万公顷）	自然保护区占辖区面积比重（%）	工业污染治理完成投资总额（万元）	耕地面积	总人口（万人）	人口增长率（%）
2000	70.51	182.98	17266	425	457.04	0.98	184532	1594.4	9.96	16951.8	3391.6	1925	1.10
2001	79.94	197.92	17156	408	458.57	1.02	213433	2048.7	12.8	22311	3404.1	1876	2.55
2002	92.18	214.6	19432	399	466.38	1.06	234534	2152.3	13.4	26508.8	3985.7	1905	1.55
2003	92.71	236.1	20540.3	413	476.91	1.08	352328	2152.9	13.5	32009	3985.7	1934	1.52
2004	116.56	266.41	22339.3	450	608.64	2.94	206011	2152.9	13.5	38062	3985.7	1963	1.50
2005	137.93	310.14	22466.4	468	608.64	2.94	163053	2168.8	13.6	44008	3985.7	2010	2.39
2006	159.14	356.2	18048	598	608.64	2.94	113808	2168.8	13.6	45228	3985.7	2050	1.99
2007	205.27	413.32	32648	691	608.64	2.94	171286	2143.7	13.39	45229	4112.4	2095	2.20
2008	207.4	479.37	34239	775	608.64	2.94	270660	2149.4	13.4	88878	4124.6	2131	1.72
2009	186.08	547.88	36359	877	1066.57	2.94	343565	2149.4	13.4	143479	4124.6	2159	1.31
2010	281	661.96	37686	—	1066.57	4.02	251601	2149.4	13.0	66813	6308.5	2185	1.20
2011	411	839.10	44097	—	1066.57	4.02	216907	2149.4	13.0	106276	6308.5	2209	1.10
2012	576	1151.50	49512	—	1066.57	4.02	210244	2149.4	13.0	79106	6308.5	2233	1.08
2013	673	1539.75	53562	—	1099.71	4.24	164450	1948.3	11.7	220054	6308.5	2264	1.48
r		0.94	0.86	0.9	0.35	0.82	0.02	0.44	0.48	0.74	0.72	0.95	0.48
p		0	0.001	0	0.65	0.002	0.97	0.14	0.16	0.02	0.01	0	0.16

注：表中 r 为各环境生态相关指标与旅游业生产总值的简单相关系数，p 为相伴概率。

资料来源：《中国统计年鉴》（2001—2014）。

表 4—9 **以新疆为例旅游产业人的发展相关指标简单相关系数分析**

年份	旅游总收入（亿元）	居民消费水平（元）	农村居民消费水平（元）	城镇居民消费水平（元）	城镇人均可支配收入（元）	城镇人均消费性支出（元）	农村家庭人均收入（元）	农村家庭人均生活消费（元）	城镇居民教育文化娱乐服务消费（元）	农村居民家庭住房情况（m^2/人）	人均教育经费（元）	每十万人口高等学校在校生数（人）	养老保险覆盖率（%）	每万人拥有卫生机构数（个）	人均GDP（元）
2000	70.51	3207	2002	4402	5645	4422.93	1618.08	1236.45	600.34	17.25	315.01	1022	9.13	3.5	7088
2001	79.94	2882	1427	5668	6395	4931.3	1710.44	1350.23	626.58	18.04	374.33	1204	12.67	2.85	7918
2002	92.18	3150	1525	6257	6899	5636.4	1863.26	1411.73	880.92	18.56	492.34	1267	12.23	5.4	8390
2003	92.71	3237	1619	6330	7174	5540.61	2106.19	1465.31	806.53	18.62	559.65	1275	13.51	5.0	9708
2004	116.56	3377	1751	6358	7503	5773.62	2244.93	1689.91	840.59	19.1	600.83	1307	15.02	4.6	11208
2005	137.93	3847	1884	7311	7990	6207.52	2482.15	1924.41	741.35	21.13	662.46	1358	15.03	4.0	12956
2006	159.14	4206	2000	7875	8871	6730.01	2737.28	2032.36	819.72	21.95	744.99	1416	15.28	4.0	14855
2007	205.27	4890	2320	8986	10313	7874.27	3182.97	2350.58	896.79	22.45	731.6	1414	15.64	3.6	16817
2008	207.4	5542	2661	9975	11432	8669.36	3502.9	2224.26	812.36	22.78	899.42	1423	16.25	3.2	19725
2009	186.08	5990	2984	10546	12257	9327.55	3883.1	2950.63	855.53	23.45	1158.71	1430	16.538	6.7	19810
2010	281	7276	3590	12486	13643.8	10197.1	4642.7	3457.88	1012.37	24.06	1354.35	1467	—	7.3	25034
2011	411	8895.0	4495.4	14662.9	15513.62	11839.40	5442.15	4397.82	1122.18	26.14	1132	1521	—	7.8	30087
2012	576	10675.1	5409.8	17441.6	17920.7	13891.7	6393.7	5301.2	1280.81	27.18	—	1596	—	8.2	33796
2013	673	11401	5942	18285	19873.8	15206.2	7296.5	5519.9	1597.99	—	—	1681	—	8.2	37181
r		0.93	0.82	0.96	0.92	0.93	0.87	0.86	0.60	0.95	0.87	0.84	0.85	0.33	0.97
p		0	0.004	0	0	0	0	0	0.05	0	0.002	0.001	0.002	0.32	0

注：表中 r 为各人的发展相关指标与旅游业生产总值的简单相关系数，p 为相伴概率。

资料来源：《中国统计年鉴》（2001—2014）。

表 4—10　　以新疆为例旅游产业经济指标偏相关系数分析

	国民生产总值	第三产业生产总值	居民消费	农村居民消费	城镇居民消费	全社会固定资产投资	地方财政收入	社会消费品零售总额	批发零售和住宿餐饮总收入
r'	0.45	0.27	0.26	-0.03	0.35	-0.12	-0.02	0.15	0.05
p'	0.17	0.45	0.50	0.93	0.45	0.75	0.98	0.67	0.93

注：表中 r' 为通过简单相关系数筛选后的经济指标与旅游业生产总值的偏相关系数，p' 为相伴概率。

表 4—11　　以新疆为例旅游产业社会指标偏相关系数分析

	就业总人口	第三产业就业人口	城乡居民储蓄存款	公路里程	教育经费	参加养老保险人数	艺术表演团体个数	公共图书馆
r'	0.35	0.23	-0.56	0.32	-0.67	-0.24	0.28	0.02
p'	0.35	0.45	0.16	0.43	0.04	0.59	0.45	0.967

注：表中 r' 为通过简单相关系数筛选后的社会指标与旅游业生产总值的偏相关系数，p' 为相伴概率。

表 4—12　　以新疆为例旅游产业环境生态指标偏相关系数分析

	电力消费量	城市园林绿化面积	废水治理设施套数	森林覆盖率	总人口
r'	0.09	0.25	0.24	0.245	0.429
p'	0.83	0.45	0.534	0.511	0.249

注：表中 r' 为通过简单相关系数筛选后的环境生态指标与旅游业生产总值的偏相关系数，p' 为相伴概率。

表 4—13　　以新疆为例旅游产业人的发展指标偏相关系数分析

	居民消费水平	农村居民消费水平	城镇居民消费水平	城镇人均可支配收入	城镇人均消费性支出	农村家庭人均收入	农村家庭人均生活消费	农村居民家庭住房情况	人均教育经费	每十万人口高等学校在校生数	养老保险覆盖率	人均GDP
r'	0.26	0.14	0.16	0.24	0.17	0.14	-0.18	0.48	-0.79	-0.10	-0.26	0.57
p'	0.49	0.72	0.68	0.60	0.68	0.76	0.66	0.18	0.01	0.77	0.49	0.11

注：表中 r' 为通过简单相关系数筛选后的人的发展指标与旅游业生产总值的偏相关系数，p' 为相伴概率。

通过各指标中旅游产业发展价值贡献值，搭建西北民族地区旅游产业运行绩效评价框架（见图 4—2）。各指标旅游产业发展价值贡献值计算公式如下：

$$c_i' = c_i \times d_i \tag{4—4}$$

其中，c_i'——表示某指标旅游产业发展价值贡献；

新的指标定义为价值指标，c_i——表示某指标数值；

d_i——表示旅游产业对某指标贡献率。①

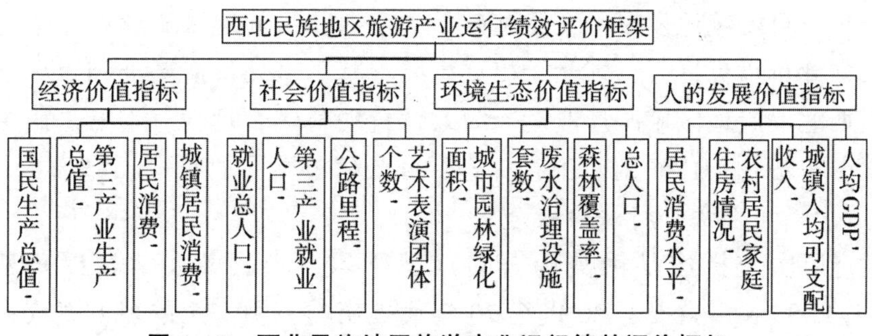

图 4—2　西北民族地区旅游产业运行绩效评价框架

四　小结

主要通过定性选取可供评价西北民族地区旅游产业价值实现的相关绩效指标，同时，为保证定性选取的相关指标科学性、合理性，又以西北民族地区民族典型性与旅游产业发展运行较好的新疆地区为定量研究样本对象，采集 2000—2013 年 14 年的新疆社会、经济、环境生态等方面的统计数据，通过 SPSS 软件对定性分析中可查找的旅游发展相关指标样本数据与旅游生产总值进行简单相关系数与偏相关系数分析，最终选取 16 个可量化并较易获取数据的相关指标，通过贡献值计算公式转换为价值指标，设计出西北民族地区旅游产业绩效评价框架，作为西北民族地区旅游产业绩效评价体系构建的基础。

① 本书假定各旅游产业对各指标贡献率在一定时间内保持不变。

第二节　西北民族地区旅游产业绩效评价体系的构建

一　西北民族地区旅游产业绩效评价体系的构建方法

本书构建的旅游产业绩效评价体系是由一系列评价指标有机结合形成的系统，可实现对区域旅游产业价值所涉及的主要方面和利益相关体所产生的价值进行评价，以引导民族地区旅游产业科学、合理、可持续地发展。在此基础上，对西北民族地区旅游产业运行绩效评价指标进行合理赋予权重，以求基于多元价值基准和目标下对西北民族地区旅游产业运行绩效评价的科学合理性。本书采用层次分析法（AHP）对价值指标进行分层赋予权重。

（一）层次分析法的概念

层次分析法是由美国著名运筹学家、匹兹堡大学教授萨蒂（T. L. Saaty）教授于20世纪70年代提出的一种实用的多方案或多目标的系统分析方法，这种方法能够把一个复杂的问题按隶属关系逐层分解，形成一个层次结构来分析，以简化分析问题的难度，并在逐层分解的基础上加以综合，给出复杂问题求解结果。[①]

（二）层次分析法的主要步骤

1. 构建西北民族地区旅游产业绩效评价指标体系的递阶层次结构

层次分析法要求指标体系按照不同的属性把指标分成若干组，把问题条理化、层次化，构造出一个有层次的结构模型。西北民族地区旅游产业绩效评价体系的递阶层次结构大体可以分成三个层次：最高层（目标层），这一层次中只有一个元素，它一般是分析问题的预定目标或理想结果；中间层（准则层），这一层次中包含了为实现目标所涉及的中间环节，它可以由若干个层次组成，包括

① Saaty L T., "How to Make a Decision: The Analytic Hierarchy Process", *European Journal of Operational Research*, Vol. 1, No. 48, 1990, pp. 9-26.

所需考虑的准则、子准则；最低层（指标层），这一层次包括了为实现目标可供选择的各种措施、决策、方案等。

2. 构造比较判断矩阵

在建立递阶层次结构之后，请一些经验丰富的本区域专家采用比例标度对准则层的各准则进行两两打分，形成一个两两元素比较矩阵。根据层次分析法理论，参考国内外研究成果，打分标准可用萨蒂提出的标度法表示，如表4—14所示。

表4—14　**判断矩阵标度及含义**

标度	两单相指标间的关系
1	i 因素与 j 因素同重要
3	i 因素比 j 因素略重要
5	i 因素比 j 因素较重要
7	i 因素比 j 因素非常重要
9	i 因素比 j 因素绝对重要
2，4，6，8	以上两指标判断之间的中间状态对应的标度值
倒数	若 j 因素与 i 因素比较，得到的判断值为：$a_{ji}=1/a_{ij}$

对于有 n 个准则的准则层，可以得到一个判断矩阵 $A=(a_{ij})$，其中 $a_{ij}>0$，$a_{ij}\times a_{ji}=1$，只需经过 $n\times(n-1)/2$ 次比较即可得到这一判断矩阵。对于每个准则下的指标群，也进行同样的过程，这样就形成了两级比较判断矩阵。

3. 层次单排序及一致性检验

判断矩阵 A 的特征根为 $AW=\lambda maxW$ 的解 W_i，经归一化后即为同一层次相应因素相对重要性的排序权重值，这一过程称为层次单排序。对层次单排序（或判断矩阵）进行一致性检验，首先计算一致性指标。

$$CI=\frac{(\lambda_{\max}-n)}{n-1} \tag{4—5}$$

式中：CI—— 一致性指标；

n——判断矩阵的阶数。

然后根据表 4—15 查找相应的平均随机 RI 值。

表 4—15　　　　平均随机一致性指标对照表

阶数	1	2	3	4	5	6	7	8	9
RI	0. 00	0. 00	0. 58	0. 90	1. 12	1. 26	1. 32	1. 41	1. 45

最后计算随机一致性比率：

$$CR=\frac{CI}{RI} \tag{4—6}$$

式中：CR——随机一致性比率；

CI—— 一致性指标；

RI——平均随机一致性指标。

当 $CR<0.1$ 时，我们即认为判断矩阵 A 满足一致性，也就是说，向量 W 中的分量可以作为权重；如果 $CR>0.1$，则认为判断矩阵 A 未通过检验，不能把 W 分量作为权数，此时，应对判断矩阵进行修正，直到能满足一致要求为止。

4. 层次总排序及一致性检验

所谓层次总排序就是计算确定某一层次所有因素对最高层的相对重要性排序权值。在综合指标体系中，由于所设置指标承载信息的类型不同，各指标子系统以及具体指标项在描述某一状况过程中所起的作用程度也不相同，因此，综合指标值并不等于各分指标简单相加，而是一种加权求和的关系。假使上一层 A 包含 m 个元素 A_1，A_2，…，A_m，其层次总排序权值依次为 a_1，a_2，…，a_m，而本层次 B 包含的 n 个因素 B_1，B_2，…，B_n，它们对于因素 A_j（$j=1$，2，…，n）的单层次排序权值依次为 b_{1j}，b_{2j}，…，b_{nj}（当 $b_{kj}=0$ 时，表示 B_k 与 A_j 无联系），则层次 B 的总排序权值如表 4—16 所示。

表 4—16　　　　**层次 B 的总排序权值**

	A_1 a_1	A_2 a_2	…	A_m a_m	B 层次 总排序 W_b
B_1	b_{11}	b_{12}	…	b_{1m}	$\Sigma_{aj}\cdot b_{1j}$
B_2	b_{21}	b_{22}	…	b_{2m}	$\Sigma_{aj}\cdot b_{2j}$
⋮	⋮	⋮	⋮	⋮	⋮
B_n	b_{n1}	b_{n2}	…	b_{nm}	$\Sigma a_j\cdot b_{nj}$

层次总排序的一致性检验，也是从高到低逐层进行的，总排序随机一致性比率计算公式为：

$$CR_{总}=\frac{CI_{总}}{RI_{总}} \tag{4—7}$$

式中：$CR_{总}$——总排序随机一致性比率；

$CI_{总}$——总排序一致性指标；

$RI_{总}$——总排序平均随机一致性指标。

当 $CR_{总}<0.10$ 时，则认为层次总排序结果具有满意一致性，否则需要重新调整判断矩阵的元素取值。

二　西北民族地区旅游产业绩效评价体系构建的层次设计

根据图 4—2 西北民族地区旅游产业运行绩效评价框架，以及在上文构建的西北民族地区旅游产业多元价值体系的理论基础上，设计西北民族地区旅游产业运行绩效评价体系的层次，如表 4—17 所示。根据层次分析法的原则，西北民族地区旅游产业绩效评价体系可以分为三个层次：第一层为目标层，以实现多元价值目标导向的西北民族地区旅游产业发展为目标，以引导和检测旅游产业发展的科学、合理和可持续性；第二层为准则层，根据上一章节对西北民族地区旅游产业绩效评价框架的设计，分为 4 类价值指标，分别为经济价值指标、社会文化价值指标、环境生态价值指标以及人的发展价值指标，这四个价值指标是西北民族地区旅游产业多元价值体系中的系统价值，也是高度概括化的价值指标；第三层为价值指标层，共计 16 个指标，是第二层的具体化与可量化指标。

表 4—17　　**西北民族地区旅游产业价值指标层次**

目标层 A	准则层 B	价值指标层 C
多元价值目标导向的旅游产业发展	经济价值 B_1	国民生产总值′C_1
		第三产业生产总值′C_2
		居民消费′C_3
		城镇居民消费′C_4
	社会价值 B_2	就业总人口′C_5
		第三产业就业人口′C_6
		公路里程′C_7
		艺术表演团体个数′C_8
	环境生态价值 B_3	城市园林绿化面积′C_9
		废水治理设施套数′C_{10}
		森林覆盖率′C_{11}
		总人口′C_{12}
	人的发展价值 B_4	居民消费水平′C_{13}
		农村居民家庭住房情况′C_{14}
		城镇人均可支配收入′C_{15}
		人均 GDP′C_{16}

第三节　西北民族地区旅游产业绩效评价体系的分阶段构建

一　西北民族地区旅游产业发展初级阶段的绩效评价体系构建

旅游产业发展初级阶段的主要特征是旅游产业在区域内刚刚兴起，尚未形成完整的产业体系；逐渐形成旅游客流，并开始建设一定数量的旅游基础设施；自然和社会环境也由于旅游活动的展开产生一定的变化。对于西北民族地区而言，旅游产业在发展初级阶段为了实现其自身的发展，首先是对具有强烈地带动其他产业发展的作用与明显的地区经济社会贡献度等方面的经济价值的追求，进而实现西北民族地区对经济增长与经济发展的强烈愿望，换句话说，旅游产业也只有以经济价值为其主要价值诉求，才能够得到一定的发展空间。但同时，西北民族地区社会与文化、生态与环境的脆弱性以及人的全面自由的发展要求，使得西北民族地区旅游产业发展初级阶段也要同时兼顾社会文化、环境生态以及人的发展的价值诉求。

（一）初级阶段西北民族地区旅游产业运行绩效评价体系的权重确定

绩效评价指标权重是定量表示指标体系中各类价值实现情况，各类价值绩效评价指标内部之间的相对重要性和最终在指标体系中的影响程度。根据前文所述的层次分析法，通过专家对两两指标的比对与评分，确定初级阶段西北民族地区旅游产业运行绩效评价体系的权重。

1. 构造判断矩阵

判断矩阵的构造方法是将同一准则或目标下的因素进行两两比较，并按照表4—14的比例标度法对重要程度赋值，等级标度记作 b_{ji}，填入两两比较判别表格中的第 i 行、第 j 列的栏目中，表示第 i 行因素 B_i 比第 j 列因素 B_j 的相对重要程度，由此构造判断矩阵，如表4—18至表4—22所示。

表4—18　　**B 层判断矩阵 A—B**

A	B_1	B_2	B_3	B_4	W_i
B_1	1.0000	5.0000	4.0000	3.0000	0.5388
B_2	0.2000	1.0000	0.5000	0.3333	0.0827
B_3	0.2500	2.0000	1.0000	0.3333	0.1237
B_4	0.3333	3.0000	3.0000	1.0000	0.2548

表4—19　　**C 层判断矩阵 B_1—C**

B_1	C_1	C_2	C_3	C_4	W_i
C_1	1.0000	0.2500	4.0000	3.0000	0.2475
C_2	4.0000	1.0000	5.0000	4.0000	0.5625
C_3	0.2500	0.2000	1.0000	1.0000	0.0889
C_4	0.3333	0.2500	1.0000	1.0000	0.1011

表 4—20　　C 层判断矩阵 B_2—C

B_2	C_5	C_6	C_7	C_8	W_i
C_5	1.0000	0.5000	5.0000	5.0000	0.3603
C_6	2.0000	1.0000	4.0000	4.0000	0.4557
C_7	0.2000	0.2500	1.0000	0.5000	0.0762
C_8	0.2000	0.2500	2.0000	1.0000	0.1078

表 4—21　　C 层判断矩阵 B_3—C

B_3	C_9	C_{10}	C_{11}	C_{12}	W_i
C_9	1.0000	0.5000	3.0000	3.0000	0.3095
C_{10}	2.0000	1.0000	2.0000	4.0000	0.4250
C_{11}	0.3333	0.5000	1.0000	3.0000	0.1787
C_{12}	0.3333	0.2500	0.3333	1.0000	0.0868

表 4—22　　C 层判断矩阵 B_4—C

B_4	C_{13}	C_{14}	C_{15}	C_{16}	W_i
C_{13}	1.0000	2.0000	0.2000	0.3333	0.1202
C_{14}	0.5000	1.0000	0.2500	0.3333	0.0899
C_{15}	5.0000	4.0000	1.0000	2.0000	0.5002
C_{16}	3.0000	3.0000	0.5000	1.0000	0.2897

2. 单层次排序和一致性检验

通过运算、各层次的层次单排序结构及一致性检验结果如下：

（1）B 层判断矩阵 A—B

$W=(0.5388, 0.0827, 0.1237, 0.2548)^T$

$\lambda max=4.1075$

$CR=0.0403$

由于 $CR<0.10$，所以满足一致性检验标准。

（2）C 层判断矩阵 B_1—C

$W=(0.2475, 0.5625, 0.0889, 0.1011)^T$

$\lambda max = 4.1711$

$CR = 0.0641$

由于 $CR<0.10$，所以满足一致性检验标准。

（3）C 层判断矩阵 B_2—C

$W =（0.3603，0.4557，0.0762，0.1078）^T$

$\lambda max = 4.1673$

$CR = 0.0627$

由于 $CR<0.10$，所以满足一致性检验标准。

（4）C 层判断矩阵 B_3—C

$W =（0.3095，0.4250，0.1787，0.0868）^T$

$\lambda max = 4.1742$

$CR = 0.0653$

由于 $CR<0.10$，所以满足一致性检验标准。

（5）C 层判断矩阵 B_4—C

$W =（0.1202，0.0899，0.5002，0.2897）^T$

$\lambda max = 4.0957$

$CR = 0.0359$

由于 $CR<0.10$，所以满足一致性检验标准。

3. 总层次排序权重及一致性检验

以上得到的是下一层绩效评价指标对其上一层某绩效评价指标的权重向量，最终初级阶段西北民族地区的旅游业绩效评价体系是各绩效评价指标——特别是可以具体测量的基础指标层——的排序权重，即总层次排序权重。总排序权重需要将各层次的权重自上而下合成，并进行总排序一致性检验，如表 4—23 所示。

表 4—23　**A 层总排序权重及一致性检验**

A	B_1 0.5388	B_2 0.0827	B_3 0.1237	B_4 0.2548	总排序权值
C_1	0.2475				0.1334
C_2	0.5625				0.3031

续表

A	B_1 0. 5388	B_2 0. 0827	B_3 0. 1237	B_4 0. 2548	总排序权值
C_3	0. 0889				0. 0479
C_4	0. 1011				0. 0544
C_5		0. 3603			0. 0298
C_6		0. 4557			0. 0377
C_7		0. 0762			0. 0063
C_8		0. 1078			0. 0089
C_9			0. 3095		0. 0383
C_{10}			0. 4250		0. 0526
C_{11}			0. 1787		0. 0221
C_{12}			0. 0868		0. 0107
C_{13}				0. 1202	0. 0306
C_{14}				0. 0899	0. 0229
C_{15}				0. 5002	0. 1275
C_{16}				0. 2897	0. 0738
CI	0. 0570	0. 0558	0. 0575	0. 0319	0. 2022
RI	0. 90	0. 90	0. 90	0. 90	3. 6
CR = CI/RI = 0. 2022/3. 6 = 0. 0562<0. 10，一致性检验通过					

（二）西北民族地区旅游产业发展初级阶段绩效评价体系的构建

根据上述层次分析法，针对旅游产业发展初级阶段的旅游产业价值诉求，通过专家评分，最终构建初级阶段西北民族地区旅游产业绩效评价体系。由于初级阶段经济社会发展水平普遍较低的西北民族地区发展对旅游产业经济增长与发展以及产业调整等功能和作用的要求，使得旅游产业在初级阶段对经济价值的追求所占比例较大，加之民族地区人的全面自由发展是社会和谐、民族团结的最根本保证之一，因此，人的发展在初级阶段也不容忽视，如表 4—24 所示。

表 4—24　**初级阶段西北民族地区旅游产业绩效评价体系**

目标层 A	准则层 B	总权值	价值指标层 C	总权值
多元价值目标导向的旅游产业发展	经济价值 B_1	0.5388	国民生产总值' C_1	0.1334
			第三产业生产总值' C_2	0.3031
			居民消费' C_3	0.0479
			城镇居民消费' C_4	0.0544
	社会价值 B_2	0.0827	就业总人口' C_5	0.0298
			第三产业就业人口' C_6	0.0377
			公路里程' C_7	0.0063
			艺术表演团体个数' C_8	0.0089
	环境生态价值 B_3	0.1237	城市园林绿化面积' C_9	0.0383
			废水治理设施套数' C_{10}	0.0526
			森林覆盖率' C_{11}	0.0221
			总人口' C_{12}	0.0107
	人的发展价值 B_4	0.2548	居民消费水平' C_{13}	0.0306
			农村居民家庭住房情况' C_{14}	0.0229
			城镇人均可支配收入' C_{15}	0.1275
			人均 GDP' C_{16}	0.0738

二　西北民族地区旅游产业发展成长阶段的绩效评价体系构建

旅游产业发展成长阶段的主要特征是旅游产业在区域内已经初具规模，并形成了完整的以“游、住、食、行、购、娱”六要素为产业要素的小产业体系；已经开始形成一定稳定的客源市场；旅游基础设施建设趋于完善；自然和社会环境由于旅游活动的大幅度开展产生了显著的变化。经过初级阶段的旅游产业发展，西北民族地区社会与文化、生态与环境的脆弱性以及民族地区人的全面自由发展的要求在旅游产业发展的成长阶段必须得以重视，才能避免西北民族地区旅游产业在发展过程中社会文化、生态环境与人的发展“被代价化”，避免西北民族地区旅游产业在发展过程中对脆弱的民族地区社会文化、生态环境以及人的发展产生不必要的负面影响。

因此，在这一阶段，西北民族地区旅游产业的发展是经济、社会文化、环境生态与人的发展的多元价值得以共存与共同发展的阶段。这一时期的绩效评价指标体系构建方法同上，最终得出西北民族地区旅游产业发展成长阶段绩效评价体系，如表 4—25 所示。

表 4—25　**成长阶段西北民族地区旅游产业绩效评价体系**

目标层 A	准则层 B	总权值	价值指标层 C	总权值
多元价值目标导向的旅游产业发展	经济价值 B_1	0.3317	国民生产总值' C_1	0.0821
			第三产业生产总值' C_2	0.1866
			居民消费' C_3	0.0335
			城镇居民消费' C_4	0.0295
	社会价值 B_2	0.1972	就业总人口' C_5	0.0711
			第三产业就业人口' C_6	0.0899
			公路里程' C_7	0.0213
			艺术表演团体个数' C_8	0.0150
	环境生态价值 B_3	0.1394	城市园林绿化面积' C_9	0.0432
			废水治理设施套数' C_{10}	0.0593
			森林覆盖率' C_{11}	0.0121
			总人口' C_{12}	0.0249
	人的发展价值 B_4	0.3317	居民消费水平' C_{13}	0.0399
			农村居民家庭住房情况' C_{14}	0.0298
			城镇人均可支配收入' C_{15}	0.0961
			人均 GDP' C_{16}	0.1659

三　西北民族地区旅游产业成熟阶段的绩效评价体系构建

旅游产业发展成熟阶段的主要特征是旅游产业在区域内已形成产业规模，并在完善旅游“小产业”体系的基础上逐步构建旅游“大产业”体系；这一阶段旅游游客增长率与旅游生产总值增长率开始有所下降，但总的旅游生产总值与游客量将继续增加，游客量甚至会超过当地常住居民数量；旅游地大部分经济活动与旅游产业紧密相连；旅游业的配套基础实施进一步得以完善；自然和社会环境也会进一步受到旅游业的影响，出现更明显的变化。处在成熟阶段的西北民族地区旅游产业的发展已完成了经济增长与经济发展的使命，在这一阶段，对旅游产业的诉求已向西北民族地区人的全面自由发展过渡，社会文化与环境生态价值发展将在人的自由全面发展中得到新的诠释，人的素质的提高将为社会文化的发展与生态环境的可持续发展提供有力的精神支持。西北民族地区旅游产业发展成熟阶段绩效评价体系的构建如表 4—26 所示。

表 4—26　　成熟阶段西北民族地区旅游产业绩效评价体系

目标层 A	准则层 B	总权值	价值指标层 C	总权值
多元价值目标导向的旅游产业发展	经济价值 B_1	0.2051	国民生产总值′C_1	0.0508
			第三产业生产总值′C_2	0.1153
			居民消费′C_3	0.0207
			城镇居民消费′C_4	0.0182
	社会价值 B_2	0.1450	就业总人口′C_5	0.0522
			第三产业就业人口′C_6	0.0661
			公路里程′C_7	0.0156
			艺术表演团体个数′C_8	0.0110
	环境生态价值 B_3	0.1102	城市园林绿化面积′C_9	0.0341
			废水治理设施套数′C_{10}	0.0468
			森林覆盖率′C_{11}	0.0096
			总人口′C_{12}	0.0197
	人的发展价值 B_4	0.5398	居民消费水平′C_{13}	0.0649
			农村居民家庭住房情况′C_{14}	0.0485
			城镇人均可支配收入′C_{15}	0.1564
			人均 GDP′C_{16}	0.2700

四　各阶段准则层指标权重对比

通过上述分析，西北民族地区旅游产业在不同阶段对各价值诉求有所不同，在发展初级阶段，西北民族地区旅游产业价值体系中经济价值占据主要位置；在成长阶段，为了避免由于旅游产业对经济价值的追求引致的其他价值"被代价化"，西北民族地区旅游产业在对经济价值的追求的同时，要保证其他价值得以均衡发展；在成熟阶段，西北民族地区有其自身的民族特征，人的全面自由发展是旅游产业通过实现"大旅游"产业，对社会各个层面的更为深入影响下的更高的发展准则，换句话说，人的全面自由发展是旅游产业发展的最终目标，也是西北民族地区通过旅游产业的发展实现民族团结、社会和谐的重要战略选择。西北民族地区旅游产业不同阶段的准则层绩效评价指标权重如表 4—27 和图 4—3 至图 4—5 所示。

表 4—27　**西北民族地区旅游产业各阶段准则层价值权重**

	经济价值	社会文化价值	环境生态价值	人的发展价值
初级阶段各指标权重	0.5388	0.0827	0.1237	0.2548
成长阶段各指标权重	0.3317	0.1972	0.1394	0.3317
成熟阶段各指标权重	0.2051	0.1450	0.1102	0.5398

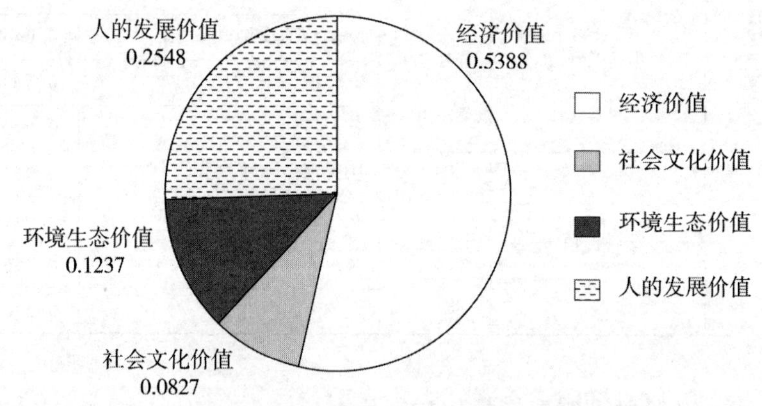

图 4—3　西北民族地区旅游产业初级阶段各准则层指标权重

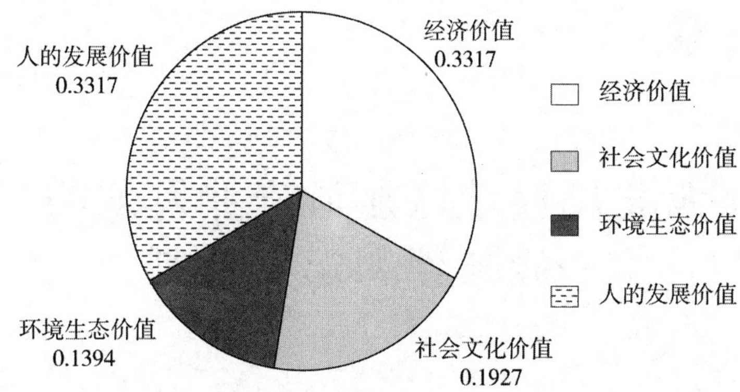

图 4—4　西北民族地区旅游产业成长阶段各准则层指标权重

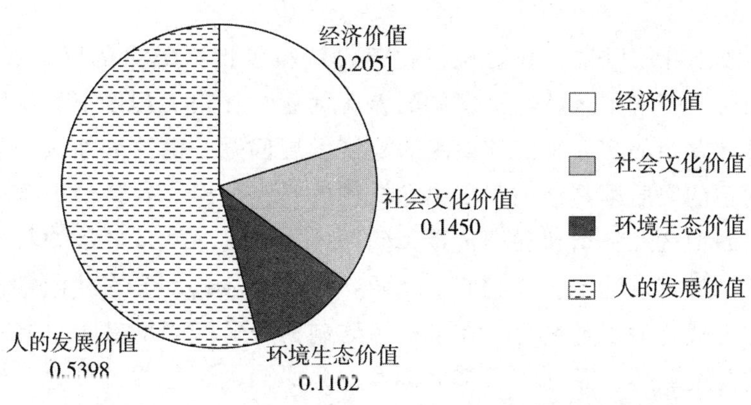

图 4—5　西北民族地区旅游产业成熟阶段各准则层指标权重

本章研究主要是在对西北民族地区旅游产业绩效评价框架的设计基础上，通过层次分析法构建西北民族地区初级阶段、成长阶段以及成熟阶段的旅游产业绩效评价指标体系。指标体系的构建是沿着旅游产业发展的经济诉求到旅游产业对人的发展诉求为价值引导与价值发展的轨迹，从而也将为相类似的我国民族地区旅游产业发展价值导向的发展轨迹提供研究线索。

第五章

西北民族地区旅游产业发展的一般条件和运行机制

第一节 西北民族地区旅游产业发展的机理与一般条件

改革开放以来，我国现代化建设获得了世人瞩目的巨大成就，但同时也带来了区域经济发展的差距问题，在很大程度上，我国经济发展差距的实质是民族地区的经济发展问题，而民族地区经济发展问题的实质则是结构高度化和结构的转型问题。在理论上深入研究民族地区经济增长和结构转型问题，找寻民族地区经济增长和结构转型的有效途径，是我们实现两步走发展战略、实现共同富裕和整体现代化的当务之急。在以市场体制为资源配置的基本机制和发展的制度载体的条件下，不平衡发展是必然的，导致民族地区经济发展水平的相对落后似乎也是不平衡发展战略实施的必然结果；古典和新古典经济学认为，根据市场配置社会资源的机理和市场化条件下的发展规律，区域发展差距在一定的条件下存在自动弥合或自均衡的趋势，换言之，在假定完全竞争的条件下，无论是国民经济还是区域经济，社会资源配置会自动趋于合理，但是，许多国家的发展历史和经验表明，市场在区域发展自均衡过程中的作用也是有限的，政府对资源配置的宏观干预和调控，对不发达区域新的经济增长点的选择和相对优势产业的扶持和培育，就有着至关重要的意义。尤其值得我们高度关注的是，我们的改革和现代化进程就其性质而言是社会主义的，我们必须在现代化进程中深刻关注到民族地区的发展和现代化，可以说，没有民族地区的发展，中国的发展就是不完整的；没有我国民族地区的现代化，就没有中国的现代化。因此，我们必须在理论上深入研究我国民族地区经济和社会发展的规律，比较分析其经济增长的不同路径选择，比较研究其产业结构演变的内在机理，积极寻求新的经济增长领域，积极发现、扶持和培育新型产业，实现民族地区的发展和现代化目标，从而实现共同发展。

一　我国民族地区旅游产业发展的机理分析

从经济增长和发展的规律上讲，区域经济增长的体制依托一般意义上是市场经济，而产业结构的高度化演进则是经济增长和发展的动态依托。我国改革开放30多年来，市场化价值取向的改革已经取得了极大的成功，统一的国内市场已经形成，中国经济的国际依赖度已接近或达到发达国家的水平，市场机制已成为资源配置的基本方式和经济运行方式，即使在经济发展和社会发展水平相对落后的我国民族地区，市场经济体制也已经成为资源配置和流动的基本方式、经济增长的体制依托。但由于民族地区区位条件不良、现代经济增长的新型资源匮乏、信息的对称性差、人力资本条件和决策管理水平落后等原因，以及由以上综合因素决定了经济增长成本远高于全社会的平均成本，使我国民族地区即使市场机制已成为基本的资源配置方式，也只具有很低的资源配置效率；同时，即使民族地区有着成熟的市场化资源配置机制，但由于其区域投资回报低于全社会平均水平，生产要素的集约水平也很低，在很长的一个历史周期内，无法具备现代经济增长所需要的生产要素总量和结构条件。在现代经济增长中，如果说市场经济是最基本的体制依托，那么结构的高度化和转换则是重要的产业条件。美国著名经济学家罗斯托早就论证了结构转换与经济增长的内在关联，他认为结构转换是某一个部门或产业建立在技术创新上的产业演进过程，由于国民经济或区域经济产业之间的投入产出关系，所以，结构演进是一个主导产业部门与其他产业部门之间复杂的交互过程，在这一过程中，由于主导产业的带动与辐射作用，也引起了其他产业的技术的、制度的一系列创新，从而引发产业结构的高度化与转换，使区域的“组产品”创新成为可能，带来区域的新一轮增长。同时，另外一些经济学家也认为在结构变化与经济增长的关系中，首要的问题是经济总量的问题，只有总量的高速增长才能导致结构的快速演变。实际上是将增长置于经济总量尤其是消费者的扩张上。对我们有益的启示是，民族经济要获得快速增长，从产业的观点看，是主导部门的选择及其扩散效应的结果，民族地区经济增长水平和发展的关键是在每一个经济周期以市场为基础的产业选择和定位问题；从总量的观点看，产业的选择和定位尤其是主导产业的选择固然必须依赖于有一个足够规模的经济总量和消费总量，但如果这一产业所依赖的经济与消费总量是外生的，就相当严格地具备这一产业发展的市场条件。由以上分析得出的基本结论是，我国民族地区的经济增长及其关联的主导产业的选择必须依据现阶段经济发展周期给定的市场条件和民族地区产业条件来确认，大力发展旅游产业是我国民族地区实现增长和发展的结构转型的重要途径。

（1）从产业的形成和发展的资源条件看，旅游资源的形成一般是天赋的（无论是自然遗存物还是人文历史遗存物），不需要通过支付巨额费用获得，其资源成本较之于其他产业的资源成本，是最低廉的，具备将旅游产业扶持为主导产业的资源成本条件。

（2）在经济发展中，区位条件往往是一个非常重要的决定成本的因素，在相同的条件下，它可以形成成本级差，从而使区位条件不好的地区在相同的市场条件下存在成本和利润的双重压力。而旅游资源及其产品所具有的不动产性质使之不需要发生空间位移等一系列经济成本。[①]

（3）发展区域旅游产业需要的最重要条件是基础设施或配套的产业条件（如道路交通、住宿、餐饮等行业的发展水平）及其关联水平，但是基础设施条件由于其公共产品性质和其对于区域经济增长发展的共同的基础性质，其主体部分不需要进行专门投资建设，在一些经济发展水平较高从而基础设施建设水平较好的民族地区，

① 旅游产业运行中的区位性成本与其他产业运行的区位性成本和分摊恰好相反，一般是由需求方（游客）支付的。

这一条件的发育是良好的。[1]

（4）从旅游资源与产品形成的条件优势上看，形成旅游产业的资源条件和产品条件是文化与自然遗存在区域间的差异及其在时间意义上的厚度与丰度，而我国民族地区恰恰存在自然遗存物和历史遗存物的一系列厚度与丰度，并由于我国长期以来存在的区际发展差异造就和存留了民族文化的独特性和多样性，反而成全了发展旅游产业相当重要的文化和自然差异。

（5）由文化和自然差异性及其厚度和丰度造就的旅游产业所需的经济总量和市场条件恰恰是外生的，因为这一产业的需求者总是对有差异性的文化和自然资源有强劲的偏好，其丰富而又有厚度的文化和自然遗存可以通过其强烈的对游客的视觉与心灵冲击造成震撼，使之获得感觉的、理性的、体悟的和学习的等一系列旅游消费效用。

（6）我国经济与社会发展总体水平的提高和区域经济发展的差异客观上造就了这一巨大的客源市场，“到西部去，体会丰富多彩的民族文化”已成为近几年我国旅游消费中的一个重要现象，同时由于人文遗存和自然遗存差异性的长期存在，民族地区旅游资源、产品和产业的发展也是可持续的。

（7）随着中国经济社会的发展、世界经济和中国经济双向依赖度的逐渐提高，以及国际经济、文化和社会交往水平的提高，中国正逐渐成为世界上最大的旅游客源国和旅游目的地，国外游客感知中国悠久的、丰富多彩的民族区域文化是旅游的主要目的（在中国西藏拉萨、云南丽江、广西桂林阳朔甚至出现了外国游客由于对我国民族地区文化的迷恋而长期滞留的特殊现象），发展民族地区旅游产业也存在巨大的国外市场的可持续支撑。

综上所述，在市场化条件下，旅游产业作为优先发展的产业或主导产业是实现民族地区经济发展目标和产业结构转型的理性选择，只要在发展中正确地处理好发展与保护、发展与外部性、发展

①　即使我国一些经济发展水平较为落后的民族地区，其道路交通设施条件都具备发展旅游产业的条件，如青海省、西藏自治区等。

与环境保护、发展与可持续发展、旅游产业发展与其他产业发展的协同与配套等关系，旅游产业一定能成为我国民族地区实现经济社会发展的重要产业支柱，并以其巨大的产业关联带动其他产业的发展，从而实现民族地区经济社会的协调发展。

二　民族地区旅游产业发展的一般条件

我国是一个多民族地区，在长期的历史发展中，各民族共同创造了辉煌灿烂的中华民族文化，并以其博大精深、多元性和对世界文明进程的重大影响屹立于世界文化之林，在西方文化、中国文化和东方伊斯兰文化三大体系中，形成了自己独特的地位和历史价值，不论现在和将来，都必将对人类文明产生深远的影响。中华文化在其构成中，关于器物层面文化、方式层面文化和价值层面文化都有着相当丰富的遗存，并由于民族结构的多元性，其文化多样性又居于各国文化之首位，文化价值巨大。在中华文化的历史发展和沿革中，由于以上述及的原因，我国各民族地区文化在纵向意义上的依存和横向意义上的结构都存在较大差异；各民族地区区情和资源结构也不尽相同；各民族地区产业结构和主导产业也存在不同选择和发展路径；各民族地区都存在不同的产业比较优势和劣势；各民族地区旅游资源的富集度、丰度、厚度和潜在价值也存在梯度差异，从而导致我国各民族地区旅游产业发展存在起点、水平、规模和档次的不平衡性；但由于我国旅游产业发展整体上起步较晚，属后发型产业发展类型，民族地区旅游产业发展程度上一般差异不大，所以又存在发展特征上的共性。根据旅游产业发展的一般共性特征和规律，我国民族地区要大力发展旅游产业，就必须识别、认知这一产业发展的内在产业运行规律，系列梳理这一产业所需的产业运行条件，从而合理地安排旅游产业发展的战略，有效地实施旅游产业的发展，实现区域旅游产业发展的目标。在以上框架中，认识民族地区旅游产业发展的一般条件和民族地区旅游产业发展的产业经济学机理，是民族地区制定和实施区域旅游产业发展战略、实现区域旅游产业发展目标的关键，也是民族地区制定合理的产业政策的基础。

（一）必须充分认知和评价这一地区民族文化旅游资源的丰度、厚度及潜在的产业价值

我们认为旅游资源潜在产业价值的评估一般应通过资源吸引力（resource attraction）、丰度（diversity level）、厚度（depth level）、差异度（difference level）、可持续性（sustainability）和产品化率（merchandised level）这六大指标[①]来体现。如上所述，由于我国民族地区民族文化资源的依存与分布差异大，并非所有民族地区因其民族特征和民族文化的存在都具备发展旅游产业的条件，必须依据科学的旅游资源评估方法认知和评价区域内民族文化资源价值，才能进行区域旅游产业发展的定位和选择。对民族文化资源的科学评估至少一方面提供了对民族文化资源价值认知的基础，另一方面可以预测由民族地区文化旅游资源价值决定的旅游产业发展的潜在市场规模，同时又成为民族地区制定旅游产业发展战略的基础。

（二）必须进行区域内外产业选择的优势比较，进行产业比较优势（comparative superiority）的分析

在市场化条件下，区域内经济增长依赖于产业的高度化和结构转换，同时又必须依据产业比较优势合理地安排产业成长与发展的次序，通过发挥政府的宏观经济管理职能对有着显著比较优势的产业进行定位、培育和扶持，使之成为优先发展产业、支柱产业或龙头产业。产业的优势比较与后续的选择并不仅仅是一个市场行为，规律与经验表明，政府的首要宏观经济职能即在于产业的比较、选择与扶持上。产业比较优势分析的基本要素是产业成长的环境（industry growth surroundings）、产业成长的市场规模与结构（marketing scale and structure of industry growth）、产业生命周期与可持续发展（industry cycle and sustainability）、产业的环境发展（surroundings

---

① 资源吸引力是民族文化资源对外埠消费者产生的一般认同和向往的强度；丰度指民族文化资源在结构上多样性的存留梯度；差异度是民族文化资源对外埠客源地文化的差异程度；厚度是民族文化资源的资源纵深度（即从器物文化、方式文化到价值文化的物质和非物质的存留程度）；可持续性是民族文化资源在旅游产业发展过程中对原生态资源的保持程度或资源变异程度；产品化率是民族文化资源向旅游产品的转化程度。

development of industry)、产业的社会化发展（society development of industry）及产业协同（coordinational industry）六个方面，通过产业比较优势分析要科学地确认民族地区产业高度化演进的方向、结构转型中的新产业选择及由此决定的经济增长模式与途径。①

(三) 要进行关联区域竞争环境分析②

在市场化条件下，对区域内产业的比较优势和选择是重要的，但当这一产业通过区域内比较和选择定位后，就必须将其置于国民经济范畴中进行有关联的各区域间产业间发展的优势比较。旅游产业就其所依托的民族文化而言，存在个性和差异，这是造就不同民族地区产业和相对垄断市场的条件；但就其共性而言，不同民族地区所开发的系列旅游产品在物资技术和产业一般层面上又存在共性(如青海和西藏、广西和云南等)，所以，关联的民族地区之间的旅游产业和旅游产品存在替代性，从而形成民族地区旅游产业发展的产业竞争（industry competition)，从产业组织理论的观点看，旅游产业是相当典型的垄断竞争市场类型，所以，产业比较优势分析就要旨在对民族地区旅游产业的区域竞争力进行有效的分析和认知，以确定民族地区旅游产业的竞争战略，使民族地区在存在高度竞争的旅游市场中，进一步强化、巩固和提升其旅游产业的民族个性、文化个性以及产业相对垄断地位，从而提升产业竞争力，使民族地区旅游产业发展获得持续的市场支撑。

(四) 要进行科学的市场细分和定位，建立"文化—产品—市场"的有机关联

首先，要建立文化与市场的关联，以自己特有的民族文化结构体系进行市场细分和目标市场定位；其次，建立文化与产品的关

① 产业成长的环境主要是产业成长的资源环境、要素环境、人力资源环境及制度环境；产业成长的市场规模与结构是指这一产业所对应的现实市场规模、潜在市场规模、目标市场类型与性质及其变化；产业生命周期与可持续发展是指产业从产生到衰亡的整个过程，以及其周期的可持续性延长；产业的环境发展是指产业运行对自然环境造成的影响；产业的社会化发展是指产业运行对社会发展诸指标的影响；产业协同是指产业运行中各产业之间由于存在质态关联和数量比例关系而形成的产业间的支持度与协调度，它决定着产业发展的效率。

② 把多勋：《区域旅游产业发展战略研究论纲》，《旅游科学》2005 年第 3 期。

联，旅游消费者是通过对旅游产品的消费去感悟民族文化的，因此，旅游产品开发与旅游地营造必须能使旅游者通过消费过程深刻感知和体悟文化，以获得最大化的旅游消费效用；最后，由于以上两个关联的顺序建立，就必然会建立良好的产品与市场的紧密关联，实现民族地区民族文化资源向旅游资源的成功转型和文化价值向产业价值的市场飞跃。从民族地区旅游产业的健康发展来讲，产业供给的重点是培育独特的有垄断性质的文化个性，产业需求的重点则是持续的市场总量与良好的市场结构，必须通过科学的细分指标的确立进行市场细分，然后进行目标市场定位，并通过以上关联关系的建立将这一市场维系与巩固下去。

（五）必须进行合理的区域旅游产业发展目标定位

任何一个区域旅游产业发展都应建立包含一个或若干个核心目标和系列扩展目标在内的目标体系，其核心目标一般为产业发展目标和实现产业在区域经济中作用和地位的贡献率目标（即静态价值贡献，Static Value Contributions，SVC）。产业发展目标由区域旅游产业的消费集中度和离散度（即市场规模及其维系水平和扩延水平）、旅游生产供给的专业化水平、旅游经济运行的规范化程度以及区域旅游产业的可持续性等指标来衡量；贡献率目标则指动态的旅游产业产值在区域 GDP 中的比重和增长率，以及决定这两个指标的可预测区域旅游产业发展潜力（Predictable Development Potentials of Regional Tourists Industry，PDPRTI）。另外，核心目标还应涵盖区域经济中旅游产业对国民经济的动态发展贡献（Dynamic Development Contributions，DDC），即投资乘数、需求乘数、就业乘数与国民收入乘数的水平，据此可以判断区域旅游产业在区域经济中和区域经济运行周期的各阶段中的性质、地位与作用；同时，核心目标中也应涵盖区域旅游产业发展对区域经济结构高度化和经济发展的贡献率。一般而言，旅游产业发展必然带动结构优化，它并不仅指由于旅游产业的三次产业属性必然在产业结构既定状态下绝对加大三次产业的比重，而且旅游产业发展也必然带动产业结构内部一、二次产业就业、产值比重的下降与三次产业比重的相对上升。旅游产业发展的扩展目标涵盖文明发展、价值发展、社会结构发展和社会环境发展的社会发展目标，包括文化资源价值的外显与市场发展、民族文化个性的国际认同等内容在内的文化发展目标，也包括由于区域旅游产业的发展重建人与自然、现在的人与未来的人、现在的环境与未来的环境共存共荣的可持续发展目标。我国民族地区在旅游产业发展中尤其要高度关注产业发展的扩展目标，这是因为扩展目标的实现既是旅游产业经济目标可持续实现的前提，同时又具有独立的社会、文化和环境价值。

（六）要有较稳定的和可持续的资金等生产要素供给

一般来说，我国民族地区经济成长和发展的最重要制约因素是生产要素，我们通过相关研究已经论证，对于民族地区来讲，旅游产业的比较成本是最低的，但旅游产业的发展仍需一定规模资金总量的分阶段投入，以建立较为配套和齐全的旅游地基础条件和产品线。由于资金是制约产业发展的第一因素，因此，旅游产业的发展一般都是分期投入建设的，要保证旅游产业的可持续发展，要保证旅游产业成为民族地区的支柱或龙头产业，要保证旅游产业产值对GDP的稳定贡献，要保证旅游产业带动社会发展，就必须首先保证有一个足够稳定和合理的融资条件，建立有国际金融组织融资、国内政策性长期贷款、商业银行借贷、民间资本吸纳以及本区域内政府配套资金供应等渠道在内的融资途径，使旅游产业健康、稳定、快速和可持续地发展。

（七）要着力培育和扶持一批结构合理、规模适度和品质优良的微观企业组织，使旅游产业的发展获得强有力的组织条件

在现代市场经济下，在资源、产品、市场及产业政策等条件成熟的状态下，产业发展的成败优劣则主要取决于包括旅游地组织、旅行社、宾馆和其他配套服务组织的发育和成长水平。值得关注的是，在经济发达地区，微观组织的发育水平较高，甚至有些产业的形成都是由组织策动和推动的，产业在市场化资源配置下的自组织功能强大；但在民族地区，由于经济社会发展水平较低，民间经济组织基础薄弱，信息对称水平低，旅游产业发展所需要的对应的组织规模和结构较差，还要借助于政府在资金和政策等方面的大力扶持。微观组织既是旅游产业发展的直接实施者，又直接面对消费

者，它对于旅游产业的现实发展和未来发展都是重要的组织条件。

（八）必须实施“政府主导—政府规制—市场主导”的产业发展战略

对于民族地区来讲，旅游产业是一个新型产业，同时也是一个产业联系最广的产业，对综合协同水平要求最高的一个产业，对基础设施建设水平要求最高的一个产业，当然也是对国民经济和社会发展辐射带动作用最强的一个产业。在产业发展初期，必须借助于政府的力量和宏观经济调控职能，进行基础设施条件的建设和改善，制定正确的产业政策和旅游产业发展战略，制定本地区旅游产业发展规划，招商引资，扶持人力资本和组织的成长，尤其要协调区域内所有产业和部门，以提供结构合理和完整的旅游服务和产品；在第二阶段，当旅游产业发展的各类硬软件条件和设施都基本具备，旅游产业发展的制度、体制、要素和协同等环境发育良好，就可以充分发挥微观组织配置资源的功能，使企业成为民族地区旅游产业发展的主体；在第三阶段，区域经济社会发展水平进一步提高，统一的区域市场已经形成，旅游产业发展的基本条件也已成熟，微观组织体系基本建立和完善，民族地区旅游产业形象已具有较高的知名度和美誉度，各产业间的协同水平得到进一步提高，已经形成了自己稳定的、相对垄断的和可持续的市场，民族地区旅游产业的发展就可以进入第三个阶段，企业成为旅游产业发展的主体力量，辅之以政府的管理和规制，成为现代市场经济条件下的新型的产业运行模式。

第二节 西北民族地区旅游产业发展模式总论

我国民族旅游产业的发展是和我国旅游产业的总体发展基本同步的，但其整体发展速度和规模甚至还要快于整体旅游产业的发展。这是因为，一方面，我国民族地区往往具有天赋而又富集的多元旅游资源，发展民族旅游产业的比较优势十分突出；另一方面，民族地区往往又存在更大的产业结构调整与增长的压力，旅游产业的发展就成了民族地区结构调整方向与新的经济增长领域和战略重点的首选。

从民族地区旅游资源开发模式研究的共同之处来看，相关成果基于生态脆弱、经济社会发展水平落后、少数民族聚居等多因素叠加的现实背景，指出坚持生态伦理观，走生态旅游发展之路已基本达成共识。从民族地区旅游资源开发模式的区别来看，首先在体制机制的问题上，有了政府主导型、政府+企业、政府+企业+社区的不同模式，有学者将此归纳为“大理模式”、“丽江模式”和“香格里拉模式”。在运作模式方面，对于坚持资源开发导向、市场导向，还是保护导向、意见分歧也比较大。但是，无论采取哪种模式，根据民族地区的实际才是最重要的。在实践操作的应用模式上，有的意见从民族地区的生态脆弱性出发，建立生态旅游示范区（包括人文生态或者自然生态），但可能导致文化生态的园区化；有的意见从旅游经济集约化出发，提出将原地型开发和异地型开发相结合，但可能导致“旅游飞地”及其文化原真性的伪生态化。[①] 以西北民族地区为例，近些年来，其旅游产业的发展一般形成了如下几种典型模式（见表5—1）。

表5—1　**西北民族地区旅游产业发展模式简表**

划分基础	模式类型	模式分析	典型地区
协调机制	政府主导型	政府主导型民族地区旅游产业发展模式是指在政府的引领下，通过政府制定的发展目标、产业政策等调控旅游产业的发展。在旅游产业发展初期阶段的民族地区常采用政府主导型模式，这种模式主要通过政府与民众的力量扶持旅游产业的发展，其特点是快速、高效	青海互助土族自治县、甘肃甘南州、肃南裕固族自治县等

① 赖斌：《基于民生视角的民族地区旅游资源开发模式研究》，《西南民族大学学报》（人文社会科学版）2015年第1期。

续表

划分基础	模式类型	模式分析	典型地区
	市场主导型	市场主导型民族地区旅游产业发展模式是以市场竞争机制与发展为内在驱动力，通过市场的调节作用来平衡旅游产业的发展，让市场决定旅游产业的发展方向、目标定位及路径选择，其特点是更符合经济社会发展规律，具有可持续性。在旅游产业发展的成熟期或稳定期，政府将逐渐退出产业主导的角色，其作用更多地体现在旅游产业发展的基础设施建设、制度安排制定与实施标准和区域旅游形象一般营销等方向上，市场逐渐成为民族地区旅游产业发展的主导力量	青海海西藏族自治州（青海湖）、新疆吐鲁番地区等
驱动力	自然资源自发型	自然资源自发型民族地区旅游产业发展模式的特点是：区域旅游产业发展的基础与条件已经成熟，旅游资源转化成旅游产品的成本较低，区域旅游市场能够自发形成	新疆喀纳斯地区、宁夏沙湖地区等
	区域形象早期定位型	区域形象早期定位型民族地区旅游产业发展模式的特点是：区域旅游产业发展的基础与条件尚未成熟，旅游资源转化成旅游产品的成本较高，区域旅游市场无法自发形成，必须通过建立统一的区域旅游形象来引导旅游市场的形成与旅游产业的发展	甘肃张家川回族自治县、甘肃甘南州等
	自然资源自发型与区域形象早期定位结合型	自然资源自发型与区域形象早期定位结合型民族地区旅游产业发展模式的特点是：此种模式介于上述两种模式之间，区域旅游产业发展的基础与条件相对成熟，旅游资源转化成旅游产品的成本相对较低，但还需通过对区域旅游形象的定位来提升原有已初步形成的旅游市场	青海湖地区、新疆伊犁哈萨克自治州等

续表

划分基础	模式类型	模式分析	典型地区
产品体系与主导资源	民族文化导向型	民族文化导向型民族地区旅游产业发展模式的特点是：区域旅游资源与产品体系以民族文化资源为主导	甘肃临夏回族自治州、新疆喀什地区等
	自然生态导向型	自然生态导向型民族地区旅游产业发展模式的特点是：区域旅游资源与产品体系以自然生态资源为主导	青海贵德地区、新疆喀纳斯地区等
	民族宗教导向型	民族宗教导向型民族地区旅游产业发展模式的特点是：区域旅游资源与产品体系以民族宗教资源为主	甘肃甘南夏河拉卜楞寺、青海湟中塔尔寺等
	综合导向型	综合导向型民族地区旅游产业发展模式的特点是：区域旅游资源与产品体系以民族文化、自然生态、民族宗教等资源中的两种或三种同时为主导	四川阿坝藏羌族自治州、甘肃甘南州等

我们认为，对西北民族地区旅游产业发展的研究，必须建立一个较为广阔的研究视域，包括西北地区与全国同步的经济发展总体趋势和现代化发展的趋势；西北民族地区经济结构优化以及产业结构的高度化；西北民族地区实现经济社会全面进步与发展需要的产业依托与主导产业和支柱产业的选择。西北民族地区旅游产业的发展需要建立一个既符合经济发展规律和社会发展规律，兼顾西北民族地区经济社会发展历史和现状，又具有发展的鲜明时代特征；既满足西北民族地区在现代化进程中对经济的量化指标尤其是增长指标的诉求，又前瞻性地满足经济价值以外的其他扩展价值更深刻的发展要求的合理科学的旅游产业发展模式。当然，西北民族地区土地辽阔，其间自然、生态、人文、地理、历史、文化既有很强的完整性和互补性，又有更为明显的差异化和替代性，西北民族地区各区域也绝非只存在一种一般化的旅游产业运行和发展的模式，但是在我国旅游业发展到21世纪的今天，和西北民族地区现代化进程运行到目前这一重要的历史发展阶段，其旅游产业发展的模式必须

建立在新的价值基准的基础上和目标体系的引领下，西北民族地区旅游产业的发展，一定要满足生态发展、社会发展、文化发展、人的发展和经济社会全面的可持续发展的本质要求，建立在以上价值基准和目标体系引领下的西北民族地区旅游产业发展必然是一般的。

综上所述，以旅游的价值认知为基点合理确定西北民族地区旅游产业的发展目标，在学理上认知西北民族地区产业结构转型和旅游产业发展的机理，构建西北民族地区旅游产业选择可行性的量化指标，并理清旅游产业发展对实现这一地区经济社会全面发展的重大意义，以具体的案例研究的方式，在多维目标体系的指引下科学地廓清西北民族地区旅游产业的有效模式，探索产业发展过程中实现人的发展、环境与社会发展的有效途径，从而实现经济社会的全面发展，应该成为21世纪以来中国民族地区尤其是西北地区旅游产业发展研究的基本出发点。我们的观点是：第一，大力发展旅游业是我国西北民族地区实现产业高度化、经济社会跨越式发展、建设社会主义和谐社会的必然选择。第二，旅游产业发展模式的设计应当以对旅游的价值认知为基础。旅游产业发展绝非单一的经济价值，而应包括人、自然、文化、社会等综合价值。第三，西北民族地区旅游产业的发展应当建立多目标的产业发展价值取向。在广阔的视野中考察西北民族地区旅游产业发展的价值，建立多维目标体系，并以此为指引构建具体的发展模式。第四，西北民族地区旅游产业在发展中必须同步地实现民族地区人的发展、文化的发展、自然生态环境的发展和经济社会的全面协调发展。

建立在全新的以多元价值目标引领的西北民族地区旅游产业发展模式研究应该涵盖如下几个方面内容：第一，西北民族地区旅游产业发展的价值与多元目标体系；第二，西北民族地区产业经济的现状与发展研究；第三，西北民族地区旅游产业运行的方式与绩效研究；第四，西北民族地区旅游产业发展的科学与可持续模式研究；第五，西北民族地区旅游产业发展中的投资、经营管理与收益分配研究；第六，西北民族地区旅游产业发展中的农牧民参与方式与效果研究；第七，西北民族地区旅游产业发展中的民族文化价值提升研究；第八，西北民族地区旅游产业发展与经济社会协调研究。

在以上的基本价值认知和研究体系的统领下，旅游经济和产业经济学必须建立一种我国民族地区旅游业发展的有效模式：第一，这一模式必须是在追求旅游产业发展的经济价值的同时涵盖西北民族地区社会文化发展的全部内容，在经过了30年来第一个阶段旅游业在经济价值引领下的快速发展与快速增长之后，必须过渡到旅游业的全面、均衡、协调发展的新阶段，承载起我国西北民族地区实现经济社会全面进步和发展的重任；第二，这一模式的运行既是一般的，又应兼顾我国西北民族地区区情、生态、自然、文化的差异性，以形成我国西北民族地区以民族宗教、民族风情、自然生态和民族文化为标志的、有差度的旅游产品格局，实现民族地区旅游产业的良性发展；第三，这一模式的运行，必须是可持续的。多元价值目标引领的西北民族地区旅游产业模式运行应该高度地关照我国西北民族地区旅游业的可持续发展和经济社会的可持续发展，使当代人的发展成为未来人发展的条件。

多元目标体系导向的西北民族地区旅游产业发展模式研究将在全面审视旅游价值的基础上，从经济、社会、环境的多元视角重新定义旅游产业的发展目标体系，建立合理、科学的产业发展模式，这对于理清产业发展思路，解决产业发展所带来的负外部效应问题，实现产业自身的健康、持续发展，发挥产业在整个区域经济与社会发展中的巨大作用具有重要的意义，特别是以价值构建为起点、以扩延效应发挥为指引的方式探索西北民族地区旅游产业发展模式，对于通过产业发展实现充分就业、加强民族团结、增强中华民族“一体多元”的民族认同和民族向心力、保持地区社会稳定、建设社会主义和谐社会等时下重大课题具有突出的意义。

从多元目标体系视角系统地进行西北民族地区旅游产业发展模式的研究，在理论上，首先，将极大丰富我国民族地区区域经济学的理论内涵。近年来我国区域经济学的研究取得了长足的进步，但是关于民族地区产业发展尤其是新型产业发展的研究还付之阙如。多元目标体系导向的西北民族地区旅游产业研究将以西北民族地区旅游产业发展为研究对象，围绕西北地区、民族地区、产业的演进与选择、新型产业发展模式的研究，这必将丰富我国区域经济学研究的学术体系和内容。其次，将丰富旅游经济理论体系。多元目标体系导向的西北民族地区旅游产业研究将以旅游与旅游产业的功能价值为基点，去认识、分析、理解西北民族地区旅游经济运行的特征和规律，并提出在实现旅游产业自身健康发展的基础上的多维扩延效应得以实现的有效模式，这一方面为丰富与完善旅游经济理论的研究方法提供了有益的启示，另一方面将旅游经济的研究回归于“旅游”的本位，以地区产业研究的方式系统梳理旅游经济运行的规律，从而丰富了旅游经济理论体系。最后，将完善旅游学的学科体系。多元目标体系导向的西北民族地区旅游产业研究将以旅游的功能价值研究为基点，将旅游置于经济社会发展的总体格局中，力图穷尽旅游产业发展可能产生的社会扩延效应，其实质是以多学科的方式认知旅游的属性和功能，以给定区域考察的方式全方位认知旅游行为和旅游现象，这将把旅游学推向更广阔的学科背景之中，从而丰富旅游学学科的内容和研究方法。

对西北民族地区多元目标体系的旅游产业模式的研究，在实践上，首先，将有效推动西北民族地区旅游产业科学、稳定、可持续发展。多元目标体系导向的西北民族地区旅游产业研究将以多元目标体系为导向，以对西北民族地区旅游产业发展条件的科学评价为基础，建立科学的产业发展模式，通过这一模式的实施必将有效地推动产业的健康发展。其次，将为西北民族地区产业政策制定提供科学依据。国内外经济发展经验表明欠发达地区发展需要良好的发展模式与制度策动，多元目标体系导向的西北民族地区旅游产业研究将从西北民族地区具体区情出发，全面认知西北民族地区旅游产业发展的条件和机理，寻求最优化的发展模式，这对于探索西北民族地区实现产业高度化和经济跨越式发展的有效途径，各级宏观经济调控主体充分认识旅游产业的巨大作用并制定科学的产业发展政策以弥合地区经济发展差距，推动国家整体经济协调发展皆具有重要的意义。再次，将推动我国西北民族地区旅游产业发展和产业结构转型。多元目标体系导向的西北民族地区旅游产业研究将寻求我国西北民族地区发展新型旅游产业的有效模式，将对西北民族地区旅游产业的扩延效应的充分发挥引入对我国西北民族地区的旅游产业发展模式研究中，这对于我国西北民族地区新型旅游产业的健康、稳定和快速的发展，推动地区产业结构转型，并产生较强的扩延效应以带动这一地区的经济增长和社会的发展将具有极大的价值。最后，将为我国其他类似地区旅游产业发展提供有益的借鉴。多元目标体系导向的西北民族地区旅游产业研究将从目标的设定到模式的评价与选择，构建较为完整的产业发展模式研究的体系，并在全面回答旅游价值功能和区域旅游产业发展目标的基础上进行模式的构建，这将为类似地区旅游产业发展模式的构建、选择与实践提供一个有益的样本和借鉴。

第三节　西北民族地区旅游产业运行机制

一　西北民族地区旅游产业运行机制总论

要真正实现以旅游产业的发展带动民族地区社会经济的发展，确立旅游产业的优先发展地位只是前提，其关键在于推动产业的高效运行，为此，就必须充分依托民族地区的客观实际，探寻民族地区旅游产业的独特运行规律，从而使民族地区旅游产业的发展有章可循。笔者以系统分析，综合归纳，构建了民族地区旅游产业的运行机制模型：认为民族文化旅游资源的产业价值评价、产业比较优势分析、关联区域竞争环境分析三个条件是民族地区旅游产业得以运行的基础和前提，将之作为民族地区旅游产业运行中准备与支撑机制的主要组成部分；认为市场细分与定位、区域旅游产业发展目标定位、资金等生产要素的供给、微观企业组织的扶植四个条件是民族地区旅游产业得以运行的核心与主体，将之作为民族地区旅游产业运行中启动与运行机制的组成部分；另外考虑到，虽然在我国市场经济体制已经确立，但完全依靠市场调节还存在一定的风险，很难保证旅游产业的发展不会对民族地区经济、社会、文化、环境等方面造成负面影响，因此，民族地区旅游产业发展必须受到相应的规制，笔者认为政府规制与社会规制是民族地区旅游产业运行的关键与保证，它们共同构成了民族地区旅游产业运行中的控制与保障机制；民族地区旅游产业的发展必须实施“政府主导—政府规制—市场主导”的产业发展战略，将民族地区旅游产业的发展战略划分为三个阶段，然而，不论在任何阶段，政府的作用都不可或缺，只是在不同阶段扮演的角色不同而已，在第一阶段是主导者，第二阶段是规制者，第三阶段则为服务者。由此可见，政府在民族地区旅游产业的运行中始终扮演着重要角色，具有极为重要的意义，应当将之摆放到民族地区旅游产业运行中的关键位置。

综上所述，民族地区旅游产业的发展运行机制是一个复杂而庞大的体系，涉及众多的内容，归纳起来主要由三部分构成：准备与支撑机制，启动与运行机制，控制与保障机制。准备与支撑机制是基础，启动与运行机制是核心，而控制与保障机制是关键（见图 5—1）。

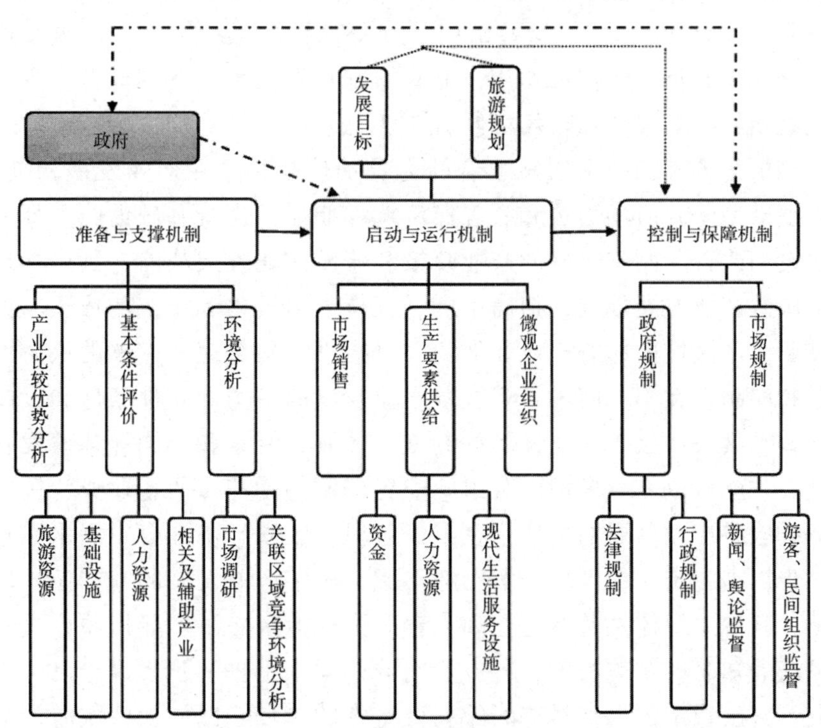

图 5—1　民族地区旅游产业运行机制

有关政府在经济活动中应当扮演何种角色，一直是经济学界争论的主要焦点之一，以亚当·斯密为代表的经济自由主义者强调，政府不应该过多地干预经济活动，政府的作用及政策的制定，应着眼于如何维护正常的竞争秩序，以保证竞争机制的正常运行；而主张政府直接干预经济的凯恩斯主义者则强调，政府应当抛弃自由放任的传统政策，必须运用积极的财政与货币政策，以确保足够水平的有效需求，通过增加需求促进经济增长。这两种不同的经济主张在历史的演进过程中都有碰壁的经历，也都存在不足之处，鉴于本书讨论主题所限，在此不再赘述。在我国，民族地区的经济发展相对落后，与发达地区的差距有逐步扩大的趋势，为此，其经济发展不但要实现一般意义上的发展，而且肩负着赶超发达地区的历史重任。然而，民族地区旅游经济在“起飞”的初期都会遇到基础设施（交通、电力、通信等）和关联产业（建筑、食品加工、商业等）薄弱的“瓶颈制约”。这些部门的“外部性”较强，它们对整个经济发展具有重大的促进作用，而本身却投资巨大、营利性低、资本回收期长，仅仅依靠市场机制肯定无法在短期内达到经济“起飞”所要求的条件，必须依靠政府的力量加以扶持。在产业发展初期，必须借助于政府的力量和宏观经济调控职能，进行基础设施条件的建设和改善，制定正确的产业政策和旅游产业发展战略，制定本地区旅游产业发展规划，招商引资，扶持人力资本和组织的成长，尤其要协调区域内所有产业和部门，以提供结构合理和完整的旅游服务和产品；在第二阶段，当旅游产业发展的各类硬软件条件和设施都基本具备，旅游产业发展的制度、体制、要素和协同等环境发育良好，就可以充分发挥微观组织配置资源的功能，使企业成为民族地区旅游产业发展的主体；在第三阶段，区域经济社会发展水平进一步提高，统一的区域市场已经形成，旅游产业发展的基本条件成熟，微观组织体系基本建立和完善，民族地区旅游产业形象已具有较高的知名度和美誉度，各产业间的协同水平进一步提高，已经形成了自己稳定的、相对垄断的和可持续的市场，民族地区旅游产业的发展就可以进入到第三个阶段，企业成为旅游产业发展的主体力量，辅之以政府的管理和规制，成为现代市场经济条件下的新型的产业运行模式。

另外，在民族地区发展旅游业还同时面临两个方面的问题：一是社区参与问题。由于我国是社会主义国家，而且实行民族区域自治制度，必须充分考虑广大少数民族居民的利益。旅游业的发展需要凭借民族地区丰富的自然与人文旅游资源，而资源的所有权归属于当地社区，其权益必须受到保护，要保障这部分利益单靠市场经济运行规律是不可能的，必须依靠政府的主导作用。二是资源环境与民族文化的保护问题。受社会经济发展相对滞后的影响，民族地区居民对于资源环境、民族文化的保护意识相对薄弱，部分保护意识相对较强的地区又因为资金短缺等客观条件制约，难以付诸具体的保护措施，在这样的情况之下，只能依靠政府作为社会组织者与管理者的角色来完成保护任务。

在民族地区旅游产业发展运行机制当中，政府同时也在准备与支撑机制、启动与运行机制、控制与保障机制中发挥主导作用，是整个民族地区旅游产业运行机制得以正常运行的灵魂。在准备与支撑机制的运行过程中，政府发挥组织与服务功能，如组织专家学者进行条件评价与环境分析，为评价分析工作提供各种便利等；在启动与运行机制的运行过程中，政府发挥参与和协调功能，如参与旅游发展规划的编制、招商引资、对外宣传、协调配置资源等；在控制与保障机制运行过程中，政府发挥管理与引导功能，如制定产业发展政策、引导产业健康发展、制定环境与社会文化的保护政策等。

二　民族地区旅游产业发展的准备与支撑机制

（一）产业比较优势分析

在市场化条件下，区域内经济增长依赖于产业的高度化和结构转换，同时又必须依据产业比较优势合理地安排产业成长与发展的次序，通过发挥政府的宏观经济管理职能对有着显著比较优势的产业进行定位、培育和扶持，使之成为优先发展产业、支柱产业或龙头产业。产业的优势比较与后续的选择并不仅仅是一个市场行为，规律与经验表明，政府的首要宏观经济职能即在于产业的比较、选择与扶持上。民族地区在选择发展旅游产业的过程中，务必首先从产业成长的环境、产业成长的市场规模与结构、产业生命周期与可持续发展、产业的环境发展、产业的社会化发展及产业协同六个方面进行优势比较分析，以此为基础，做出产业选择，并相应地对产业发展定位、发展方向与发展战略做出统一规划。

（二）基本条件评价

任何产业的成长、运行都有一定的条件基础，旅游业更是如此，完整的旅游产业链条必须同时具备满足旅游者食、住、行、游、购、娱六大需求的生产要素，民族地区旅游产业要发展，首先要做的就是进行产业发展条件评价，这是开展一切工作的基础，也是避免盲目开发的有效选择。

1. 旅游资源评价

旅游活动自身特性决定了旅游吸引物是核心，而旅游吸引物的载体即为旅游资源，为此，首要的条件评价就是旅游资源评价。关于旅游资源评价的指标体系有专门的国家标准——《旅游资源分类、调查与评价》（GB/T18972-2003），这套标准自 2003 年 5 月推出以来，各级旅游部门基本上都以此为依据开展工作。该标准是在 1992 年出版的《中国旅游资源普查规范（试行稿）》基础上，明确界定了旅游资源的类型体系、调查规范和评价方法等实用技术路线；为便于应用，对旅游资源类型的释义也作了简要说明，总体上内容全面，技术规范，便于操作，是一部应用性较强的技术标准。[①] 旅游资源评价是一个相对宽泛的概念，并不仅仅局限于就资源本身而进行评价，而是要从旅游产业发展的层面进行资源评价，也就是说，既要评价资源的观赏、科学、历史、文化，甚至是考古等内涵式价值，又要评价资源的区位条件、通达性、距离客源地距离、接待能力等外延式开发价值。

此外，民族地区发展旅游产业还要高度关注民族文化旅游资源的评价问题，作为人文性质的旅游资源，民族文化以其独有的异质

① 何效祖：《对国家标准〈旅游资源分类、调查与评价〉的若干修订意见》，《旅游科学》2006 年第 5 期。

文化特性备受域外游客青睐，然而对其进行资源评价时要有别于一般性的人文旅游资源，在构建评价指标体系的过程中，要充分考虑其民族特性。民族特性是指那些能反映出一个民族区别于其他民族特征的各个方面，它一般以民族文化的形式表现。① 因此，要从展现民族特性程度，进一步发掘民族特性的潜力程度，发扬民族特性的张力程度等多方面进行评价。简言之，就是围绕民族特性进行评价。只有囊括这些因素的评价指标体系，才能够从真正意义上反映出民族文化旅游资源的根本价值。

2. 基础设施评价

基础设施评价涉及道路交通设施，供水、供电、供暖设施，基本通信设施等，是发展旅游产业的最基本条件。民族地区基础设施的评价标准不可能与东部，甚至是中部地区相提并论。其关键在于道路交通设施的通达性，这是旅游者实现空间位移的首要条件，要对道路的等级、道路的使用状况、交通线路的布局、交通设施的配备及质量、未来进一步改善的可能性等进行全面的评价，还特别要研究道路交通设施的安全系数。此外，水电供应是否完备、电子通信是否畅通都是现代人类生活的必需，有必要进行客观评价。在北方地区还涉及供暖的问题。在内蒙古的大部分草原旅游区，旅游旺季在 10 月中旬就基本结束，进入了极为萧条的淡季，其主要原因就在于草原气温过低，在没有供暖设备的情况下，旅游者根本无法在草原过夜。所以，对于供暖方式、供暖设备、供暖时间等都要进行考察，这是未来影响旅游旺季持续时间的重要因素。

3. 旅游人力资源评价

人力资源评价主要进行四个方面的工作：一是现有旅游从业人员的数量考核；二是现有旅游从业人员的质量评价，包括学历水平、专业知识与专业技能水平等；三是现有旅游从业人员的结构评价，包括年龄结构、学历结构、专业结构等；四是现有旅游从业人员的来源评价，即对旅游从业人员产生来源进行评价。

① 吴晓萍：《浅析民族地区旅游可持续发展的某些限制性因素》，《旅游学刊》2000 年第 5 期。

民族地区旅游人力资源评价还必须对少数民族从业人员进行考察，这是系统考量少数民族居民参与旅游业程度的关键环节，也是与民族地区发展旅游产业的根本目的相一致的。

4. 相关及辅助产业评价

旅游产业是关联带动性很强的新兴产业，然而从另一方面理解，则说明旅游业是一个对其他行业具有很强依赖性的产业。旅游产业同任何其他产业一样，其发展必须要有相关及辅助产业的支撑，这些产业包括建筑业、食品加工业、农业、轻工制品业等。要结合民族地区具体情况，对关联性比较大的产业进行评价，综合评价关联产业的发展现状、存在问题与发展前景等。

（三）旅游产业运行环境分析

对民族地区旅游产业发展环境进行分析的主要目的在于了解并掌握产业发展所面临的机遇与挑战，以求抓住机遇，克服挑战。

1. 旅游市场调研

不论是现实的还是潜在的旅游市场，其对于民族地区旅游产业的发展都具有至关重要的意义。如果说旅游资源评价是产业运行的基础的话，那么旅游市场调研就是产业运行成功的关键。展开系统而全面的市场调查，就要对包括游客的分布状况、经济状况、文化层次、年龄结构、家庭结构、兴趣爱好和旅游需求等尽可能多的因素进行调查。要对一级、二级，甚至更多级市场分别展开有针对性的调查与预测，要通过调研，对市场最终形成一个全面而可靠的认识。

2. 关联区域旅游产业竞争环境分析

关联区域竞争环境分析的目的就在于系统地了解本区域所面临的竞争挑战。由于民族地区自身条件的相对落后，决定了其在发展旅游产业的过程中，必须深入研究周边区域旅游产业的发展状况，以及与本区域相比较所具有的竞争优势与劣势，这样可以极大地避免盲目建设与开发，避免资源浪费，同时还有利于民族地区有效地制定有竞争性的发展战略。关联区域旅游产业竞争环境分析，主要针对产业潜在进入区域、产业替代区域、产业供给主体和产业需求主体四个方面进行分析。[①] 产业潜在进入区域的威胁是指与本区域旅游资源存在极大相似性关联区域欲进入旅游产业，开发与本区域相似的旅游产品时，对本区域的旅游产业所带来的威胁；产业替代区域是指与本区域的旅游产品在满足旅游者需求的功能方面存在部分重叠或者完全相同时，对本区域旅游产品构成的替代威胁；产业供给主体主要指的就是作为旅游产业三大支柱的旅行社业、饭店业和旅游交通业的讨价还价能力对本区域构成的威胁；产业需求主体即旅游者，旅游者的影响力越大，旅游产品的交易价格就越低，对于本区域旅游企业获利的威胁也越大。

三　民族地区旅游产业发展的启动与运行机制

（一）旅游产业发展目标定位

旅游产业发展目标定位是民族地区旅游产业运行开始的首要任务，任何一个区域旅游产业发展都应建立包含一个或若干个核心目标和系列扩展目标在内的目标体系，其核心目标一般为产业发展目标和实现产业在区域经济中作用和地位的贡献率目标，即静态价值贡献；旅游产业发展的扩展目标涵盖文明发展、价值发展、社会结构发展和社会环境发展的社会发展目标。我国民族地区在旅游产业发展中尤其要高度关注产业发展的扩展目标，这是因为扩展目标的实现，既是旅游产业经济目标实现的保证，同时又具有独立的社会、文化和环境价值，是民族地区经济、社会可持续发展的依据。

民族地区旅游产业发展目标定位一经确立，便具有纲领性质，其对于民族地区旅游产业发展具有不可动摇的指导意义，民族地区旅游产业发展的每一环节都将在发展目标的框架内进行。准确而科学的发展目标定位不仅有利于推动民族地区旅游产业的健康发展，而且有利于凝聚少数民族社会各界的力量，形成全民发展旅游业的良好风气。

（二）旅游产业发展规划

旅游产业发展规划是指在旅游产业要素发展现状调查评价的基

① 刘云：《论民族文化旅游中的舞台真实》，《云南财经大学学报》2007年第2期。

础上，针对旅游产业的属性、特点和发展规律，并根据社会、经济和文化发展的趋势，以综合协调旅游产业的总布局，关系内部要素功能结构以及旅游产业系统与外部系统发展为目的的战略策划和具体实施。民族地区旅游产业发展现状中存在的典型问题就是缺乏产业发展规划，旅游产业的运行完全处于一种混乱的状态，由于宏观层面的规划指导缺失，在微观层面就表现为市场秩序混乱、旅游者投诉不断、自然环境遭受破坏等。所以，民族地区旅游产业要谋求发展，首要的工作便是编制区域旅游产业发展规划，通过规划指导发展。民族地区在编制旅游产业发展规划的过程中，一方面不可以盲目崇拜域外，甚至是国外的专家学者，他们往往很少从民族地区的客观实际出发，形成的规划文本大多华而不实，这样的例子不胜枚举；另一方面，在推进规划的过程中，必须结合本地的旅游资源优势和特点开发多样性的、独具特色的旅游产品。规划的编制是一项系统而复杂的工程，严重关系到民族地区旅游业发展的成败，也关系到民族地区整体社会经济的发展，必须高度重视，要聘请有责任意识、关注民族地区社会经济发展的旅游规划专家编制发展规划，要明确一个宗旨，那就是民族地区旅游产业发展的根本目的在于为当地少数民族谋福利。

（三）旅游业生产要素供给

生产要素是维系国民经济运行及市场主体生产经营活动所必须具备的基本因素。生产要素，是经济学中的一个基本范畴，现代西方经济学认为生产要素包括劳动力、土地、资本、企业家才能四种。实际上，随着科技的发展和知识产权制度的建立，技术也作为一种相对独立的要素投入生产。旅游业的生产要素囊括的范围非常广泛，它具体涉及满足旅游者食、住、行、游、购、娱六个方面的众多生产要素，而对于民族地区来讲，最为紧缺的首先要数资金；其次为人力资源，即能够从事旅游行业相关工作的专业人才；最后为满足人们现代生活所需的各种要素。

1. 资金

民族地区相对较小的经济总量，决定了其在资金要素上供给严重不足，必须借助外来资金要素的投入。如何引进外来资本以推动旅游产业的加速运行是民族地区首要解决的问题。要努力通过各种途径吸引外来投资，例如可以出台旅游投资优惠政策，给予外来投资者税收、贷款等多方面优惠等。吸引外部资金流入的政策应保持一定的弹性，一般来说，吸引外来资金的最重要的因素是市场需求。在市场需求等条件相同时，政策优惠就有吸引力。民族地区旅游业吸引外来资金，面临国内各个地区间的竞争，因此应保持一定的政策弹性，采取类似新加坡的条件面议模式，吸引外来资本投资西部民族地区的旅游业。[①] 吸引外来投资要有大眼光，要在国家政策允许的条件下，将招商引资的目光投向国际市场。在引进外来资本的同时，要努力开辟多种渠道实现区域内融资，培育并引导区域内生资本流向旅游产业。对西部民族地区旅游产业来说，产业发展基金是一条重要的资金渠道。[②] 要充分利用现代资本市场的筹资功能，拓宽融资渠道，为民族地区旅游产业的发展提供资金保障。利用资本市场进行直接融资的方式主要有，一是通过旅游企业上市发行股票，这是效率高、额度大、稳定性强的有效的融资途径。而且，这对民族地区旅游企业也是一个促进，因为，旅游企业要上市，必须要在企业经营管理体制、盈利能力等方面符合上市企业的要求。二是通过发行债券募集资金。政府有关部门在债券发行上应向民族地区旅游产业倾斜。三是通过项目融资，推出适应旅游产业结构调整、产品升级换代的投资回报高的旅游开发项目，吸引国内外投资者对民族地区旅游开发的投入。[③]

2. 旅游人力资源

民族地区旅游产业要发展，必须具备充足的符合产业发展要求的人力资源。为此，首先要从本区域发掘旅游专业人才，通过有效途径，如职业培训中心、旅游院校等，培养不同层次的适合不同岗位的专业人员；其次要通过优惠政策，打造展示才华的平台，以吸引区域外的各种旅游专业管理、技术人才不断流入。要加强对本区

---

① 王建：《西部民族地区旅游业发展问题研究》，硕士学位论文，东北师范大学，2004 年，第 2—5 页。

② 刘云：《论民族文化旅游中的舞台真实》，《云南财经大学学报》2007 年第 2 期。

③ 唐留雄：《现代旅游产业经济学》，广东旅游出版社 2001 年版，第 312—313 页。

域少数民族居民的专业培养，提高他们的参与意识和参与热情，帮助他们实现在旅游行业就业。这样做，不但可以节约吸引外域人才的费用，而且兼顾了当地少数民族的利益，有利于提高他们的收入水平，尽早摆脱相对落后的生活状态。民族地区特有的人文性质的旅游资源，如歌舞表演、民族工艺等都离不开少数民族居民的参与，要加强对他们的培训与教育，帮助他们树立发展旅游产业与保护民族文化不受侵害的双重观念意识，既要鼓励他们积极参与旅游经济活动，在旅游经济活动中获利，又要告诫他们民族文化本真的可贵，鼓励他们为民族文化的传承与发扬做贡献。

3. 现代生活服务设施及其他要素

旅游者在试图享受精神愉悦，获得完美旅游体验的同时，还要求满足现代生活的便捷与舒适。民族地区在发展旅游产业的过程中，必须充分考虑现代生活服务设施的配备，如银行网点、邮政网点、移动通信网点以及网吧等的设立，这些设施的配备情况会直接影响旅游者对旅游目的地的整体感知。在开发过程中，要事先争取有关企业、事业单位的支持，可以通过在选址、房租、税收等方面给予优惠而谋求与其合作。另外，则要根据市场调研情况，有针对性地考虑游客的需求，配备相应的服务要素。比如，部分游客可能格外关注时政消息，这样就有必要在特定位置设立报亭；再如，有的游客比较关注自身的健康状况，那么就需要根据实际情况配备诊所或者医院等医疗服务设施。总之，民族地区旅游产业的发展如果能在现代生活服务设施的配备上尽量做到完备，遵循一切以人为本的宗旨，那么就有可能在未来的竞争中脱颖而出。

（四）旅游微观企业组织

旅游微观企业组织是旅游产业运行的真正主体，只有微观企业组织的强大，才可能有旅游产业的强大。因此，民族地区旅游产业运行的根本途径在于培育一批具有优势竞争力的微观企业组织。一般来讲，人们把旅行社业、饭店业与旅游交通业并称为旅游产业的三大支柱行业，这些行业中微观企业组织的发育程度标志着一个地区旅游产业的成熟度。民族地区旅游产业运行，首先要有选择地扶植一批有竞争力的微观企业组织，并通过它们的不断壮大带动整个区域旅游产业的不断发展；其次要进一步培育1—2个龙头企业，形成大的企业集团，使之具备较大的抗风险能力，并有实力参与对外竞争。民族地区旅游产业运行之所以要培育大型旅游企业：其一在于，只有大型企业才有意识，也有能力引入先进的管理思想与管理技术；其二在于，大型企业在参与对外竞争的过程中，会逐渐地将更为有效的竞争机制引入民族地区，从而诱发民族地区旅游产业不断盘旋上升。

（五）旅游市场营销

在产业组织学中，商品有“先验品”和“后验品”之分。所谓先验品，就是消费者能够通过检查在购买之前确定产品质量，这种商品具有“搜寻性品质”，因此先验品也被称为“搜索商品”，例如家具、服装以及其他主要性质可通过视觉或触觉检查而确定的商品；所谓后验品，就是消费者必须在消费产品之后才能确定它的质量的商品，这种商品具有“经验性品质”，因此也被称为“经验商品”，例如加工食品、软件设计和心理治疗。对于不同种类的产品，企业所采取的营销策略是不同的。研究表明，搜寻商品的营销宣传应提供有关产品性质的直接信息，比如实物图像（动态或静态）和相关的文字描述，并且不能包含虚假信息，因为消费者很容易鉴别；对经验商品而言，营销宣传本身就是所要传递的最重要的信息。企业往往不向消费者介绍产品本身，而是通过反复强调企业名称和品牌名称来加深消费者的印象，以提高企业和品牌的知名度为主要目的。研究还发现，如果从数量上加以比较，为经验商品所做的营销宣传远远超过为搜寻商品所做的营销宣传。[①] 很显然，旅游商品是比较典型的经验商品，其对营销宣传的依赖程度非常大。菲利普·科特勒（Philip Kotler）指出，“市场营销是与市场有关的人类活动。市场营销意味着和市场打交道，为了满足人类需要和欲望，去实现潜在的交换”[②]。市场营销作为一种计划及执行活动，其过程包括对一个产品、一项服务，或一种思想的开发制作、定价、

① 苏东水：《产业经济学》，高等教育出版社2000年版，第384—411页。

② J. Paul Peter, James H. Donnelly, Jr：《市场营销管理（英文版）》（第5版），机械工业出版社1999年版，第1页。

促销和流通等活动，其目的是经由交换及交易的过程达到满足组织或个人的需求目标。旅游市场营销是旅游经济个体（个人和组织）对思想、产品和服务的构思、定价、促销和分销的计划和执行过程，以实现达到经济个体（个人和组织）目标的交换。[①] 旅游市场营销的四大要素包括：产品策略、价格策略、渠道策略及促销策略。这四大要素共同决定着营销整体效果的成败，这其中又以促销最受重视。在民族地区旅游产业运行机制中，市场营销起着重要的助推作用，好的营销策划不但可以成功树立民族地区整体旅游形象，而且可以为民族地区旅游产业的发展开拓巨大的现实与潜在市场。民族地区的旅游市场营销要同时关注产品、价格、渠道及促销四大要素：(1) 在旅游产品的开发上，要立足本地旅游资源，突出民族特色，以市场需求为导向，开发旅游者喜闻乐见的旅游产品，特别对于富有民族地域特色的文化旅游产品要精心打造，在激发游客参与度上多下功夫。(2) 在旅游产品的价格制定上，可以广泛应用心理定价、折扣定价、招徕定价等定价策略，[②] 特别对于民族地区的特色手工艺制品，可以尝试心理定价策略中的声望定价策略。[③] 要通过价格策略体现民族旅游产品的特色与价值，尝试将民族文化融入产品定价当中。例如，蒙古族崇白尚九，以数字九为吉祥，这样在相关的旅游产品定价中就可适当加以运用。(3) 在旅游产品销售渠道的设计与安排上，一方面要广泛采用传统的依靠旅行社网络销售旅游产品的策略，并不断根据需要加以改进；另一方面要积极应用现代网络手段，实现旅游产品的网上销售。(4) 在旅游产品的促销上，必须明确，区域旅游产业的综合性和旅游者的感知特性决定了区域旅游产业营销应当采取以政府为主导的整体营销模式，而区域旅游产业的异地性又决定了区域旅游产业营销应以区域整体旅

① 赵西萍：《旅游市场营销学》，高等教育出版社 2002 年版，第 5—6 页。

② 田里：《旅游经济学》，高等教育出版社 2006 年版，第 159—166 页。

③ 消费者一般都有求名望的心理，根据这种心理行为，企业将有声望的商品制定比市场同类商品价高的价格，即为声望性定价策略。

游形象的树立为主线，将品牌营销作为主要的营销手段。①

因此，民族地区旅游产业进行对外宣传促销的主体应该是地方政府，由它们统筹使用相对较少的促销费用，研究确立并对外宣传民族地区的整体旅游形象。民族地区旅游产业形象的定位及树立是其营销工作的核心，而形象定位又是决定成败的关键，要考虑四个方面的问题：（1）形象定位当以市场调查为出发点，通过详细而周密的市场调查、市场分析，深入了解并把握客源市场的消费倾向和旅游偏好，找出定位的切入点；（2）形象定位当立足于区域内的旅游资源特征；（3）形象定位必须考虑本区域的历史文化特征及社区居民的参与互动；（4）形象定位必须考虑本地区的竞争优势，避免定位与竞争对手重复。在宣传促销的策略选择上，民族地区可以借助特有的民族节日活动，在节日期间展开规模较大的促销活动，还可以依靠其民族地区的特殊身份，申请在国家级，以至世界级的大型文体活动中展示民族特色文化，达到对外宣传促销的目的，等等。

四　民族地区旅游产业发展的控制与保障机制

（一）政府规制

政府规制是政府为实现某些社会经济目标而对经济中的经济主体作出的各种直接的具有法律约束力的限制、约束、规范，以及由此引出的政府为督促经济主体行为符合这些限制、约束、规范而采取的行动和措施。政府规制是政府对市场失灵的治理，目的在于维持正当的市场经济秩序，限制市场势力，提高市场资源配置效率，提升全社会福利，保护大多数社会公众的利益不受少数人的侵犯。政府规制的理由主要体现在两个方面：一方面是经济原因。因为自然垄断、信息不对称、外部性、公共物品、不完全竞争等因素的存在使得市场机制要么根本无法解决，要么成本过高，而政府规制相对而言，具有自己的优势，如权威性、节约交易成本、强制征税等，在市场欠发达的情况下，政府规制是合理的，也是必需的。另

① 敏行、游喜喜：《区域旅游产业营销的一般模式初探》，《甘肃联合大学学报》（社会科学版）2006年第7期。

一方面是社会公平和意识形态方面的原因。例如通过对垄断的限制，削弱垄断企业过分强大的经济和政治权力；通过劳动、就业等方面的规制维护机会方面的公平；直接干预收入分配，维护分配方面的公平；规制与社会人文环境有关的市场交易，如毒品交易、色权交易等，完善交易环境；政府严格限制被认为与政治意识形态不协调的组织或市场行为，积极扶持和保护被认为能够加强政治基础的组织或市场行为。[①]

人们早已认识到，过分依赖旅游产业的发展在一定程度上会给民族地区的经济带来负外部性，会降低民族地区经济的抗风险能力，抬升当地物价，引起通货膨胀，促使民族地区产业结构发生不合理转变等。另外，由于对环境依存度较高，旅游产业快速发展不可避免地带来一系列环境问题，如噪声增加、土壤硬化、水质下降、空气污染等。[②] 还会诱发旅游地居民的传统道德观、价值观念发生改变，社会不良风气的滋生等社会问题。[③] 在民族地区发展旅游产业还会面临民族文化被外来文化同化，民族文化庸俗化以及商品化等潜在威胁，[④] 等等。因此，为了推动民族地区旅游产业的正常运行，保证旅游市场秩序的合理与有序，避免由于过分依赖旅游产业而给民族地区带来的经济、社会、文化及环境等方面的消极影响，同时，为了确保少数民族居民的切身利益不受到侵害，维护民族地区社会稳定与公平，实现民族地区经济与社会的可持续发展，就必须进行政府规制。

1. 法律规制

法律规制，简单地说，就是政府在成熟的市场经济条件下全面运用法律手段，依法规制产业经济发展的具有法律意义的限制、约束、规范，以及由此引发的政府为督促经济主体活动符合这些限

---

① 敏行、游喜喜：《区域旅游产业营销的一般模式初探》，《甘肃联合大学学报》(社会科学版) 2006 年第 7 期。

② 巩劼、陆林：《旅游环境影响研究进展与启示》，《自然资源学报》2007 年第 7 期。

③ 陆岚：《论旅游业的发展对旅游地社会环境的影响》，《襄樊职业技术学院学报》2007 年第 5 期。

④ 张群：《现代旅游对传统民族文化的影响》，《边疆经济与文化》2007 年第 2 期。

制、约束、规范而采取的行为和措施。① 旅游立法活动是旅游事业发展的必然产物，其宗旨是制定调整旅游活动关系的一系列法律规范，以保证旅游事业健康发展。它的内容不仅包括制定旅游法律、法规，也包括对这些规范性文件的修改或废止，还包括在这一法律规范体系发展到较理想的完善程度时进行法典编纂工作。我国真正意义上的旅游业虽然起步较晚，但在发展的初期就比较重视立法工作。就目前旅游市场法规、条例、规定等公布情况来看，已不下40余个，还有一些地方性法规。从范围来看，已涉及旅游业的方方面面。这些法规、条例在调整旅游业结构、规范旅游市场、解决旅游纠纷、保护旅游法律关系主体各方权力义务等方面起到了一定的作用，但这并不表明这些法规、条例到现在为止都是适用的、可行的。从实际情况看，由于各种主客观原因的限制，旅游立法活动还存在如下问题：（1）各项法规、条例具有明显的暂时性和应急性，许多法规内容已经过时，不适应某一行业或部门的实际情况，如《导游人员管理暂行规定》；（2）法规、条例更多的是单方面强调旅游法律关系中的旅游企业，还未将注意力放到旅游者身上；（3）旅游业各个行业缺少权威性的专门法律，现有的单项法规大多数不具备行业法规的特点；（4）整个旅游业至今没有一个综合性的基本法。② 中国旅游法律体系应是《中华人民共和国旅游法》居主导地位的完整的法律体系。③ 所以，旅游基本法的立法工作迫在眉睫。此外，中国旅游立法还有一个明显的不足就是，有关政府进行行业管理的纵向法规显著多于有关调节旅游企业与旅游者相互关系的横向法规。通过以上分析可以看出，旅游法规的健全与完善是一个比较漫长的过程。因此，在对民族地区旅游产业运行进行法律规制的过程中，一方面要大力贯彻现有的旅游法规与条例；另一方面要联系民族地区旅游产业发展的客观实际，健全民族地区的旅游法规与条例，如加强有关民族地区文化旅游资源保护的法规、确保民族地

① 苏东水：《产业经济学》，高等教育出版社2000年版，第384—411页。
② 祁颖：《中国旅游立法活动中存在的问题》，《旅游学刊》1997年第6期。
③ 董红梅：《中国旅游立法现状与对策》，《大众标准化》2003年第3期。

区居民利益得到合理保障的法规等。

2. 行政规制

行政规制是国家以其行政权力为规制运作基础，将权力机制移载入经济活动过程，规制社会经济活动，促进国民经济协调发展的各种行为和措施。行政规制具有强力性、速效性与直接性三大优点。[①] 民族地区旅游产业在运行过程中，不可避免地会发生一些突发性事件，当这些情况超越了法律的界限，而又必须及时加以妥善处理时，就需要政府规制。例如，当民族地区旅游产业运行中出现严重的局部或全局供给短缺时期，完全放开的市场只会带来严重的不可遏制的通货膨胀，而无法促成供给的迅速大幅度增长和市场均衡的实现。行政价格规制可以有效地避免市场运行的紊乱和居民的恐慌心理，使民族地区经济平稳地向前发展，不至于出现过于严重的动荡。

（二）社会规制

民族地区旅游产业运行的社会规制是指非执政党和非政府的个体或组织对旅游产业运行所进行的监督与管理活动。社会规制具有影响范围广、规制内容全面等优点。民族地区旅游产业的有序运行单独依靠政府规制无法保证全面与均衡，必须以社会规制为补充。因此，就有必要建立一个系统的社会规制体系，通过该体系发挥规制作用。笔者认为，民族地区旅游产业运行的社会规制体系应该由新闻舆论监督体系、社区居民监督体系、游客监督体系，以及旅游民间行业协会监督体系四部分共同构成。具体包括主要新闻媒体中负责旅游宣传报道的记者、民族地区关注旅游产业发展的社区居民、来民族地区旅游参观的游客，以及民间旅游组织成员等，由他们共同担任旅游产业运行的社会监督员。可以广泛应用如数字电视、因特网、移动通信设备等现代技术，以充分发挥社会规制作用。民族地区旅游产业运行的社会规制内容涉及旅游经济、社会、文化、环境等众多方面，通过社会规制可以使旅游产业在更加和谐的环境中运行。

---

① 苏东水：《产业经济学》，高等教育出版社 2000 年版，第 384—411 页。

（三）目标规制与规划控制

民族地区旅游产业的发展目标定位与旅游产业发展规划不仅是启动与运行机制当中的重要组成部分，而且同控制与保障机制有着重要的关联关系。作为在战略层面制定的目标定位与发展规划，其对民族地区旅游产业的发展具有重要的指导意义，不仅为民族地区旅游产业的发展确定了方向，而且提供了实现发展目标的依赖路径。与此同时，二者对民族地区旅游产业的运行还具有强大的规制意义。不论是区域旅游产业发展的总体战略规划还是控制性详细规划，都为民族地区旅游产业的运行描绘了蓝图，要求其在规划划定的范围之内运行。这对于在一定程度上规制民族地区旅游产业的运行，使之不至于脱离预定的运行轨迹具有重要意义。为此，就需要有计划、有步骤、分阶段地参照目标与规划，对产业的现实运行状况进行考核，以实现规制目的。

五　小结

民族地区旅游产业的运行有其自身的运行规律，存在着一个系统而又庞杂的运行机制。只有掌握其运行规律，并围绕运行机制展开各项工作，民族地区的旅游产业发展才会由自发状态转向自觉状态，实现健康、有序发展。因此，本书构建的民族地区旅游产业运行机制就可以作为民族地区审视旅游产业发展现状，发现产业运行问题，提出产业运行对策的重要依据。而要深入把握民族地区旅游产业运行机制，首要的问题就在于理解政府在整个机制运行中的主导作用，民族地区旅游产业的发展必须实施“政府主导—政府规制—市场主导”的产业发展战略，政府在不同的战略阶段相应地扮演着主导者、规制者与服务者的角色，发挥着至关重要的作用，从而在宏观层面督导整个产业的运行。准备与支撑机制是整个民族地区旅游产业起飞的根本依据，必须系统考量民族地区的旅游产业比较优势、旅游基础条件，以及旅游产业发展环境。只要准确、系统地掌握了这些方面的情况，就能够为民族地区旅游产业的发展打下坚实的基础，也可以有效地避免未来的发展走上弯路。启动与运行机制是民族地区旅游产业的真实运行过程，是核心，也是主体，确保产业目标定位、产业发展规划、市场营销、要素供给、微观企业组织等众多环节的高效衔接与有序运转是关键中的关键。为此，就需要政府在其中发挥主导作用，担当协调者这一关键角色，政府要站在宏观层面，以战略的眼光审视民族地区旅游产业的运行，灵活应用所掌握的各种行政资源，履行宏观调控的职能。控制与保障机制是民族地区旅游产业实现正常运行的关键和保证，虽然市场经济体制有众多的优点，但却摆脱不了由于信息不对称、外部性、自然垄断、公共物品、不完全竞争等因素的存在而带来的众多无法解决的问题，而民族地区在社会主义中国的特殊地位，又决定了必须充分尊重少数民族的利益，保证他们所生存的社会、经济、文化、自然等环境不受侵害。因此，就有必要对民族地区旅游产业的运行进行以政府规制为主，社会规制为辅的全面控制与保障。所以，要使民族地区的旅游产业得到充分发展，就必须依照民族地区旅游产业运行机制展开。首先，以民族地区旅游产业运行机制为参照，分别从准备与支撑机制、启动与运行机制、控制与保障机制三个方面进行全面、系统的考核，综合评价民族地区旅游产业的运行现状及存在的问题；其次，系统分析存在问题的原因所在；最后，以民族地区旅游产业运行机制原理为指导，提出民族地区旅游产业发展的对策。

第六章

新常态视角下西北民族地区旅游产业发展研究

第一节　西北民族地区旅游扶贫研究

中国是世界上最大的发展中国家，目前还有 1.5 亿人生活在贫困线以下，占世界贫困人口的 12%。[①] 民族地区特别是少数民族聚居区大多位于边疆或西部地区，属于经济欠发达的贫困地区。民族地区的贫困问题不仅关系到农牧民的生存与发展，而且影响到整个社会的稳定与和谐，关系着现代化事业的成败，是中国经济进一步发展迫切需要解决的问题。中国传统的农村扶贫开发主要涉及农业生产活动，但经过 30 多年的发展，农牧民增收的空间已经十分狭窄，通过发展传统农业减缓或消除贫困的效果已不再明显，这就需要进行新的扶贫（反贫困）方式的探索。

旅游开发由于具有强大的发展潜力和社会、经济、环境效益，被认为是开发式扶贫的重要方式，因此受到国内外旅游学界和业界的普遍重视，有关旅游扶贫的研究成为重要议题。旅游扶贫是指通过开发贫困地区丰富的旅游资源，兴办旅游经济实体，使旅游业成为区域支柱产业，实现贫困地区居民和地方财政的双脱贫致富。[②] 受中国城乡二元经济结构的影响，贫困问题主要集中在广大农村。农村贫困地区区位偏远、社会发育程度低、自然景观与人文习俗受人类经济与外来文化的干扰和影响较小、自然生态与人文习俗保存

---

① 杨华云：《中国政府扶贫十年投两千亿》，《新京报》2011 年 11 月 17 日。

② 黎克双：《湘西自治州旅游扶贫开发探讨》，《吉首大学学报》（社会科学版）2008 年第 6 期。

较好，是生态旅游资源分布较为集中、资源品质较高和最具潜力的区域，有70%的旅游景点分布在农村地区，自然景观和人文景观占全国的“半壁江山”[①]，具有发展旅游业的潜在基础。而中国少数民族贫困地区与乡村旅游资源富集区存在着明显的空间耦合关系，因此，民族地区将发展旅游业与反贫困问题有机结合，是一种有效的脱贫途径。

一　西北民族地区社区参与旅游扶贫机制

（一）居民参与旅游规划决策的咨询机制

长期以来，西北民族地区在旅游发展中采取的是“精英主导”模式，即“政企学媒”直接引导着景区、旅游项目、基础建设等旅游吸引物或旅游设施的直接投资和经营，这种自上而下的旅游决策使当地居民的参与权被排斥在外。一些景区依托型的旅游地，当地居民虽然或多或少地参与了旅游业，但他们的角色只是“旅游业的相关者”。当地社区居民是旅游目的地的真正主人，也是旅游所带来的一切影响的承受者，他们有权利知道旅游开发对本地区的经济及未来生态和社会文化等方面的影响，理应具有旅游规划和旅游发展决策的话语权。政府及专家在重大旅游项目的立项和设计方面，应当充分听取当地社区居民的意见，平衡好各部门之间的关系，把社区居民放到决策规划中的核心位置，才能真正实现“藏富于民”，获得当地居民对旅游规划与开发的支持，只有当地居民参与规划与决策，才能真正从旅游业中获利。这首先需要建立起贫困社区与旅游开发管理部门之间的决策咨询机构，广泛听取当地居民的意见和建议，并形成旅游发展与规划等重大事宜的通报制度和协商制度。而且，还可以考虑建立社区论坛，为积极参与社区发展的个人和群体设立会面地点和沟通、协调平台，在此论坛上搜集有关社区发展的建议，协助并不断评估和调整社区发展战略的实施。[②]

---

① 孙国茜：《旅游业是西部贫困地区新农村建设的有效途径》，《华南农业大学学报》（社会科学版）2006年第9期。

② 丁焕峰：《农村贫困社区参与旅游发展与旅游扶贫》，《农村经济》2006年第9期。

（二）居民参与旅游经营保障机制

引导居民在社区内就业，保证当地居民的经营利益。政府应该制定相关的政策和制度，激发居民参与旅游开发的热情，使社区各主体参与旅游开发的形式更加多样化，如扶持居民开办家庭旅馆、餐馆、旅游小商品商店等，尽可能实现当地居民对直接生产经营活动的参与。但也应认识到，发展旅游业不可能为当地创造所有的直接就业机会，许多居民从事的可能仍然是传统的农牧业生产活动。但正是这些生产活动，营造了该地区原生态的生活场景、乡土风光和民俗风情等旅游景观。所以，政府可以引导当地居民提供初级的旅游消费品和各种原材料，如藏药材、野山珍、畜产品或农产品等，或提供劳动服务，参与旅游景区的基础设施建设等，以获取相应的经济收入，倡导旅游商品开发尽可能地采用本地的材料并在本地加工，从而扩大社区受益面，减少旅游漏损。

（三）民族文化旅游资源利用参与机制

文化旅游资源是旅游产业发展的重要基础和支撑。西北民族地区的文化旅游资源一般蕴藏在当地居民之中，如手工艺技术、传统民俗文化、传统歌舞等，居民往往是民族地区文化旅游资源的重要拥有者，对于文化旅游资源的开发和利用需要居民的参与。通过政府将这些文化旅游资源进行评估，对要开发的文化旅游资源提供的当地居民进行相应补偿，使当地居民通过自身所拥有的文化资源获得相应的收益，提高当地居民的参与积极性，扩大居民参与旅游发展的范围，提高旅游扶贫工作的成效。

（四）居民参与社区文化和生态保护机制

社区居民是当地生态环境保护的最主要群体，为了减少和避免旅游发展可能带来的生态环境的负面影响，应发动居民参与到保护环境的行动中。

首先，通过让居民参与旅游经营管理、从旅游发展中受益来提升其保护意识，使他们的生产、生活方式从资源环境耗费型转向资源环境可持续利用型，提倡节能环保型生活方式，形成对资源环境保护的合力。

其次，发动居民参与旅游地环境治理和保护。如组织当地居民参与环保教育和法制教育，动员居民担任环境保护义务宣传员、采挖监察员、森林草场防护员、环卫督查员等，最大限度地调动当地居民投入到环境保护的行动中，构建出环境和生态建设的整体网络。

（五）居民参与旅游教育的培训机制

缺乏知识和对旅游不够了解是限制民族地区居民参与旅游的主要因素。为保障民族地区社区居民参与旅游的可行性和科学合理性，必须通过培训和教育以提高当地居民的综合素质。

要对居民进行参与意识的教育和培训，通过宣传等手段激发当地居民的民主参与意识，使他们认识到，社区居民是与当地自然历史和社区文化关系最密切的人，尤其是在民俗旅游、“农家乐”旅游方面更加重要，因为社区居民在旅游过程中起到了主体的作用，失去了他们就失去了真实性，游客就失去了好奇心和满意度。因此，必须通过引导使当地居民增强主人翁意识和参与当地旅游发展的责任感，获得社会认同感和自我价值实现的满足感。

要对居民进行旅游从业知识和技能的培训，包括旅游经营方式、个体经营的家庭旅馆、旅游餐饮服务、旅游商品开发以及普通话和英语表达能力等多方面的知识和能力培训，让想加入旅游业的居民都有能力真正参与到旅游发展中来。培训方式可以多种多样，包括与当地的科教扶贫和生态移民就业指导培训相结合、政府与非政府组织的专题培训和示范户交流、委托地方高校或旅游相关企业开展技能培训，等等。民族地区社区居民参与旅游开发的培训教育是一项长期性的工作，应灵活运用培训方式，尽量采用大多数居民都能接受的、通俗易懂的、喜闻乐见的方法进行，以提高居民的参与能力。

二　西北民族地区旅游扶贫利益分配机制

西北民族地区在发展旅游过程中，所涉及的利益群体主要包括政府、旅游企业、当地居民等，不同的利益主体对其利益分配的主张也大相径庭，这就需要同时考虑各方利益群体的需求，建立公平、合理和长效的利益分配机制，以保障西北民族地区旅游产业的扶贫工作的有效开展。从目前西北民族地区旅游产业发展中的利益分配来看，由于旅游社区和当地居民在旅游发展中往往处于弱势地位，而导致当地居民和旅游社区的利益和权益难以保全，而最终的旅游利益经常归旅游开发商和当地政府所有，存在利益分配不公等现象，导致旅游发展很难从居民个体收入和发展角度实现扶贫。旅游可持续发展支撑水平下降，并直接或间接影响到西北民族地区的当地生态环境和民族文化的保护和发展，因此，如何构建科学、公平、合理的旅游利益分配机制是西北民族地区旅游扶贫的重要环节。对民族地区来说，其旅游扶贫利益分配机制一定要做好以下利益相关者的利益分配。

（一）利益分配原则

1. 公平

公平是各个利益相关者经济利益分配的基础，不能实现公平的利益分配必然会导致利益冲突，又由于西北民族地区由于宗教信仰等因素所导致的利益相关者间潜在的文化冲突，因此，西北民族地区利益分配的公平性是旅游扶贫工作首要的也是最重要的原则。

2. 以当地居民利益为先

在市场经济自主运行下，当地居民一般都处于相对弱势状态下，居民的利益难以保全，这也很难从根本上解决目的地居民的贫困问题，所以在经济社会发展水平普遍较低的西北民族地区，以当地居民利益为先的分配原则是旅游扶贫工作开展的重点。

3. 协调好利益相关者之间的关系

在保障居民利益为先的基础上，要充分考虑其他利益相关者，尤其是旅游企业在利益分配中的角色和作用，旅游企业是旅游产业发展的活力源泉，对旅游企业的利益保障是旅游经济价值得以实现的重要支撑；政府的利益保障也是实现政府在扶贫工作的主导作用以及通过转移支付等再分配手段实现收入均等化的重要基础。

（二）西北民族地区旅游产业发展的利益关系①

采用系统动力学的方法，把旅游目的地利益关系作为一个系统

① 董平：《民族地区旅游经济的外部性问题研究——以甘南州为例》，硕士学位论文，西北师范大学，2008 年，第 33—36 页。

工程，对旅游发展中对民族地区旅游产业的利益相关者的利益关系进行分析，对于西北民族地区旅游产业发展中的主要利益相关者为当地居民、目的地旅游企业、民族社区和政府，并且在不同的利益主体间发生着各种各样、复杂多变的利益关系（见图6—1）。

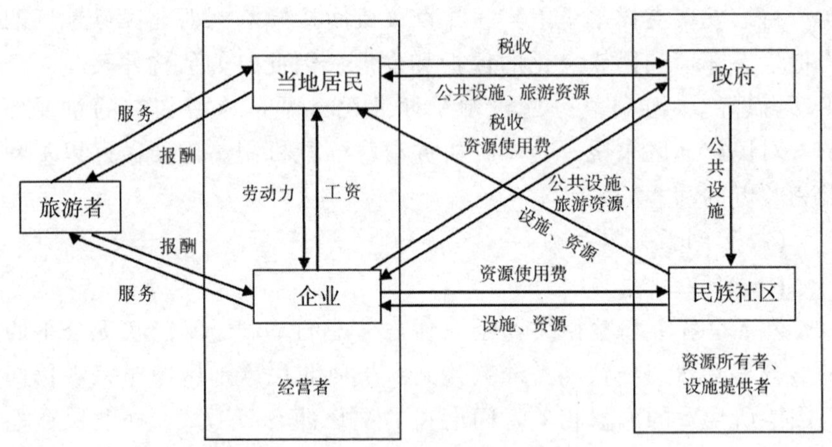

图6—1　民族地区旅游目的地利益关系

当地居民：利用国家和民族社区的各种资源和公共设施，从事旅游服务活动，取得收入；依法向国家纳税；向旅游企业提供劳动力并获取报酬。

当地旅游企业：利用国家和旅游社区的各种资源和公共设施，从事旅游产品和旅游服务，取得相应报酬；向拥有资源的民族社区缴纳资源使用费；依法向国家纳税；雇用员工并支付报酬。

民族社区：依托政府提供的公共设施，向旅游企业提供公共设施和旅游资源并收取相应使用费用；向当地居民提供公共设施和旅游资源。

政府：向当地居民、民族社区和旅游企业提供公共设施，向旅游企业提供旅游资源并收取相应使用费用；依法收取当地居民和旅游企业的应缴税款。

在以上四类利益主体中，当地居民和旅游企业作为旅游产业的经营主体，通过向旅游者提供旅游服务，取得旅游收入。民族社区和政府是旅游资源的所有者和公共设施的提供者，不直接取得旅游收入，只是参与当地居民和牧区旅游企业旅游收入的再分配。民族社区通过出让集体土地的使用权取得收益。政府一方面通过出让国有土地使用权取得收益，另一方面通过收取工商管理费用和税收来保障国家利益。

（三）利益分配的模式

1. 股份制模式

根据资源的产权将要开发的民族地区旅游资源界定为国家产权、集体产权、居民小组产权和居民个人产权等多种产权主体。在开发旅游时，可采取国家、集体和居民个体合作，把旅游资源、特殊技术、劳动量转化成股本，收益按股分红与按劳分红相结合，进行股份合作制经营，通过股金分红支付股东的股利分配。国家、集体和个人可以在旅游开发中按照自己的股份获得相应的收益。股份制模式是旅游扶贫工作中利益分配较为集中的方式，也是扶贫工作成效相对较为显著的一种利益分配模式。同时，这种利益分配模式有利于通过招商引资方式引入外来的企业进行旅游项目开发，为民族地区旅游扶贫工作注入新的力量和资本，有效扩大旅游扶贫工作的范围。

2. “公司+社区+居民”模式

“公司+社区+居民”模式通过吸纳当地居民闲置的资产、富余的劳动力、丰富的农事活动，增加居民收入，丰富旅游活动，向游客展示真实的民族文化；同时，通过引进旅游公司的管理，对居民的接待服务进行规范，避免不良竞争损害游客的利益。可以通过有实力的当地居民，合伙建立旅游公司，负责规划、招徕、营销、宣传和培训以及其他经营管理和商业运作。旅游公司通过对旅游者提供旅游服务和产品以及为当地居民提供旅游培训获取收入；居民通过与旅游公司签订委托代理合同的方式为游客提供住宿、餐饮、导游、土特产生产销售等旅游接待服务获取相应报酬；社区委员会成立专门的协调办公室，负责选拔居民、安排接待、定期检查、处理事故以及协调公司与居民的利益等，社区同时履行对资源的集体所有权，为旅游公司提供相应的旅游资源，并收取费用。这种模式有利于增加居民的自由选择权，提高旅游扶贫工作的活力和弹性，能够促进当地居民逐步通过市场化价值转变的方式和途径，提高自身的劳动价值和作为生产要素拥有者的资本运作能力。

3. “政府+公司+社区+居民”模式①

“政府+公司+社区+居民”的利益分配模式中，政府的职责主要是管理旅游规划和旅游企业，引进资金和基础设施建设，以及对旅游地居民进行教育培训；投资商主要负责宣传、旅游管理和运作；社区管理者主要负责与投资商协调，组织及发动居民参与开发，并反馈居民的意愿；居民则以其技艺和劳力参与开发，获得分红的同时又得到出售技艺和劳力的酬劳。该分配模式充分利用各利益主体的功能和作用，兼顾各方利益，调动了主客观的能动性，维护了旅游地居民的权益，有益于民族传统文化的传承和发展。

（四）西北民族地区旅游扶贫开发与利益分配形式

民族地区旅游扶贫开发与利益分配形式如表6—1所示。

表6—1　　民族地区旅游扶贫利益相关者及其利益分配途径②

利益相关者	利益分配形式
目的地社区	相应的补偿；参股分红；参与旅游收入（工资、提供餐饮、住宿设施等收入，销售旅游商品的收入）；旅游决策参与权
地方政府	税收；门票收入；经营转让费用
投资者	经营收入（饮食、娱乐、住宿、消费品等销售收入）；提供服务收入

旅游利益按其性质可分为经济利益与非经济利益，经济利益主要通过开发、利用旅游资源资本，结合开发商、中间商等投资资本，吸引旅游者前来消费的方式获得，如景区的门票收入、经营收

① 王晴：《民族地区旅游扶贫机制选择与绩效评价——以西藏当雄县为例》，硕士学位论文，西南财经大学，2013年，第30—33页。

② 王兆峰：《民族地区旅游扶贫研究》，中国社会科学出版社2011年版，第117—131页。

入（包括餐饮、住宿、娱乐项目、游船等交通工具）、分红等；非经济利益的分配形式主要有就业机会、教育培训、决策参与权等。

第二节　西北民族地区旅游城镇化研究

旅游城镇化：是指旅游业带动人口、物质、资本等生产力要素向旅游目的地聚集和辐射，使得旅游规模不断扩大，城镇地域不断扩张和延伸的过程，主要包括城市质量的提高和规模的扩大两个方面。①

"城镇化"一词最早于1867年由西班牙工程师A. Serda在其著作《城镇化基本理论》中提出。大体来讲，城镇化可以理解为以农业为主的传统乡村社会向以工业和服务业为主的现代城市社会逐渐转变的历史过程。但鉴于学科背景不同以及城镇化过程自身的复杂性，不同学科对城镇化内涵有不同的理解。②

经济城镇化：这是基于经济发展和城镇化的关系来界定的。这一观点认为城镇化是乡村经济结构向城镇经济结构转化的过程，是各种非农业发展的经济要素向城镇集聚的过程。这里面不仅包括劳动力的转移，还包括生产能力和非农产业投资向城镇的集聚。英国人口学家科林·克拉克提出的城镇化的定义是第二产业和第三产业的从业人员在逐渐增加的同时，而第一产业的从业人员不断地减少。最终，人口、技术、资本等经济生产要素由第一产业转出后，向第二产业和第三产业转移。

空间城镇化：这是基于地域和人类活动的关系来界定的。这一观点认为城镇化不仅表现为人口和非农产业向城市集聚，从而导致城市规模扩大，而且是在非农产业和人口集聚的基础上，形成新的城市。这种观点强调城市规模、外延的扩张，表现为城市数量不断增加的同时，城市用地面积业不断扩大。因此，城镇用地面积占总

① 孙莉：《旅游城镇化理论内涵及其发展研究综述》，《中国市场》2013年第4期。
② 方创琳：《中国新型城镇化发展报告》，科学出版社2014年版，第5页。

面积的比重，成为衡量城镇化水平的重要指标。

社会城镇化：这是基于人际关系网的广度、深度、密度来界定的。这一观点强调的是人们生产和生活方式的转变。沃思（L. Wirth）认为：城市化是从农村生活方式向城市（镇）生活方式发生质变的过程。他在这里面加入了价值观、态度和行为等内容。

人口城镇化：这是基于人口数量、城镇人口规模变动、城镇数量等来界定的。美国著名人口学家赫茨勒（1950）认为：城市化就是人口从乡村地区流向大城市以及人口在城镇集中，而城镇人口数的上升和城镇数量的增加是乡村人口城镇集聚的两种表现方式。人口城镇化是人类社会在各产业部门和各地区人口的跨区域合理流动，产业结构调整和就业结构合理化下的一定时期的产物。

新型城镇化：这是一种高效低碳、生态环保、节约创新、智慧平安的可持续的健康城镇化，这种城镇化把追求城镇化发展质量作为关键，把以人为本的城镇化作为核心，这与我国全面建成小康社会和实现可持续现代化的战略目标完全一致。表 6—2 所示是对传统城镇化与新型城镇化的一个比较。

表 6—2　**新型城镇化与传统城镇化的本质区别比较分析**

	新型城镇化	传统城镇化
城镇化水平	质量型城镇化，发展适度，提速与提质兼顾	数量型城镇化，过分追求城镇化增长速度
城镇化核心	以人为本	以地为本
城镇化驱动要素	创新和智慧驱动	资源和资本驱动
城镇化驱动模式	低资源消耗、低碳排放、低环境污染的高综合效应的集约型经济增长模式	高资源消耗、高碳排放、高环境污染的低综合效应的粗放型经济增长模式
城镇化路径	“分步到位”的渐进式城镇化	“一步到位”的激进式城镇化
城镇化过程	包括土地、人口、经济、社会在内的综合性城镇化	过分注重以地生财的单一型的土地型城镇化
城镇化主体	民至上的主动性城镇化	官至上的被动型城镇化

续表

	新型城镇化	传统城镇化
城镇化主导	市场主导型	政府主导型
城镇化状态	健康城镇化，城市向持续稳定方式发展	亚健康城镇化，城市病问题越来越严重
城镇化前景	可持续城镇化，推进城市可持续发展	不可持续城镇化，城市脆弱性增强

在当今世界经济背景下，旅游业和城镇化的发展已成为比较热门的两个话题。而随着旅游产业化进程的加快和城镇化水平的提高，它们之间的关系也越来越密切，如果这两者能够协调发展，那么就能发挥“磁场效应”。旅游业的发展能够带动当地经济的发展，有助于城镇吸引外来投资、增加就业、促进产业结构调整和拓展市场等。而城镇作为旅游业发展最有效的依托，也为旅游业的发展提供了基本的物质保障和公共服务，是旅游业的凝聚力所在，城镇化的有序推进也将会极大地促进旅游业的迅速发展。通过探寻这两者协调发展的机理，揭示这两者协调发展的规律，也将会为新型城镇化的发展提供新的思路。

随着当前全球经济与旅游业的发展，旅游活动的商品属性已经逐渐从传统的奢侈品向需求品过渡，旅游活动已经成为人们生活中越来越重要的组成部分，而旅游产业的发展也为我国的经济增长做出了巨大的贡献。城镇作为旅游业最有效的依托，为旅游活动的广泛开展提供了物质和文化基础。另外，由于“十二五”产业结构的调整，目前我国工业化对城镇化的主导作用开始减弱，特别是东部发达地区已进入后工业化时代，第三产业的发展已成为推动城镇化发展的最主要的动力之一，而旅游业作为服务业的龙头，以其强大的综合性和关联性，可以带动其他相关产业的发展。

2013 年 12 月 12 日，党中央召开的中央城镇化工作会议第一次将城镇化提高到中央层面战略高度，体现出推进新型城镇化是国家全面建成小康社会和实现可持续现代化的必由之路，是解决农业、农村、农牧民问题的重要途径，是推动区域协调发展的有力支撑，更是扩大内需和促进产业升级的重要抓手。2014 年 3 月 16 日，党中央、国务院批准实施《国家新型城镇化规划（2014—2020）》，这一规划是按照走中国特色新型城镇化道路、全面提高城镇化质量的新要求，成为指导全国城镇化健康发展的宏观性、战略性、基础性规划。

旅游业和城镇化的发展拥有共同的区位因素、经济基础、社会基础等，如果旅游业的发展以城镇化的发展为基础，旅游资源的开发程度就高，旅游活动内容就丰富，旅游业的发展就更迅速。反过来，旅游业的发展带来了活跃的人流、物流、资金流，带动了相关产业及城镇建设的发展。因此，城镇化以旅游业为引擎，就可以推动城镇化建设，同时城镇化的全面发展又可以进一步加速旅游业的进程，二者相互促进，才能实现旅游业与城镇化的协调发展。

一　旅游业与城镇化的相关理论

（一）需求层次理论

人是社会关系的综合，但同时也是相对独立的个体，其自身拥有个人的情感和意志。1943 年，美国心理学家马斯洛在他的论文《人类激励理论》中提出了需求层次理论。这种理论将人类自身的需求划分为五种，即生理需求、安全需求、爱和归属感的需求、尊重需求和自我实现需求。其中，生理需求是促使人们行动的首要动力。需求层次理论有两个出发点，一是每个人都有需要，只有在一层需要获得满足之后，另一层需要才会出现；二是在多种需要同时存在但又都未获得满足时，迫切需要是最先获得满足的，只有在其满足后，之后的需要才能够显示出激励作用。

人是有意识的，那么人就存在精神世界，所以必然要追求精神世界的需要。随着人们生活水平的提高，需求层次不断上升，人们对美好物质、精神和人生价值的追求必将会带来消费结构的改变。例如，人们去旅游，从根本上来说就是追求精神方面的体验和收获，在旅游的过程中，爱和归属感的需求、尊重的需求和自我实现的需求都将会获得满足。不仅得到了快乐，而且满足了旅游者的友情、亲情、刺激、探险等心理上的需求。城镇化在发展的过程中，不但满足了城乡居民不断增长的物质需求，而且满足了其精神需求。城市最初的功能是作为一个国家的政治中心，经济功能则处于次要的地位，后来发展为社会服务功能，变为其最主要的功能。城镇化的建设，不仅为人们提供了日常生活所需的必需品，而且由于公共基础设施和娱乐设施等的建设，给人们提供了更好的生活环境。在此基础上，人的需求层次也得到了进一步的提高。

（二）产业结构演变理论

三次产业分类法按经济活动与自然界的关系作为分类标准，将全部的经济活动划分为第一产业、第二产业、第三产业。产业结构的演变由产值结构和就业结构两部分组成，而产业结构的优化总体是由原来的“一、二、三”结构转变为“三、二、一”结构。具体来讲，就是由最先的第一产业占比重最大，而第二产业和第三产业占比重较小，逐渐向第二产业、第三产业占比重增长，但是第一产业所占比重下降转变。

旅游业作为第三产业占比很大的行业，它本身的发展就是产业结构的一种优化和升级。而城镇化的发展是一个漫长的过程，在它的各个发展阶段，其发展的动力是不一样的。城镇化的初期阶段，其基本的动力是工业化，这一阶段第一产业产值占比高于70%，第一产业就业比重超过了50%，而工业化率低于30%。城镇化的中期阶段，虽工业化是其最主要的推动力，但第三产业的发展同时成为城镇化的又一推动力。这一阶段，第一产业产值占比低于30%，第二产业和第三产业就业比重不断增加，而工业化率提高到30%—70%。城镇化的后期阶段，第三产业的发展将成为其最主要的推动力，工业化对城镇化的推动力会逐渐减弱。这一阶段第一产业产值占比低于20%，第三产业产值占比上升到35%—45%，而工业化率从高到低下降到30%—40%。城镇化的终期阶段，第一产业产值占比下降到5%—10%，第三产业产值占比上升到60%以上，工业化率下降到30%以下。

（三）人口迁移理论

20世纪60年代，美国学者李（E. S. Lee）提出了系统的人口迁移理论，也就是“推拉理论”。他把影响人口迁移的因素划分为“推力”和“拉力”两个方面。前者表现为一种消极的因素，因为它促使人们离开原有的居住地；后者表现为一种积极的因素，因为人们是为了改善当前的生活环境，也是受之前积极因素的吸引，才会迁入新的居住地。城镇化发展过程中，人口城镇化是最显著的特征。对农村地区来说，“推”的因素主要有：收入低、生活水平落后、思想保守、缺乏好的发展机会等；“拉”的因素有：收入高、基础设施好、环境好、发展机会多等。这就在一定的基础上促使了人口的流动。

（四）循环累积因果理论

1957年，瑞典著名的经济学家缪尔达尔提出了循环累积因果理论，后来，卡尔多、迪克逊和瑟尔沃尔等人将其发展并具体化为了模型。缪尔达尔认为，在一个动态社会过程中，社会经济中的各因素间存在循环累积的因果关系。具体化为，某一个社会经济因素变化，将会引起另一社会经济因素变化；后一因素的变化，又会反过来加强前一个经济因素的那个变化，并且会导致社会的经济过程沿最初那个经济因素变化的方向发展，从而形成了累积性的循环发展趋势。

旅游业的发展通过“乘数效应”极大地带动当地经济发展的同时，也为当地人提供了就业岗位和促使当地产业结构的优化和高级化。这为城镇化的建设提供了资金流、人流和物流等基础的条件；反过来讲，城镇化水平的提高也为旅游业的发展提供了物质保障，而城镇化建设所修建的基础设施，也为旅游业的发展创造了良好的环境基础，促使旅游业向更好的方向发展。所以说，旅游业和城镇化协调发展将会更好地满足城乡居民的精神需求与心理需求，这将为整个社会营造一种和谐、积极的发展氛围。

（五）协调发展理论

政治经济学创始人威廉·配第认为：等价交换就是协调。1973年，经济学家列昂惕夫运用数学的方法研究了产品的生产和分配的相互关系，他使用“投入产出分析法”描述了经济学中两个重要指标间的关系，这为协调发展的研究提供了新方法，也成了发展中重要的里程碑。1987 年，布伦兰特对可持续发展理论定义的提出，即在满足当代人需求的同时，其发展不能影响和危害后代人的发展，其中蕴含的最重要的就是协调发展。

根据 2009 年宁波大学教授熊德平在其著作《农村金融与农村经济协调发展研究》中明确提出的“协调”定义，可以看出：首先，协调是两个或者是多个事物间的关系的一种表现形式，可以是一种理想的现状，也可以是一个过程。其次，协调的目的是为了达到系统的终极目标。再次，被协调的两个事物间应存在密切的相互作用。最后，协调是动态的和相对的，因为协调的状态在现实的生活中会随着环境的变化而变化。所以协调制度应运而生，可以反映其内在的效率和质量。而在此基础上，熊教授也给出了协调发展的概念，即在尊重事实基础上，实现人的全面发展为系统总目标，通过子系统之间和系统之间要素协调朝着实现全面发展的终极目标发展的过程。

二　旅游业与城镇化协调发展的必要性

旅游可以促进城镇化进程，而城镇化进程又为旅游开发拓展了空间。旅游业和城镇化拥有共同的区位因素、经济因素、环境因素等，所以两者只有协调发展，才能达到共赢的目的。

（一）资金问题

为了发展旅游业，我们需要大量的建设资金，其中包括景区改造、交通道路修建、旅游新产品的开发等。虽然旅游业可以拉动当地经济的快速增长，但这也是基于其旅游景区存在的前提下的。而城镇化的建设也是刻不容缓的，其中，拆迁安置费和农业人口市民化后的就业问题更是需要大量的建设资金。利用当地原有的旅游资源结合城镇化建设来共同发展，景区的改造、交通道路的修建和其他公共基础设施的修建不仅方便了城镇化居民日常的生活，提高了生活品质，同时也为旅游业的快速发展提供了可能，基础设施的改善加大了景区的可进入性，这会极大地促进当地经济的发展，为当地人提供了就业岗位，并增加了当地人的收入。这种两者结合发展的方式将会最终使得达到经济效应最大化。

（二）用地问题

旅游资源的稀缺性使得我们在具体开发旅游的过程中，要尽可能地保持其之前已经形成的原始风貌。但是，在城镇化建设过程中，必然会侵占山林、良田等，这就会使得自然生态环境的绝对面积逐渐减少，并使其在经历长时间而形成的原始生态环境在很大程度上发生质的改变。因此，在具体开发的过程中，我们就需要运用新的模式，如旅游小镇、旅游综合体、中心旅游城市、旅游休闲度假区和新农村社区等。即在有限的土地资源的基础上，利用产城融合的方式，这样不仅能保留原有旅游资源风貌，而且能使得城镇化得到更好的发展，甚至会以一种更高效的方式发展。

（三）环境问题

旅游业的发展需要以城镇化来作为依托，为了支持旅游业的发展，在城镇化建设过程中，兴办的旅游服务设施以及与旅游业有关的企业应运而生。在西北民族地区旅游业迅速发展和接待能力增长的同时，对于环境却产生了很大的影响，空气不好、噪声较大、生活垃圾增多、水污染等问题逐步出现。对于一些原始的生态旅游区，为了吸引游客，就会将一些山间的小路、坡地、树林间的空地等开辟成游道或是一些供休闲的场所，对景区内的生物的生存环境造成很大的破坏。从长远的角度出发，环境问题将制约旅游业的可持续发展。所以，在城镇化建设过程中，要以当地原始旅游资源的承载力为前提条件，建造低碳环保的设施，为旅游业的可持续发展提供更多可能。

三　旅游业与城镇化的相互作用机理

（一）旅游业与城镇化协调发展系统的结构分析

旅游业和城镇化协调发展是旅游业和城镇化之间的交互作用所形成的良性循环系统，通过两者各要素之间的分工协作所构成的统一的整体。一方面，协调发展覆盖了旅游业核心企业产业链条的四个环节，即旅游资源开发、旅游产品的设计与营销、旅游业接待设施和旅游产品消费。其中，旅游资源开发中含食、住、行、游、娱、购产品与服务企业；旅游产品的设计与营销中既包含了传统的旅游中介，也包含了网络销售商等。除了核心产业的企业外，还包括旅游业相关产业的企业（其中包含农、林、牧、公共卫生、电力水利、金融等相关企业）和支持旅游业发展的一些其他因素（与旅游业相关的政府部门及制定相关规章制度的组织机构等）。另一方面，旅游业和城镇化的协调发展还覆盖了城镇化发展的外部环境，主要是指直接和间接影响旅游业生存和发展的部分，如城镇所在地的政治环境、经济环境、社会环境和自然环境等。旅游业和城镇化协调发展的系统结构如图 6—2 所示。

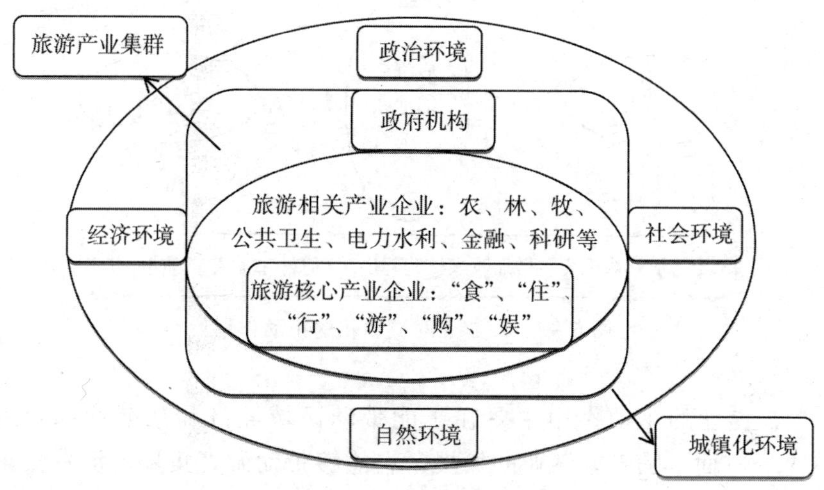

图 6—2　旅游业与城镇化协调发展系统结构

（二）旅游业对城镇化的驱动作用

旅游业对城镇化的驱动作用并不是最初就形成的，而是发展到一定阶段才有效果的。旅游业最初的发展是内生的，即自身的发展，此时的旅游业需求大于供给，再加上又没有政府的支持，它自身的发展会显得很缓慢。而随着人们生活水平的提高、对于旅游活动需求的加大以及旅游对经济的带动作用的加强，政府制定了与旅游业相关的制度、规划和约束机制，这会极大地促进旅游业本身的发展。而随着旅游流规模的加大，旅游业也从最初的入境旅游发展到国内旅游，再到出境旅游，城镇作为旅游业发展最有效的依托，为了迎合旅游业的发展，必然会促使城镇的发展。另外，随着旅游业的发展，相关产业也会和其融合发展，如地产行业、文化行业和科技行业等，这会使得旅游业本身发展的同时相关产业也会得到极大的发展。而其中旅游地产行业、文化行业等与城镇的发展息息相关，最终会促使城镇本身升级换代。旅游业对城镇化的推动作用如图 6—3 所示。

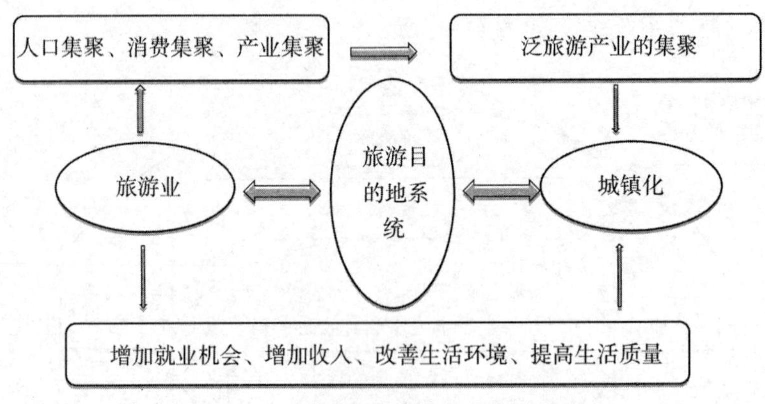

图 6—3　旅游业对城镇化的推动作用

旅游业的驱动作用主要在于能带动区域经济和社会的综合发展。一方面，随着旅游业的发展，它能够带动游客集聚、消费集聚和相关产业集聚，而这三者的集聚又能够极大地促使泛旅游产业的集聚，从而推动产业的发展和区域的综合发展，这在一定程度上将会促使城镇化水平进一步提高。① 另外，区域旅游业的发展也会相应地增加当地人就业机会、增加收入、改善生活环境和提高人的生活质量等。现代旅游业的发展更是以人为出发点，注重集约、低碳和环保，这都为城镇化的发展提供了根本动力。另一方面，旅游业的发展和升级，需要相应的旅游目的地系统（旅游资源、旅游设施、旅游服务）作为保障，而这需要极大的资金支持，于是就需要政府来出资，而城镇作为旅游业发展最重要的依托，通过旅游业和

① 董传伟：《旅游城镇化模式与动力机制研究》，硕士学位论文，东北师范大学，2014 年，第 4 页。

城镇化的协调发展，将会极大地促使城镇化水平的提高。

（三）城镇化对旅游业的支撑作用

城镇最初只是简单的原始村落，是建立在农业经济体系之下的，它的作用只是为了给村民居住，这时对旅游业的发展是没有支撑作用的。而随着当地游客的增加，为了给游客提供一定的基础服务，初步的旅游配套设施被建立起来。而正因为相关设施的修建和完善，在城镇化发展的同时又会进一步驱动旅游流的到来，这种螺旋式上升的方式将会对城镇和旅游业的发展产生积极的作用。另外，在具体城镇化发展过程中，由于政府对城镇的归置作用，与人们生产和生活有关的基础公共服务水平得到很大的提高，这也会促使旅游业结构发生变化，最终使得吸引更多的旅游流。城镇化对旅游业的支撑作用如图 6—4 所示。

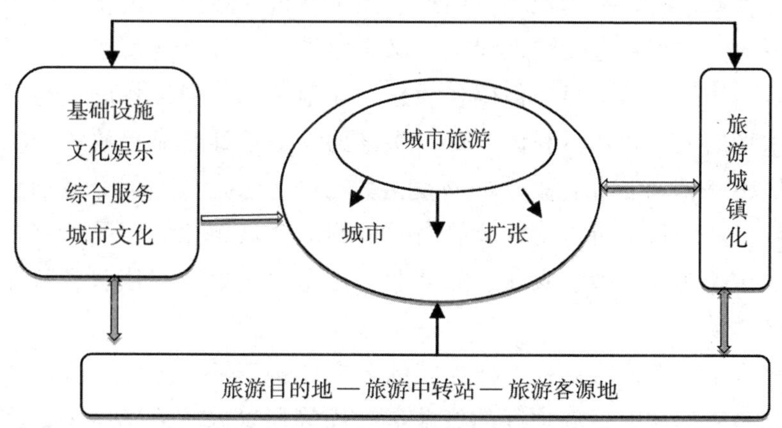

图 6—4　城镇化对旅游业的支撑作用

城镇化对旅游业的发展具有非常重要的支撑作用。随着城市旅游的发展，我国的城市经历了由单一的功能（主要是旅游目的地）到二元功能（旅游目的地和旅游中转站）到复合功能（旅游目的地、旅游中转站和旅游客源地）的转变，城市成为旅游业发展的重要载体。一方面，城镇化进程的加快会促进基础设施、文化娱乐设施的建设和相关综合服务得到提高，这就为旅游资源的开发和旅游资源的综合利用提供了物质和技术上的支持，从而会极大地加快旅游业的发展。[①] 另外，城镇化的建设会促使生产力水平得到提高、经济得到发展，为旅游业的发展提供资金支持。居民的收入水平在大幅度提高的同时，也会使得居民的需求层次和消费结构发生变化，而需求将会刺激客源市场扩大，最终推动旅游业的发展。另一方面，随着城镇化水平的提高和乡村旅游目的地系统的建设，将会促使村民结构转型。村民由原来的从事单一的传统农业加入到与旅游业相关的服务业行业中，如观光农业、农家乐等一系列新型旅游产业，最终使得村民的生产和生活方式发生改变。这不仅促使城镇化的水平得到提高，而且为旅游业的发展奠定了基础。

四 西北民族地区旅游城镇化建设的必要性分析

由于历史和现实的一些原因，中国西北民族地区经济发展相对滞后，城镇化水平远低于中国东部和中部地区。而城镇化是一个国家或地区实现社会发展现代化的必由之路。在经济转型时期，第三产业的作用日益凸显，但因各地各产业地位的差异，各产业与城镇化水平的关系也不尽相同。可以明确的是，单纯依靠粗放式的工业城镇化（即由工业化拉动的城镇化）已经无法适应当前经济社会可持续发展的价值诉求。因此，西北民族地区城镇化的驱动力宜多元化，包括诸如工业、农业、旅游业、信息产业以及其他服务行业的协同驱动。

西北民族地区具有多样独特的人文旅游资源，因此，可以充分挖掘并发挥西北民族地区的旅游资源优势，以旅游业发展不断推进城镇化进程。当前，民族地区政府也都高度重视旅游业发展，把旅游业作为先导产业或支柱产业来培育和扶持发展。新疆（1996）、宁夏（1999）等民族自治区和民族大省，都纷纷把旅游业作为新兴产业、先导产业、支柱产业或新的经济增长点来发展。但从实际效果来看，并没有实现预期目标。

成功的城镇化建设应该是科学有序、布局合理、规模适度、注

① 周建明、岳凤珍：《试析城市规划在城市旅游发展中的作用》，《国外城市规划》2000 年第 3 期。

重实效、以人为本、体现特色的建设。在城镇化实施过程中，不仅能加强基础设施建设，包括健全居住条件、提供公共服务和社区服务等功能，还能实现生态建设和污染综合治理，创造良好的人居环境，形成各具特色的城镇风格，并能实现较高的城镇管理水平，保证城镇健康持续发展。

但是近年来，西北民族地区在城镇化建设的实践过程中，一些城镇规划者缺乏预见性，有的甚至盲目、无规划地进行城镇开发，使得城镇建设出现了诸多问题：不注重实效，追求政治效应，搞“形象工程”，严重侵犯民族地区城镇居民和农牧民的合法权益。规划政策不完善，管理不到位，导致城镇化建设发展缓慢。没有潜心研究找出地区的优势、特色，城镇化建设千篇一律。盲目修建环路、大广场、宽马路，无亮点，无吸引力。规划中没有“旅游”概念，大拆大建，破坏环境，浪费资源。这些问题极大地影响了民族地区和谐社会的构建，也对缩小城乡差距、实现共同富裕、长足发展国民经济产生了不良影响。基于以上因素，为了实现西北民族地区城镇化和旅游业协调发展，对城镇化和旅游业的互动关系做深入分析就显得尤为必要。

西北民族地区的产业结构不同，城镇化水平也存在差异。如何将甘南州乃至西北民族地区丰富的旅游业资源与国家城镇化战略有机统一起来，对于推动西北民族地区城镇化水平、促进地区经济结构转型、提升城市发展能力意义重大。①

五　城镇化对西北民族地区旅游业的支撑作用分析

（一）为旅游业的发展提供物质保障

西北民族地区的旅游业要想得到发展，单靠拥有特色的、丰富的旅游资源是不够的，还必须同时具有较为完善的为旅游者服务的接待措施等。旅游活动中的“食”、“住”、“行”、“游”、“娱”、“购”这六大方面，每一方面都与物质紧密联系。其中与之相关的

---

① 杨丽琴、刘海兵、梁婷：《西北民族地区城镇化与旅游业发展互动关系研究——基于宁夏回族自治区的实证研究》，《西北人口》2015 年第 1 期。

饭店、酒店、旅行社、娱乐设施、旅行工具、独具地方特色的纪念品店是发展旅游业所必须具备的基础设施。这是因为，大多数人选择旅游目的地时，虽旅游资源是首要的考虑因素，若没有相关的住宿设施和到达目的地的交通工具，人们也是不会去的。西北民族地区大多旅游资源都地处较为偏远地区，在城镇化发展过程中，我们若注重与旅游资源整合开发、利用，这不仅解决了旅游业中的“食”、“住”、“行”等的问题，也解决了城镇化中的大问题。

（二）推动旅游产品开发

城镇化水平的提高，意味着人们的生活水平越来越高。根据恩格尔系数，即随着人们收入的增加，居民用在食物上的支出将会越来越少。那么居民的消费结构就会发生变化，由最初的温饱型到享受型再到发展型。由于人们对娱乐和休闲等需求量的加大，这就使得城市要不断地开发出新的适合人们放松的娱乐项目，完善相关的娱乐设施，丰富人们的精神需要，这就以一种间接的方式，推动了旅游相关产品和资源的开发。就目前来讲，城市中各种各样的主题公园的建设，以及在原有旅游项目的基础上所新建的各种刺激性和具探险精神的项目，都为人们的日常生活提供了一种释放压力的机会。

（三）创造良好的环境基础

城镇化的建设不仅是将人口从农村转移到城市，还表现为随着城镇化水平的提高，人们的个人修养和文化素质将会得到提高，以及配套有适合人们生存、发展的基础设施。以个人来说，随着城镇化的发展，人们的生活水平提高了，有更多的机会接触新鲜的事物和先进的思想，也能受到很好的培训等。在这种氛围的影响下，个人自身的素质得到了提高，这就为旅游业的发展提供了良好的软环境。[①] 从公共服务来讲，因为城镇化的建设，一些必要的配套的公共设施，如医院、道路、学校、博物馆、交通工具、休闲娱乐场所等一系列设施的修建也为旅游业的发展提供了很好的硬环境。

---

① 钟家雨、柳思维：《旅游业与城镇化协同发展的区域差异分析》，《经济地理》2014 年第 2 期。

六　西北民族地区旅游城镇化开发建议

基于以上对西北民族地区旅游业和城镇化协调发展的机理分析和实证分析，主要从以下几个方面提出政策建议，以此来推动西北民族地区旅游业和城镇化的发展。

（一）发挥政府的积极作用

西北民族地区旅游资源丰富，大力发展旅游业将会使得经济快速发展，而城镇化作为推动旅游业快速发展的主要动力，城镇化发展质量的高低将会对旅游业产生很大的影响。而在具体的发展过程中，政府的基础性作用是必不可少的，应该做好以下几个方面的工作：一是要做好整体的发展战略和规划。这是从全局出发制定的，将为未来旅游业和城镇化的发展指定一个大方向，而在具体的操作过程中，还要主要根据不同地区的不同情况因地制宜，差异化发展。另外，政府的具体规划还要注意城镇规划与旅游规划并举，这样既能预防双方在具体的发展过程中的矛盾，还能利用各自的优势促使两者共同发展，达到共赢的目的。二是适时提供公共产品的供给。对适宜发展的村镇，在基础设施建设、制度创新和相关管理方面适当倾斜，为城镇的发展和旅游业的发展提供一定的保障。制度是影响产城融合和城乡一体化的重要因素，通过各种制度的创新，解除城乡一体化的各种束缚，这将为城乡一体化的建设创造健康、良好的环境，为城乡一体化的顺利实现提供制度保障。三是给各类经济主体提供激励措施。尤其是对刚开始发展的经济主体，政府给它们在税收方面提供一定优惠，制定相关的保险机制，这给它们的发展提供了一定的保障。反过来，在它们发展的同时也会促使旅游业和城镇的发展。

（二）完善城镇基础设施，为旅游业发展提供保障

这里的基础设施指的是为保证社会经济活动、改善生存环境、克服自然障碍、实现资源共享等目的而建立的公共服务设施，是构成城市与区域系统的基础要素，一般包括交通运输、能源、邮电通信等经济性基础设施和教育、科研、医疗卫生等社会性基础设施。完善的基础设施环境是旅游业和城镇化发展的先导和基础。长期以

来，西北民族地区交通、通信、网络等基础设施不够发达，可进入性差、舒适性低、信息不畅，不但造成了农业、牧业、工业等得不到很好的发展，而且制约了旅游者在景区、景点间的转换，最终导致了城镇化发展所必需的人流、物流和资金流的规模化得不到实现。我们应结合具体实际来加大基础设施的建设。一是基础设施具有投资大、回报率低、回收期长的特点，这就决定了必须要以政府为主体来加大基础设施建设。[①] 基础设施建设不仅为商品流转和旅客转移提供了方便的通道，还能将原来的城镇单向游变为一系列的食、住、行、游、娱、购结合的系统游，在提升整个城镇的旅游容纳能力的同时也提高了当地的知名度，吸引广大游客的再次光临，最终将引导旅游产业部门的集聚，从而带动城镇化的发展。二是加快形成西北民族地区中心城市的经济圈，改造省道干线公路和通往景点的交通设施建设。三是对于基础设施的建设，要从城市向城镇、农村延伸，公共服务如网络、通信、物流等也要覆盖城镇和农村。在具体的操作过程中，把景区的旅游活动项目与城镇的住宿、餐饮、娱乐、购物等结合起来，做好旅游服务功能，实现景区城镇一体化的格局，尽量满足游客的各种需求。

（三）通过营造良好的投资环境来吸引外资，拓宽融资渠道

资金短缺是旅游业和城镇化建设中最突出的问题，而西北民族地区大多地区都是贫困地区，地方政府的财力有限，所以除了对基础设施的建设资金由政府出资外，与旅游业相关的其他的专项设施的建设就要依靠外来投资来建设。由此，我们应该运用市场化的方式来主动拓展融资渠道，为当地旅游业和城镇化建设提供强大的支持。一是制定相关的优惠政策，如减免税收、低价转让土地和为相关程序的办理提供绿色通道等。一般来讲，若是一个地区的投资政策良好，外来投资商就会更愿意到那里去投资，这样就可以促进旅游业的快速发展，从而形成产业集群，同时也能带动其他相关产业和城镇化的发展。二是发挥市场机制，使得投资主体多元化，并运

① 冯万荣、李继云：《旅游产业化与城市化研究综述》，《商场现代化》2012 年第 2 期。

用市场化的经营方式。旅游业是一个综合性和关联性比较强的行业，这就需要我们在具体旅游开发的过程中，要广泛地吸纳各方面的资金，通过多渠道投入的方式，利用民间投资、外资、企业投资等共同开发当地的旅游业。另外，在具体的经营中，通过民营、股份合作等不同方式，使得景区向良性方向发展。三是通过构建投资服务体系来维护投资环境。通过网络、报纸、电台等平台，积极提供各项与之有关的服务信息，如政策优惠、人才培训、中介服务等，为吸引外资打好基础。

(四) 依托地域特色，加强小城镇建设

对于西北民族地区旅游资源丰富的地区，发展特色旅游村镇，这样既可以满足农牧民日常生活的需要，又可以发展当地的旅游业。根据《关于调整城市规模划分标准的通知》（2014 年 11 月 20 日公布），城区常住人口 50 万以下的城市为小城市，其中 20 万以上 50 万以下的城市为Ⅰ型小城市，20 万以下的城市为Ⅱ型小城市。统计表明，我国市区人口小于 20 万人的小城市由 2000 年的 353 个减少到 2010 年的 258 个，而我国小城镇的数量由 1990 年的 12084 个增加到 2011 年的 19683 个，而小城镇恰恰是未来城市化进程中资源环境承载力相对较大、城市化成本最低、进城门槛最低的地区，小城镇将成为未来我国就地转移农村剩余劳动力和农业人口的最佳首选地。而旅游业作为推动经济发展的重要产业，同时也是展示地区实力的一个重要窗口。一是大力发展文化游，西北民族地区作为古丝绸之路上重要的通道，其历史文化源远流长，充分挖掘和利用本地文化，将其与科技联系在一起，积极探索民族文化产业化道路，提升对外开放水平。二是新农村社区模式。依托旅游，特别是旅游接待村落，把生活资料转化为生产资料，可以用自己的房屋从事旅游服务产业，从而把农牧民身份转化为居民、农牧业转化为服务业、村庄也转化为城镇化的社区。通过旅游进行土地整合、城市基础设施的引入、文化特色的呈现、就业的解决，进行城中村、大城市郊区以及独立村的改造升级，以此推动新农村社区建设。在这个过程中，农牧民没有离开本地，但是他们的工作方式、生活方式都发生了变化。新农村社区以及大城市郊区旅游化发展，是解决农村就地城镇化的有效途径。

（五）以民族文化生态为支点规划城镇

近年来，西方城市规划研究中最重要的变化是对城市文化的关注日益增强，即所谓的“文化转向”（cultural turn）趋势。文化论者认为城市最重要的特征是其文化内涵、历史渊源和独特的风俗习惯。因此，制定城市规划时必须优先考虑一个群体的文化生态。

城镇的历史性与民族性构成了该城镇的地方特色，这是城镇发展的人文基础。比如，甘肃、西藏、内蒙古、新疆等省区许多城镇的形成均与民族宗教有关，很多城镇的地名和建筑则反映出当地民族的文化。城市特色主要表现在文物古迹特色、城市格局特色、城市轮廓景观、主要建筑风格和城市风貌特色等方面。这些“空间的文化象征功能可以成为城市的经济财富，关键是如何采取适当措施保护文化古迹，使之成为资本的孵化器”。另一方面，少数民族传统文化通过影响产业发展和居民的思想观念、生产生活方式等对城镇化发展具有广泛而深远的影响。民族地区的城镇规划要与民族文化的保护、开发和利用良性互动，形成具有自己特色的城镇化路子，这也是民族地区推进新型城镇化顶层设计的一个重要方面。

近年来，全国很多城镇以优秀传统文化为基础发展起来的特色文化产业在转移农村剩余劳动力、吸纳农牧民就业方面具有独特优势，逐渐成为拉动城镇化的新引擎。从国际经验看，“文化城市”作为一种城镇化的战略意识早在20世纪80年代就开始在欧洲兴起并一直延续至今。该战略涉及面广泛，强调文化活动、文化经济、城市文化形象策划以及城市空间规划等，从而实现文化城市战略的三大核心功能：应对文化同化，保障城市和民族的文化生存；以文化的手段促进城市经济可持续增长；增进城市居民日常交流、破解理性趋利决策造成的城市居民的心理与情感隔离。①

（六）以社会融合为导向构筑城镇生活模式

少数民族城镇化的一个重要方面就是促进民族流动人口的城市

① 柳建文：《新型城镇化背景下少数民族城镇化问题探索》，《西南民族大学学报》（人文社会科学版）2013年第11期。

融入及社会融合。“如果一个社会不能很快地把流入的大量文化迥异的移民吸收进它的文化，就会发生体制的解体，甚至部分被同化的少数民族群体不断地会产生各种问题。新的和老的少数民族群体都保留着足够的区别可以减少社会的统一和团结并成为社会动荡和相互对抗的根源。”据调查，信息闭塞、教育水平落后、汉语水平低是阻碍少数民族流动人口就业的主要因素；一些少数民族特有的丧葬和饮食习惯也对他们融入城市生活造成障碍。政府需要加强面向少数民族流动人口的就业体系建设，包括职业技能培训、公益岗位开发以及必要的就业援助措施等。在公共服务体系设计时，要注意满足少数民族在饮食、宗教活动等方面的特殊需求。另一方面，社会融合需要重视居住格局的规划，促进民族间的交流与互动。在城市空间规划上需要注重对族群构成的设计与安排，在社区人口的分布上需要推动混居格局。

需要指出的是，由于语言、宗教和其他文化习俗，部分少数民族表现出固守田园的特征，一些游牧民族还未形成定居意识。强调城镇化并不是以城镇取代农村，而是城乡统筹发展，加强对农村地区的建设和投入。民族地区城市数量和规模均有限，城乡统筹发展可以减轻城市的就业压力，也可为少数民族的城镇化做好人口素质上的准备，进而降低城镇化的社会成本。[①]

（七）实施“安全型”提质模式，提高环境承载能力

西北民族地区人口城镇化表现为水平滞后型，在未来我们应该加快人口城镇化速度；而土地城镇化表现为水平超前型，在未来我们应该控制土地城镇化水平。针对土地城镇化超前于人口城镇化的这种现象，应采取近期控制土地城镇化的发展对策，直至人口城镇化水平与土地城镇化水平相协调。西北民族地区城镇化发展质量需提升的第一要务是降低经济发展代价，其次为提高经济效益。而在城镇化发展过程中，往往忽略了对周围环境的保护，长此以往，其结果是将要花费更多的代价来调整。正确处理城镇化速度与资源环

① 柳建文：《新型城镇化背景下少数民族城镇化问题探索》，《西南民族大学学报》（人文社会科学版）2013 年第 11 期。

境承载力之间的关系。首先，调整产业结构，城镇化进程中的环境要素主要包括大气环境、水环境、土地环境等方面，当前中国的环境代价主要来源于工业企业的污染及破坏，实施以高效化和能源结构优化为目标的能源战略，调整优化产业结构是减少污染、保护生态环境的最根本途径。结合以上我国未来的能源发展对策，西北民族地区在应用价格等经济杠杆调节能源消费的同时，制定相应的法律、法规，辅以一定的行政手段，来促进我国产业结构及消费结构的战略转换。提高经济生产效率，优化能源消费结构不仅对保障能源供应、提高经济效益、实现经济增长方式的根本转变有直接影响，而且也是保护生态环境、减少污染的根本途径。其次，采用新的城镇化发展模式，根据西北民族地区的实际，在旅游资源丰富的地区，建立特色小城镇，保护当地的环境，推行可持续的城镇化。健康的城镇化是经济发展水平和城镇化水平相协调的城镇化，是经济社会与资源环境协调发展的城市化，是人居环境改善与居民生活质量提高相结合的城镇化。因此，必须坚持城镇发展与资源环境相协调，以低消耗、低环境代价换取高城镇化质量，实现可持续发展。

第三节　西北民族地区旅游融合发展研究

自进入21世纪以来，世界产业发展整体上呈现出融合化的趋势，各产业通过产业融合，竞争力和适应市场新需要的能力将会得到大幅提升。农牧业作为传统产业的典型代表，更是一种基础性的产业，是目前我国西北民族地区最重要的产业部门之一（由于学术界通常把牧业归属于农业的范畴下，下文的农牧业旅游都将以农业旅游替代）。而旅游业作为一种朝阳产业，已经成为我国西北民族地区经济发展的重要支柱型产业之一，其在民族地区经济社会发展过程中的产业地位、经济影响越来越强，对西北民族地区经济的拉动性、社会就业的带动性以及对文化与环境的促进作用日益明显。

20世纪70年代的产业融合思想是由美国著名学者罗森伯格提

出的，之后经过40多年的发展，产业发展状况已经摆脱了产业制度束缚，从产业对立走向了产业融合。有关产业融合的概念，不同的学者给出了不同的定义。1997年欧洲委员会的绿皮书指出，产业融合是产业联盟和合并、技术网络平台和市场等三个角度的融合。[①] 美国学者约菲（Yoffie，1997）指出，融合"是采用数字技术后原来各自独立产品的整合"，企业若想实现融合，必须采用全新的技术战略和发展战略。[②] 格林斯坦（Greenstein）和卡纳（Khanna，1997）则认为，产业融合是为了适应产业增长而发生的产业边界的收缩或消失，并将产业融合区分为替代性融合和互补性融合。[③] 我国学者厉无畏（2002）认为，产业融合是不同产业或同一产业内的不同产业相互渗透、相互交叉，最终融为一体，逐步形成新产业的动态发展过程。周振华（2002）认为，产业融合是指不同产业或同一产业内的不同行业通过相互交叉、相互渗透，逐渐融为一体，形成新产业属性或新型产业形态的动态发展过程。[④] 马健（2002）认为，由于技术进步和放松管制，发生在产业边界和交叉处的技术融合，改变了原有产业产品的特征和市场需求，导致产业的企业之间竞争合作关系发生改变，从而导致产业界限的模糊化甚至重划产业界限。因此，人们逐渐把关注的焦点从放在各自产业内部自身的提升转向产业与产业之间的相互促进，这种对于传统产业分界思维的摆脱，有力地打破了农业与旅游业之间的界限，推动了原本毫无关联的两大产业的融合，即农业与旅游业的融合。这样，农业旅游就成为以农业活动为基础，农业和旅游业相结合的一种交叉型融合产业，不仅拓展了旅游业的产业边界，同时也使农业由第一产业向第三产业延伸；这样，农业与旅游业也从不相关走向相互交叉，产生

① European Commission, "Green Paper on the Convergence of the Telecommunications, Media and Information Technology Sectors, and the Implications for Regulation towards an Information Society Approach", *Brussels*: *European Commission*, 1997.

② Yoffie, D. B., *Competing in the Age of Digital Convergence*, Cambridge: The President and Fellows of Harvard Press, 1997.

③ Greenstein, S. and Khanna, T., "What Does Industry Mean?" in Yoffie, *Competing in the Age of Digital Convergence*, Cambridge: The President and Fellows of Harvard Press, 1997.

④ 周振华：《信息化过程中的产业融合研究》，《经济学动态》2002年第6期。

了能满足人们追求自然、体验农业的农业旅游形式。近年来，这些产业融合现象的不断涌现就是最好的证明。

笔者认为，产业融合是产业边界逐渐模糊化的过程，旅游产业与农牧业等传统产业从旅游者旅游需求的角度进行，融合了工业、农牧业等传统产业，形成了工业旅游、农业旅游等旅游产品。而农业旅游产业作为旅游产业的一种新形态，在融合农业与旅游业的各自优势的同时，不仅增加了农业的经济效益，而且还增加了旅游产业的具体内容，使旅游资源与农牧业资源的配置更加优化。因此，无论是旅游产业转型、升级的客观需要，还是农业发展效用最大化的要求，整体上来说，旅游产业与农牧业等传统产业的交叉开发是两大产业之间进行重组、创新、发展的新动力，推动着我国西北民族地区产业经济不断向前发展。

一　基于“互联网+”的西北民族地区智慧旅游体系构建

（一）互联网+旅游公共服务

旅游公共服务是西北民族地区旅游产业运行和发展的支撑和基础，也是西北民族地区旅游产业得以优化升级的重要条件。在互联网+时代的背景下，大众对旅游公共服务的要求也越来越高，如何通过互联网推进西北民族地区旅游产业的发展是西北民族地区旅游融合发展的重要内容。

1. 建设旅游公共数据服务中心

以市州或是具有区域合作基础的地区为单位建立有效的旅游公共服务数据服务资源共享和分级管理机制，打造一个集成地区全部景区景点、交通路线、旅游住宿、旅游餐饮、旅游购物以及农牧民农家居宿等旅游要素信息的公共数据云平台。

2. 开发旅游服务手机软件

整合西北民族地区旅游资源，集中力量开发以手机为客户端的旅游服务软件，利用现代智能手机的最新功能以及广泛覆盖的4G网络，集成民族地区旅游资源以及旅游要素信息的旅游咨询，为西北民族地区广大的自驾游与自助游游客提供全方位的导览、导游、导购等旅游服务。

3. 建设民族地区旅游安全管理系统

选择重点管理的西北民族地区，与交通、工商、公安以及质检等相关部门进行合作，共享旅游服务数据与网络信息，建设基于互联网的旅游安全预警与预测机制，实现自然灾害与不可控因素导致的安全问题危机管理的预警与预测，同时通过实时监控，保障游客旅游活动过程的安全与便捷。

4. 建设旅游交通管理信息系统

借助物联网、WLAN 等技术，管理部门可对旅游交通进行实时监测，对游客进行定位，通过短信或终端的方式对各地区旅游路段的交通状况、停车位状况进行实时播报，以实现对人流的有效引导和疏散，从而保障游客的安全与便捷。

（二）互联网+旅游企业

西北民族地区旅游发展的根本在于旅游企业，旅游企业对于新技术的及时跟进才能够满足游客的需求。要实现西北民族地区旅游产业的良性运转，促使旅游企业积极投身到智慧旅游建设中，不能只依靠政府的资金投入与政策法规的推动，还需要旅游企业的积极配合与运营，这就需要旅游企业能看到发展智慧旅游所带来的实实在在的经济利益。因此，在大力推动西北民族地区基于互联网的智慧旅游建设的同时，积极鼓励并引导企业参与开发，要让企业看到投资的价值。①

1. 积极推进景区智慧旅游建设

重点培育在国际具有一定知名度和美誉度的西北民族地区旅游景区，推进景区门户网站的建设，实现在网络平台上的景区旅游信息展示，并将景区资源通过 3D 和 360 度实景照片等方式展示给游客。同时加强景区基于 WiFi 和微信扫码的景区讲解服务，为游客提供良好的互动平台与景区导游服务。

2. 基于互联网的酒店联盟建设

西北民族地区酒店的发展要充分结合时代背景，充分利用互联

① 高寿华：《智慧旅游建设背景下浙江旅游产业转型升级的思考》，《产业与科技论坛》2014 年第 21 期。

网+的创新发展理念，寻求新的市场机遇。西北民族地区旅游酒店的发展多处于势单力薄的发展初期以及发展衰退期，要充分考虑旅游新需求，建立基于互联网的酒店联盟，实现客户共享、利益共享、风险共担，推进酒店核心产品规模化运营。

3. 积极培育西北民族地区互联网旅游企业

互联网旅游企业是以互联网作为经营平台为用户（包括潜在旅游者和现实旅游者）提供旅游信息产品和服务的营利性组织，如携程、去哪儿、途牛、去啊等。互联网旅游企业资源消耗少、资产低、创新能力强，投入高、风险高、回报高。[①] 要促进西北民族地区旅游产业的全面可持续发展，培育具有地域特色和资源特色的互联网旅游企业是重要途径，也是互联网+时代的要求，通过互联网旅游企业的建设，运用西北民族地区旅游信息云计算平台，实现旅游信息产品的开发，优化西北民族地区旅游产业的生产模式，延长并创新西北民族地区旅游产业价值链。

（三）互联网+旅游规划与产品设计

互联网有利于在云计算平台下整合西北民族地区旅游资源，凸显各地区旅游资源的特色，在不同的资源背景和发展条件下，营造不同的旅游环境与氛围，通过数据平台分析旅游资源的特征与优势，整合地区旅游资源与相关产业，推进在互联网下的旅游规划与产品设计的升级换代。

1. 加强互联网与民族地区文化的融合

通过互联网技术促进旅游资源与西北地区民族文化、宗教文化、民间艺术、民间演艺等融合发展，深入挖掘西北民族地区旅游资源的文化内涵，创新包装和设计民族地区文化旅游产品。

2. 加强体验旅游产品的设计

增加游客体验民族地区居民生活体验的产品设计，为游客提供生活方式；增加旅游体验的深度，创新旅游产品的内容，提升旅游的附加价值。通过与GPS定位和手机地图等软件的合作，提高生活化体验产品的便捷度和可行性；通过创意创新旅游体验产品的设

① 包富华：《互联网旅游企业商业模式分析研究》，《生态经济》2013年第3期。

计，满足新时代旅游者求新、求异、求奇的旅游需求。

3. 提升旅游规划价值

充分利用大数据互联网平台，优化旅游规划过程，通过对决策信息的深入加工，提高对西北民族地区的区域、旅游资源单体、旅游产品的市场定位、功能分区、项目设计、建筑设计、景观设计、交通道路设计等科学合理性；通过网络平台，优化旅游队伍，提高西北民族地区旅游规划的创新与创意。

（四）互联网+旅游营销①

互联网+时代的到来为旅游营销带来新的机遇与挑战，西北民族地区旅游营销要充分结合互联网相关技术手段，深入分析民族旅游客源市场需求，重新探索并创新旅游营销过程，挖掘旅游营销渠道，为西北民族地区旅游产业的发展提供有力的市场支撑和保障。

1. 分析市场需求

通过互联网技术，及时掌控旅游者行程信息与动向，深入了解西北民族地区旅游客源市场的需求变化，引导民族地区旅游企业在规划设计旅游产品时，有针对性地制定相应的营销主题，从而推动旅游产品更新换代，为旅游者提供优质有效的服务。

2. 积极开展电子商务

西北民族地区旅游产业的市场营销应启动电子旅游商务活动，充分利用多媒体技术及网络展示西北民族地区旅游资源，吸引游客主动进入智慧营销的平台，与国内诸如“携程”、“去哪儿”等知名在线旅游平台、电子分销机构等建立信息交换机制，开创智慧营销新方式，将旅游服务传统的“被动接待式”转化为“主动选择式”。

3. 打造“多类型宽渠道式”旅游营销模式

即旅游企业针对自身情况结合旅游市场的需求，除景区窗口售票、自动售票机外，还可利用智慧营销平台，采用移动电商、微信售票、电商网站等多途径售票方式，创建会员营销、移动营销，充分利用微信营销、分享朋友圈、推荐商圈等多种互动营销方式，完

① 兰晓虹：《大同智慧旅游发展架构研究》，《山西大同大学学报》（社会科学版）2015年第3期。

善员工及代理管理、景点及财务管理、数据分析等功能，将营销活动始终贯穿于旅游企业、旅游者、旅游组织及其他相关企业或部门之间的沟通渠道之中，结合旅游者的消费行为，进行游客行为与消费数据积累，构建智慧营销平台。

（五）互联网+旅游监管

旅游监管是实现西北民族地区旅游产业良好运行的环境保障，在互联网+时代背景下要充分运用现代科技，增强西北民族地区旅游监管的效率和效力，实现对旅游资源的可持续利用，保障旅游产品和服务质量的持续提升，积极快速处理游客的投诉与反馈意见，通过网络平台和手机客户端等技术手段实现高效的旅游执法，建立良好的、可持续发展的西北民族地区旅游市场环境。

1. 实现对旅游资源的可持续管理

通过互联网可以实现资源的实时监管，实现对民族地区文化遗产与非物质文化遗产、自然生态系统以及环境的有效监控，借助数据分析，对西北民族地区的旅游可持续发展提供技术指导。

2. 建设网络投诉与意见反馈机制

通过民族旅游服务平台以及微信、微博、短信、手机客户端等平台，实现游客对景区景点、旅游线路、旅游交通、住宿、餐饮等旅游服务的互动点评，改变传统的单向沟通，加强旅游者与旅游市场监管部门之间的联系，也为消费者的投诉与处理开通了绿色通道，从而实现一站式处理反馈和投诉。同时，还可实现问题投诉与意见反馈，保障旅游者的相关权益，实现旅游行政管理部门对旅游市场的有效监管。①

3. 健全网络旅游监管机制

积极建立各级旅游管理部门责权统一的旅游市场综合监管机制和监管网络，设立市州旅游市场综合监管部门，联网合作，联合中国电信、中国移动等通信商，开发“旅游 e 通”等旅游执法平台，针对各级旅游管理部门，提供信息查询、采集、执法等功能，实现

① 高寿华：《智慧旅游建设背景下浙江旅游产业转型升级的思考》，《产业与科技论坛》2014 年第 21 期。

旅游执法的智能化与网络化。

二　旅游与体育融合发展研究

国务院于2009年11月25日通过的《关于加快发展旅游业的意见》指出：要“大力推进旅游与文化、体育、农业、工业、林业、商业、水利、地质、海洋、环保、气象等相关产业和行业的融合发展，培育新的旅游消费热点，丰富旅游文化内涵”。旅游与体育的融合是旅游业态创新的重要内容之一。体育与旅游本身就具有天然的耦合性，都是人类社会发展到一定时期，为了满足人们日益增长的社会文化需求而出现的产物，都能更好地促进人的全面发展。体育产业可以拓宽旅游资源范围，丰富旅游产品的内容，并以期集合规模效应拓展民族地区旅游市场。旅游与体育产业的融合发展是新时期经济社会发展的必然趋势，对西北民族地区优化旅游产业结构、提升旅游产业能级和竞争力、促进旅游产业转型有着重大而深远的意义。①

民族传统体育融合于自然景观和人文景观中。一方面，民俗文化、山水风光交相辉映，能够形成独特的旅游资源；另一方面，与民族礼仪喜庆活动融为一体，能吸引游客的广泛参与。以甘南州为例，众多少数民族形成了各具特色的传统体育项目，如：藏族的赛马、大象拔河、赛牦牛；回族的木球、打陀螺；东乡族的拔棍、赛走马、压走骡、跑火把、一马三箭；保安族的夺腰刀；土族的拔腰、打岗等。另外，香浪节是甘南夏河藏族地区传统娱乐节日，多在风和日丽的天气举行，项目有赛马、赛牦牛，还要举行赛跑、摔跤以及各种各样的拔河、扔石子活动。同时，藏族的“嘎玛日吉”，即“沐浴节”已有悠久的历史，主要目的是卫生清洁、祛病健身，在当地也有广泛的影响。甘南藏族的锅庄舞，在不断的发展过程中形成了自己独具特色的艺术形式。② 依托体育产业与旅游产业的融

① 康保苓：《产业融合背景下旅游与体育的互动研究》，《旅游论坛》2011年第6期。

② 姚鑫：《旅游人类学视野下的民族体育旅游可持续发展研究》，《西安体育学院学报》2009年第6期。

合，创新服务产品，满足和培育新的市场需求，有效提升旅游产业的竞争优势，可以为西北民族地区旅游产业的发展开拓更广阔的发展空间。

（一）旅游与民族体育融合发展的原则

1. 主题性原则

在旅游与民族体育融合发展过程中，鲜明的体育主题能充分调动游客的感官，触动游客的心灵，使之留下深刻感受和强烈印象。[①]以突出西北民族文化为基本要素，以传统体育为载体，宣传西北民族的历史文化和民风民俗，同时考虑本土因素能否体现当地的精神和符合旅游者的需求，充分利用传统民俗体育风情、历史传说和文化形态等因素综合展现。

2. 社区参与原则

通过政策优惠及对当地居民的培训等手段，调动当地居民参与旅游发展的积极性，实现社区的深度参与，使得西北民族地区民族体育的开展依托于当地的自然环境、居民的自然参与，具有自然性和淳朴性，最终在旅游富民的过程中实现民族体育旅游产品影响力的提升。

3. 传统性原则

民族体育是西北民族地区传统体育的重要组成部分，具有鲜明的传统性和古朴性。国内许多地区在开发民族体育过程中出现了过度商业化及庸俗化的现象，导致民族体育的文化价值丧失，失去了吸引力。因此，西北民族地区开发民族体育旅游时，应注重保持民族体育的传统性。

4. 特色性原则

挖掘独具特色的民族传统体育旅游资源，利用西北民族地区独特的条件创造性地开发新的民族体育旅游特色产品。在保持民族体育项目的传统性及淳朴性的基础上，结合旅游市场需求，推出特色性民族体育项目。

---

① 管勇：《基于顾客让渡价值理论的节日体育旅游营销策略研究》，《南京体育学院学报》2009 年第 6 期。

5. 参与性原则

参与性是加深游客体验的重要途径和措施，参与可使游客增强亲切感和满足感，获得更多的心理满足。[①] 目前西北民族地区的民族体育旅游开发多以表演性的形式出现，导致民族体育活动的舞台化，旅游者参与程度低，民族体育旅游产品的价值未能得到充分发挥，因此在开发过程中应坚持参与性原则。[②]

（二）旅游与民族体育融合发展的模式

旅游与体育的融合要以体育活动为载体，进行旅游相关要素的渗透或组合。其中主要有旅游与赛事融合模式、旅游与体育节庆融合模式、旅游与健身融合模式、重组融合模式和延伸融合模式等类型。[③]

1. 旅游与赛事融合模式

大型体育赛事举办期间，主办城市可通过体育赛事的平台，向外界展示西北民族地区的标志景观、民俗风情、人文资源、地方特色等，以吸引更多的人前往旅游；[④] 同时，大型体育赛事的举办，有利于西北民族地区城乡旅游环境的改善。

2. 旅游与体育节庆融合模式

旅游与体育节庆融合模式主要是借助以体育为主题的各种节庆展会旅游平台，通过旅游业和体育业相关产业活动的重组，实现两大产业的融合。西北民族地区民族特色体育节庆活动众多，这些项目的传承推广，可以有效地促进体育旅游的开展。

3. 旅游与健身融合模式

旅游与健身的融合衍生出很多富有吸引力的产品。体育活动、体育节庆、赛事的举办不仅成为新的旅游吸引物，而且对一般民众

① 管勇：《基于顾客让渡价值理论的节日体育旅游营销策略研究》，《南京体育学院学报》2009 年第 6 期。

② 雷巍、丁玲辉：《西藏乡村旅游与民族节庆体育融合发展探讨》，《西藏大学学报》（社会科学版）2013 年第 4 期。

③ 康保苓：《产业融合背景下旅游与体育的互动研究》，《旅游论坛》2011 年第 6 期。

④ 曹亚东：《产业融合视角下的大型体育赛事与城市旅游业发展研究》，《物流与采购研究》2009 年第 36 期。

的旅游行为产生重大影响。西北民族地区应积极从当地的特色和实际资源入手，有针对性地开发和发展体育旅游，将旅游与健身有机结合起来。①

4. 重组融合模式

重组融合多出现于有紧密联系的产业，通过重组形成新的产业形态、产生新产品或新服务。旅游产业与体育产业的重组融合，可以产生会展体育旅游（如体育用品博览会、体育旅游博览会）、体育产业聚集园游、节庆体育旅游以及体育特色项目游。

5. 延伸融合模式

延伸融合是通过产业间经济活动的功能互补和延伸来实现产业融合，从而赋予原有产业新的附加功能和更强的竞争力。旅游产业与体育产业的延伸融合，可以产生体育文化创意旅游，体育旅游主题酒店、餐吧，户外运动装备制造，体育博彩旅游，特色体育旅游产品开发等。

综上所述，旅游产业与体育产业的对接在过去已有积极成功的探索和实践，两者自身的特点和客观的融合需求也决定了今后二者的深度融合发展是大势所趋，这为西北民族地区产业融合发展提供了借鉴。②

（三）旅游与民族体育融合发展的对策建议

1. 加强旅游产品创新，凸显体育运动的旅游功能

依托西北民族地区纯天然的草原、森林、河湖等自然景致，开发各种具有观赏性质，并且参与性也较强的体育项目，尤其要注重对传统民族体育的开发。如充分运用高山峡谷天然的地形地势特点，开发攀岩探险运动，满足旅游者体验式旅游的要求，使其在旅行中体会运动的乐趣，在运动中感受旅行的惬意。

2. 在创新经营模式上，发挥协会组织的引领作用

首先，规划具有西北民族地区特色的游娱、消遣、锻炼等多种功能的活动场所，对体能有多种不同要求的体育活动进行合理组合

---

① 宁业梅：《奥运会旅游效应与我国体育旅游发展的策略》，《广西大学学报》（哲学社会科学版）2007年第6期。

② 江广金：《谈体育产业与旅游产业的对接与融合》，《商业时代》2013年第34期。

与分配，充分调动游客的积极性，引导游客积极参与；其次，组建俱乐部、协会等组织，有效地将不同爱好的旅游者聚集在一起，从而有针对性地开展旅游与体育的融合，如健美协会、登山俱乐部等。①

3. 构建完整的民族体育符号体系、完善符号与体验

旅游者的旅游体验实际上就是旅游者对民族体育旅游产品的认知反应，民族体育的象征符号如果不能被旅游者完全解读，那自然会产生一种消极情感反应，生成负面体验的心理。因此西北民族地区民族体育旅游开发应大力挖掘民族体育的文化内涵，突出民族文化、民俗文化，设计一系列供旅游者参与的民族体育旅游项目，以丰富旅游者的经历，提高旅游者的满意度。②

4. 助推体育节事活动，形成品牌系列

目前西北民族地区民族体育以节事活动的形式进行开发仍处于初步阶段，节事规模仍然较小，开发力度不够。今后应充分利用西北民族地区各类民族节庆活动，打造特色鲜明的民族节庆品牌，充分发挥民族节庆体育的旅游效益，助推旅游产业的快速发展。

5. 将民族体育与旅游中的其他资源相配置

在旅游开发中，应将民族体育作为旅游产品中的一项内容，与其他资源进行综合配置，形成具有鲜明特色的旅游产品。通过合理规划和设计，充分发挥民族体育的娱乐性及互动性，深化西北民族地区的旅游产品，可以更好地体现民族文化内涵，加深旅游者对民族传统文化的认识。

6. 创新民族节庆体育的体验形式

目前西北民族地区旅游发展中的民族体育的开发与利用仍为粗放式，缺乏针对旅游者需求的创新规划与设计。针对展演式的体育项目如赛马、射箭等活动，应注重体育项目的原生态保护，突出体现原汁原味，同时应针对旅游者需求进行创新改造，使其更具有适合旅游者的参与性及娱乐性，降低项目难度，增加趣味性。

---

① 梅晓霞：《旅游与体育融合发展研究》，《旅游管理研究》2014 年 10 月下半月刊。

② 姚鑫：《旅游人类学视野下的民族体育旅游可持续发展研究》，《西安体育学院学报》2009 年第 6 期。

7. 加大民族节庆体育旅游产品的宣传

民族体育旅游资源具有原始、奇特、神秘、鲜明的特色，具有极强的开发潜力。但由于西北民族地区经济和社会发展相对落后，这些体育旅游资源却“养在深闺人未识”。因此，西北民族地区必须加强对民族传统体育旅游的宣传，积极促销，加强与主要客源地的旅游组织的交往，塑造民族传统体育旅游在国内和国际游客心目中的旅游形象。①

8. 转变观念，加强民族体育文化与旅游的互动

民族体育表演体现的服饰文化、饮食文化、生活文化、建筑文化等与现代都市文化截然不同的文化差异性，是吸引游客眼球并带来更大经济效益的法宝。在旅游开发中，必须突出西北民族地区独特的民族体育文化，实现旅游与民族体育文化的良性互动，才能保持旅游的可持续发展。

9. 加强对民族体育文化资源的传承

政府在发展西北民族地区旅游中应制定相关法规政策，通过政府导向作用在旅游与民族文化的相互关系中找到一个好的结合点，处理好在发展旅游中对民族文化资源的保护和开发利用的辩证关系，在发展旅游中展现本地区的优秀民族体育文化，使旅游得到发展的同时民族体育文化也得以传承和保护。

10. 规范市场，加强对民族体育文化的生态保护

民族体育文化生态是民族文化的背景和依托，也是民族地区旅游可持续发展的条件，对于西北民族地区这个具有显著民族特色的民族文化生态圈而言，应该在开发民族体育文化资源的同时保护其不受外来文化的干扰，以保持其文化的独特性和与其他文化的差异性，实现民族地区生态旅游的可持续发展。②

11. 建立民族体育旅游融合发展的协调机构

旅游业和体育业分属于旅游局和体育局这些不同的管理部门，

---

① 雷巍、丁玲辉：《西藏乡村旅游与民族节庆体育融合发展探讨》，《西藏大学学报》（社会科学版）2013 年第 4 期。

② 刘少英、赵志强：《西部民族体育文化与民族地区旅游融合发展研究》，《沈阳体育学院学报》2009 年第 1 期。

它们应该消除条块分割的行业壁垒，为旅游业和体育业的融合发展提供有效的制度环境，这就需要从产业融合的角度出发，进行机构改革，完善跨界治理机制，以协调各局部利益主体在产业融合中的行为不配合的矛盾。

12. 提供有效的政策支持，完善监督约束机制

通过一系列法规制度的完善，实现对相关利益主体的行为约束和监督。通过支持企业重组，增强企业跨产业发展的综合实力。通过打造相应的平台和相关优惠政策与资金的支持，引导和推进旅游产业和体育产业的融合发展。政府应在配套政策、环境建设和营销等方面对旅游与体育融合的发展项目给予更多的支持。

13. 重视人才培养，储备后备力量

旅游与体育的融合需要具有跨行业驾驭能力、多业务水平的人才。要突出加强对现有人才和后备人才的精心培养，使体育旅游人才既掌握旅游服务、资源开发、组织活动、经营管理等旅游理论知识，又掌握相关体育专项技能和知识，为推动两大产业的融合提供重要的人力支持和智力支持。①

三　旅游与民族节庆融合发展研究

国务院于 2009 年 11 月 25 日通过的《关于加快发展旅游业的意见》中明确提出："要发挥文化资源优势，推出具有地方特色和民族特色的演艺、节庆等文化旅游产品。"作为民族文化的一个重要组成部分，民族节庆活动是民族文化的集中体现，也是各种民族文化元素对外展示的大舞台。旅游在本质上就是一次体验过程，如果说乡村旅游主要满足城镇居民在欣赏田园风光、体验乡土气息、感受自然野趣等方面的体验性需求，民族节庆旅游则主要满足来自异国他乡不同民族的人们品味独特文化的体验性需要。两者的体验性有所侧重，但可通过融合发展形成优势互补，丰富旅游的文化体验。一般游客的体验程度与旅游产品的丰富程度和旅游活动的参与

① 康保苓：《产业融合背景下旅游与体育的互动研究》，《旅游论坛》2011 年第 6 期。

程度呈正相关，因此，在西北民族地区旅游与民族节庆融合发展过程中，既要丰富旅游活动内容，又要注意提高游客的参与度，避免让游客走马观花，而让他们在参与旅游活动中通过与当地民众交往、品美食、赏歌舞等多种方式获得深层次的旅游体验。①

文化旅游学认为，文化的差异性是引起旅游活动的根本文化动因。作为民族文化精神的节庆，其活动的开展对旅游动机的激发具有显著的作用。民族文化节庆活动能集中展现民族习俗文化、服饰文化、休闲娱乐文化。这些文化活动内容上的怪诞神秘、服饰上的多样化、活动本身的可参与性更能满足现代旅游求新、求异、求参与性的心理要求。以甘南州为例，民族节庆丰富多彩：如中国九色甘南香巴拉旅游艺术节暨藏乡江南舟曲民俗风情旅游楹联文化艺术节；洮州民俗文化节；迭部大力士中国国际公开赛暨安多地区则巴邀请赛、腊子口红色旅游艺术节；甘南州香浪节；卓尼国际自驾狂欢节；甘南藏地传奇自行车赛暨 2015 UCC 全国业余自行车联赛甘南站比赛；格萨尔赛马大会暨牦牛藏羊、藏獒评比大赛等。将旅游节庆活动与文化相融合，可使节日的国际化程度越来越高，并成为吸引中外游客的“热”点；将旅游节庆活动与产业结构调整相融合，拉长产业链，可使之成为牵动新产业发展的“龙头”；将旅游节庆活动与新型城镇化相融合，可推进乡村旅游的发展，增加农牧民收入。②

（一）旅游与民族节庆融合发展的原则

1. 整体性原则

西北民族地区传统节庆与现代节庆开发既要注重经济效益，更要注重社会效益；既要有工业企业参加，又要有旅游企业配套；既要重视举办地居民的积极参与，又要特别注意吸引外地游客的参加。

2. 企业性原则

在竞争日趋激烈的环境下，企业为提高或改善自身形象而倡

① 吴信值、黄华芝：《黔西南州乡村旅游与民族节庆融合发展初探》，《贵州农业科学》2015 年第 1 期。

② 范春：《大力开发我国“节庆”和“节文化”旅游资源》，《渝州大学学报》（社会科学版）2001 年第 5 期。

导、赞助社会公益活动是屡见不鲜的。西北民族地区传统节庆活动可积极寻找现代企业赞助，一方面可以扩大民众参与规模；另一方面也可以增加创新设计，使传统节庆更富有时代特色。

3. 优势互补原则

传统节庆一般具有稳定性、群众性、民族性和传承性的特征及优势，现代节庆具有政府倡导的政治优势和企业参与支持的财力优势。如果二者能较好地结合，则可以优势互补，相得益彰。现代节庆最好能在时间安排上与传统节庆相同或接近，内容上除保持原有节庆内容外，还可辅之以创新设计、新添时代性项目，在满足部分现代人思古恋旧情结的同时，又能迎合一部分新潮者求新的冲动。

4. 保护与利用相结合的原则

随着旅游活动的开展，外来文化的示范效应冲击着古老的本地文化，少数民族节庆正失去其本来的面目，因此，利用与保护相结合，是西北民族地区节庆旅游开发分内之事。常见的保护方法：一是移置保护。即把被保护对象移出原地而另置他方予以特殊保护。二是划片保护。即在民族区域内划出特殊典型区（片）作为保护地。三是培养民族精神领袖或继承人。即借助精神领袖的精神权威来维系传统节庆的神圣。①

（二）旅游与民族节庆融合发展的模式

旅游节庆的重要特性是文化性、参与性和娱乐性，其开发模式主要有以下几种方式：

1. 提炼旅游节庆主题

旅游节庆主题是旅游节庆活动策划的基础和前提，起到提纲挈领的作用。策划好旅游节庆的主题对于办好旅游节庆有着重要的作用。西北民族地区可从民间文学、民间音乐、民间竞技、民间舞蹈、民间传统戏剧、民间手工艺和民间习俗七个方面策划节庆主题，将其中蕴含的民族文化进行有效的开发。

---

① 范春：《大力开发我国“节庆”和“节文化”旅游资源》，《渝州大学学报》（社会科学版）2001 年第 5 期。

2. 策划系列节庆活动

文化是一个系统的、复合的概念。任何一种文化都包含若干子文化，这为节庆活动的策划提供了基础。因此，西北民族地区在进行节庆活动策划时，可以根据旅游节庆主题、节庆发展条件等多重因素进行相应的策划，以达到主题内涵丰富、节庆活动多样的目的。

3. 丰富节庆旅游产品

旅游节庆是区域重要的旅游产品，凭借其参与性和文化性，拥有强大的生命力。西北民族地区旅游产品结构主要是以观光旅游产品为主，旅游产品结构单一，缺乏参与性和文化性，因此亟须通过发展旅游节庆，丰富区域旅游产品，完善区域旅游产品结构。

4. 以旅游节庆促进非物质文化遗产开发与保护

旅游节庆的发展能够有效地促进“非遗”的开发与保护。其作用如下：首先，增加开发与保护的资金。旅游节庆的发展为“非遗”的开发与保护提供了足够的资金支持，可以有效改变“非遗”开发与保护面临的资金短缺的问题。其次，提供开发与保护的模式。旅游节庆不仅有效地挖掘了“非遗”的文化内涵，而且实现了通过舞台化和动态化的模式保护。最后，提供开发与保护的产业基础。“非遗”的开发与保护与旅游节庆发展相结合，不仅为其提供了资金基础，而且提供了产业基础。①

（三）旅游与民族节庆融合发展的对策建议

1. 进行统一规划设计

旅游与民族节庆的融合发展可以说是一个系统的工程，涉及“三农”旅游和文化等方面，加上西北民族地区节庆种类繁多，旅游接待点又非常分散，如果不进行统一规划设计，在发展过程中很容易导致各自为政、无序开发、恶性竞争等问题，甚至出现传统民族节庆庸俗化倾向。为了整合各方力量，确保旅游与民族节庆得到良好的融合发展，西北民族地区必须进行区域统一的规划设计，就旅游与民族节庆融合发展过程中涉及的主题选择、形象塑造、时

---

① 吕群超：《宁德市非物质文化遗产开发与保护研究——以旅游节庆模式为例》，《山西师范大学体育学院学报》2010 年第 5 期。

序安排、空间布局和对外营销等各方面的工作进行统一部署和业务指导。

2. 发挥政府主导作用

政府部门、行业协会、旅游企业、村寨基层组织及居民是旅游开发的主要参与主体。在旅游与民族节庆融合发展过程中，要对各参与主体进行准确的角色定位，处理好他们彼此之间的关系。在融合发展初期，充分发挥政府部门的主导作用是非常必要的。当然，政府的主导作用应侧重于规划设计、统筹协调、政策制定、平台搭建、基础设施建设等宏观管理方面，而把相关具体策划、操作工作交给其他参与主体来完成。此外，还应借鉴发达地区的政府引导、社会参与及市场运作的成功发展模式，积极探索建立一整套适用于西北民族地区旅游节庆发展的市场化运作机制。

3. 加大项目扶持力度

旅游与民族节庆的融合发展，带来的不仅是经济效益，还有社会、文化、环境等其他方面的效益，再考虑到吸引投资，理应获得大力扶持。西北民族地区应把旅游与民族节庆的融合发展当作一个重点项目来抓，并加大政策、部门、资金等方面的扶持力度。其中，在政策扶持方面，建议出台西北民族地区关于加快旅游与民族节庆融合发展的一些优惠政策；在部门扶持方面，协调好旅游、农牧业、文化、国土、交通、税务、工商、水电等相关部门的管理职能，为乡村旅游与民族节庆融合发展开绿灯、行方便，多帮助并适当减免有关费用。[①] 在资金扶持方面，可考虑设立州级、市县级旅游与民族节庆融合发展专项资金，专项资金主要用于重点项目、配套设施建设、创新与研发等方面。

4. 实施示范带动工程

为了避免旅游与民族节庆融合发展过程中的遍地开花、低水平重复建设，有必要大力实施示范带动工程，即选择西北民族地区部分发展条件好、发展潜力大的旅游接待点作为州级或市县级示范村寨进行重点建设，积累成功经验后再进行大范围的推广。以州级示

① 龙强：《发展我州乡村旅游的思考》，《黔西南日报》2009 年 5 月 26 日。

范点为例，从全州旅游发展现状来看，位于甘肃西南的甘南州以其神奇的地貌景观、秀丽的草原风光以及浓郁的藏族风情等为资源优势，加上旅游基础设施逐步完备，且已在国内享有较高的声誉，可以考虑作为州级旅游与民族节庆融合发展的示范点来进行重点建设。

5. 形象提升上的融合

旅游形象是旅游地在人们心目中的感知印象，是旅游对外宣传的主题。[①] 因此，旅游业发达地区均较重视旅游形象的塑造工作。作为旅游形象塑造的关键环节，旅游形象设计一般采用静态与动态相结合的手法。在静态设计方面，采用标准图片、标准旅游徽标、标准字体、旅游吉祥物等视觉符号进行展示。在动态设计方面，主要通过举办节庆活动等事件来进行生动形象的展示。当前，动态的旅游形象设计越来越受到重视。西北民族地区旅游发展过程中，要注意挖掘本地区的民族文化资源，通过大力举办民族节庆活动来提升旅游形象。与此同时，随着旅游业的深入发展以及旅游形象的不断提升，民族节庆自身形象也必将随之得到提升，从而有利于进一步保护与传承。

6. 加强人才队伍建设

旅游与民族节庆的融合发展，需要统筹规划、产品开发、包装设计等多方面的经营管理人才。由于旅游发展起步较晚，人才短缺无疑是目前西北民族地区推进旅游与民族节庆融合发展的一个瓶颈。为此，必须把加强人才队伍建设作为一项重要的任务来抓，既要积极引进优秀的专业人才，又要重视本土人才的培养工作，尤其对民族节庆所涉及的民族艺术创作，更需要乡土文化人才和民间艺术大师的支持。在实际工作中，可通过在岗培训、脱产培训、校企村联动和经验交流等多种方式，打造一支优秀的人才队伍。[②]

---

① 杨桂华、王秀红：《德宏旅游形象定位、塑造与市场营销》，《旅游研究》2009年第2期。

② 吴信值、黄华芝：《黔西南州乡村旅游与民族节庆融合发展初探》，《贵州农业科学》2015年第1期。

四　旅游与农牧业及传统产业融合发展研究

（一）国内外农业等传统产业与旅游业融合的相关探讨

近20年来，我国西北民族地区旅游业与农牧业等传统产业融合发展的进程加快，已经成为学术界研究的热点之一。西北民族地区农业旅游的开发是我国民族旅游业发展的典范之一，其发展不仅为我国西北民族地区经济增长与产业转型、升级提供了巨大动力，还为西北民族地区开展民俗文化旅游提供了施展的平台。农牧业与旅游业的融合不仅丰富了旅游产业的内容，而且也为新时期西北民族地区农牧民增产增收、旅游产业发展和实现产业转型、升级提供了新途径。

从国内外学术界来看，有关旅游业与农牧业融合的研究主要表现在两者之间融合发展形式方面，比如观光农业旅游、休闲农业旅游、都市农业旅游、体验农业旅游等都是农业与旅游产业融合的产物，简称农业旅游。它通过融合农村劳动生产、传统文化及少数民族特色，集休闲、养生、度假、观赏、品尝、体验为一体，从而实现经济、社会、环境效益的统一。[①] 民族地区农业旅游的本质属性是产业之间的融合与城乡之间的互动，表现为一系列的内涵转变和形态创新。[②]

国内外学者在对两者之间的研究过程当中，特别重视旅游产业与农牧业的协调发展，以及它们在农村经济发展中的重要作用。伯纳德·莱恩（Bernard Lane，2004）把农业旅游定义为乡村旅游，即位于乡村地区，无论是建筑规模还是居民人口都是小规模的；旅游活动是乡村的、与自然相连，具有地方性和文化传统活动等乡村特点，社会结构和文化具有传统特征，变化较为缓慢，旅游活动常与当地居民家庭相联系；由于乡村的自然、经济、历史环境和区委条件的复杂多样，使得农业旅游具有不同类型，他认为农业旅游、农场旅游都是乡村旅游的重要组成形式。[③] 菲茨（Faizif，1998）认

① 王晓娟：《大庆市农业旅游开发研究》，硕士学位论文，东北林业大学，2011年，第3—6页。

② 张文建：《农业旅游：产业融合与城乡互动》，《旅游学刊》2011年第10期。

③ Bernard, *Land Rural Tourism and Sustainable Rural Development*, UK: Charmel View Publications, 2004.

为，农业旅游是一种复杂的、多侧面的旅游活动，不同的国家和地区农业旅游的形式不同；有些城市和景区旅游并不仅限于城市地区，也扩展到乡村，而有些在乡村的旅游却并不是乡村的，如主题公园和休闲宾馆等。[①] 杰基·克拉克（Jackie Clarke，1996）认为，两者之间的融合应该包括住宿、自助采摘、农事活动与节日、为孩子设计在内的农场旅行活动等。[②] 德尔（Dernoi，1991）认为，农业旅游是发生在有与土地密切相关的经济活动（基本是农业活动）的、存在永久居民的非城市地域的旅游活动，他还鲜明地指出，永久性居民的存在是农业旅游的必要条件。[③] 尼尔森（Nilsson，2002）认为，农庄旅游在某种意义上是典型的农业旅游，特色在于农场主、农牧民积极地为旅游者提供膳食、住宿等旅游服务。[④] 爱德华·因斯克普（Edward Inskeep，2001）认为，民俗文化旅游和偏远乡村地区的传统文化旅游应该称之为乡村旅游。[⑤]

国内学者、专家从农业旅游、观光农业、休闲农业及生态农业旅游的角度对生态农业旅游产业融合进行了研究。王莹（1997）认为发展农业旅游要以大农业资源为依托，以旅游内涵为主题而开发出的主要以农村独特的田园风光、农事劳作及农村特有的民俗和风土人情为内容的，具有极大参与性的一种旅游活动。[⑥] 对这一方面进行研究的学者还有舒伯阳[⑦]（1997）、刘军萍[⑧]（2001）、王兆礼

---

① Faizif, "An Assessment of the Economic Benefit so Big Diversity in Saudi", *A Natural Resources*, Vol. 11, No. 22, 1998, pp. 63-66.

② Clarke, "Farm Accommodation and the Eommunieation Matrix", *Tourism Management*, Vol. 17, No. 8, 1996, pp. 611-616.

③ Dernoi L. A., "About Rural & Fall Tourism", *Tourism Recreation Research*, Vol. 16, No. 1, 1991, pp. 3-6.

④ Perake Nilsson, "Staying on Fans - An Ideological Background", *Annals of Tourism Research*, Vol. 29, No. 1, 2002, pp. 7-24.

⑤ Edward Inskeep, *Tourism Planning An Integrated and Sustainable Development Approach*, US: Nostrand Reinhold, 2001.

⑥ 王莹：《对发展我国农业旅游的思考》，《地域研究与开发》1997年第4期。

⑦ 舒伯阳：《中国观光农业旅游现状分析与前景展望》，《旅游学刊》1997年第5期。

⑧ 刘军萍：《观光农业：让农业产业走向旅游产业》，《资源与人居环境》2001年第1期。

和曾乐春[①]（2004）。程道品、梅虎（2004）认同大农业旅游的概念，认为农家乐旅游、都市农业旅游、观光农业旅游统称为农业旅游，他们从旅游项目和活动类型角度来阐述农业旅游，认为农业旅游是一种以大农业资源和农村特色为依托，寓科研、观赏、娱乐、文化、购物、度假、健身等功能于一体的特殊的旅游活动，其目的是实现社会、经济和生态效益的高度统一。[②] 潘贤丽（2009）认为，农业旅游是指将与农业有关的食物作物作为观光或休闲对象的一种旅游形态，其内容涉及农业资源及其相关的景象和文化。[③]

（二）西北民族地区农牧业与旅游业融合的动力研究

农牧业作为民族地区重要的传统产业之一，属于第一产业的范畴，而旅游业作为一种新兴产业，是第三产业中的重要组成部分。虽然两者所属的范畴不同，但是其具备一些共同特性，不仅是对自然资源的依赖性较大的产业，而且还都属于劳动密集型的行业。民族地区农牧业与旅游业融合是内外动力共同作用的结果。

1. 农牧业与旅游业产业融合内动力研究

（1）农牧业升级改造的客观要求。西北民族地区农牧业与旅游业融合与农牧业的升级改造的客观要求有着相当密切的联系。在发展西北民族地区经济过程中，需要以农村经济发展为支撑，为实现这个目标，不仅仅需要政府财政的补贴和扶持，更为重要的是实现农村产业融合发展，推动民族地区农村经济得到提升。传统农牧业一直是我国民族地区农村最主要的生产部门，是满足农村群众基本生存需要的产业，农产品的消费与农村人口的数量有着密切的关系。实现民族地区农村经济发展需要不断推动农业技术进步，不断改进农牧业生产方式，促使农产品剩余量增多；同时促进农牧业经营生产模式转变，减少农牧业劳动力的需求，从而使剩余劳动力转向旅游等其他产业。

（2）人们旅游资源观变化的要求。随着经济的发展，人民生活

---

① 王兆礼、曾乐春：《中国农业旅游发展研究》，《云南地理环境研究》2004 年第 3 期。

② 程道品、梅虎：《农业旅游研究综述》，《改革与战略》2004 年第 10 期。

③ 潘贤丽：《观光农业概论》，北京林业出版社 2009 年版，第 1—5 页。

水平的提高，人们对于旅游资源的认识由山水等自然景观、文物古迹等人文景观等较小领域，变换为更广的领域，这个时期只要能对游客产生吸引力，并且能够满足游客的需要，都可以称之为旅游资源。在人们的旅游资源观日益演变的大背景下，民族地区农业的生产方式、风土人文因为能够满足城市居民体验农村生活的需要，也慢慢成为一种旅游资源，受到旅游开发者的重视并被开发利用。

（3）市场需求的变化。近些年，人们对产品的需求从有形扩展到无形，不论是对农业，还是旅游业，都越来越强调服务和顾客体验，旅游需求也呈现出回归自然、回归传统的倾向。长久生活在压力较大的城市居民，逐渐产生了接触农业的劳作方式、农田风光、农产品加工制作等农业范畴事务、体验自然休闲的需求。这种需求刺激了在农业和旅游业两个领域之间产生创新形式。在统筹城乡发展过程中，随着城市与农村交流互动的加强，这种需求得到开发和满足的可能性被大大增强。

2. 农业与旅游业产业融合外动力研究

稳定的政治环境与良好的经济发展势头为我国旅游业的大发展、大繁荣创造了前所未有的发展机遇，在这一发展进程中，许多地区纷纷把旅游业定位为本地区国民经济的支柱型产业。而作为旅游业中重要组成部分的民族旅游，其以少数民族地区独特的自然风光和奇异的民族文化为吸引物，在现代旅游活动中，逐渐成为一种具有特别价值的项目和形式。

近些年，我国西北民族地区旅游与农牧业等传统产业融合发展事业得到了该地区各级政府的高度重视。西北民族地区，虽然拥有丰富的旅游资源与广阔的土地面积，但旅游开发力度明显不足。西北民族地区各级政府也逐渐认清现状，也正努力加大农村基础设施建设和对旅游环境支持的力度。在政府和市场的双重作用下，旅游业与农牧业等传统产业融合发展会日益融合，相互促进。这些都为西北民族地区农牧业与旅游业等传统产业融合发展提供了宽松的外部动力。

（三）农业与旅游业产业融合的过程

西北民族地区农牧业与旅游业的融合发展过程是两大产业之间

的产业链交叉、融合发展的过程，也就是说，农牧业为旅游业提供资源，旅游业为农牧业提供产业延伸的过程。具有游览观赏价值的农牧业资源是农牧业与旅游业融合的基础与内容，在产业融合的过程中，农业扮演的是提供资源的角色。农牧业的产业链主要由前期的调查研究、中期的生产加工以及后期的营销宣传等步骤构成，各阶段都是农牧业的重要组成部分，游客通过对农牧业生产过程中能够提升自身审美、愉快身心等环节的了解，会自觉参与到农牧业产业环节的过程中，很好地体验农牧业，感受农牧业。此外，与农牧业息息相关的农牧民生活、农村风情风貌也是非常具有体验意义的部分，逐渐被引入到旅游资源的范畴，被加以开发与利用。

旅游活动是农牧业的表现形式之一，在产业融合的进程中，旅游业扮演的是服务延伸的角色。旅游服务具有依附性的特征，旅游活动需要通过某个载体加以实现，过去依附于自然风光，现在则依附于农牧业资源，与农牧业生产等环节交叉在一起，并且通过有效地组合，在旅游资源基础上设计一些有价值、有内涵的活动，将吃、住、行、游、购、娱等旅游要素与农牧业有机地结合起来，从而满足旅游者对农牧业的体验需求。农牧业资源与旅游服务共同构成了农业旅游产品。此外，开展农业旅游还需要进行一定的基础设施建设，如道路交通建设、通信工程建设、农业设施建设等，这些基础设施不仅是满足农牧业、农村发展的需要，而且还是开展农业旅游的必要条件。此外，农业旅游活动的开展还需要利用其优势吸引足够的人流、物流、信息流、资金流，使其流向农村、农牧业，进而促进农牧业、农村的发展和农牧民生活水平的提高，为农牧业等传统产业与旅游业的融合创造良好的环境。

（四）西北民族地区农牧业与旅游业融合的作用研究

各产业之间的融合不应该代表融合的结束，更深层次来看，应该是由此延伸的区域之间的融合，即所谓的区域一体化效应。下文我们主要来探讨西北民族地区农牧业与旅游业融合的作用与意义。

1. 农牧业与旅游业融合促进农村城镇化

（1）充分利用城市对农村的带动作用加快农村城镇化进程。利用农牧业与旅游业之间的融合，推动农村传统农业向现代农业的转变、农业产业结构的调整、农业增长方式的改善，同时应紧紧把握城市人流、资金流、物流、信息流向农村转移的机会，将城市资金、信息、技术、人才、物流等资源吸引到农村，加强产业融合，提升民族地区农村的经济发展水平。在保护乡村优秀传统文化、农业生产方式、生态环境的基础上，我们需要利用城市对农村的带动作用，逐渐完善民族地区农村基础设施和公共服务体系，促进民族地区城市与农村之间观念、体制、生活方式等多方面的融合，加快农村城镇化进程。

（2）政府需要制定农牧业和旅游业融合的整体规划。西北民族地区政府应根据当地的资源优势，结合当地农牧业和旅游业的发展战略，整体设计当地农牧业与旅游业产业融合的规划，有计划、有步骤地调研开发农牧业与旅游业产业融合项目，努力打造区域品牌，避免盲目与无序开发。

2. 农牧业与旅游业融合促进农业产业化

产业融合作为一种新型的产业创新，其将以极大的扩散渗透能力推动产业结构的变化与升级。传统产业与新兴产业之间逐渐打破产业界限，相互扩散渗透并融合，对于提升传统产业的素质和促进产业升级有着重大帮助。因此，农牧业与旅游业融合在推动传统农业向现代农业转变、加快农业产业化进程有着深刻的影响，对推动农村经济发展有着重大意义。农业产业化发展应该以市场为导向，以经济效益为中心，以主导产业、产品为重点，并不断优化组合各种生产要素，实行区域化布局、专业化生产、规模化建设、系列化加工、社会化服务、企业化管理，形成种养加、产供销、贸工农、农工商、农科教一体化经营体系，使农业走上自我发展、自我积累、自我约束、自我调节的良性发展轨道的现代化经营方式和产业组织形式。它实质上是指对传统农业进行技术改造，推动农业科技进步的过程。

（1）广义上的农业是指包括种植业、林业、畜牧业、副业和渔业的生产活动，这一概念在农牧业与旅游业的融合过程中并没有局限于此。在产业融合过程中，农业资源不仅包括农业生产部分，还包括与之相关的农村风情风貌等。可以这样说，整个农业的生产过程都能以最终产品的形态创造价值。与产业融合随之而来的思维方式的创新，不仅拓宽了现代农业的内涵，也为推动西北民族地区农业产业化提供了一种新途径。

（2）农牧业与旅游业的产业融合不仅有利于拓展西北民族地区旅游业的发展空间，丰富产业的内涵，而且还有利于传统农业产业结构的改善，提高农业产品附加值，进而促使传统农业的产业升级。在旅游业向农业生产部门的延伸和渗透过程中，使得旅游业能够更好地为农业、农村服务，并促使旅游业与农牧业逐渐走上产业化之路。

（3）农牧业与旅游业的融合，同时会带来两大市场的融合。对于农牧业来说，两大市场的融合扩大了农业市场，同时增强了农业市场上各要素的活跃能力。同时其带来的竞争压力会促使农牧业生产活动根据市场的导向，自发进行产业化的生产活动，实行分工协作，不断提升农业生产效率，进而追求更大的经济社会效益。

3. 农牧业与旅游业融合促进农牧民市民化

在农牧业与旅游业融合过程中，不仅保留了农业生产形式，而且还保留了农牧民身份。但这时候的农牧民身份已经不是传统意义上的农牧民，而是成了市民化的农牧民。

（1）农牧民具备与市民平等的就业机会。在农牧业与旅游业产业融合过程中，西北民族地区的农牧民拥有平等的机会可以从以前单一的职业转变为旅游业或者相关第三产业从业人员，或是兼有农牧民和旅游业从业人员的双重职业身份。

（2）农牧民拥有了与市民相似的收入水平。在农牧业与旅游业产业融合过程中，西北民族地区农牧民收入结构逐渐由单一转变为多元，此时他们不仅仅依靠农业生产性收入，还可以拥有一定的农业服务性收入。在发展旅游业过程中，如果涉及土地的流转问题，在工资收入之外，农牧民还可以通过租赁土地或将土地作为资本投入获得租赁收入、股权分红、土地补偿等收入，收入来源更加多元化。

（3）农牧民拥有了市民化的观念和素质。在农牧业与旅游业产业融合过程中，通过与市民的交流与沟通，农牧民逐渐成为农业生产知识与农村文化的宣传员，他们不断开阔眼界、提升修养，并且在参与农业旅游发展过程中，逐步深入学习了农业、旅游、管理、营销等各方面的知识，观念日益进步，综合素质日益提升。

（五）民族地区农牧业与旅游业融合的机制研究

图6—5展示的是西北民族地区农牧业与旅游业产业融合的机制，具体存在三大内动力：农业改造的客观要求、旅游资源观的改变、市场需求的变化；一个外动力：政策宽松的共同推动下，通过农业向旅游业提供资源、旅游业向农业延伸服务，达到两大产业功能互补和交叉，实现产业融合，在产业融合的过程中通过促进农村城镇化、农业产业化和农牧民市民化等转变，最终实现民族地区社会经济的健康发展。

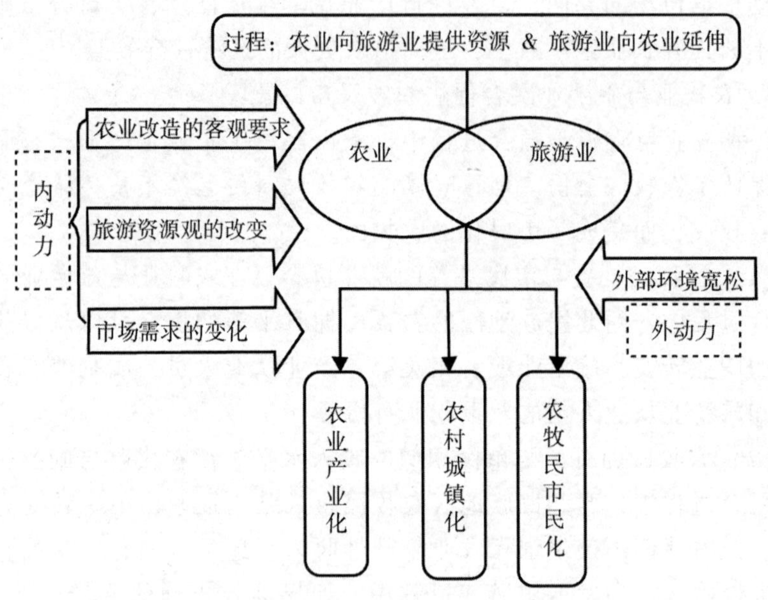

图6—5 民族地区农牧业与旅游业融合的机制

（六）民族地区农牧业与旅游业融合的优先条件

一般来说，当西北民族地区的某一地方具备以下条件时，可优先考虑推进农牧业与旅游业的产业融合发展。

1. 距离中心城市或者中心城区较近的民族地区

通过农牧业与旅游业融合发展的方式推进西北民族地区社会经济的发展，其本质是利用各产业融合的形式，将拥有丰富的人才、资金、市场资源的城市资源吸引到资源相对稀缺的农村地区，依靠中心城市或者中心城区的辐射力带动周边农牧业及旅游业的发展。因此，农村距离中心城市或者中心城区过远，将会增加城市居民的交通成本，减弱城市的辐射力，难以带动农村的发展。理论上讲，农业与旅游业的融合，将促进观光农业、休闲农业等旅游形式的出现，当这些旅游形式给城市居民带来的满足感大于交通成本时，就可以考虑通过农牧业与旅游业融合来促进西北民族地区社会经济的发展。

一般来说，距离中心城市或者中心城区较近的农村地带多满足这一条件，具备通过农业与旅游业融合促进民族地区社会经济事业的发展。而且，近郊地带由于距中心城市和中心城区距离较近，不适合布局高能耗、污染相对较大的工业，应优先选择农业和旅游业融合，既具备相对充足的客源保证，又对环境伤害小，对实现民族地区经济社会可持续发展具有重要的意义。

2. 生态环境良好、旅游资源丰富的民族地区

生态环境是一种珍贵的自然资源，良好的生态环境是国民经济和社会可持续发展的重要保障。一旦生态环境遭到破坏，恢复起来非常困难。与此同时，随着我国经济社会的迅速发展，生态环境也遭到了一定程度的破坏，截至目前，我国境内资源丰富且生态环境良好的地区已经不多，更显示出其巨大的稀缺性。从长远发展的角度来看，自身旅游资源丰富且生态环境条件好的农村地区不适宜发展工业，因为虽然发展工业能在短期内带来较大的收益，但是即便是依靠循环经济发展现代工业，对环境的伤害仍然存在。因此，在这些资源丰富且生态环境良好的地区，可以优先考虑推进农牧业与旅游业的融合，发展无污染的产业。

3. 当地文化注重休闲、娱乐和旅游的地方

文化是人类劳动和智慧的结晶，它贯穿于人类的发展和演化的始末，始终影响着人类所有的行为活动。通过农牧业与旅游业融合

来促进西北民族地区社会经济发展，文化是一个不可或缺的因素。随着农牧业与旅游业的融合而产生观光农业、休闲农业以及乡村旅游业，强调的是一种对农业生产的体验。而注重休闲、娱乐和旅游的文化基础有利于市场保障体系的形成，更好地促进农业与旅游业融合的顺利进行。

第七章

西北民族地区旅游产业发展的外部性问题研究

20世纪60年代，学者们开始注意到伴随旅游发展而产生的各种影响，旅游影响的研究成为西方学术界在旅游研究领域中的焦点问题。旅游影响包括经济影响、社会文化影响和环境影响等几个方面，因为社会文化影响的相对滞后性，早期对于旅游影响的研究主要集中在经济影响方面。旅游大众化时代背景下，旅游业在世界范围内的快速发展和旅游人数的急剧增加，给旅游目的地的社会和环境造成巨大的压力，学者们逐渐把专注于经济影响的目光转移到了旅游的整体效应的研究上，特别是对旅游目的地社会文化产生的正、负面影响，成为旅游学术界最具争议的课题之一。

旅游影响是指因旅游而形成的具有关系的事物间发生的相互作用及结果。旅游活动中的旅游主体（或旅游者）、旅游地社会和环境、旅游企业、旅游地居民等构成了相互关系和作用的条件。旅游影响研究涉及因旅游活动的开展而发生、发展形成的社会生活的变化，主要包括精神层面、物质层面、制度层面，学术界通常将旅游影响的研究内容概括为旅游对经济的影响、旅游对社会文化的影响和旅游对环境的影响三个方面。无论是国内还是国外，民族地区旅游影响始终是学术界研究的热点问题。

第一节　外部性理论及其在旅游产业发展中的应用

外部性的概念在经济学中虽然出现较晚，却十分重要，并且成为新古典经济学进行政府干预的重要理论依据。以科斯、张五常等为代表的新制度经济学家从产权理论、合约理论的角度重新考察了外部性问题，提出了不同的看法。经过几代经济学家的共同努力，外部性理论已经成为经济学中一个比较成熟的理论体系。

一　外部性的定义

外部性的定义问题至今仍然是一个难题。有的经济学家把外部性概念看作经济学文献中最难捉摸的概念之一。所以，有时在部分著作中干脆就不提外部性的定义，如斯蒂格利茨的《经济学》、范里安的《微观经济学：现代观点》等就是这样处理的。但是不给外部性下一个定义就来分析这一问题往往是困难的。因此，经济学家总是企图明确界定这一定义。

但不同的经济学家对外部性给出了不同的定义。归结起来不外乎两类定义：一类是从外部性的产生主体角度来定义；另一类是从外部性的接受主体来定义。

前者如萨缪尔森和诺德豪斯的定义："外部性是指那些生产或消费对其他团体强征了不可补偿的成本或给予了无需补偿的收益的情形。"① 后者如兰德尔的定义：外部性是用来表示"当一个行动的某些效益或成本不在决策者的考虑范围内的时候所产生的一些低效率现象；也就是某些效益被给予，或某些成本被强加给没有参加这一决策的人"②。

用数学语言来表述，所谓外部效应就是某经济主体的福利函数的自变量中包含了他人的行为，而该经济主体又没有向他人提供报酬或索取补偿。布坎南（Buchanan）和斯塔布尔宾（Stubblebine）在1962年用一个函数关系式表达了对外部性的认识，他们认为，

① 刘亭立、赵小丽：《持续旅游发展的经济学分析工具——外部性理论》，《北京第二外国语学院学报》2002年第4期。

② 向昀、任健：《西方经济学界外部性理论研究介评》，《经济评论》2002年第3期。

外部性可以表达为：$UA=UA(X_1, X_2, \cdots, X_n, Y_1)$①，$UA$ 表示 A 的个人效用，它依赖于一系列的活动（$X_1, X_2, \cdots, X_n$），这些活动是 A 自身控制范围内的，但是 Y_1 是由另外一个人 B 所控制的行为，B 被假定为社会成员之一。

上述两种不同的定义，本质上是一致的。即外部性是某个经济主体对另一个经济主体产生一种外部影响，而这种外部影响又不能通过市场价格进行买卖。这就是笔者对外部性的定义。前述两类定义的差别在于考察的角度不同。大多数经济学文献是按照萨缪尔森的定义来理解的。

二　外部性的分类

无论在自然科学还是在社会科学中，分类都是促使问题研究引向深入的基础。根据外部性表现形式的不同，外部性可以从不同的角度进行分类。例如，按照外部性的产生领域，可以将外部性分为生产的外部性和消费的外部性；按照外部性产生的时空，可以将外部性分为代内外部性和代际外部性。本书仅按照外部性的影响效果来对外部性做出分类。外部性可以分为外部经济（或称正外部经济效应、正外部性）和外部不经济（或称负外部经济效应、负外部性）。外部经济就是一些人的生产或消费使另一些人受益而又无法向后者收费的现象；外部不经济就是一些人的生产或消费使另一些人受损而前者无法补偿后者的现象。

三　外部性理论的发展历程

（一）第一块里程碑——马歇尔的“外部经济”理论

马歇尔是英国“剑桥学派”的创始人，是新古典经济学派的代表。马歇尔并没有明确提出外部性这一概念，但外部性概念源于马歇尔 1890 年发表的《经济学原理》中提出的“外部经济”概念。

在马歇尔看来，除了以往人们多次提出过的土地、劳动和资本

① 贾丽虹：《对“外部性”概念的考察》，《华南师范大学学报》（社会科学版）2002 年第 6 期。

这三种生产要素外，还有一种要素，这种要素就是“工业组织”。工业组织的内容相当丰富，包括分工、机器的改良、有关产业的相对集中、大规模生产以及企业管理。马歇尔用“内部经济”和“外部经济”这一对概念，来说明第四类生产要素的变化如何才能导致产量的增加。

根据马歇尔的观点，我们可把因任何一种货物的生产规模之扩大而发生的经济分为两类：一类是有赖于这一工业的一般发达的经济；另一类是有赖于从事这一工业的个别企业的资源、组织和效率的经济。我们可称前者为外部经济，后者为内部经济。而外部经济往往能因许多性质相似的小型企业集中在特定的地方——即通常所说的工业地区分布——而获得。马歇尔还指出，首先，任何货物的总生产量之增加，一般会增大这样一个代表性企业的规模，因而就会增加它所有的内部经济；其次，总生产量的增加，常会增加它所获得的外部经济，因而使它能花费在比例上较以前为少的劳动和代价来制造货物。换言之，可以概括地说：自然在生产上所起的作用表现出报酬递减的倾向，而人类所起的作用则表现出报酬递增的倾向。报酬递减律可说明如下：劳动和资本的增加，一般导致组织的改进，而组织的改进可增加劳动和资本的使用效率。

从马歇尔的论述可见，所谓内部经济，是指由于企业内部的各种因素所导致的生产费用的节约，这些影响因素包括劳动者的工作热情、工作技能的提高、内部分工协作的完善、先进设备的采用、管理水平的提高和管理费用的减少等。所谓外部经济，是指由于企业外部的各种因素所导致的生产费用的减少，这些影响因素包括企业离原材料供应地和产品销售市场远近、市场容量的大小、运输通信的便利程度、其他相关企业的发展水平等。实际上，马歇尔把企业内分工而带来的效率提高称作内部经济，这就是在微观经济学中所讲的规模经济，即随着产量的扩大，长期平均成本降低；而把企业间分工导致的效率提高称作外部经济。

马歇尔虽然并没有提出内部不经济和外部不经济概念，但从他对内部经济和外部经济的论述可以从逻辑上推导出内部不经济和外部不经济的概念及其含义。所谓内部不经济，是指由于企业内部的各种因素所导致的生产费用的增加。所谓外部不经济，是指由于企业外部的各种因素所导致的生产费用的增加。马歇尔以企业自身发展为问题研究的中心，从内部和外部两个方面考察影响企业成本变化的各种因素，这种分析方法给经济学后继者提供了无限的想象空间。

（二）第二块里程碑——庇古的“庇古税”理论

庇古是马歇尔的嫡传弟子，于1912年发表了《财富与福利》一书，后经修改充实，于1920年易名为《福利经济学》出版。这部著作是庇古的代表作，也是西方经济学发展中第一部系统论述福利经济学问题的专著。因此，庇古被称为“福利经济学之父”。

庇古首次用现代经济学的方法从福利经济学的角度系统地研究了外部性问题，在马歇尔提出的“外部经济”概念基础上扩充了“外部不经济”的概念和内容，将外部性问题的研究从外部因素对企业的影响效果转向企业或居民对其他企业或居民的影响效果。这种转变正好是与外部性的两类定义相对应的。

庇古通过分析边际私人净产值与边际社会净产值的背离来阐释外部性。他指出，边际私人净产值是指个别企业在生产中追加一个单位生产要素所获得的产值，边际社会净产值是指从全社会来看在生产中追加一个单位生产要素所增加的产值。他认为：如果每一种生产要素在生产中的边际私人净产值与边际社会净产值相等，它在各生产用途的边际社会净产值都相等，而产品价格等于边际成本时，就意味着资源配置达到最佳状态。但庇古认为，边际私人净产值与边际社会净产值之间存在下列关系：如果在边际私人净产值之外，其他人还得到利益，那么，边际社会净产值就大于边际私人净产值；反之，如果其他人受到损失，那么，边际社会净产值就小于边际私人净产值。[①] 庇古把生产者的某种生产活动带给社会的有利影响，叫作“边际社会收益”；把生产者的某种生产活动带给社会的不利影响，叫作“边际社会成本”。

适当改变一下庇古所用的概念，外部性实际上就是边际私人成

① 贾丽虹：《对“外部性”概念的考察》，《华南师范大学学报》（社会科学版）2002年第6期。

本与边际社会成本、边际私人收益与边际社会收益的不一致。在没有外部效应时，边际私人成本就是生产或消费一件物品所引起的全部成本。当存在负外部效应时，由于某一厂商的环境污染，导致另一厂商为了维持原有产量，必须增加诸如安装治污设施等所需的成本支出，这就是外部成本。边际私人成本与边际外部成本之和就是边际社会成本。当存在正外部效应时，企业决策所产生的收益并不是由本企业完全占有，还存在外部收益。边际私人收益与边际外部收益之和就是边际外部收益。通过经济模型可以说明，存在外部经济效应时纯粹个人主义机制不能实现社会资源的帕累托最优配置。

需要注意的是，虽然庇古的“外部经济”和“外部不经济”概念是从马歇尔那里借用和引申来的，但是庇古赋予这两个概念的意义是不同于马歇尔的。马歇尔主要提到了“外部经济”这个概念，其含义是指企业在扩大生产规模时，因其外部的各种因素所导致的单位成本的降低。也就是说，马歇尔所指的是企业活动从外部受到影响，庇古所指的是企业活动对外部的影响。这两个问题看起来十分相似，其实所研究的是两个不同的问题或者说是一个问题的两个方面。由此可知，庇古已经对马歇尔的外部性理论大大向前推进了一步。

既然在边际私人收益与边际社会收益、边际私人成本与边际社会成本相背离的情况下，依靠自由竞争是不可能达到社会福利最大化的。于是就应由政府采取适当的经济政策，消除这种背离。政府应采取的经济政策是：对边际私人成本小于边际社会成本的部门实施征税，即存在外部不经济效应时，向企业征税；对边际私人收益小于边际社会收益的部门实行奖励和津贴，即存在外部经济效应时，给予企业补贴。庇古认为，通过这种征税和补贴，就可以实现外部效应的内部化。这种政策建议后来被称为“庇古税”。

“庇古税”在经济活动中得到广泛的应用。在基础设施建设领域采用的“谁受益，谁投资”的政策、环境保护领域采用的“谁污染，谁治理”的政策，都是庇古理论的具体应用。目前，排污收费制度已经成为世界各国环境保护的重要经济手段，其理论基础也是庇古税。

(三) 第三块里程碑——科斯的"科斯定理"

科斯是新制度经济学的奠基人，因他"发现和澄清了交易费用和财产权对经济的制度结构和运行的意义"，荣获了1991年度的诺贝尔经济学奖。科斯获奖的成果在于两篇论文，其中之一就是《社会成本问题》。在《社会成本问题》中，科斯多次提到庇古税问题。从某种程度上讲，科斯理论是在批判庇古理论的过程中形成的。科斯对庇古税的批判主要集中在如下几个方面：

第一，外部效应往往不是一方侵害另一方的单向问题，而具有相互性。例如化工厂与居民区之间的环境纠纷，在没有明确化工厂是否具有污染排放权的情况下，一旦化工厂排放废水就对它征收污染税，这是不严肃的事情。因为，也许建化工厂在前，建居民区在后。在这种情况下，也许化工厂拥有污染排放权。要限制化工厂排放废水，也许不是政府向化工厂征税，而是居民区向化工厂"赎买"。

第二，在交易费用为零的情况下，庇古税根本没有必要。因为在这时，通过双方的自愿协商，就可以产生资源配置的最佳化结果。既然在产权明确界定的情况下，自愿协商同样可以达到最优污染水平，可以实现和庇古税一样的效果，那么政府又何必多此一举呢？

第三，在交易费用不为零的情况下，解决外部效应的内部化问题要通过各种政策手段的成本—收益的权衡比较才能确定。也就是说，庇古税可能是有效的制度安排，也可能是低效的制度安排。

上述批判就构成所谓的科斯定理：如果交易费用为零，无论权利如何界定，都可以通过市场交易和自愿协商达到资源的最优配置；如果交易费用不为零，制度安排与选择是重要的。这就是说，解决外部性问题可以用市场交易形式，即自愿协商替代庇古税手段。

科斯定理进一步巩固了经济自由主义的根基，强化了"市场是美好的"这一经济理念，并且将庇古理论纳入到自己的理论框架之中：在交易费用为零的情况下，解决外部性问题不需要"庇古税"；在交易费用不为零的情况下，解决外部性问题的手段要根据成本—收益的总体比较，也许庇古方法是有效的，也许科斯方法是有效的。可见，科斯已经站在了巨人——庇古的肩膀之上。有的学者把科斯理论看作是对庇古理论的彻底否定，这是一种误解。实际上，科斯理论是对庇古理论的一种扬弃。

随着20世纪70年代环境问题的日益加剧，市场经济国家开始积极探索实现外部性内部化的具体途径，科斯理论随之而被投入到实际应用之中。在环境保护领域，排污权交易制度就是科斯理论的一个具体运用。科斯理论的成功实践进一步表明，"市场失灵"并不是政府干预的充要条件，政府干预并不一定是解决"市场失灵"的唯一方法。

四　外部性理论在旅游业中的应用

旅游活动的综合性、社会性决定了旅游业具有典型的外部性效应。其外部经济性表现为：在旅游产品的生产过程中加速旅游地的开放程度，改善当地的经济状况；在旅游产品的消费过程中扩大当地居民的就业机会，促进不同地区之间的文化交流。旅游产业的外部不经济同样兼有生产外部不经济与消费外部不经济的双重特征：旅游产品、服务提供过程中自然生态环境、人文资源遭到不可逆破坏，同时却引起社会财富总量的增加及再分配，而在消费的过程中，旅游者个体又对生态环境、传统文化造成持续不断的损害。在旅游业的发展过程中，外部经济性更具直接性、凸显较早，是一种显性效应；而外部不经济则是在资源开发过程中伴随着熵的增加而逐渐积聚的，具有隐性特征，在相当长一段时期内往往被外部经济性所覆盖，一旦表现出来，通常意味着不可逆转、难以修复。

在旅游业的发展过程中，负的外部性已经表现出来，并且引起了相关部门尤其是学者们的关注，很多学者已经把外部性理论引入到旅游学的研究当中，外部性理论在旅游业中已经得到了广泛的应用。而正如人们想象的那样，相当多的学者把关注的视角放到了环境破坏、文化趋同等一系列由旅游活动引发的负的外部性的规避措施上。事实上，政府、企业和社区应该对旅游活动所引发的负的外部性共同承担责任，并且尽可能采取一些行之有效的措施，防止和改善旅游活动的负的外部性问题。

第二节　西北民族地区旅游产业发展的经济外部性问题

由于旅游产业的运行从本质上讲是一种经济活动，旅游产业正外部性首先表现为经济效应的扩展，如需求乘数效应、投资乘数效应和就业乘数效应。但是，由于旅游产业是极其脆弱而又不稳定的产业，一旦那些可能控制旅游产业而为旅游业所难以控制的因素出现不利变故，过分依赖旅游业发展经济的国家或地区，其旅游业和整个经济都会遭到较大损失。[①] 这些损失在经济学的层面上就表现为经济的负外部性。我国西北民族地区因为经济发展水平相对落后，往往对旅游业的发展更加依赖，旅游业的外部性问题在我国西北民族地区体现得往往更为明显。因此，我们必须对我国西北民族地区旅游产业发展中的外部性问题给予足够的重视。

一　西北民族地区旅游产业发展的经济正外部性问题

到目前为止，我们可以这样认定，经济主体的生产或消费会给非生产者或非消费者施以额外的成本或利益，就会产生外部性。"在很多场合，某个人（生产者或消费者）的一项经济活动会给社会上其他人带来好处，但他自己却不能因此而得到补偿，此时这个人从其活动中得到的私人利益就小于该活动所带来的社会利益。""另一方面，在很多时候，某个人（生产者或消费者）的一项活动会给社会上其他成员带来危害，但他自己却并不为此而支付足够抵偿这种危害的成本。"[②] 前者产生的外部性就是正外部性，后者产生的外部性就是负外部性。无论是正外部性还是负外部性，都会导致社会资源配置脱离帕雷托最优。西北民族地区旅游产业在其发展过程中，由于产业巨大的联动效应，在国民经济增长过程中显示出强大的生命力，在投资、就业、拉动需求以及社会教育功能等方面显

① 高鸿业：《西方经济学》，中国经济出版社 1996 年版，第 488—490 页。

② 田里：《旅游经济学》，高等教育出版社 2002 年版，第 190—191 页。

示出巨大的潜力。可以说，我国西北民族地区旅游产业发展的经济正外部性主要体现在旅游的乘数效应，即需求乘数效应、投资乘数效应、就业乘数效应三个方面。

（一）需求乘数效应

“乘数”（multiplier）是经济学中的一个基本概念。它反映了现代经济的特点，即由于国民经济各部门的相互联系，任何部门最终需求的变动都会自发地引起整个国民经济中产出、收入、就业等水平的变动，后者的变化量与引起这种变动的最终需求变化之比即是乘数，而旅游乘数则是用以测定单位旅游消费对旅游接待地区各种经济现象的影响程度的系数。[①] 西北民族地区旅游产业的发展往往是建立在自然遗存物和民俗文化历史遗存物的基础之上的，旅游消费者通过对西北民族文化的感知、体悟和学习，逐步塑造了旅游主体的文化人格，增强了旅游主体的审美能力，使旅游消费者获得了旅游消费效用，而这一过程是其他形式所无法取代的。民族地区旅游产业尤其是西北民族地区旅游产业的发展是一种结构效应，旅游产业的发展势必会扩大与旅游产业相关的其他产业的投资，其他产业的配套发展又会支持旅游产业在更高层面上的发展，引起旅游产业和其他产业在需求上的一系列变化。旅游需求在经济系统中（国家或区域）导致了直接、间接和诱发性变化，这些变化与最初的直接变化的比率显然是不同的，需求乘数效应显著。

（二）投资乘数效应

投资乘数论认为，在形成一定消费倾向的情况下，总投资量增加时，可以引起若干倍于投资增量总收入的增加。增加一笔投资最终引起的总收入的增加额，不仅包括因增加这笔投资而直接增加的收入，而且包括因间接消费需求的增加而增加的收入。这样得到的总收入增量和投资增量之比，即称为投资乘数。[②] 投资乘数效应不但与产业的关联度密切相关，还与边际消费倾向相关。边际消费倾向是消费增量与收入增量之比，边际消费倾向越大，则投资乘数效

① 田里：《旅游经济学》，高等教育出版社2002年版，第181—182页。

② 高鸿业：《西方经济学》，中国经济出版社1996年版，第488—490页。

应越大。和其他地区一样，在我国西北民族地区旅游产业发展的过程中，直接服务于旅游产业的部门有旅游交通部门、旅游饭店、旅行社、旅游景点、娱乐设施、轻工纺织品及其他旅游商品的提供者，它们是旅游产业的直接受益部门。一笔旅游者的原始消费或旅游投资，注入本国的经济系统后，在具备一定消费倾向基础上，经过连续周转变化，会带来比投入本身大数倍的收益。①

（三）就业乘数效应

旅游就业乘数是指旅游者的人数变动所导致的就业人数变动的倍增效应。旅游产业的就业乘数效应可以从以下两个方面进行考虑：首先，旅游产业属于劳动密集型的产业，与旅馆业、餐饮业、交通业、游览业紧密相关。在这些行业中，产业的发展对技术含量的要求不及其他产业的要求高，它们更需要富有个性化的服务，必须拥有相当数量的劳动力资源才能保证上述行业的正常运转。依托于大量人力资源的服务是整个旅游活动的核心和灵魂，因此，在经济发展相对滞后的我国西北民族地区，旅游产业的发展为社会提供了大量就业机会。其次，工农业、商业、建筑业、轻工业、食品业、文化、教育等也为旅游活动的顺利开展提供了间接服务。旅游产业的巨大发展潜力为西北民族地区其他不同相关行业提供了非常广阔的就业空间，产生了影响深远的旅游就业乘数效应。

二　西北民族地区旅游产业发展的经济负外部性问题

旅游产业的发展和其他产业的发展一样，依赖一定的路径走向，并遵循一定的时序和逻辑发展规律。我国西北民族地区旅游产业的发展历程就是对所涉及的旅游的外部性的一种调试和适应的过程。我国西北民族地区旅游产业的发展不同于世界旅游的一般发展规律，由于我国西北民族地区经济、文化、社会发展的特定历史特征，这一阶段我国西北民族地区旅游产业的发展是稚嫩的，基本上是在原有人文历史遗存和自然遗存的基础上接待国内外游客尤其是

① K. Michael Haywood，Wureu，Waish：《斐济战略性旅游规划——是相互矛盾还是协调一致的决策》，载《国际旅游规划案例分析》，南开大学出版社 2003 年版，第 165—169 页。

国外游客。长期以来，我国西北民族地区旅游业的发展既没有考虑到旅游市场的需求状况，也没有考虑到旅游市场的供给状况。供给与需求双方的信息高度不对称，自发形成的旅游客源市场并没有显示出强劲的市场偏好，旅游资源的配置方式并没有遵循市场的机理和市场化条件下的发展规律，由此导致我国西北民族地区旅游产业发展的目标不尽合理；旅游功能没有被完全认知；旅游生产供给的专业化水平低下；旅游经济运行的规范化程度不高。上述影响势必导致西北民族地区旅游产业发展的经济负外部性问题，主要表现在以下几个方面：

（一）旅游发展停滞

必须正视的一个现实问题是，由于旅游产业的连带性极强，而我国西北民族地区区域经济的发展几乎遵循了一个相同的发展模式：以旅游产业发展带动区域经济发展，通过区域经济的发展促进区域旅游产业的发展。这就使得我国西北民族地区旅游产业的发展在旅游规划、旅游资源开发、旅游营销、旅游市场定位以及旅游教育等方面没有新的突破，发展趋向程式化。又因为我国西北民族地区旅游资源在很大程度上具有公共资源的属性，凭借公共资源可以吸引一定数量的游客到来，然而由于对旅游资源的过度使用和不当开发，削弱了旅游地的吸引力，也导致了我国西北民族地区旅游产业的发展呈现出市场开拓能力低、融资渠道差、制度创新缓慢等窘境，因而在很大程度上抑制了旅游产业的发展，引起整个民族地区经济和旅游产业的非协同发展。

（二）主客需求矛盾

旅游资源（人造旅游资源除外）一般都是天赋的，旅游资源对于旅游目的地和旅游出发地具有不同的效用价值，当目的地天赋资源与旅游资源的效用相当时，旅游目的地与旅游出发地的主客体之间的矛盾将达到最小值。但是，在现实世界中，由于人们需求的多样性、复杂性以及深层延伸性，我国西北民族地区居民的需求与旅游出发地居民的需求相比，具有隐性的特征，这无疑会增加主客体需求矛盾的可能性。另外，由于西北民族地区的主体需求不能创造出巨大的显性价值，因此这些天赋的资源很自然地要顺从于客体的需求，会被赋予更大的效用价值：旅游效用价值，而这个过程在很大程度上是以破坏西北民族地区脆弱的天赋资源禀赋为前提的，会破坏西北民族地区主体居民赖以生存和生活的资源条件，从而引发主客体之间的需求矛盾。

第三节　西北民族地区旅游产业发展的环境外部性问题

旅游与环境是当今一个新的国际热点。目前有两大重要因素把它推向环境与发展领域的前沿：一是旅游已成为一个发展迅速的重要产业，是国际民间友好交往的一座重要桥梁。二是生态破坏和环境污染，既破坏了旅游业赖以存在和发展的自然资源基础，也降低了旅游质量，同时，不合理的旅游发展也带来了严重的环境问题，特别是对生物多样性保护和传统文化的保护产生了巨大的冲击，所有这一切都威胁着旅游业长远的发展，也影响了社会经济的可持续发展。西北民族地区因其环境的脆弱性，使得旅游产业发展的环境负外部性问题更加凸显。

一　西北民族地区旅游产业发展的环境正外部性问题

（一）开展旅游有助于保护和修复西北民族地区的历史建筑等遗产

旅游产业的发展必须以盈利、竞争力、安全和当地居民接受为条件，同时也要置于本地区的管理和控制之下。对于旅游产业来说，保护环境和社会文化使之在旅游活动的过程中不受损害，是发展的一个必要条件。[①] 建筑是空间的“人化”，是空间化了的社会人生。美学家黑格尔这样赞叹建筑艺术：建筑是对一些没有生命的自然物质进行加工，使它与人的心灵结成血肉因缘，成为一种外部的艺术世界。建筑不仅仅是简单的土木制造，它同时还是美的创造，

① Jean S. Holder：《在新的世界秩序下保竞争力——解决加勒比地区旅游产业的客次序发展问题》，载《国际旅游规划案例分析》，南开大学出版社 2003 年版，第 201—203 页。

是意境的展现，是文化的结晶。[①] 我国西北民族地区存留有很多非常有价值的历史文化建筑，优美的古老建筑提升了西北民族地区的文化品位，让生活在其中的人们有意无意地接受了历史和文化的熏陶。而旅游活动的广泛开展，使人们有机会去领略不同时期不同地域的建筑风格，反过来又增强了人们保护历史建筑、深层挖掘历史建筑的意识，两者之间是有机统一的。[②] 佩吉（1995）认为旅游可以潜在地强化本国的建筑风格。[③] 格林等（1990）认为旅游发展促使废弃建筑得以重新利用、历史遗迹得到了修复和保护。[④]

（二）旅游开发有助于西北民族地区当地环境的改善

在谈及旅游与环境之间的关系时，它的正外部性效应往往被人们忽视。事实上，科学合理的旅游开发有助于区域环境的改善。旅游开发对目的地资源以及社区意愿的依赖性很强。在这种情况下，妥善处理西北民族地区旅游发展和西北民族社区愿望的关系，就显得十分重要。[⑤] 旅游开发不仅要创造现实收益的行为，同时还要创造“现实”与“愿望”的结合。西北民族社区原始的环境状态必须在很大程度上被纳入到旅游开发的体系之中，而不是分离式地发展，以保证各个要素的联系与整合，实现资源共享和当地环境的改善。

（三）开展旅游资源调查有助于西北民族地区生物的保护

旅游资源调查是旅游规划的一项重要任务。旅游资源调查系统记录了为资源配置和土地使用决策提供关键数据信息的过程。开展旅游资源调查，就可以运用科学的普查指标来描述生物特征，根据

---

① http：//www. synu. edu. cn/jingpinkeeheng/20o6/Zhonghuolvyouwenhua/jiaoan/05. doc.

② http：//club. taoyo. en/viewthread_ 2608. html，2005-1-21，18：08.

③ http：//www. synu. edu. cn/jingpinkeeheng/20o6/Zhonghuolvyouwenhua/jiaoan/05. doc.

④ Peter W. Williams，Juliepaul，Douglas Hainsworth：《掌握旅游资源特色——加拿大不列颠哥伦比亚地区的资源调查》，载《国际旅游规划案例分析》，南开大学出版社 2003 年版，第 574—575 页。

⑤ Samuel V. Lankford，Jill Knowles-Lankford，Davide Povey：《旅游开发中的社区信任与社区参与——美国俄勒冈州政府营地的社区规划与公众参与》，载《国际旅游规划案例分析》，南开大学出版社 2003 年版，第 468—471 页。

这些生物特征，对其赋予一定的权重，给旅游经营者和政府部门提供相关信息。[①] 根据这些信息，旅游经营者在制定旅游规划的过程中，根据资源的承载力和适宜性，科学合理地安排与设计旅游景区、景点建设，可以最大限度地保护西北民族地区生物资源的多样性与完整性。

二　西北民族地区旅游产业发展的环境负外部性问题

旅游产业的发展必然会引起西北民族地区旅游环境的负外部性问题。旅游消费活动与生产活动的不当，均会破坏西北民族地区的旅游环境。从消费活动来看，由于旅游消费者在市场价格既定的前提下，总会追求消费效用的最大化，造成旅游资源以及其所依托的环境的过度消费。加之旅游资源主体权利的缺失，造成事后补偿的困难，环境负外部性不可避免地就会产生。从生产活动来看，旅游开发商不顾及当地居民的社区生活、自然环境状况，一味地以市场价值为目标开发旅游目的地，最大限度地利用当地的自然资源和人文资源，却忽略了最重要的一个方面，就是没有进行合理的市场定位与市场细分，即对不同市场偏好进行真实可靠的信息收集。旅游开发活动在某种程度上来说，是依靠开发者对西北民族地区历史、文化等的审美标准进行的生产活动。对于在开发中出现的巨大外部成本（资源破坏、环境污染、拥挤等现象）视而不见，或根本没有给予考虑，从而造成旅游开发者实际支付的成本（即私人成本）远远低于社会成本（社会成本=私人成本+外部成本），旅游商品价格低于市场价格，旅游资源的社会效益没有得到最大限度的发挥，同时由于旅游开发过程中的盲目性和误导性，使得人力资本、资金、时间、技术含量等要素都构成了外部成本。我国西北民族地区旅游产业发展起步较晚，旅游开发的相关研究缺乏整体性，没有相对的开发细则来指导西北民族地区的旅游开发活动，从而导致西北民族地区旅游产业发展的环境负外部性问题日益凸显。

---

① Peter W. Williams，Juliepaul，Douglas Hainsworth：《掌握旅游资源特色——加拿大不列颠哥伦比亚地区的资源调查》，载《国际旅游规划案例分析》，南开大学出版社2003年版，第575—576页。

第四节 西北民族地区旅游产业发展的文化外部性问题

"旅游在发展的一定阶段是经济—文化产业，在发展的成熟期是文化—经济产业。"这句话透彻地阐明了旅游与文化关系的密切程度。[①] 深入研究西北民族地区旅游产业文化的外部性问题，有助于实现文化、旅游产业发展与旅游产业可持续发展三者之间的良性互动。

一 西北民族地区旅游产业发展的文化正外部性问题

文化是我国西北民族地区旅游产业可持续发展的灵魂支柱和精神支柱，而西北民族地区旅游产业是文化赖以存在的产业载体，文化决定了西北民族地区旅游产业的性质和个性，而西北民族地区旅游产业和其可持续发展则使一个区域或一个共同体的文化获得了永生。如果说文化是一个民族的性格和一个区域的特质，在未被开发利用之前，它只具有产品的潜在状态或准产品性质，同时也会由于特定文化的天然异质性和吸引力造就自发性旅游市场，在其旅游产业未形成之前源自考古、访学、商旅、探亲等性质的旅游活动很早就存在了，但是这种潜在状态的旅游活动永远不可能使一个区域自发地形成旅游产业，更不可能使这一活动成为区域经济增长和社会发展的新增长点。只有在全面、科学、系统地分析、分类、整合区域文化的基础上，将一个区域的文化资源经过产业化、产品化和市场化的打造形成系列旅游产品以后，才能真正地使区域文化资源实现产业和市场转型，从而成为支撑区域经济、社会发展的新生的、可持续发展的产业集群。有一种流行的观点认为，西北民族地区文化的原生态和延续与旅游产业的发展是矛盾的，但我们恰恰认为西北民族地区文化需要在一个产业平台上才能得以保持和延续。基于现代市场经济意义上的产业发展可以通过其强大的

① http：//zhidao. baidu. com/question/8928821. htm.

市场运作，为西北民族地区文化的延续提供强大的物质基础，并在市场化运作中进行关于保持和开发的科学的、有效的调适，并基于可持续发展观和科学发展观合理地、有序地界定保持和开发的关系，使文化得以延续。可以说，近几年来文化保持得比较好的西北民族地区恰恰是旅游产业也发展得比较好的区域，而不是相反。

（一）文化是西北民族地区旅游产业保持可持续发展的引子

文化的基本内涵由物质文化、制度文化和精神文化组成，体现整个社会的文化水准、精神气质和生活层次。社会经济发展的历史告诉我们，文化对社会的发展举足轻重，它决定着人们的人生观、价值观，决定着社会的价值和伦理取向，也是人的行为取向的重要方面，构成人的行为准则，因此，文化系统是发展经济、维护社会秩序稳定的重要变量因素。人类越是进行高度的文化创造，也就越能发展自身生产、劳动的能力，从而不断地改变其社会关系。[①] 在现在这个变动不居、关系万重的社会中，人们或许无暇顾及或主动去探寻人类的文化成果，而借助旅游这一活动方式，一方面可以放松身心，愉悦心灵；另一方面又可以感受悠久的历史文化，开阔视野，增加交流与沟通。文化赋予旅游活动无穷尽的生机，在潜意识层面引导着人们的旅游活动。西北民族地区旅游活动导致不同文化发生碰撞、冲突、交融，反过来旅游者对异质文化包括伦理道德、文化传统、民俗民风、交际语言、行为准则的诉求，又是构成旅游活动的不竭动力，它为人们提供了认知自然遗存物和历史文化遗存物的平台。旅游消费者通过旅游活动可以感悟西北民族地区的民族文化，民族自尊心、自信心、自豪感得到强化，获得从文化意义上的民族自立，促进了西北民族地区旅游活动的持续发展。

（二）文化是西北民族地区旅游产业发展的基础

长期以来人们注意到了文化和谐的特征，却忽视了文化的发展特征，文化被认为是一种静态发展要素。我们认为如果西北民族地区文化不与外来异质文化发生冲击、吸纳与嫁接，那么本土有个性

---

① 佚名：《和谐文化和谐社会的精神基础》，2006 年 4 月 3 日（http：//www670068.com）。

的文化将会失去活力、停滞甚至消亡，那么西北民族地区旅游产业存在和发展的基础就不复存在，而作为旅游产业来说，文化不是孤立的，其效益的体现往往是与产业发展紧密相连的。实践证明，在形成旅游产业特色的基础上，不断提高民族地区旅游目的地的文化品位，实现产业升级，是促进旅游经济发展从量的扩张向质的提高转变的必由之路。在普遍提升产业品质的同时，文化资源向经济资源转型获得成功，旅游产品被注入了历史、艺术和情感的内涵，使文化产生巨大的经济价值，从而增加了旅游产业的文化附加值。这样，不仅可以满足人民群众不断变化发展的文化消费需求，而且可以极大地提高这些产业的经济效益，增强旅游产业的市场竞争能力，更加增强人们对外部世界好奇的探索和审美、求知、休闲等精神文化生活的需求力度，反过来又加强了人们对本土文化内涵的挖掘，旅游目的地文化也在与外界的交流当中得到了过滤，与时代不相适宜的文化因子遭到淘汰，优秀文化得以升华。西北民族地区文化的发展与建设只有建立在良性旅游需求的层面上，旅游活动才能获得强劲的物质基础和强大的生命力，文化在西北民族地区旅游产业的不断发展与完善中才能得到张扬和获得永续永存的发展。

（三）文化是西北民族地区旅游产业保持可持续发展的因子

可持续发展已成为旅游产业发展的全新模式，得到全球的广泛支持，然而这种观点也已变成老生常谈。西北民族地区旅游产业要获得持续发展，必须寻求支撑其发展的核心要素，即因子。随着旅游产业的发展，旅游市场需求的不断变化，文化作为旅游地的灵魂，是支撑旅游地持续发展的因子，因此在西北民族地区旅游产品开发与创新、市场营销的过程中必须注重民族文化的挖掘，同时保持民族文化的连续性与个性化，防止造成民族文化的趋同甚至是扭曲。因此，针对目标消费者所具有的特殊的市场细分指标——尤其重要的是受教育程度、职业、消费者偏好与个性特征等进行涵盖营销目标、营销内容设计、载体选择、营销绩效评价等要素在内的科学的、合理的营销活动，以及扩大这一目标市场规模时必须充分考虑文化的因素，只有这样才能够维系、巩固和提升目标市场规模，使民族旅游地、旅游产品与西北民族地区旅游产业的可持续发展获得稳定的、强劲的市场与营销支持。

（四）西北民族地区旅游产业可持续发展是文化得以保护和发展的产业载体

异质文化对域外旅游者有着强大的文化吸引力和冲击力，而文化的保护必须在发展中得到保护，通过现代旅游产业发展可以使文化保护和发展获得必需的物质基础，使文化得以张扬和外显，并通过文化的碰撞与交流获得新的发展生机。实践表明，民族地区旅游产业的发展目标涵盖了文明发展、价值发展、社会结构发展和社会环境发展等社会发展目标，包括文化资源价值的外显与市场发展、民族文化个性的国际认同等内容的文化发展目标，也包括由于西北民族地区旅游产业的发展重建人与自然、现在的人与未来的人、现在的环境与未来的环境共存共荣的可持续发展目标。旅游产业使西北民族地区文化资源成为发展经济的产业资源，以实现文化资源向经济资源的转型和文化资源的经济价值。可以说文化在旅游活动中得到了张扬和外显，旅游品质借助文化要素得到了提升，旅游产业可持续发展是民族文化得以保护和发展的产业载体。

二　西北民族地区旅游产业发展的文化负外部性问题

人类行为虽然具有自我调节功能，但是在市场规模既定或偏好既定的情况下，人们总会去追求自身效用的最大化，自我调节功能与最大化效用相比，总是存在着巨大的心理差距，即前者并不能及时改善人类理性经济行为导致的后果，即便人们认识到这种行为带来的不良后果，但也总是无力去改变，因为这类后果是大量人类行为在长时间内的一种累积效果，是隐性的，其后果是我们将会失去人类对自然资源和人文资源的文化心理依存状态。[①] 美国经济学家J. E. 米德认为：外部性是“这样一种事件，即它给某些单位或某些人带来好处（或造成损害），而这些单位或这些人却不是直接或间接导致这些事件自决策的完全赞同的一方”[②]。我们可以将西北民族

① 刘兰：《外部性问题及其解决办法》，《武汉交通管理干部学院学报》2003年第3期。

② 钱瑛：《外部性问题理论分析及启示》，《江苏科技信息》2005年第S1期。

地区旅游产业发展中的文化危机理解为旅游产业发展过程中的文化负外部性。

器物文化、方式文化和价值文化三者是互为因果关系的，器物文化是方式文化和价值文化外显的依托，而方式文化和价值文化又是器物文化得以彰显的灵魂，如果方式文化和价值文化失去了原生状态和个性，那么器物文化的外显将是没有生机和活力的，而器物文化又将导致方式文化和价值文化无法得以展现，因此，我们必须关照这三者之间的负外部性影响。

（一）器物文化层面上的负外部性

器物文化是一个地区方式文化和价值文化的外显。外埠旅游者对于异质文化的观感，首先来自于器物文化的冲击。随着社会、经济和信息的发展，旅游进入者会将处于高势能的较多的信息量蕴含在旅游活动中，影响目的地人们的文化和交际方式，进而影响他们对社会规约、社会期望的心理，而这种影响在一定的时间和空间范围内，具有盲目性、消极性，导致的后果是原有的生产、生活载体有被抛弃的趋势。随着高端或强势文化的猛烈冲击，他们会不假思索地、没有选择性地接受这些外来信息，并采取各种方式来调节或控制自己的文化领域或利益，试图寻求新的文化符号，追求新的文化载体，导致器物文化面临着商品化和庸俗化的威胁，文化物质结构上的完整性和独特性将不复存在，异质文化对于旅游者的冲击力将会慢慢衰退，旅游消费效用下降，文化意义上的物质载体面临着被同化的危机。

（二）方式文化层面上的负外部性

方式文化是一个文化共同体或民族共同体在共同生活中形成的具有特定属性、特定内涵的生产方式和生活方式的总称。旅游者在未进入旅游目的地时，囿于信息的不完全，目的地人们的生产和生活方式依然是植根于原有的社会环境与心理环境之中的，他们保持着原有的生产和生活方式。但随着交易活动的广泛进行和旅游活动的不断渗透，其产生的经济效应不断驱动着人们生产和生活方式的转变，这种影响将是全方位的，它们改变了人们的生活途径，也使其失去了特有的文化色彩。在外来信息的影响下，人们会将这种影响与旧有的生产和生活方式进行博弈，其结果是稳定的偏好受到冲击甚至是动摇，人们或许不再坚持传统的生产和生活方式，而是试图调适（accommodation）这种模式，本土文化受到挑战，传统的人际关系被破坏，取而代之的是建立在新型价值观基础上的生产和生活方式，这一趋势导致更为严重的危机在于吸引游客的异质文化、生产方式和生活方式随着旅游者与社区居民的双向博弈，被同化甚至是扭曲。当然，这并不是说当地居民必须顽固地恪守当地的生产与生活方式，而是强调在大众生活的层面上，应将展示的基点落在文化层面上，只有这样才能继承原有文化，本土文化个性，才能获得其得以传承的方式基础。

（三）价值文化层面上的负外部性

价值文化是世界观、价值观和方法论的总和，是保留淳朴的有天性的民族文化个性，是民族文化的结晶，是和人与自然成功打交道的经验总结，它构成底层文化结构，是了解一个民族的文化和性格的重要方面，对交际行为起着支配的作用。旅游这种跨文化交际活动，所遵循的规范可能因主导文化、群体文化、社会关系、情景、地理、地区、地方乃至个人而异。旅游者负载着出发地的文化信号，以多种视角形式及社会环境和心理环境介入旅游目的地，打破目的地长期形成的价值文化的稳定状态，造成人们在心理上所相信的与实际所感觉到的二者之间的冲突，将重和合、喜愉悦、注重个人修养的价值文化转向了过度关照消费生活，原有价值文化中处于本位的鲜明特点让位于旅游活动强烈冲击下的文化特征。价值文化是本民族文化的灵魂，如果丧失了这个依存的因子，即使本土文化中的器物文化和方式文化都得以保留，那么它们的展示也是虚假的、虚伪的，忽视了人与自然、人与人之间的关系，缺乏人类在自然承载限度内生存和发展的途径的思考。①

① 刘兰：《外部性问题及其解决办法》，《武汉交通管理干部学院学报》2003年第3期。

第五节　西北民族地区旅游产业发展的负外部性规避措施

旅游产业可持续发展暗含的一般含义是，人类行为不能危害生态系统长期的稳定和人文景观的核心特征。[①] 针对西北民族地区旅游产业的可持续发展，我们认为并不能简单地将落脚点置于保护生态环境、维系代际的永续发展层面上，更为重要的是尊重和保护人类对自然资源和人文资源的依存心理状态，正是自然资源和人文资源的存在，才激发了人们对于真、善、美的追寻，渴望更高层次的精神生活。如果这些资源遭到破坏甚至是消失殆尽，那么人们的心灵将是空虚的，无法给予自己的感情。因此，我们必须从更宏观、更广阔、更深刻的角度去认知西北民族地区旅游产业可持续发展的概念。

一　西北民族地区旅游产业发展的经济负外部性规避措施

（一）明晰产权

产权是一种社会工具，其重要性就在于事实上它们能帮助一个人形成他与其他人进行交易时的合理预期。这些预期通过社会的法律、习俗和道德得到表达。[②] 在旅游产业中，大多数的旅游资源都具有公共物品的属性，产权没有被完全明确地赋予。造成人们对使用旅游资源的所有权和使用权的泛滥，这是导致旅游负外部性尤其是造成环境污染的关键原因，是产生旅游产业外部不经济的根源。西北民族地区旅游产业的发展必须通过政府干预建立一系列的资源所有权制度，将旅游资源的管理成本和信息成本个体化，最大限度地降低旅游产业的外部不经济。旅游资源的共有财产属性导致了很

---

① Christoph Stadel：《是分歧和冲突，还是一致与和谐——奥地利上陶恩国家公园的自然保护和旅游潜力》，载《国际旅游规划案例分析》，南开大学出版社 2003 年版，第 633 页。

② 向昀、任健：《西方经济学界外部性理论研究介评》，《经济评论》2002 年第 3 期。

大的外部性。一个共有产权所有者的活动的全部成本不是间接由他来承担的，而且他们不注意其他人向他支付适当的量的意愿。共有财产排除了“使用财产就要付费”的体制①，因此，明晰产权就是要在国家和政府层面上，根据国家和地方所制定的旅游保护方针政策、法律法规和标准，依靠行政组织，运用行政力量，按照行政方式来管理旅游的方法。明晰产权可以使资源所有者通过考虑未来的收益和成本，而不得不关注当前的供给与需求条件，进而在宏观层面上更经济地使用旅游资源。

（二）对外部性产生者征收税收

从资源配置的角度分析，外部不经济表示不在决策者考虑范围之内的时候所产生的一种低效率现象，因此这种非市场性的影响使价格机制不能有效地配置资源，造成了以牺牲资源环境和社会其他利益为代价来获取收益，影响了旅游区的可持续发展。从图 7—1 可以看出，外部不经济造成的损失是边际社会成本与边际私人成本相

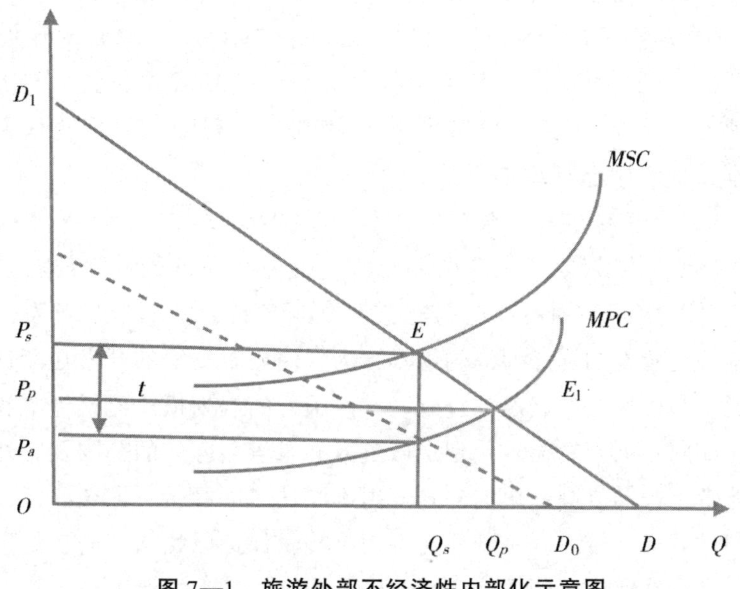

图 7—1　旅游外部不经济性内部化示意图

① 向昀、任健：《西方经济学界外部性理论研究介评》，《经济评论》2002 年第 3 期。

背离的部分，环境外部不经济是由于环境损失造成社会成本上升的部分，因而要从根本上解决旅游生态环境问题，促进旅游区的可持续发展必须降低社会成本，使私人外部成本内部化。就全社会而言，可用较少的投入减少较大的损失，有利于社会和公众。一个主要途径就是可以通过政策性税收，对产生的社会成本进行经济补偿。

MPC 为不考虑外部不经济影响的边际私人成本，*MSC* 为考虑外部不经济的边际社会成本，DD_1 为游客对旅游产品的需求曲线。若不考虑外部不经济，*MPC* 与 DD_1，相交于 E_1 点，相应产量为 Q_p，价格为 P_p，此时资源配置显然不合理。要使资源可持续发展，必须在考虑外部不经济的情况下进行合理的配置，即在 *MSC* 与 DD_1 的交点 E 处，价格为 P_s，资源产品产量为 Q_s，此时为旅游景区最佳环境容量。为了使控制旅游环境容量“瓶颈”的旅游生态环境容量达到最大值，从经济上有两种办法：（1）对游客增加附加的资源环境保护费 t，则游客需求曲线下降为 D_2D_2—与 *MPC* 交于 C 点，从而降低旅游产品的产量 Q_s，价格也降为 P_a。由图 7—1 可以看出，$P_a = P_s - t$。相应减少游客的数量，以达到生态环境的保护。（2）对旅游开发经营商收到 t 的税收，使其成本曲线上升到 *MSC* 的位置，与 DD_1 交于 E 点，产量为 Q_A，价格为 P_A。使其个人利润一部分转化为社会成本，加强生态环境的保护。①

（三）实现旅游循环经济

实现西北民族地区旅游循环经济，首先必须进行科学的旅游规划。科学的旅游规划可以遏制对旅游资源各自为政的盲目开发，杜绝不顾长远效益的竭泽而渔的愚蠢行为，使旅游资源的开发在渐进有序、统一和可持续的状态下进行。一些很好的规划模式值得借鉴和推广，比如同心圆规划模式：划定旅游区和风景名胜区的范围及其外围保护地带，按同心圆由里向外划分出不同功能的区带，即核心区、缓冲区和过渡区。核心区不受任何人为干扰，保持原始状态的自然生态系统，是自然保护区的主体；缓冲区在一定程度上可受人为干扰，但

① 吴志才、彭华：《旅游生态环境容量的经济学探讨》，《云南地理环境研究》2003 年第 1 期。

仍基本保持自然生态系统状态，缓冲带内可以允许少量的定居点，并能从事一定的但受严格限制的生物资源开发利用的活动，如物种人工繁殖等；过渡区是自然保护区与非自然保护区之间的过渡带。在过渡区内，可以从事一定的资源开发与生态旅游等活动。[①] 除此之外，要实现旅游循环经济，进行宣传教育也必不可少。宣传教育举措包括针对旅游者、旅游从业人员、当地居民及领导干部等进行旅游环境保护的意义和有关知识的宣传教育。对旅游者，应以旅游消费道德教育为主；对旅游从业人员，应加强环保素质教育；对旅游区领导干部，要强调环保意识与管理能力教育；对当地居民，则应以环保参与教育与法制教育为重点，从多个层面入手实现旅游循环经济。

二　西北民族地区旅游产业发展的环境负外部性规避措施

（一）建立旅游容量地图

从微观层面上看，旅游开发商在进行生产活动时，往往注重对旅游景区（景点）的建设，却忽略了支持旅游景区（景点）发展的其他区域。很多区域没有特殊或独特的自然资源，它们不适合于大规模旅游开发，通常支持其他经济活动，例如农业耕作和林业，但是这些区域经常包含有趣的特征、有吸引力的景观和传统生活方式的样本。到达目的地的旅游路线，或短途旅游和观光路线经常穿过这些地方，这就需要一些保护措施来保持其环境容量，同时满足其他使用者的需求。旅游容量地图是基于生态承纳量、资源空间承载量、心理承载量、经济承载量、土地利用强度、旅游经济收益强度、游客密度等指标而建立的旅游承载量地图。建立旅游容量地图，能够使人们逐渐意识到自身旅游行为对目的地的影响不仅是经济的，还有社会和环境方面的，而且这个地图的重要性表现在所有的相关决策者都能够了解资源利用产生的区域影响。[②] 从宏观层面

---

① 周志红：《旅游自组织系统：区域旅游规划的根本目标》，《热带地理》2002 年第 3 期。

② Peter W. Williams，Juliepaul，Douglas Hainsworth：《掌握旅游资源特色——加拿大不列颠哥伦比亚地区的资源调查》，载《国际旅游规划案例分析》，南开大学出版社 2003 年版，第 579—586 页。

上看，旅游系统是一个脆弱的人类—社会—生态系统。国内外的旅游发展实践证明，旅游系统的发展并非总是不断向前进化的。在一定的社会经济条件下，旅游系统如果任其自然演化，总会出现不同程度的结构与功能失调。[①] 几乎绝大部分旅游点的发展都会经历一个从萌芽、起步到兴旺、衰退的发展与演替过程，因此，建立旅游容量地图应当能够模拟出旅游地不同资源利用组合方式可能带来的影响，必须具有强大的反馈功能。

（二）社区居民参与

西北民族地区旅游产业发展中的社区居民参与包括两个方面的内容：（1）旅游组织在进行旅游规划时，应当识别不同利益者对旅游开发的看法，所关心的问题以及不同倾向与态度。只有这样做，旅游规划与开发才能具有综合性的特征，进而争取社区居民对旅游规划的支持，加强他们对规划者、政府以及旅游经营商的信任与信心，以便更好地认识旅游开发所带来的影响以及应该采取的对策。（2）西北民族地区旅游产业要保持其特色，社区居民的参与显得尤为重要。这是因为：首先，本地居民的广泛参与有利于避免反映旅游地特色的基本资源出现枯竭；其次，社区居民对本地文化怀有的自豪感、自信心能够帮助旅游者正确地理解区域文化和资源特色；最后，社区居民参与可以保证本地区的生活系统有足够的活力来抵抗外来因素造成的影响。[②]

（三）提高跨文化交际质量

旅游活动是一项跨文化交际活动。语言的交流在这个过程中也显得同等重要。大量的事实证明，交际或语言深深植根于它们赖以生存的文化土壤之中。同样对文化的认识也离不开对交际的认识。二者构成了一个不可分割的统一体。萨丕尔（Sapir，1921）指出，文化是交际的同义词，实际上二者在很大程度上同构、同质。英国

---

① 周志红：《旅游自组织系统：区域旅游规划的根本目标》，《热带地理》2002 年第 3 期。

② Miehael J. Keane，Miehael S. O. Cinneide，Clodagh Cunningham：《为竞争协调！实现折中创造条件——影响伊尼斯奥尔旅游发展和管理的若干问题》，载《国际旅游规划案例分析》，南开大学出版社 2003 年版，第 243—247 页。

社会人类学家马林诺斯基（Malinowski，1923）说过，“语言深深地扎根于文化现实和该民族人民的习俗生活之中，语言研究离不开这一宽泛的语言行为环境”[①]。导游语言是属于社会语言学领域的行业语，具有综合性和交叉性的特点。导游服务效果的好坏在很大程度上取决于导游人员掌握和运用语言的能力。导游人员掌握的语言知识越丰富、驾驭语言的能力越强，信息传递的障碍就会越小，导游与游客之间的跨文化交际就越容易进行，因此，必须对不同的文化背景、价值取向、社会规范等方面存在的差异性进行全面的认识。了解语言、文化与跨文化交际的关系，在短暂共存的环境中构建对双方有利的心理表征，提高导游人员的服务质量，使导游语言符合“文化与社会期望”，以提高旅游跨文化交际质量。

（四）提倡可持续旅游消费

旅游消费是一种重要消费形式，是人们的基本需要即生理需要和安全需要得到一定满足后，为实现更高层次的需要而进行的高级消费形式，因而没有数量的限制。[②] 由于旅游产品的不可转移性和实践性强的特点，因此旅游者对旅游产品的消费就具有“掠夺性”的特点。旅游者会在尽可能短的时间内，去消费尽可能多的旅游产品，实现旅游消费的最大效用。显而易见的一个事实是，旅游者的过度消费，会造成旅游资源的过快耗竭，导致旅游目的地环境恶化，加大旅游生产和经营的盲目性，从而影响旅游产品的供给，造成大量资金积压和浪费，影响旅游产业的持续运行，影响旅游经济效益，因此，在这种背景下，应提倡可持续旅游消费。可持续旅游消费不但能直接减少资源与环境的压力，而且通过旅游消费意识的引导推动旅游消费主题的自觉创新，从可持续发展的循环链上不断地推动旅游消费客体创新，使之与旅游消费主体创新相适应，继而建立可持续旅游消费与可持续旅游生产的互动发展新机制，促使旅

① 王诺：《保护海蚕的小猫》，《读书》2006年第6期。

② Peter W. Williams，Juliepaul，Douglas Hainsworth：《掌握旅游资源特色——加拿大不列颠哥伦比亚地区的资源调查》，载《国际旅游规划案例分析》，南开大学出版社2003年版，第571—590页。

游生产朝着可持续的方向发展。①

三　西北民族地区旅游产业发展的文化负外部性规避措施

旅游产业发展中的文化发展可以这样界定："旅游产业的发展首先是一种经济活动，必须保持旅游经济的增长与发展，同时它的发展又必须建立在文化发展的基础之上，即必须保持文化的原生状，保持文化的个性化，保持文化结构的优化与高度化，保持文化价值的外显，同时必须将文化与旅游产业相嫁接，实现文化资源向经济资源的转变，在更大程度上滋生新的文化因子，从而实现可持续旅游的文化发展。"② 但是在很长时期内，文化是在一种静态模式下发展的，优秀文化成果难以与旅游产业相嫁接与融合，西北民族地区旅游产业发展中的文化因素往往处于被趋同甚至扭曲的困境，面临文化危机，因此，必须寻找有效规避民族旅游发展中文化危机的措施。

（一）培养和培育本土文化情结和尊严

文化是一个文化共同体的先人们在其所处的特定环境中，成功地与外部世界打交道从而实现自身价值最大化的经验结晶，是与社会、自然进行调试与博弈的总和。这种灵魂深处渴望与世界更好地打交道的冲动和降低成本的愿望，是文化得以延续的深层成因，从而也为我们理解文化多元性提供了一种新的思维。③ 本土文化是优秀的、独特的，文化的存在有其合理性。世界本来就是多元的、丰富多彩的，这也是因为文化的多元性而造就了世界文化的异彩纷呈，而这些又是旅游产业得以发展的基础，因此，培养本土文化情结，培育本土文化尊严显得尤为重要。民族的才是世界的，事实证明保持与传承本土优秀文化，有利于培养本民族的自豪感、自信

---

① Miehael J. Keane，Miehael S. O. Cinneide，Clodagh Cunningham：《为竞争协调！实现折中创造条件——影响伊尼斯奥尔旅游发展和管理的若干问题》，载《国际旅游规划案例分析》，南开大学出版社 2003 年版，第 241—263 页。

② 把多勋、彭睿娟：《试论旅游可持续视角下的文化发展》，《开发研究》2006 年第 6 期。

③ 把多勋、彭睿娟、程荣：《文脉视角下的区域旅游产业可持续发展研究》，《兰州大学学报》（社会科学版）2007 年第 1 期。

心、自尊心，从而为旅游产业的发展注入不竭动力。

（二）加大对本土方式文化、价值文化的保护力度

长期以来旅游目的地的文化被认为是一种低势能的文化，总有着落后的文化向高势能文化趋同的规律，不可避免地面临着本土文化的扭曲甚至是失真，从而使支撑区域旅游产业发展的根基面临威胁。文化的独特属性决定了保护区域文化的难度。多年以来，国内和国际相关组织在器物文化和非物质文化遗产如口头文学、艺术等的保护方面出台了许多相应的政策和法律法规。而对于方式文化与价值文化来讲，由于它们属于软实体文化，界定它们的保护范畴带有很大的局限性，因此，对于方式文化和价值文化的认知和保护力度是远远不够的，但是它们对于区域旅游经济和社会的和谐发展却又有着相当重要的影响。它们是区域经济、社会生生不息发展的源泉，因此，在与国家文物保护的大政方针政策不相抵触的前提下，在政策和立法上应予以足够的重视，加大国际和国内相关组织对本土方式文化、价值文化的保护力度。

（三）加大文物保护力度

早在 1982 年国家就颁布了《中华人民共和国文物保护法》，这一制度安排是我们国家市场化改革以来与旅游产业的发展同步的，它在很大程度上有效地防范了旅游产业发展中的负外部性问题，但是由于我国整体经济和区域经济发展的赶超性质，关于负外部性的检查、认知、监督、控制和惩罚的力度不够，无法实现这笔费用的最优支付，旅游产业发展的负外部性发生频仍，因此，国家要加大文物保护的力度，增加关于资源保护方面的投入。制度安排是一回事，制度的实施机制又是另外一回事。另外，由于客观上存在方式文化和价值文化的界定、范围、保护方法、激励与约束方面的困难，目前立法对这个层面的文化制度安排基本上是空白的。因此，可以在立法上实行两步走：我国一些文化和旅游产业较为发达的区域，其地方性政府应该出台一些包括对方式文化和价值文化保护的立法，待运行成熟后，再由国家进行方式文化和价值文化的保护立法，以统筹解决立法和法律实施层面上对文化的有效保护。

（四）培养游客道德与游客自我教育意识

主动提升游客自我旅游行为的品质，这样才能从根本上保证旅游产业的可持续发展的环境不会遭到破坏，能够使人们逐渐意识到自身旅游行为对目的地的影响不仅是经济的、环境的，还有社会和文化方面的，可以帮助游客在旅游过程中注重旅游资源的有效与有序利用，在潜移默化中塑造一种和谐的旅游文化氛围。这样不但满足了自身的旅游需求（私人利益），也有助于未来旅游者的旅游活动受到保护，创造一种和谐发展的空间（公共利益）。

（五）采取一系列政策吸纳优秀人才居留在本土

随着经济的发展，在要素可自由配置的市场化条件下，单纯依靠意识形态感召优秀人才保护、传承本土优秀文化显得苍白无力，关键是要实施区域产业结构转型和大力发展区域旅游产业，有机地吸纳优秀人才居留在本土，成为发展旅游产业的生力军。如果通过区域旅游产业发展获得了与全社会平均的个人收益率相当的个人旅游收益率，那么居留就成为可能。居留的意义在于：首先，使区域旅游产业发展获得了优质的人力资源；其次，本土优秀人才在本土文化的继承、传播和发扬光大方面具有不可替代的优势，这是由文化本身的代际传承性质所决定的。

四　小结

（1）西北民族地区旅游产业具有极强的关联性特征，这种特征必然导致旅游产业在其发展过程中产生经济、环境与文化的关联效应，而这种关联效应在经济学层面上就表现为正外部性与负外部性效应，而这种外部性效应势必会波及甚至统摄旅游产业发展的目标体系、产业定位、资源分析、环境支持、产品设计与安排、市场形成与成长、产业形象与产品推广、生产力布局以及旅游产业的运行，等等。旅游产业的发展就是要有效张扬正外部性效应，而有效规避负外部性效应，只有这样才能实现旅游产业与经济、环境和文化之间的良性互动，因此，旅游可持续发展就其本质而言，是一种建立在要素发展和人类活动基础上的产业发展，如果说在旅游产业发展初期更多地表现为要素（或某一要素）发展的话，那么当旅游供给规模、供给结构和需求规模、需求结构成长到一定阶段，旅游发展就必然表现为旅游产业的可持续发展。因为旅游产业的可持续发展涵盖了要素发展（包括文化、自然遗存物、旅游配套设施及服务、信息、组织等旅游软资源）和市场发展（可持续存在的、有稳定增长的、有规模的、结构合理的旅游消费者集群），而不是单一的某要素的发展，单一要素的成长及发展并不能导致旅游可持续发展，只有建立在产业运行层面上的旅游发展才能导致其可持续发展，换言之，旅游可持续发展就是旅游产业发展。

（2）西北民族地区旅游产业的经济正外部性主要体现在旅游的乘数效应，即需求乘数效应、投资乘数效应、就业乘数效应三个方面。旅游活动是旅游需求者不同偏好的集合，这种多元结构的偏好势必决定旅游市场具有丰富性与复杂性的特点，就要求有多个不同的行业来支持旅游消费过程，进而带动其他相关产业或行业的发展。然而由于旅游产业发展的起点低，对于技术的诉求力度小，使得旅游科学研究的进展很缓慢，不能为旅游产业的发展提供一个系统、规范的理论指导，在一定层面上讲是一种摸索尝试的发展过程，它所带来的后果就是旅游发展停滞，导致主客体需求矛盾上升以及旅游教育程度低下。

（3）西北民族地区旅游产业发展的一个重要因素就是旅游资源以及旅游资源所依托的旅游环境，在旅游价格既定的前提下，旅游消费者总会追求最大的消费效用。又由于旅游资源的公共产品属性，使得旅游开发商的开发行为具有很强的重复性和破坏性，这样环境的负外部性影响就异常显著。当然，旅游产业的发展并不能否定它对环境也具有一定的积极影响：开展旅游有助于保护和修复历史建筑等遗产，旅游开发有助于当地环境的改善以及开展旅游资源调查活动有助于生物的保护。

（4）随着旅游产业的发展，许多具有相似自然禀赋的旅游目的地，在旅游开发中趋近于雷同，造成较强的替代性，削弱了旅游地的竞争力。同时作为需求方的旅游消费者并不满足于感官享受，他们希望在旅游活动过程中，既能放松身心，又能感受旅游地的文化气息，因此，文化应当成为西北民族地区旅游产业发展的基础，因为文化不仅是旅游产业的精华提取物，传递着区域的文脉信号，也是高级的旅游产品，它是长期积淀的结果，具有很高的潜在经济价值，能够带给游客的印象也是深刻和持久的。旅游区域文化负载着当地的文脉信号，决定了区域旅游产品的深度与广度，能够在更大程度上满足旅游市场的需求，并能再次激发旅游动机，形成合理有效的旅游发展路径，从而有利于区域旅游产业的持续发展。所以文化在旅游发展中的正外部性主要表现在以下几个方面：文化是旅游产业保持可持续发展的引子、文化是旅游产业发展的基础，以及旅游产业可持续发展是文化得以保护和发展的产业载体，同时也必须关注到在旅游产业的发展中由于旅游经济效应的巨大吸引力，文化处于一种失位的困境之中，文化更多地被赋予了经济价值的符号，被庸俗化、商品化，原有文化中处于本位的鲜明特点让位于旅游活动强烈冲击下的文化特征，文化负外部性影响显著。

（5）我们认为，西北民族地区旅游产业的发展是和经济、环境以及文化的发展等量齐观的。西北民族地区旅游产业的发展会支持经济、环境与文化的发展，而经济、环境以及文化各变量的外部性影响又是综合的，因此，它们就成了制定西北民族地区旅游产业发展战略、发展目标的重要参考依据。它们的发展会反哺于西北民族地区旅游产业的可持续发展，保证彼此之间的一种均衡发展态势，促进西北民族地区旅游产业健康发展。

第六节　民族地区旅游发展与文化变迁

旅游业为经济发展相对滞后却拥有独特民族文化旅游资源的民族地区提供了新的发展契机。[①] 旅游的发展对民族地区建设，民族地区居民生活水平的提高，民族地区文化的传承与发展具有重要的意义。丰富的民族旅游资源是民族地区旅游业的核心所在，而民族文化更是民族地区旅游资源的重中之重。旅游不仅给民族地区带来

① 刘晖：《旅游民族学》，民族出版社2006年版，第204页。

了经济的飞速发展，同时也对民族地区文化变迁带来了深远的影响。国内学者从旅游开发的角度对民族地区文化变迁进行了深入的研究。而旅游凝视理论的引入则为我们研究民族地区文化变迁提供了一个新的视角，国内旅游引起的凝视问题也越来越受到学者们的关注。随着旅游者的大量涌入，旅游者给民族地区旅游所带来的“凝视”问题不可忽视。基于此，探讨民族地区文化变迁与旅游者的旅游凝视的关系，对进一步了解民族地区文化变迁影响具有重要的意义。

一　民族文化与旅游

（一）文化与旅游

“文化”是一个经历了几个世纪的发展而成为目前含义广泛的词语。19 世纪的人类学家泰勒（Tylor，1871）给出了文化的定义：“文化是一个复杂的整体，包括知识、信仰、艺术、道德、法律、风俗以及作为一个社会成员的人所获得的任何其他的能力和习惯。”[①] 概而言之，文化是人类的聪明才智和民族的智慧潜能外化的方式及其成果，是人类向往光明、追求自由、超越自我、实现自身价值的途径及其结晶。[②]

文化是旅游的灵魂，是旅游资源的魅力所在，是旅游主体的出发点与归宿，是旅游业兴旺发达的源泉；旅游则有利于挖掘文化、丰富文化、优化文化和保护文化。[③] 随着中国社会现代化进程的加快，随着闲暇时间的增多，随着人们物质生活水平的不断提升，旅游成为一种日益普及的文化实践活动，是一种包含了复杂的社会文化意义的活动。[④] 文化是旅游产业保持可持续发展的基础、引子、因子。[⑤] 厄里认为，旅游就是文化自身游历的过程，这个过程就是

---

① 刘晖：《旅游民族学》，民族出版社 2006 年版，第 204 页。

② 覃德清：《中国文化概论》，广西师范大学出版社 2002 年版，第 5 页。

③ 尹华光、彭小舟：《文化与旅游关系探微》，《中国集体经济（下半月）》2007 年第 10 期。

④ 周宪：《现代性与视觉文化中的旅游凝视》，《天津社会科学》2008 年第 1 期。

⑤ 把多勋、彭睿娟：《论旅游可持续视角下的文化发展》，《开发研究》2006 年第 6 期。

文化变迁。[1] 总而言之，旅游就是一种文化，一种生活方式。

（二）民族文化与旅游

民族文化是各民族的先民们适应所生息繁衍的自然生态环境的产物，为该民族的大多数成员所普遍接受，共同分享，深层认同，集体维护，世代相传。

民族文化有表层和深层两种存在形式。可以直接观察到的各民族的服饰、饮食、建筑与居住格局、语言与文字、民族工艺与艺术、生产与生活方式，是民族文化外在结构的主要组成部分。民族文化的内在结构蕴含着民族的心理、民族的感情、民族的信念、民族的意志和民族的自尊心，需要细致体察和真切感悟才能领会，在民族意识当中具有至高无上的地位，也最为尊贵和神圣。[2] 旅游是什么？简言之，旅游就是现代社会人们的一种生活方式。它是旅游者通过离开自己的居住地到一个新的、陌生的地方寻求新、奇、娱乐的旅游凝视与民族地区文化变迁的一系列活动，追求视觉、触觉、心理满足的一个与日常生活完全不同体验的过程。民族地区以其优美的原生态自然旅游资源，独有的与旅游者日常生活中的文化完全不同的“异文化”极大地吸引旅游者前来参观游览，它所带来的全新体验是任何其他旅游吸引物都无法比拟的。而此“异文化”是民族地区开展旅游活动的最核心的旅游吸引物，是民族地区旅游发展永恒的招牌所在。概而言之，特色的民族文化是民族地区得以生存和发展的灵魂所在，也是民族地区发展旅游的灵魂所在。

旅游产业在少数民族地区的发展必然会加速民族地区文化变迁的进程，在搞清楚了民族文化与旅游的关系的基础上我们可以看出，从旅游者的角度来研究旅游对少数民族地区文化变迁的影响显得尤为重要。

二　旅游凝视理论

1992年，以米歇尔·福柯（Michel Foucault）有关“凝视”的

① 刘丹萍：《旅游凝视：从福柯到厄里》，《旅游学刊》2007年第6期。

② 伍锦昌：《旅游开发与民族文化变迁——以广西龙胜各族自治县龙脊平安壮寨为个案》，硕士学位论文，广西师范大学，2005年，第8页。

著述为基础，英国社会学家约翰·厄里（John Urry）提出“旅游凝视”理论。华南理工大学的刘丹萍将旅游凝视理论概括为：“‘旅游凝视’是旅游欲求、旅游动机和旅游行为融合并抽象化的结果，是旅游者施加于旅游地的一种作用力，旅游者拍摄旅游地人文事象的摄影行为以及各类旅游广告图片等都是‘旅游凝视’的具体化和有形化，旅游地由此在时间上和空间上被社会性地重新构建。”约翰·厄里认为，旅游凝视具有以下几点性质：第一，“反向的生活”性；第二，支配性；第三，变化性；第四，符号性；第五，社会性；第六，不平等性。从中可以看出旅游凝视理论主要强调的是旅游者施加于旅游目的地的一种作用力，凝视的主体是旅游者，对象是以图像、旅游广告等呈现出来的自然文化景观，目的是视觉体验及对旅游目的地进行社会性的重构以达到得到愉悦体验的目的，因此旅游者的凝视必定带有很强的主观色彩。

显然，这种完全主观的凝视注入整个旅游活动的过程中必然会给当地原有的文化带来冲击，由此必然造成外来文化与当地文化之间发生激烈碰撞，碰撞的结果只有两个：第一，消极的结果（旅游凝视理论下旅游目的地文化危机）；第二，积极的结果（旅游凝视理论下旅游目的地文化的有效传承更强势地发展）。与此同时，这也对我们分析和理解民族地区旅游目的地文化的变迁提供了两种完全不同的切入点。

三　基于旅游凝视理论的民族地区文化变迁

文化变迁，指或由于民族社会内部的发展，或由于不同民族之间的接触，引起一个民族的文化的改变。[①] 文化变迁的机制是创新、传播、文化遗失和涵化。[②] 涵化主要是指强制性的文化变迁机制，如殖民入侵、种族灭绝等，而现代旅游活动对文化变迁的机制不包括涵化，因此我们主要是从文化遗失、创新、传播这几个方面来探

① 黄淑娉、龚佩华：《文化人类学理论方法研究》，广东高等教育出版社1998年版，第209页。

② ［美］威廉·A. 哈维兰：《文化人类学》，瞿铁鹏、张钰译，上海社会科学院出版社2006年版，第455页。

讨民族地区文化的变迁问题。

（一）从旅游凝视看民族地区文化遗失

1. 民族文化商品化与旅游凝视

具有丰富而又复杂意义的人文景观，也通过某种转换脱离了它原来的语境，从“他人语言”转变为“我的语言”，编码过程就是将多元复杂的意义凝缩为对潜在的旅游者来说最具旅游价值的主题，这样就导致了文化的商品化。[①] 对于民族地区的旅游业发展同样如此，为了将原有的文化转化为对潜在旅游者最具旅游价值的主题，从而把民族文化标上价格，进行买卖，促使了民族文化的商品化。这其中的关键因素在于“利”，旅游业的发展是经济发展的产物，而民族经济的发展又很大程度上依赖于旅游业的成功发展。旅游者旅游的一个最直接的目标就是获得视觉愉悦，然后才能达到心理满足，同时当地居民的直接目标是“利”的满足，怎样能使两个满足完美地结合起来？起点：让旅游者在“看”的过程中得到享受、愉悦；中轴：投旅游者所好以及最具旅游价值主题（民族文化）的创造；归宿：文化的商品化。显而易见，旅游者的凝视过程是源、是作用力，它贯穿于整个文化商品化的过程。以下是关于民族文化商品化的一个例子。

为了满足当地旅游部门举行“旅游节”的安排，把苗族 13 年才一次，最为神圣而庄严的“牯藏节”提前举行。旅游部门之所以做出这样的安排，其中一个重要的因素就是邀请到了一批欧洲、美国和日本的游客，尤其是其中一个大型的日本旅游团。举行“牯藏节”仪式的时候，按照传统的苗族习俗规定，所有的“牛牯”必须在同一时间宰杀，这一程序包含着与苗族祖先的神圣关系。然而，当祭仪时刻来临的时候（正午的一段时间），那个大型的日本旅游团却尚未到来，在地方旅游行政部门的影响下，祭仪程序不得不往后拖延，这引起了一些当地苗族的极大反响，甚至还发生了一些小的冲突。在拖延了一个小时仍不见日本旅游团身影的情况下，当地

---

① 马晓京：《西部地区民族旅游开发与民族文化保护》，《旅游学刊》2000 年第 5 期。

旅游部门与苗族头人商议决定，留下一头牛专门等日本团来了再杀，其他的一次性宰杀。之所以如此迁就日本游客，一个重要的原因就是仪式中的一部分牛系日本游客出资买下，以必须满足他们亲自到场观看为条件。[①] 从这个例子我们可以看出，为了满足游客"看"的体验，在民族地区行政主管部门的干预下，民族文化资源被变成一种交换品和消耗品，这对民族地区文化变迁来说是相当可怕的。

2. 民族文化的同化与旅游凝视

厄里认为旅游凝视具有不平等的性质，社会依据代际、性别和族群等因素呈现分层，这使得到访游客与旅游地居民之间的"凝视"与"被凝视"的关系隐含着一种实际的不平等。旅游者的摄影行为以及他们对目的地的视觉表征驯服和规定了凝视的对象（旅游地居民及其文化），其中包含着权利与知识的关系，最典型的表现之一就是旅游地文化"自我异国情调化"，旅游地借此保持永续的旅游吸引力，以满足游客凝视的好奇心。[②] 而民族文化同化是指原来的民族文化特征在内部因素和外部因素的作用下逐渐消失，被异族异地的文化取代。[③] 正是由于旅游者的凝视驯服了当地居民才导致"自我异国情调化"的出现，从中可以发现，旅游者凝视的对象是规定的当地居民及其文化，随着旅游者的大量进入，异族、异地文化也大量随之侵入，民族地区原有的独特、古老的文化可能随之淡化，甚至灭亡。导致这种现象发生的最基本力量显而易见：旅游者的凝视。旅游者通过摄影凝视当地居民及其文化正是民族文化被同化的作用过程。旅游者的凝视所具有的压迫、强势在其整个旅游过程中表现出来，这种压迫和强势在当地居民身上的体现就是改变自身的穿着与外来旅游者更贴近来缓解这种不平等，进而从这种最初的外表改变至深层次的文化底蕴淡化甚至消亡，最终令人"直把边乡当杭州"。旅游的发展不可避免地会对民族地区文化产生负面

---

① 彭兆荣：《旅游人类学》，民族出版社 2004 年版，第 90 页。

② 刘丹萍：《旅游凝视：从福柯到厄里》，《旅游学刊》2007 年第 6 期。

③ 马晓京：《西部地区民族旅游开发与民族文化保护》，《旅游学刊》2000 年第 5 期。

影响，而民族地区文化同化的最终作用力在于旅游者的凝视。

3. 民族文化价值观的退化和遗失与旅游凝视

民族文化的核心是民族价值观。虽然各少数民族文化价值观的差异很大，但基本的价值观，如热情好客、忠诚朴实、吃苦耐劳、重义不重利等基本一致，民风十分淳朴。但是，随着民族旅游的深入，一些地区的民族文化价值观出现了明显的退化甚至遗失，到过民族地区的旅游者对当地或多或少地会有民风日下的印象。针对这种印象的产生，我们或许可以从厄里的旅游凝视理论中获得答案。厄里认为旅游凝视具有支配性，视觉支配或组织了体验的范围，凝视是旅游体验的中心。简单地理解就是，“看”是旅游者旅游的核心体验。视觉的感受对旅游者起着支配作用，旅游者看着好的艺术品他们可能就想买，看着好的文化景观他们就想照相留作纪念，凡此种种都为当地民族文化价值观的退化提供了温床。旅游地因旅游者的到访而被消费，其结果就是该地方被社会性地重构，旅游者要消费必然要有消费服务的提供，而这个过程必然伴随着交易的发生，民族旅游对民族特色物品的交易更加频繁，因为旅游者的购买行为取决于其看到了什么，会得到何种满足。当他们看到原生态的、新奇的民族饰品的时候购买行为随之产生，而在旅游者购买欲望及当地居民对“利”的追求的推动下，当地居民传统的优秀伦理道德、交易公平的道德便变得一文不值了，劣质工艺品充斥着旅游商品市场，牟取暴利的行为随处可见。渐渐地，随着经济形态的改变，本民族的优秀传统道德和价值观念也就被抛之脑后。它已经超越了简单的经济范畴，嵌入到旅游的社会关系之中。这一切都应归咎于旅游者“看”的行为，以及当地居民、政府及利益相关者对旅游者这种行为的满足和迎合。

（二）民族地区文化的传播、创新与发展：凝视理论的视角

1. 旅游者的凝视与民族地区文化创新

创新是一切变迁的终极来源，民族地区文化的创新发展对民族地区文化变迁具有积极的意义。因此民族地区文化创新的动力是我们研究的重点。

厄里认为旅游者的凝视是通过符号建立的，旅游凝视就是某种

特定景点意义符号的生产与消费。[①] 美国文化人类学家赫斯科维茨认为："文化"完全是人为了表达"意义"而创造出来的符号，文化是一切人工创造的环境，也就是说，除了自然原生态之外，所有由人添加上去的东西都可称之为文化，也就是象征人类学家所说的"物体、行为、事件、语言"等。而"添加上去的东西"都可视为符号。著名的美国新进化论人类学家L. A. 怀特认为"工具+符号=文化"。从以上学者对文化的描述中，我们可以看出厄里笔下旅游者的凝视往小的方面讲其实就是通过当地文化的意义符号建立起来的，为了在满足旅游者喜好的条件下又不对当地文化产生负面的影响，旅游专业人员努力再生产旅游者凝视的常新目标。[②] 由于旅游者旅游的一个最直接的目标就是获得视觉愉悦，因此在民族地区发展旅游的时候，必然会使得旅游专业人员生产旅游者凝视常新目标的过程中，把握自身文化发展的趋势，将本民族文化中最优秀的文化、意义符号展现给外来的游客，让他们在"凝视"的过程中获得最大的满足。这也就从侧面激发了当地文化的创新与发展，使得当地民族文化在各个方面继往开来，推陈出新。也就是说，民族地区文化创新的主要动力来源于外来旅游者对当地文化的"看"，即凝视。

2. 旅游者的凝视与民族地区文化的传播与交流

不同民族文化的差异，是旅游活动产生的动因之一。旅游者到民族地区旅游，目的之一就是学习和了解当地的民族文化，如民族风情、生活习惯、文学艺术以及历史文化和社会文化等。厄里认为旅游凝视就是一个收集照片、收集符号的过程，旅游者通过摄影这一有形化和具体化的行为对民族地区的文化进行凝视。旅游者将所看到的与自身日常生活完全不同的民族风情、文化习惯、文学艺术等能够彰显出民族地区文化的景观通过摄影保存下来，回到日常生活环境之后，他们将这些旅游过程中所拍摄的照片展现并介绍给自己的亲朋好友。这个过程是外来旅游者向民族地区借用文化元

---

① Urry J., *The Tourist Gaze—Leisure and Travel in Contemporary Societies*, London: SAGE Publications Ltd., 1990.

② Ibid..

素的过程，即传播民族地区文化，从而使得民族地区文化得以广泛的传播，这也间接地为民族地区旅游业的发展起到宣传作用。同时，旅游者又将自己本民族的文化带到旅游目的地，并通过自己的言行举止有意无意地传播给当地居民。因此，旅游者的凝视是民族传统文化的传播和交流原动力，旅游者也就成了民族文化传播使者。这有利于宣传民族文化，消除民族偏见，增进相互了解和理解。

旅游者的旅游凝视是民族文化变迁的原动力。因此我们应该从这个新的视角来研究民族地区文化的传承与发展，由于民族地区文化有着强大的创造力和强烈的生产性，随着旅游者的大量涌入，民族地区文化不仅会在“凝视”外力的作用下向有益的方向变迁，同时也通过其自身强大的创造力和自身强烈的生产性而规范其向更加有益的方向发展。民族地区文化的这种强烈的生产性、创新性不仅为民族地区发展旅游业提供了常新资源，同时也为民族地区文化的可持续发展提供了不竭动力。

四　民族地区社会文化变迁与旅游的可持续发展

（一）对社会文化变迁的客观性认识

在早期的旅游社会文化影响研究中，因为旅游发展导致旅游目的地产生了诸多负面影响，以致许多学者专家否定了民族地区旅游发展的必要性；全球化背景下，经济发展的一体化趋势、现代通信科技的开发，颠覆了人们的传统思想领域的时空观念，跨区域跨文化活动不断增加，打破了地理环境的封闭性。旅游业的发展，拉近了旅游者与目的地居民的距离，促进了旅游目的地和外界的接触，成为旅游目的地经济发展的新动力，同时，也给旅游目的地社会文化带来了各种各样的影响，很大程度上加速了社会文化的变迁进程。

近年来，各种以体验为目的的旅游方式不断出现，冲击了人们的传统观光视野，使旅游者越来越注重旅游质量的提升。旅游文化内涵的提高是评价旅游质量高低的重要指标之一，旅游者所能接纳和喜欢的民族传统文化，并非原汁原味的生态文化，而更多的是经过舞台演绎的特色文化，这种文化的变迁使人们开始客观地认识旅游影响下民族地区社会文化变迁现象。因为社会是不断发展前进的，文化是通过人的社会生活不断积累和传承下来的，所以一切文化的产生和发展都是一个动态的过程，且文化发展到一定程度必然会引起文化变迁。文化是不断发展的，两种不同的文化在相互碰撞与交流中，会因核心理念和价值观的不同而相互排斥，甚至互相冲突，但旅游体现视野下，东道主文化表现更多的是吸收外来文化的先进因子，融入本民族文化的系统中，形成新的文化传统。所以，文化变迁是普遍存在的。

因为旅游是具有“双刃效应”的社会现象，因此应该用辩证的视角来看待旅游目的地社会文化变迁现象中的积极影响和消极影响。社会文化的正向变迁，有利于文化的传播、交流，有助于激发民族群众对本民族传统文化的认同感和自豪感，从而增强民族自信，有利于民族地区社会文化的保护；而逆向变迁则会导致民族地区道德观念和价值取向的嬗变，强烈的商品化意识甚至会使民族传统文化的精神内核严重变异，致使传统文化中体现民族性的特色逐渐解构甚至消失殆尽，被外来文化强势同化的趋势越来越明显。由此可见，对旅游影响和社会文化变迁关系的正确认识，能够促进民族文化的保护。

（二）民族地区社会文化保护对策

全球化是一个范畴，既包含经济的一体化，也包含文化的一体化过程，因此社会文化的变迁是一种社会常态，且不可避免。旅游对目的地社会文化变迁的影响，包括正面影响和负面影响；对于民族地区，旅游的发展既是促进经济发展的驱动动力，又是影响传统文化保护的重要因素。为了促进民族地区旅游的健康发展和传统文化保护的和谐统一，应该做到以下几点。

1. 提高民族文化自觉性

一个民族的文化传统，既是对本民族发展历史的传承与铭记，更是对民族身份的认同。旅游业的发展，是促进全球化进程中的媒介之一，人们自觉不自觉地被带入新的文化体验中，逐渐被外来文化所吸引，从而出现文化同化的现象。因此，对于民族地区的旅游发展，当地居民应该具备文化自觉意识。20 世纪 80 年代针对少数民族发展的问题，费孝通先生提出了"文化自觉"这一概念，在《反思·对话·文化自觉》一文中指出："文化自觉是指生活在一定文化中的人对文化的'自知之明'，明白它的来历，形成过程，所具有的特色和它的发展的趋向。"[①] 费孝通先生的文化自觉，更多强调的是作为民族文化的创造和传承者，一个民族应该具备对自己文化的自知之明，掌握自身文化的形成历史，清楚民族文化的发展方向，把控民族文化的时代定位，这是民族文化传承与发展中自主能力的体现。那么，民族文化的自觉性就是民族自我意识与文化自觉的结合，而这种结合应该是强调自我意识清醒、体现发展意识的。

旅游发展中，由于旅游者凝视带来的文化冲击，以及主客互动交往中产生的文化涵化现象，都是民族文化变迁的表现。所以，民族地区在旅游发展中，应该具备对于其文化变迁的把握意识，清晰地认识到现代社会中本民族文化在多元文化中的地位，不断审视本民族的文化价值，以免在文化全球化中被同质化，失去文化的地方性特征；在与外来文化的交往中，通过不断的文化适应，主动学习，促进文化融合，实现本民族文化的不断发展和延续。民族地区作为一个时空范畴，拥有独一无二的民族文化，而民族文化正是民族地区旅游发展的核心吸引物，具有发展旅游得天独厚的优势。然而，不容忽视的是，旅游发展对民族文化的传承和保护带来了很大的负面影响，只有提高民族自觉性、辩证地认识旅游的影响，才能有利于文化保护。

由上述研究结果可知，旅游发展对社会文化中物质文化的影响最大，因为物质文化的客观存在特征，其变迁对民族地区整个文化体系结构的冲突最小，在不断发展中容易得到民族文化主体（居民）的认同和接受，其适应性相对精神文化较快，如传统民族服饰、民族建筑的减少和民族饮食文化的衰弱，都显示了民族文化特征弱化的过程，所以提高民族文化自觉意识，对保护文化的多元性

① 马小京：《西部地区民族旅游开发与民族文化保护》，《旅游学刊》2000 年第 5 期。

具有重要意义。

2. 促进民族文化重构

民族地区的传统文化是该地区旅游发展所需要的特色文化资源，传承了民族的发展历史，在适应现代化的发展过程中，与现代文化的接触与碰撞中，往往会发生冲突和矛盾。民族地区的正常生产生活需要与现代化接轨，而文化的落后性阻碍了发展的步伐，因此民族文化的现代调适与重构则显得比以往更为重要。

旅游业的发展正好为民族文化的重构提供了这样的平台，民族文化的现代调适可以借助传统的再造来获得舞台真实。当然，民族文化的重构，不是简单意义上的对本民族传统文化的全面否定，以吸收现代化；而是理性地认识民族传统文化的价值与缺陷，以降低文化变迁的成本。因此，民族地区旅游发展中出现的文化舞台化现象，不应该是对传统文化的现代意义的商品买卖，而应该是遵循舞台真实性理论的文化演绎过程。将传统文化进行“后台”的调适，再通过“前台”演绎出来，这样的重新演绎，是文化再生产的过程，使当地居民在旅游者的“凝视”中，增强对本民族文化的认同感和自豪感。

由于文化变迁具有正向性和逆向性，民族地区在旅游发展中，应在适应文化的现代化调适的同时，注意旅游影响的双重性，以减少文化变迁的负面影响。根据美国学者克莱德·伍慈在《文化变迁》一书中提到的对民族文化的“指导性变迁”，这种指导应该是指对人的指导，因为人是文化的创造者，是文化的主宰，从某种意义上来说，社会文化的变迁就是人的群体行为的变化。旅游发展所创造的经济价值，促使人们通过各种手段追逐利益最大化，包括文化的商品化行为；同时，旅游发展产生的负面影响，使人们对旅游者的态度也发生了变化，由欢迎变得排斥，这也是旅游发展到一定阶段的表现。所以，民族文化的重构，主要体现在行为文化方面，应该通过各种媒介手段，加强对具有民族文化主人身份的居民的正向指导，使他们正确认识旅游发展与文化变迁的关系，以提升文化保护意识。

旅游发展中，民族地区传统文化的重构，应该采用现代化的先进思想来指导，从文化的融合到发展、创新，从而实现民族传统文化价值的全面提升。文化创新追求的是一种创意，文化产业与旅游发展相融合是旅游市场需求的体现，在保护民族传统文化的基础上，再融合现代性技术的完美创意，最大限度地迎合旅游者消费期望，重新创造和嫁接旅游体验模式，从而提升文化价值。

3. 坚持价值理性和工具理性

马克斯·韦伯最先明确了工具理性和价值理性的二元范畴，他认为，工具理性即“通过对外界事物的情况和其他人的举止的期待，并利用这种期待作为‘条件’或者作为‘手段’，以期实现自己合乎理性所争取和考虑的作为成果的目的”；价值理性又叫伦理理性或规范理性，是人类对价值和价值追求的一种自觉意识，是在理性认知基础上对价值及价值追求的自觉理解和把握。[①] 民族地区旅游发展与文化保护的辩证关系，正是工具理性与价值理性二元关系例证，旅游的发展是民族地区经济发展的驱动力，而民族传统文化是在民族地区得以发展的核心吸引物，因此以旅游发展为工具手段、以文化保护为价值追求的二元关系，是促进民族地区社会文化正向、逆向变迁的重要因素。因此，做到旅游发展与文化保护的和谐统一，才是民族地区平衡旅游工具理性与文化价值理性二元关系的前提。

工具理性是现代性的鲜明特征，又是产生危机的根源。工具理性的过分膨胀，而价值理性的相对暗淡，打破了价值和工具间的二元平衡，出现了工具理性越位而价值理性沦落，精神危机日渐加重。民族地区旅游发展给社会带来的负面影响，往往是单纯放大了旅游的经济影响，而忽略了社会文化影响，使文化符号在旅游发展中不断弱化，甚至消失，如民族传统服饰、民族建筑作为辨识一个民族身份的最为外显的符号，旅游发展中旅游者行为文化和消费行为的冲击，使民族服饰逐渐淡出了人们的视线，民族建筑风格也被钢筋混凝土筑起来的高楼大厦所替代，就算是刻意保留的民族建

① 张瑛：《民族旅游的工具理性和价值理性与管理的作用——以云南少数民族旅游开发为典型案例》，《广西民族研究》2006 年第 1 期。

筑，也是经过艺术加工的现代技术复制品。除了外显的文化符号，民族地区居民的价值观在主客互动交往中也发生了很大的改变，传统的思维观念的禁锢逐渐被打破，开始接纳新的理念来看待世界的变化发展。价值观念是民族文化的核心，也是文化体系中最为稳定的部分，即精神文化，保护民族文化，最重要的就是保护民族文化的核心，因为一个民族的精神文化是保证民族文化源远流长，从根本上区别于其他文化的内在特征，是民族性的基础，也是民族地区吸引外来旅游者的文化魅力之所在。因此，民族地区的旅游发展，不能与文化保护分割开来，二者相互促进、相辅相成。

4. 树立旅游伦理意识

旅游发展过程中产生的负面影响日益突出，旅游伦理成为学术界和社会各界关注的焦点，希望通过伦理意识的唤醒来约束人们在旅游中的不文明行为，以减少负面影响的累积。20 世纪 90 年代初人们便开始意识到旅游伦理的重要性，1999 年《全球旅游伦理规范》（*Global Code of Ethics for Tourism*）明确规范："在尊重人们将闲暇时间用于休闲或旅行方面的选择的基础上，促进负责任的、可持续的、可为全球所接受的旅游"①，从此成为评价旅游活动符合伦理道德与否的依据，旅游伦理以期通过道德层面来唤起人们对旅游活动价值的认知。

民族地区旅游目的地的社会文化变迁中的旅游伦理问题，主要表现在旅游目的地的民族文化庸俗化、文化价值观的退化与遗失和文化的商品化等方面，以及文化个性特征的弱化和异地文化对旅游目的地社会文化的冲击与解构等，在旅游利益和旅游道德的关系中，旅游道德是平衡各利益相关主体在利益追求中的重要方式，以此来保护旅游地社会文化，使旅游伦理意识已然成为一种习惯和能力，成为一种觉悟，会自觉不自觉地体现在旅游活动的每个细节和环节当中，比如现在流行的"绅士游客"、"企业公民"等。这里的利益相关主体，不仅包括旅游者、旅游企业，还包括当地政府、居民和其他组织及个人，旅游者以消费的角度要求消费项目的多元

---

① 耿银平：《呼唤现代化的旅游伦理》，《中国文化报》2013 年 10 月 9 日。

化和消费欲望满足最大化；当地政府以旅游收入的角度要求旅游接待能力最大化；旅游企业以经济利益的角度要求消费能力的最大化；居民以文化资本的角度要求文化输出的最大化，这些行为主体对旅游发展的不同诉求，其实都表明了对利益的最大化的追求。因此，民族地区的文化保护不是法制健全就可以做到的，亟须树立旅游伦理意识，从道德层面约束各相关利益主体的行为，以减少利益追逐中的文化逆向变迁。社会文化变迁中的旅游伦理的呼唤，其实就是对旅游影响研究，特别是对于消极影响，试图通过道德伦理的引导，让人们弱化对旅游经济利益的过分追求，关注人文情怀，促成一个“平等、负责任、可持续”的旅游新秩序。

五 小结

民族文化是民族地区经济社会发展的重要资源，民族地区文化的传承与保护对民族地区旅游业的发展至关重要。研究民族文化变迁的作用力所在为民族地区文化的传承与可持续发展提供了理论支持，要引导民族文化向积极的方向变迁不仅要从当地政府、居民、旅游企业等文化保护的主体出发，同时更要关注外来旅游者对当地文化变迁的影响，从外来旅游者的凝视角度来分析和探讨民族地区旅游发展过程中的文化的变迁及其可持续发展问题，更能有效地反映出民族文化变迁的实质，从而为当地政府、居民、旅游企业加强文化的保护提供新的思路。

第八章

甘南州旅游发展影响研究

第一节　甘南州旅游产业发展现状及存在的问题

一　甘南州旅游产业发展现状

（一）甘南藏族自治州概况

1. 地理概况

甘南藏族自治州地处甘肃省西南部，位于100°45′E—104°45′E、33°06′N—35°34′N之间，属于青藏高原东北边缘。其北部为临夏盆地，东部为陇南山地，是青藏高原向黄土高原过渡的地带，自然景观渐变表现明显。甘南自古就与中原地区产生经济和文化交流，北与临夏回族自治州隔山而居，州内还有回族聚居地。素有“汉藏走廊”之谓，实亦多民族交流之地，在历史上是中原地区通往青藏及川北的交通要道，是丝绸之路河南道和唐蕃古道线路的重要组成部分。

甘南藏族自治州幅员辽阔，境内多属青藏高原东北边缘的丘陵草原和高山峻岭，重峦叠嶂，沟壑纵横，地形地貌错综复杂。位于迭部桑巴乡与卓尼木耳乡之间的迭山主峰扎伊克，海拔4920米，为州内最高峰；舟曲县瓜子沟口海拔1172米，为州内最低点，处于整个倾斜地势的东部箕口。该地区属高寒湿润型气候，长冬无夏，年均气温为17摄氏度，没有绝对无霜期，年降水量558毫米左右。

甘南藏族自治州同时也是黄河重要水源补给区，以草地、森林、湿地生态系统为主的山地和高原为主要地貌类型，面积大约

4.57万平方公里，属高寒低温、阴湿多雨、雷暴等灾害性天气多发的高原大陆性气候地区，是黄河及其主要支流洮河、大夏河的发源地和重要的水源涵养区。据统计资料显示，20世纪80年代，黄河在玛曲县境内流经433公里，径流量增加108.1亿立方米，占黄河源区总径流量184.13亿立方米的58.7%，占黄河流域总径流量的1/6，由此玛曲湿地被誉为“黄河蓄水池”；洮河在区内的年径流量为45亿立方米，大夏河的径流量为10亿立方米，分别占黄河年均径流量140亿立方米的32.1%和7.1%。同时，黄河主要支流洮河、大夏河等120多条支流纵横全区，水域面积达47.55万亩，占甘南州土地总面积的0.8%。

2. 社会经济发展概况

甘南藏族自治州建州于1953年10月1日，总面积4.57万平方公里，占甘肃省总面积的10%；东西长423公里，南北宽270公里。现辖合作市与夏河、碌曲、玛曲、临潭、卓尼、迭部、舟曲8县(市)，111个乡（镇、街道办事处)。合作市是甘南州政府所在地。

2014年，全州总人口70.18万人，在全省14个市州中处于第12位，其中藏族人口34.46万人，占总人口的50.76%，另有汉、回、土、蒙古、满等24个民族。2014年全州生产总值114.92亿元，在全省处于末位。人均生产总值16421元，处于全省第10位。农牧民人均纯收入4589元，处于全省第12位。大口径财政收入16.85亿元，完成公共财政收入10.33亿元，均处于全省末位。牧业、林业、水力、矿产和旅游是甘南的资源优势。以藏族为主体民族的甘南藏族自治州，是国家扶贫工作重点地区。

3. 旅游资源概况

甘南州旅游资源丰富，而且资源类型全、品位高、特色鲜明，被誉为高原上的香巴拉。每年6—8月为最佳旅游季节，其主要自然景观60余处，人文旅游景观达90余处。

2013年年底，甘南确定了拉卜楞寺、则岔石林、郎木寺、腊子口、莲花山、冶海、大峪沟、首曲大草原、沙滩森林公园、米拉日巴佛阁十大王牌景点；当周草原、桑科草原、八角城、赤壁幽谷、黄捻子森林公园、康多峡、禅定寺、卡车沟、翠峰山、拉尕山、毛泽东故居、俄界会议遗址、扎尕那石林、白固寺、尕海湖、希美朵合塘十六大重点景区。

甘南州自然资源和文化资源丰富。这里有古朴神秘的藏族文化、浓郁独特的民俗风情、底蕴深厚的历史文化遗产，是各族人民长期生产生活实践中，不断创造和积累并延续继承下来的优秀文化遗产，也是民族个性特征的重要表现。

（1）民俗文化。

甘南州具有浓郁的少数民族风情，境内分布着以藏族为主的，蒙古、回、土等 24 个民族，各民族文化底蕴不同，民俗风情各有特点。在甘南各地，每年的草原香浪节、赛马会和民族运动会、插箭节、博峪采花节、黑水沟朝水节、元宵节松棚灯会、莲花山花儿会、千人锅庄舞表演、万人扯绳（拔河）比赛，以及近几年连续举办的“甘南香巴拉旅游艺术节”等独特的节庆活动，蕴含着与其他藏区既相似又有所不同的独特的民俗风情，颇受中外游客的欢迎和青睐。

（2）宗教文化。

佛教是世界三大宗教之一，而藏传佛教更有其独特的神秘色彩。在甘南各地，不仅有静态的佛教建筑和价值连城的各种文物，更有动态的佛教文化艺术和各类佛事活动，成为一道别具魅力的文化旅游风景线。甘南境内共有寺院 121 座，形成了独特的文化旅游资源，一年四季中，宗教活动及民俗节日接连不断，每年农历正月大法会、七月大法会、九月大法会都是宗教活动的盛大节日庆典，形成独特的人文景观。其中，拉卜楞寺因历史悠久和极高的佛学价值，被誉为“世界藏学府”。藏族人的传统服饰藏袍，奶茶、油条、糌粑等特色饮食，都是甘南特色文化的一部分。唐卡、壁画、泥塑、铸造佛像、装饰雕刻等手工艺品，因其工艺精良、造型优美大受旅游者喜爱。甘南的婚丧嫁娶和民俗节庆是最能体现当地民族风情的文化形式，如每年的晒佛节、赛马会、博峪采花节、莲花山花儿会、香浪节、插箭节等都发展成为吸引游客的现代旅游活动，备受欢迎。

（3）自然生态资源。

甘南州山势险峻，草原辽阔，环境优美，自然资源十分丰富。境内有高原牧场、青藏高原边缘山地、森林公园、崇山峻岭、河流湖泊、石林、溶洞等各种景观。绿色峡谷群林木葱郁的森林风光，纵横奔流的黄河、洮河、大夏河和白龙江（“三河一江”），神奇迷人的高原湖泊以及神奇峻秀的达力加山、莲花山、太子山，还有深不可测的白石崖溶洞、岗岔溶洞，天然艺术的大观园则岔石林、扎尕那石城、赤壁幽谷、冶海冰图，候鸟自然保护区、大熊猫栖息地等山水自然景观，这些共同构成了甘南州丰富优美的自然生态资源。

（4）遗址文化。

主要人文旅游景观有遐迩闻名的藏传佛教拉卜楞寺，有“虎穴仙女”之称的郎木寺，历史悠久的禅定寺、贡巴寺和合作米拉日巴九层佛阁等121座佛教寺院，诸多寺院以及恢宏的建筑、精巧的雕塑、精美的唐卡、宝贵的文物，以及浩如烟海的经卷、造诣高深的大德高僧等享誉国内外。有历史上汉羌、唐蕃边塞重镇汉百石县旧址甘加八角城堡遗址、桑科古城、羊巴古城、明代城墙、华年古城、汉零王国天子珊瑚城遗址和砖瓦窑遗址等各类古遗址。有红军长征胜利的“门户”天险腊子口，著名的中央政治局俄界会议及茨日那村毛主席故居、苏维埃旧址等人文旅游资源景观90余处。

（二）甘南州旅游产业发展概况

自20世纪80年代甘南州发展旅游业以来，旅游发展持续快速增长，已经成为我国西部极具魅力的高原生态旅游胜地。2014年全州游客突破500万人次，实现旅游综合收入22.58亿元，分别增长30.2%和32.4%。目前，全州已建成国家A级旅游景区18个，其中4A级旅游景区6个、3A级旅游景区4个、2A级旅游景区8个；星级饭店36家，其中四星级4家、三星级16家、二星级11家；已经有820户具备接待能力的农（牧）家乐，其中能容纳团体住宿的农（牧）家乐达到342家。全州旅游从业人员超过15000人次以上，涉及交通运输、餐饮、酒店、商贸、手工业等诸多领域。截至2014年年底，全州旅游接待人数和旅游综合收入已经保持了连续五年两位数增长的良好势头，旅游业发展推动社会就业、经济增长等诸多领域的发展，旅游业作为首位产业的重要作用开始显现。

近年来，甘南大力发展旅游业，重点打造九色甘南香巴拉旅游品牌艺术节，自2000年以来，已成功举办14届，得到中外游客的青睐。启动实施了华夏文明传承创新区甘南板块的建设工作，卓尼洮砚文化产业园、羚城藏文化、洮河风情文化和舟曲博峪民俗文化风情园等一批重点文化产业项目已建设运营。甘南州旅游业经过多年的发展已卓有成效，主要表现在以下几个方面：

（1）景区基础设施建设逐步完善。甘南州先后完成了当周草原国家生态旅游示范区和冶力关、拉卜楞—桑科草原大景区建设规划的编制，拉尕山、郎木寺、天下黄河第一湾等重点景区旅游基础设施建设项目也已顺利完成。

（2）旅游形象逐步提升。近年来，甘南州加大了旅游营销力度，在北京、天津、西安、成都等地举行了旅游资源专场推介会，成功举办了“九色甘南香巴拉·卓尼风情旅游艺术节”、“玛曲格萨尔赛马大会”、“冶力关杯中国拔河公开赛”等大型活动，拍摄发行了《卓尼土司》、《云中的郎木寺》等一批反映甘南风土人情的电影，《甘南情歌》荣获全国“五个一工程”奖，碌曲获得“中国锅庄之乡”，卓尼获得“中国洮砚之乡文房四宝特色区域”称号。

（3）旅游产业发展规模逐渐扩大。从表8—1和图8—1、图8—2中可以看出，2002—2014年，甘南旅游业发展速度相当快，且旅游业综合收入对国民生产总值中的贡献度越来越大；甘南旅游接待人次逐年增多，2014年接待人次突破500万；旅游综合收入也逐年增加，2014年达到22.58亿元；旅游综合收入的增长幅度大于国民生产总值。可见，旅游业的快速发展对甘南经济的促进作用非常明显，但是旅游快速发展，在促进道路交通条件提升的同时，越来越多的旅游者、旅游企业、其他组织等进入甘南，给甘南的社会文化带来翻天覆地的变化，人们从土坯房住进了洋楼、从藏袍换成了大众化服饰、从说藏语到会说英语等，这些变化都是在旅游发展过程中逐渐形成的。民族传统文化符号的衰弱过程，是甘南步入现代化的表现，但从文化保护和旅游可持续发展的角度来说，这些文化的变迁也是旅游发展产生的负面影响。

表 8—1　　2002—2014 年甘南州旅游业发展数据

年份	接待游客数（万人次）	综合收入（亿元）	国民生产总值（亿元）
2002	84.12	0.55	16.76
2003	60.1	0.88	18.65
2004	98.58	1.49	21.81
2005	140	2.51	26.1
2006	163.28	3.16	29.94
2007	188.82	3.7	35.37
2008	80	1.4	43.34
2009	155	3.1	50.81
2010	200	7.2	91.6
2011	226	8.5	80.7
2012	308	13	96.74
2013	410	17	111.3
2014	500	22.58	114.92

资料来源：甘肃藏族自治州人民政府网/中国甘南网。

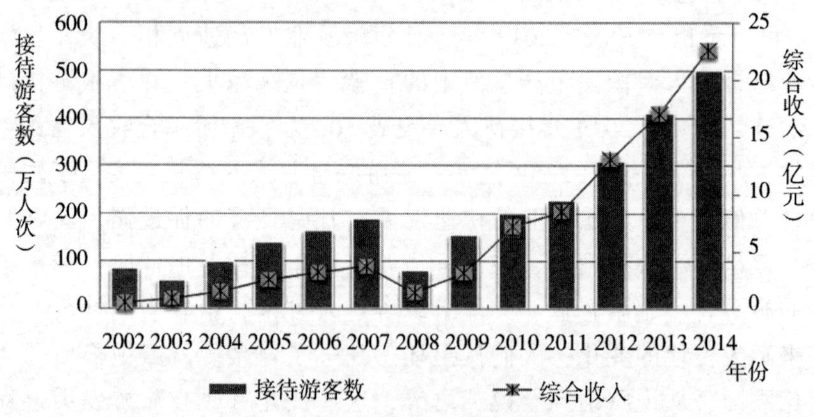

图 8—1　2002—2014 年甘南旅游接待人数与综合收入

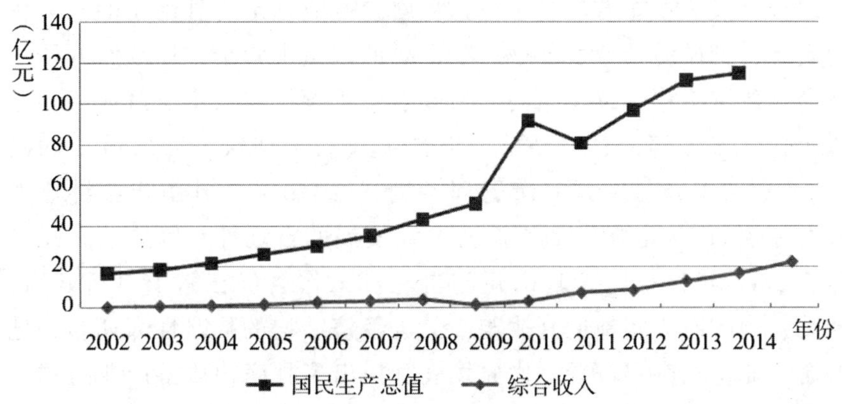

图 8—2　2002—2014 年甘南旅游综合收入与国民生产总值

近年来，甘南州政府将旅游提升为重点发展的三大产业之一，大力开发旅游资源，旅游业已日益成为甘南经济发展的支柱型产业。但甘南州旅游开发起步较晚，加之当地经济落后，导致该地区旅游产业整体体量较小、旅游从业人员数量不足、旅游规划无序和旅游资源未能有效开发利用。受气候等自然因素所限，旅游适宜季节较短，旅游收入占地方国民经济的比重低，旅游产业结构不合理，对相关服务业带动效果较差，产业优势发挥不够显著，旅游业发展潜力亟待激发。

二　甘南州旅游产业发展的阶段特征

甘南州旅游产业开始于 20 世纪 80 年代前期，由于社会经济发展水平的制约，当时甘南州人对旅游的概念还比较模糊，旅游景点特别是名胜古迹（除腊子口和拉卜楞寺外）影响力都很小。1985 年至 1995 年是甘南州旅游产业发展从感性认识向理性认识的过渡阶段，这一阶段，甘南全州上下对发展旅游产业的重要性有了更进一步的认识，政府专门成立甘南州外事侨务旅游局，加强对旅游工作的组织领导，旅游产业开始稳步发展。1996 年至 2002 年，伴随着西部大开发战略的实施和产业结构的调整，甘南的旅游产业逐步扬起了风帆，进入了全面开放开发阶段，州上确立了旅游产业的产业地位，成立了旅游领导小组，将旅游产业确定为甘南州的五大优势资源，把旅游产业发展摆在了重要的议事日程上，连续召开了三次全州旅游工作会议。州委、州政府分管领导多次带队赴四川、云南等地学习考察，总结经验，出台了《关于加快发展旅游业的决定》，颁布了《甘南州旅游管理条例》，编制了《甘南州旅游业发展总体规划》，增强了加快旅游产业发展的自觉性和紧迫感。2003年至2005年，第四次甘南州旅游经济工作会议在腊子口召开后，州委、州政府为实施追赶战略，促进经济结构的战略性大调整，把旅游产业摆在突出位置，优先发展，提出了甘南州旅游产业跨越式发展战略部署，并出台了《关于甘南旅游业跨越式发展的实施意见》，充实强化了州旅游经济工作领导小组的职能，树立了甘南州旅游产业发展新的里程碑。2005年至今，是甘南州旅游产业长足发展的阶段，旅游基础设施日臻完善，项目建设稳步推进，宣传促销不断创新，产业开发成效显著，行业管理不断提高，游客人数逐年增加，产业地位日趋显著，旅游经济不断做强做大，迈出了崭新的发展步伐。民俗本色旅游区、红色旅游区、绿色生态旅游区相继开发，色彩斑斓，富有特色，旅游产业实现了从无到有、从小到大、从接待型向支柱产业型的转变。

三 甘南州旅游产业发展存在的问题

甘南州旅游产业的总体发展趋势是不断向前的，但与发达地区相比，无论是经济区位、地理区位、交通区位，还是社会发展、文化教育、思想观念等，甘南州都相对封闭或滞后；而在旅游产业的重要性上，旅游产业往往是甘南州脱贫致富、发展经济、推动社会进步的支柱之一，其经济价值属性一直以来都占据着主导地位。

（一）全州旅游发展速度较快，但缺乏以政府为主导的整合经营旅游资源的平台

虽然甘南州旅游业发展速度较快，但区域内各县均各自发展旅游业，各自为政，缺乏有效的合作机制，更不用说在政府主导下建立区域内的合作组织，这是目前甘南州旅游产业更进一步发展急需解决的机制问题。

（二）投资渠道单一，基本上靠政府投入，低投入，低产出

甘南州旅游业发展资金一般来自财政拨款。投资渠道单一，资金扶持欠缺是制约甘南州旅游业发展的主要因素。目前甘南州旅游产业发展资金主要来自于财政拨款，引用外资程度较小。

（三）旅游产品结构简单，产业链条延伸度低

目前甘南州旅游业的发展主要是依靠民族风情和自然风光为基础开发旅游产品，传统的畜牧业、中草药加工业、民族工艺品加工业等旅游产品的开发还处在较低的层次，如在旅游娱乐方面产品单一，只有民族歌舞，且很难与旅游者融为一体，缺乏参与性，难以形成持久的吸引力和生命力。民族旅游产品的开发缺乏多元化，旅游产品和项目动态仪式性的开发还相对欠缺，旅游项目的丰富程度不够。这是甘南州解决旅游产业发展多元化发展，旅游产业结构多元化的制约瓶颈。

（四）旅游专业人才非常缺乏

近年来，甘南旅游业发展势头迅猛，随之而来的是，旅游人才紧缺、人才结构不合理、管理者队伍学历偏低、人才开发工作的不平衡性等问题越来越明显，这些问题与甘南州建设旅游强州对人才培养提出的数量和质量要求差距甚大。对于旅游行业来说，入行门槛虽低，但不同岗位、不同层次职位都有相应要求。在甘南州旅游业的发展过程中，人才建设滞后于市场需求的问题日渐突出，以致旅游纠纷、“宰客”乱象不断。目前人才匮乏已经成为甘南州旅游产业发展的最大障碍。

（五）其他产业的发展与旅游产业高速发展之间存在协调性矛盾

在甘南州经济发展的过程中我们可以看出，第一产业比重过高，第二产业比重低而不稳，第三产业中其他产业的增长速度相对较慢，这说明，甘南州产业结构的合理化程度低，从而进一步影响到产业结构的高度化发展，更不用说产业结构的高效问题了。然而产业中的某个部门的发展是以其他产业协调发展为基础的，旅游业的高度发展需要具有与之相匹配的产业结构来支撑，而甘南州的产业结构现状并非如此，这就形成了甘南州旅游产业的发展“瓶颈”。因此，如何通过旅游产业的发展来带动相关产业的发展，来实现产

业的协调化、高度化则显得至关重要。

（六）旅游产业发展过程中过度追求经济价值而忽视其他价值

甘南州旅游产业运行发展已近30年，长期以来一直奉行以经济效益导向型的价值基准作为旅游业发展的目标。然而，旅游产业的发展与生态环境、社会、文化、人的发展等之间存在较大的关联，在民族地区更是与民族文化的传承和发展和人的发展紧密关联。在甘南藏族自治州，无论是旅游发展成熟的地区还是刚刚开始发展旅游的地区，对民族文化的传承和环境的保护，尤其是人的发展并没有引起相关部门的高度重视。发展民族地区旅游产业不仅仅是为了获得经济收益，更重要的是促进生态环境、文化环境、社会环境、人的成长环境的改善和发展，甘南藏族自治州也不例外。因此，甘南州当地居民的发展应是今后政府和行业应该重点关注的问题之一。

第二节 旅游对甘南州社会文化变迁的影响研究

民族地区旅游业的快速发展，得益于民族地区富有特色的旅游资源，我国的民族地区主要分布在西北、西南地区，处于西南地区的云南、广西等地的旅游业发展已经相当成熟，旅游发展对民族地区的影响也越来越大。近年来，人们开始关注旅游发展给民族地区带来的社会文化影响，尤其是文化商品化、文化失真性、“伪民俗”等一些社会文化变迁的负面影响。学术界对于旅游发展中民族地区的社会文化变迁研究，从开始的对文化变迁现象的定性描述、原因的分析到实证研究中进行实地调查，通过数据统计分析，制定相关的文化保护策略，再到现今学者们从多学科视角入手，运用多学科理论探讨民族地区社会文化变迁的调适机制，很多学者借鉴西方学者研究成果，从居民感知角度制定居民感知量表，利用模糊数学、结构方程等一些数学方法，评价分析民族地区社会文化变迁的现状。甘南藏族自治州是甘肃唯一的文化传统保护比较完整的少数民族地区，近年来旅游业的发展给甘南社会文化带来了很大的负面影响。学者们对甘南旅游影响的研究成果较多，主要以定性分析和调查问卷统计分析为主，居民感知是主要的研究视角，运用定量研究的方法较少，本书采用多层次灰色评价方法，以定量研究的方法，结合人类学理论，以增强人们对甘南旅游社会文化变迁的客观性认识。

一　旅游对甘南州社会文化变迁的影响研究

（一）调查设计及数据来源

为了深入了解甘南旅游业发展中社会文化的变迁情况，调研组设计了《甘南藏族自治州旅游业发展调查问卷情况》，调查内容分为两个部分，第一部分为甘南藏族自治州被调查者的基本信息，第二部分为主要调查内容。在此主要采用调查问卷中被调查者的基本信息和旅游影响中的社会文化影响部分，研究的调查对象为甘南居民。

第一部分，被调查者基本信息，采用封闭式单项选择题的形式，主要包括“居住地”、“年龄”、“月收入”、“性别”、“民族”、“受教育程度”、“职业”7项内容，用于反映调查样本的人口学基本特征。

第二部分，主要内容，除了“职业与旅游业”的关系调查采用“是”、“否”两个选择以外，其他涉及对甘南旅游业的了解、了解途径、对旅游业发展态度、对外来游客的态度、对旅游业发展满意度、旅游业影响等主观性比较强的方面，均采用李克特五级量表法，在统计中赋予1、2、3、4、5分值，方便后期数据统计。

调研组于2014年8月到甘南进行调研，调研以发放调查问卷的形式展开，总共发放问卷500份，回收444份，有效率达88.8%。调研中，为了使收集到的数据具有较强的科学性，问卷发放采取随机抽样的形式，发放范围覆盖了甘南州的七县一市；为了强调对甘南当地社会文化变迁的深刻认识，调查对象选取当地的居民，包括从事旅游相关行业和其他职业的居民；调研地点除了一些景区，还包括距离景区较远的村镇。此外，调研还得到了当地政府相关部门的帮助。

（二）调查样本的人口学特征

调查样本的人口学特征分析是获取研究对象第一手资料的基础性工作，对研究旅游目的地旅游业发展对社会文化的影响具有重要作用。本书主要通过被调查者对甘南旅游业发展的直观感知进行相关研究，样本中人口学特征主要包括被调查者的居住地、性别、年龄、民族、职业、月收入、受教育程度7个方面，其涵盖了旅游影响研究的个人因素和社会因素（见表8—2）。

表8—2　**甘南藏族自治州旅游业发展调查人口学统计**

样本类别		样本数（人）	百分比（%）
居住地	合作市	98	22.07
	夏河	72	16.22
	碌曲	151	34.01
	卓尼	15	3.38
	玛曲	22	4.95
	舟曲	29	6.53
	临潭	22	4.95
	阿坝	6	1.35
	临夏	8	1.80
	其他	21	4.73
性别	男	223	50.23
	女	221	49.77
年龄	18岁以下	24	5.41
	18—25岁	162	36.49
	26—35岁	154	34.68
	36—45岁	68	15.32
	46—60岁	25	5.63
	60岁以上	11	2.48

续表

样本类别		样本数（人）	百分比（%）
民族	汉族	150	33.78
	藏族	242	54.50
	回族	41	9.23
	白族	5	1.13
	其他	6	1.35
受教育程度	大学本科及以上	144	32.43
	大学专科、高职	130	29.28
	中专及高中	97	21.85
	初中及以下	73	16.44
职业	政府工作人员	153	34.46
	企事业管理人员	24	5.41
	专业/科教人员	41	9.23
	服务/销售/商贸人员	59	13.29
	工人	29	6.53
	农牧民	33	7.43
	军人	1	0.23
	离退休干部	3	0.68
	学生	52	11.71
	新闻工作者	4	0.90
	自由职业者	29	6.53
	其他	16	3.60
月收入	1000元以下	97	21.85
	1000—1999元	88	19.82
	2000—3499元	179	40.32
	3500—5000元	67	15.09
	5000元以上	13	2.93

根据调查问卷统计分析表明，甘南藏族自治州居民群体的男女比例几乎各占一半，其中男性比女性多两人；从居住地来看，大多属于甘南所辖县、市，其比例占到样本总数的90%以上，说明调查对象对甘南的旅游业发展有相当全面的了解，增加了调查数据的可靠性；年龄主要集中在18—25岁、26—35岁两个阶段中，该阶段人群具有一定的经济基础，而且对旅游的认知较高；民族主要以汉族和藏族为主，其中藏族占到54.50%，民族属性明显，说明调查对象中涉及的甘南本地人较多，对甘南的特色民族旅游发展状况认识更加清晰；调查对象受教育程度相对较高，主要集中在大学本科及以上和大学专科、高职等程度，其比例分别占到32.43%和29.28%；职业方面以政府工作人员最多，其次是服务、商贸人员和学生；月收入主要集中在1000—1999元、1999—3499元两个范围。

综上所述，可见调查对象主要是甘南本地人，且以藏族人居多，有鲜明的民族特色；同时从职业、年龄、受教育程度和月收入来看，主要集中在收入客观、具有一定经济基础和消费能力的人群，学历相对较高，年龄和职业集中范围都显示了调查对象对旅游业发展认识程度较高；性别方面男女比例基本持平，说明调查获取信息比较全面，男、女对不同旅游资源的偏好差别不大。

（三）旅游业对甘南藏族自治州社会文化的影响

调查问卷第二部分对旅游业发展对甘南社会发展方面做了详细调查，调查因子主要涉及旅游对甘南经济的影响、社会文化的影响和环境的影响，其中旅游对甘南社会文化的影响是本书的主要内容。表8—3中所列数据，反映了旅游发展对甘南社会文化的影响，主要涉及民族文化建筑、饮食文化、服饰文化、价值观、语言文字等12个方面，其涵盖了社会文化的各个方面，调查比较全面。同时，调查将具有很大主观性的社会文化要素通过等级划分和变化趋势做了详细的描述，不仅便于信息采集，还使调查数据更加具有可信度。

表 8—3　　甘南藏族自治州社会文化要素变迁数据统计

要素	极大扩大		扩大		无变化		缩小		极小缩小	
	频数（人）	百分比（%）	频数（人）	百分比（%）	频数（人）	百分比（%）	频数（人）	百分比（%）	频数（人）	百分比（%）
民族文化建筑	79	17.79	248	55.86	117	26.35	0	0	0	0
饮食文化	54	12.16	269	60.59	121	27.25	0	0	0	0
服饰文化	62	13.96	230	51.80	152	34.23	0	0	0	0
娱乐活动	30	6.76	245	55.18	142	31.98	25	5.63	2	0.45
女性地位	38	8.56	204	45.95	180	40.54	17	3.82	5	1.13
犯罪现象	26	5.86	141	31.76	131	29.50	125	28.15	21	4.73
人际关系	57	12.84	256	57.66	102	22.97	25	5.63	4	0.90
消费方式	64	14.41	275	61.94	105	23.65	0	0	0	0
语言文字	70	15.77	253	56.98	121	27.25	0	0	0	0
宗教信仰	42	9.46	143	32.21	259	58.33	0	0	0	0
价值观	52	11.71	268	60.36	124	27.95	0	0	0	0
文明程度	45	10.14	301	67.79	78	17.57	19	4.28	1	0.23

从图 8—3 可以看出，旅游发展给甘南社会文化带来了很大的变化，不管是民族文化建筑、饮食文化、娱乐活动等一些显性的社会文化，还是价值观、文明程度、消费方式等一些隐性的社会文化，都发生了显著的变化。调查所涉及的 12 个要素中，只有犯罪现象和宗教信仰变化相对较小，这说明甘南民风淳朴，旅游业的发展促进了文明程度的提升，犯罪等不良社会现象较少；58.33%的人认为旅游发展过程中甘南的宗教信仰没有变化，可见宗教信仰作为少数民族地区非常重要的文化要素，旅游的发展对宗教信仰的神圣性产生了一定的冲击，但是相对其他文化要素则比较稳定（见表 8—4）。

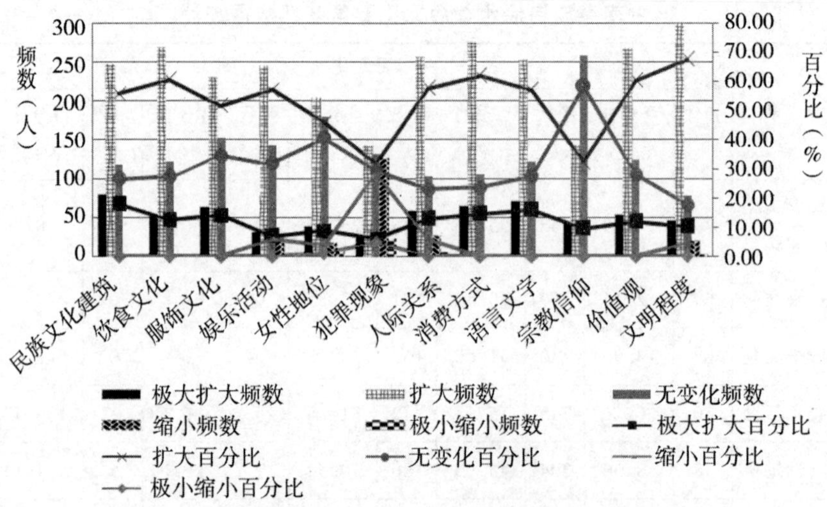

图 8—3　甘南藏族自治州社会文化要素变迁数据统计图

表 8—4　　甘南藏族自治州社会文化要素变迁统计

要素	极大扩大+扩大		无变化		缩小+极小缩小	
		百分比（%）		百分比（%）		百分比（%）
民族文化建筑	改变	73.65	无变化	26.35		
饮食文化	改变	72.75	无变化	27.25		
服饰文化	改变	65.76	无变化	34.23		
娱乐活动	丰富	61.94	无变化	31.98	减少	6.08
女性地位	提高	54.51	无变化	40.54	减少	4.95
犯罪现象	增加	37.62	无变化	29.50	减少	32.88
人际关系	改善	70.50	无变化	22.97	恶化	6.53
消费方式	改变	76.35	无变化	23.65		
语言文字	改变	72.75	无变化	27.25		
宗教信仰	改变	41.67	无变化	58.33		
价值观	改变	72.07	无变化	27.93		
文明程度	提高	77.93	无变化	17.57	降低	4.51

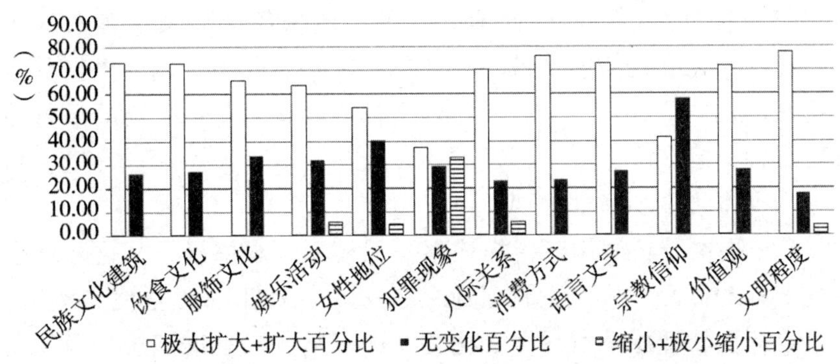

图 8—4 甘南藏族自治州社会文化要素变迁统计图

调查问卷采用分要素描述其变化趋势的方式对甘南藏族自治州社会文化的变迁做了统计，每个社会文化要素按照旅游业发展对其产生的影响进行描述，描述了民族文化建筑、饮食文化、服饰文化、价值观、宗教信仰、语言文字和消费方式 7 个方面受旅游业发展影响产生的变化大小，除宗教信仰以外，其他要素均受旅游业影响变化较大（见图 8—4）；对女性地位、人际关系、娱乐活动、犯罪现象和文明程度分别按其产生的正面影响和负面影响大小进行描述，受旅游发展的影响，其中女性地位和文明程度得到很大的提高，娱乐活动也越来越丰富，人际关系改善程度较大，而犯罪现象的比例则明显降低，这说明旅游业的发展也给甘南社会文化变迁带来有利的影响。

（四）旅游对甘南藏族自治州社会文化变迁影响的综合评价

1. 建立评价指标体系

为了更科学地评价旅游对甘南藏族自治州的社会文化变迁的影响程度，评价指标体系的设计与建立必须遵循以下原则：

（1）科学性和全面性原则。指标体系应建立在充分认识和系统研究的基础之上，提炼出反映社会文化变迁的各要素，并就甘南作为民族地区，考虑到其文化的特点，结合实际情况具体分析。

（2）层次性原则。根据评价目标运用层次分析法原理，将复杂的评价指标进行分层，明确归类，便于构建评价体系。

（3）针对性和可操作性原则。由于地域环境和文化背景的不同，社会文化变迁研究结果存在差异。本书以甘南为例，根据甘南作为民族地区的特点，充分考虑到指标的量化、数据采集的可行性和可靠性。

2．评价指标体系的框架

基于层次分析法构建指标体系框架模型，本书根据文化和社会文化变迁的概念，按照文化系统的三分法，提出3分量框架模型：一是目标层，即旅游对社会文化变迁的影响；二是准则层，即物质文化、行为文化、精神文化；三是指标层，物质文化指标、行为文化指标、精神文化指标，即二级评价指标。

3．评价指标的选取

本书采用理论分析法和专家咨询法，并结合旅游业发展影响下甘南社会文化变迁的实际情况，选择能够反映变迁程度的指标，所选指标没有进行正、负影响效果的区分，只关注影响作用的大小。经过反复比较，最后选出最具代表性的物质文化指标、行为文化指标和精神文化指标共12个。调查问卷设计中，采用李克特5级量表对12个指标的变化程度进行等级划分，赋值5、4、3、2、1，分别代表"极大扩大"、"扩大"、"无变化"、"缩小"、"极小缩小"五个等级，调研中请甘南当地居民根据所列指标的变化程度进行打分。

指标的最后选取分两步完成：第一步，采用统计软件SPSS19.0对回收的444份有效问卷进行随机抽样，获取33个样本数据；对随机样本进行数据统计，再通过均值和标准差的计算来表示被调查者的"意见集中度"和"意见协调度"，其中均值越大，则该指标所反映的变化程度越大；标准差在0.5—0.8之间则表示被调查者意见的离散程度较小，则该指标的争议就越小。按照上述的指标等级划分标准，统计结果中显示12个指标的均值都大于3，如表8—5所示。其中民族文化建筑的均值大于4，说明该指标所反映的变化程度较大，其余各项指标除了女性地位、犯罪现象和宗教信仰3项，都小于3.5，说明所选指标所反映的变化程度都较小。

表 8—5　**指标均值及标准差**

指标	均值	标准差
民族文化建筑	4.06	0.609
饮食文化	3.88	0.545
服饰文化	3.79	0.600
娱乐活动	3.64	0.742
女性地位	3.48	0.667
犯罪现象	3.06	0.788
人际关系	3.73	0.761
消费方式	3.88	0.545
语言文字	3.85	0.508
宗教信仰	3.48	0.619
价值观	3.76	0.561
文明程度	3.91	0.678

第二步，首先，采用统计软 SPSS19.0 对 12 个指标进行信度的检验，得到 Alpha 值为 0.709，说明该问卷调查得到的数据可以使用。其次，对 12 个指标的数据按照物质文化、行为文化和精神文化 3 个一级指标归类并进行相关性分析。如表 8—6 所示，分析结果表明民族文化建筑、饮食文化和服饰文化 3 个指标之间存在正向的高相关，而且都在 0.05 的水平上显著相关。

表 8—6　**物质文化相关性**

		服饰文化	饮食文化	民族文化建筑
服饰文化	Pearson 相关性	1	0.397*	0.378*
	显著性（双侧）		0.022	0.03
	N	33	33	33
饮食文化	Pearson 相关性	0.397*	1	0.399*
	显著性（双侧）	0.022		0.021
	N	33	33	33

续表

		服饰文化	饮食文化	民族文化建筑
民族文化建筑	Pearson 相关性	0.378*	0.399*	1
	显著性（双侧）	0.03	0.021	
	N	33	33	33

注：* 表示在 0.05 水平（双侧）上显著相关。

同理，娱乐活动、消费方式、语言文字、女性地位、犯罪现象、人际关系 6 个指标之间存在高相关关系，且在 0.01 和 0.05 水平上显著相关；宗教信仰、价值观和文明程度 3 个指标之间存在高相关关系，都在 0.05 水平上显著相关。

综上所述，社会文化变迁的影响评价体系由物质文化、行为文化和精神文化 3 个一级指标和民族文化建筑等 12 个二级指标，共 3 个层次，构成评价体系如图 8—5 所示。

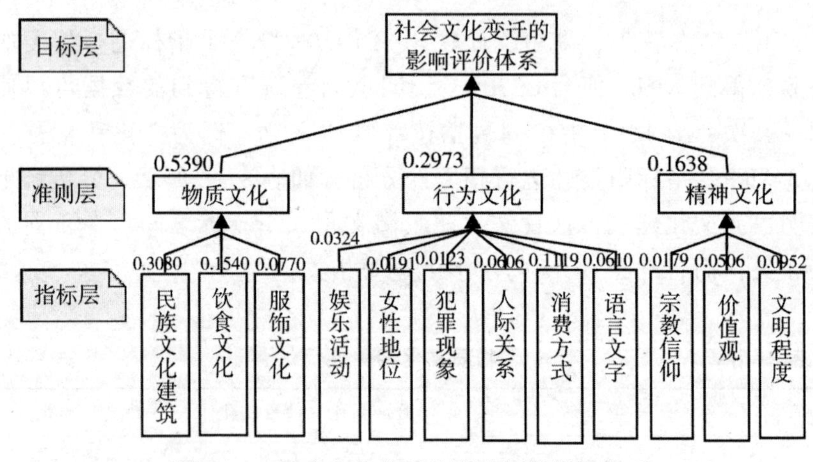

图 8—5　社会文化变迁的影响评价指标体系

4. 确定评价指标权重

请 10 位不同学科领域的专家对选出的指标两两进行重要性比较评价，按照德尔菲法的原理，将评价结果汇总，运用层次分析法软件（AHP）9.2，得到评价指标的权重，并完成一致性检验，如表 8—7 所示。

表 8—7　　一级评价指标权重及一致性

社会文化变迁的影响评价体系	行为文化	物质文化	精神文化	权重	一致性	λ_{max}
行为文化	1	0.5	2	0.2933	0.0089 < 0.1	3.0092
物质文化	2	1	3	0.1638		
精神文化	0.5	0.3333	1	0.5390		

由表 8—7 可以看出，甘南社会文化变迁影响评价体系中，精神文化的权重最大，行为文化次之，物质文化最小。通过检验，得到一致性 $CR = 0.0089 < 0.1$，说明专家打分构建的判断矩阵具有比较满意的一致性。

同理，以三个一级评价指标为准则，对 12 个二级指标进行权重打分，构建判断矩阵，运用层次分析法软件（AHP）9.2，得到相应的指标权重，通过检验，3 个判断矩阵的一致性 CR 均小于 0.1，具有比较满意的一致性（见表 8—8 至表 8—10）。

表 8—8　　二级指标权重及一致性

物质文化	服饰文化	饮食文化	民族文化建筑	权重	一致性	λ_{max}
服饰文化	1	0.5	0.25	0.1429	0	3
饮食文化	2	1	0.5	0.2857		
民族文化建筑	4	2	1	0.5714		

表 8—9　　二级指标权重及一致性

行为文化	消费方式	人际关系	犯罪现象	女性地位	娱乐活动	语言文字	权重	一致性	λ_{max}
消费方式	1	3	6	5	4	2	0.3764	0.0416	6.2619
人际关系	0.3333	1	4	3	2	2	0.2037		
犯罪现象	0.1667	0.25	1	0.5	0.25	0.2	0.0414		
女性地位	0.2	0.3333	2	1	0.5	0.25	0.0644		
娱乐活动	0.25	0.5	4	2	1	0.3333	0.1089		
语言文字	0.5	0.5	5	4	3	1	0.2052		

表 8—10　**二级指标权重及一致性**

<table>
<tr><th>精神文化</th><th>文明程度</th><th>价值观</th><th>宗教信仰</th><th>权重</th><th>一致性</th><th>λ_{max}</th></tr>
<tr><td>文明程度</td><td>1</td><td>2</td><td>5</td><td>0. 5813</td><td rowspan="3">0. 0036</td><td rowspan="3">3. 0037</td></tr>
<tr><td>价值观</td><td>0. 5</td><td>1</td><td>3</td><td>0. 3092</td></tr>
<tr><td>宗教信仰</td><td>0. 2</td><td>0. 3333</td><td>1</td><td>0. 1096</td></tr>
</table>

故一级指标 U_i（$i=1$，2，3）的权重向量 $A=(a_1, a_2, a_3)=(0.1638, 0.2933, 0.5390)$；二级指标 U_{1j}（$j=1$，2，3）的权重向量 $A_1=(a_{11}, a_{12}, a_{13})=(0.5714, 0.2857, 0.1429)$；$U_{2j}$（$j=1$，2，3，4，5，6）的权重向量 $A_2=(a_{21}, a_{22}, a_{23}, a_{24}, a_{25}, a_{26})=(0.1089, 0.0644, 0.0414, 0.2037, 0.3764, 0.2052)$；$U_{3j}$（$j=1$，2，3）的权重向量 $A_3=(a_{31}, a_{32}, a_{33})=(0.1096, 0.3092, 0.5813)$。即甘南旅游发展对社会文化变迁影响的评价体系如表 8—11 所示。

表 8—11　**旅游对甘南藏族自治州社会文化变迁的影响评价指标体系**

<table>
<tr><th>目标</th><th>一级指标</th><th>权重</th><th>二级指标</th><th>权重</th></tr>
<tr><td rowspan="12">社会文化变迁的影响评价体系</td><td rowspan="3">物质文化 U_1</td><td rowspan="3">0. 1638</td><td>民族文化建筑 U_{11}</td><td>0. 5714</td></tr>
<tr><td>饮食文化 U_{12}</td><td>0. 2857</td></tr>
<tr><td>服饰文化 U_{13}</td><td>0. 1429</td></tr>
<tr><td rowspan="6">行为文化 U_2</td><td rowspan="6">0. 2933</td><td>娱乐活动 U_{21}</td><td>0. 1089</td></tr>
<tr><td>女性地位 U_{22}</td><td>0. 0644</td></tr>
<tr><td>犯罪现象 U_{23}</td><td>0. 0414</td></tr>
<tr><td>人际关系 U_{24}</td><td>0. 2037</td></tr>
<tr><td>消费方式 U_{25}</td><td>0. 3764</td></tr>
<tr><td>语言文字 U_{26}</td><td>0. 2052</td></tr>
<tr><td rowspan="3">精神文化 U_3</td><td rowspan="3">0. 5390</td><td>宗教信仰 U_{31}</td><td>0. 1096</td></tr>
<tr><td>价值观 U_{32}</td><td>0. 3092</td></tr>
<tr><td>文明程度 U_{33}</td><td>0. 5813</td></tr>
</table>

5. 计算评价指标的综合影响值

第一步，采用李克特五级量表。

使用李克特五级量表将二级评价指标的评价值定为5、4、3、2、1，分别代表“很大”、“大”、“一般”、“不大”、“很小”五个影响程度，当评价值介于两相邻等级之间时，评价值为4.5、3.5、2.5、1.5。

第二步，确定样本矩阵。

多层次灰色评价方法，多采用专家直接打分的方法，确定指标评价等级，构建评价矩阵。考虑到专家打分全凭专家的经验，同时专家对当地的了解有限，形成的评价矩阵主观性太大。本书为了增加评价指标的客观性，在请4位对甘南非常了解的专家打分的基础上，再加上随机抽样的33份问卷中统计的指标评价值的均值作为一组分值，共5组构成评价矩阵 D：

$$D=\begin{bmatrix} d_{111} & d_{112} & d_{113} & d_{114} & d_{115} \\ d_{121} & d_{122} & d_{123} & d_{124} & d_{125} \\ \cdots & \cdots & \cdots & \cdots & \cdots \\ d_{211} & d_{212} & d_{213} & d_{214} & d_{215} \\ \cdots & \cdots & \cdots & \cdots & \cdots \\ \cdots & \cdots & \cdots & \cdots & \cdots \\ d_{311} & d_{312} & d_{313} & d_{314} & d_{315} \\ \cdots & \cdots & \cdots & \cdots & \cdots \\ d_{331} & d_{332} & d_{333} & d_{334} & d_{335} \end{bmatrix}$$

代入具体数值得到矩阵 D^T：

$$D^T=\begin{bmatrix} 5 & 4 & 3.5 & 4 & 3 & 3 & 4 & 4.5 & 4 & 3 & 4 & 4 \\ 4.5 & 3.5 & 4.5 & 3.5 & 4 & 3 & 3.5 & 5 & 4.5 & 3 & 3 & 3.5 \\ 4 & 4.5 & 3.5 & 4.5 & 3.5 & 3 & 4.5 & 3.5 & 3.5 & 3.5 & 3.5 & 4.5 \\ 3.5 & 3.5 & 4 & 3.5 & 3 & 3.5 & 4 & 4.5 & 4.5 & 3.4 & 4.5 & 4 \\ 4.06 & 3.88 & 3.79 & 3.64 & 3.48 & 3.06 & 3.73 & 3.88 & 3.85 & 3.48 & 3.76 & 3.91 \end{bmatrix}$$

第三步，确定评价灰类。

根据上文的灰类选取，确定“很大”、“大”、“一般”、“不大”、“很小”5个灰类，灰数取值范围和其白化函数表达方式如下：

第1灰类“很大”（$e=1$），设定灰数 $\otimes_1 \in [5, \infty)$ 白化权函数如图8—6（a）；第2灰类“大”（$e=2$），设定灰数 $\otimes_2 \in [0, 4, 8)$ 白化权函数如图8—6（b）；第3灰类“一般”（$e=3$），设定灰数 $\otimes_3 \in [0, 3, 6)$ 白化权函数如图8—6（c）；第4灰类“不大”（$e=4$），设定灰数 $\otimes_4 \in [0, 2, 4)$ 白化权函数如图8—6（d）；第5灰类“很小”（$e=5$），设定灰数 $\otimes_5 \in [0, 1, 2)$ 白化权函数为图8—6（e）。

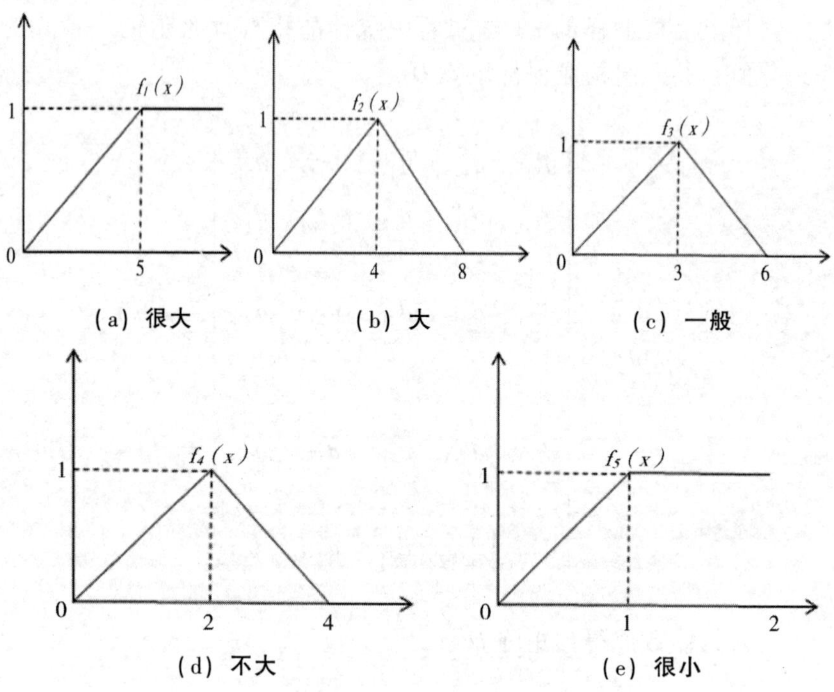

（a）很大　（b）大　（c）一般

（d）不大　（e）很小

图8—6　灰数取值范围及其白化函数表述方式

第四步，计算灰色评价系数。

设 k（$k=1, 2, 3, 4, 5$）为矩阵中每个指标的5组分值，以第一个指标民族文化建筑 U_{11} 为例，当 $e=1$ 时，灰色评价系数 X_{111} 为：

$$X_{111}=\sum_{k=1}^{5}(d_{11k})=f_1(d_{111})+f_1(d_{112})+f_1(d_{113})+f_1(d_{114})+f_1(d_{115})$$
$$=f_1(5)+f_1(4.5)+f_1(4)+f_1(3.5)+f_1(4.06)=4.212$$

同理，e=2 时，$X_{112}=4.485$；e=3 时，$X_{113}=2.98$；e=4 时，$X_{114}=0.25$；e=5 时，$X_{115}=0$，则评价指标 U_{11}的总体灰色评价系数为 X_{11}：

$$X_{11}=\sum_{k=1}^{5}X_{11e}=X_{111}+X_{112}+X_{113}+X_{114}+X_{115}=11.927$$

第五步，确定评价灰类向量。

将计算得到的第 e 个评价灰类的灰色评价权向量记为 r_{111}，则当 e=1 时，灰色评价权向量 r_{111}为：

$$r_{111}=\frac{X_{111}}{X_{11}}=0.3531$$

同理，$r_{112}=0.3760$，$r_{113}=0.2499$，$r_{114}=0.0210$，$r_{115}=0$。

故旅游发展对甘南社会文化变迁的影响评价指标 U_{11}对于各灰类的灰色评价向量 r_{11}为：

$r_{11}=(r_{111},r_{112},r_{113},r_{114},r_{115})=(0.3531,0.3760,0.2499,0.0210,0)$

同理，可以计算 r_{12}，r_{13}；r_{21}，r_{22}，r_{23}，r_{24}，r_{25}，r_{26}；r_{31}，r_{32}，r_{33}。则旅游对甘南社会文化变迁的影响评价指标 U_1所属的 U_{1j}（j=1，2，3），U_2所属的 U_{2j}（j=1，2，3，4，5，6），U_3所属的 U_{3j}（j=1，2，3）对于各灰类的灰色评价矩阵 R_1，R_2，R_3为：

$$R_1=\begin{bmatrix}r_{11}\\r_{12}\\r_{13}\end{bmatrix}=\begin{bmatrix}0.3531 & 0.3760 & 0.2499 & 0.0210 & 0\\0.3083 & 0.3655 & 0.2816 & 0.0445 & 0\\0.3036 & 0.3599 & 0.2889 & 0.0476 & 0\end{bmatrix}$$

$$R_2=\begin{bmatrix}r_{21}\\r_{22}\\r_{23}\\r_{24}\\r_{25}\\r_{26}\end{bmatrix}=\begin{bmatrix}0.3023 & 0.3581 & 0.2859 & 0.0537 & 0\\0.2517 & 0.3147 & 0.3217 & 0.1119 & 0\\0.2217 & 0.2772 & 0.3429 & 0.1582 & 0\\0.3173 & 0.3765 & 0.2753 & 0.0310 & 0\\0.3623 & 0.3681 & 0.2434 & 0.0263 & 0\\0.3336 & 0.3760 & 0.2637 & 0.0266 & 0\end{bmatrix}$$

$$R_3 = \begin{bmatrix} r_{31} \\ r_{32} \\ r_{33} \end{bmatrix} = \begin{bmatrix} 0.2517 & 0.3147 & 0.3217 & 0.1119 & 0 \\ 0.2929 & 0.3466 & 0.2925 & 0.0679 & 0 \\ 0.3219 & 0.3822 & 0.2719 & 0.0239 & 0 \end{bmatrix}$$

第六步，计算综合评价影响值。

由计算得到的各灰色评价矩阵，可以得出一级指标 U_1，U_2，U_3 的综合评价结果 B_1，B_2，B_3 为：

$B_1 = A_1 \times R_1 =$（0.3332，0.3707，0.2645，0.0315，0）

$B_2 = A_2 \times R_2 =$（0.3270，0.3631，0.2679，0.0413，0）

$B_3 = A_3 \times R_3 =$（0.3052，0.3638，0.2838，0.0472，0）

由 B_1，B_2，B_3 得到旅游对甘南社会文化变迁的总灰色评价矩阵：

$$R = \begin{bmatrix} B_1 \\ B_2 \\ B_3 \end{bmatrix} = \begin{bmatrix} 0.3332 & 0.3707 & 0.2645 & 0.0315 & 0 \\ 0.3270 & 0.3631 & 0.2679 & 0.0413 & 0 \\ 0.3052 & 0.3638 & 0.2838 & 0.0472 & 0 \end{bmatrix}$$

即综合评价结果：

$B = A \times R =$（0.3150，0.3633，0.2749，0.0427，0）

计算指标综合评价值：

各评价灰类等级化向量 $C =$（1，2，3，4，5），则旅游对甘南社会文化变迁影响的综合评价值：

$W = B \times C^T =$（0.3150，0.3633，0.2749，0.0427，0）×（5，4，3，2，1）^{T} = 3.9383

旅游对甘南社会文化变迁物质文化、行为文化和精神文化的影响分别为 W_1，W_2，W_3：

$W_1 = B_1 \times C^T =$（0.3332，0.3707，0.2645，0.0315，0）×（5，4，3，2，1）^{T} = 4.0053

$W_2 = B_2 \times C^T =$（0.3270，0.3631，0.2679，0.0413，0）×（5，4，3，2，1）^{T} = 3.9737

$W_3 = B_3 \times C^T =$（0.3052，0.3638，0.2838，0.0472，0）×

$(5, 4, 3, 2, 1)^T = 3.927$

6. 评价结果分析

第一，旅游对甘南藏族自治州社会文化变迁的影响程度较大。

通过上述计算结果可以看出，旅游发展对甘南藏族自治州社会文化变迁的影响综合评价值为3.9383，分值介于评价等级“大”（4）与“一般”（3）之间，说明旅游对甘南社会文化变迁的影响程度较大。同时，旅游对甘南社会文化的物质文化、行为文化、精神文化的影响评价值分别为4.0053，3.9737，3.927，即对物质文化的影响最大，其次是行为文化，对精神文化影响最小；三个分值之间差距不大，说明旅游影响程度都属较大范围。该评价结果与专家打分和调研数据分析一致，说明多层次灰色评价法适用于旅游对甘南社会文化变迁的影响评价分析，可以通过数据计算直观地认识到旅游发展对社会文化变迁的影响程度。

第二，旅游发展对物质文化的影响程度最大。

本书在甘南藏族自治州社会文化变迁评价研究中选取物质文化、行为文化、精神文化三个一级评价指标，计算结果得到的三个分值之间虽差距不大，但也说明了旅游发展对物质文化的影响最大。在社会文化的领域和范畴中，物质文化、行为文化和精神文化相比较，物质文化处于文化的最外层，在接受外来因素的影响中，物质文化是最敏感、反应最快的，因为像服饰、建筑、饮食等这些以物质形态存在的社会文化符号，在受到外来文化的影响时，它们的适应性变迁是不会与当地整个文化系统产生冲突的，是人们最容易接受的；而精神文化则处于最中心的位置，也最具有稳定性，是社会文化的核心；行为文化处于中间层，则一方面其变迁要与物质文化相适应，另一方面又受到精神文化的支配。所以，旅游发展对物质文化、行为文化和精神文化的影响中，物质文化受到外界影响最大。

在现代化进程中，人们对生活水平的要求越来越高，甘南藏族自治州旅游业的快速发展，促进了当地经济的发展，也为当地人提供了更多的就业机会，越来越多的当地人开始参与到旅游发展中，进一步促进了甘南藏族自治州的城市化进程。道路两旁各种现代化建筑林立，除了窗户纹饰涉及保留了传统的风格外，其他现代化设施一应俱全，传统的土坯房也越来越少；同时，在甘南越来越多的年轻人除了特定的节庆外，不再穿传统的民族服饰，他们的日常打扮与汉族人一样，在他们身上看不到明显的民族文化符号，一方面由于传统服饰制作面料和制作过程的改变，另一方面是从事游牧业的人也越来越少，使传统藏袍丧失了其原有的民族文化认同。在调查问卷数据统计中，民族文化建筑、饮食文化、服饰文化的变化百分比分别达到73.65%、72.75%和65.76%，足见其变化的显著性。

第三，行为文化层面中消费方式的贡献度最大。

通过计算二级指标的单项权重与对应上一级指标的权重之比来计算各个二级指标的贡献度，以更加明确旅游影响对甘南社会文化变迁中物质文化、行为文化和精神文化层面中起主导作用的因素。行为文化层面包括6个二级指标，其中消费方式对行为文化的贡献度为38.5%，语言文字和人际关系分别为20.7%、20.4%；其余指标贡献度均较小，娱乐活动、女性地位和犯罪现象的贡献度分别为10.7%、6%、3.7%。

甘南旅游发展中，人们对经济利益的过分追求，导致旅游给社会文化带来的负面影响越来越多，其中民族文化的“商品化”问题，成为民族旅游发展中最具争议的话题之一。马小京认为，“‘商品化’是指旅游使目的地社会关系深受市场交换规则的影响，一切吸引旅游者的东西都可以标上价格，在市场上买卖，由此而引发民族传统文化的一系列变迁，其意义是多重的”①。正是旅游发展中经济利益的市场性特征，打破了人们的传统消费观念，使人们误解了民族传统文化对旅游者的吸引力，开始通过各种方式将民族文化贴上价格标签，在展示和演绎中使特色传统文化成为一种消费品，丧失了其原有的真实性。同时，大量研究表明，旅游发展中民族旅游文化的商品化现象不仅仅代表了旅游对民族传统文化带来的负面影响，也是一种刺激传统文化变迁的因素，进而促进传统文化的不断调适与发展。

① 张文：《旅游影响——理论与实践》，社会科学文献出版社2007年版，第44—45页。

藏族人有自己的语言，但是近年来旅游业的发展，使藏语的发展和传承受到影响。甘南的客源市场以国内游客为主，但甘南每年接待的游客中，入境游客也占很大比重，国际客源市场以欧美市场为主，主要客源国包括英国、德国、美国、加拿大等。而来自世界各国各地区带有不同文化背景的人，特别是交流中的语言不通是最为突出的现象，为了实现与外国旅游者的交流畅通，甘南政府在注重旅游业相关人才培养的同时，甘南当地人也通过与旅游者接触，学会了一些常用的英语；同时，普通话的广泛使用，使藏语的使用频率越来越少，甚至很多年轻人不会说藏语和书写藏文，很大程度上造成了藏语在当地的流失，调查中占72.75%的人认为甘南的语言文字发生了很大的变化。

此外，经济的发展也使甘南的人际关系、女性地位发生了很大的变化，其中占70.50%的人表示旅游发展中人际关系得到了很大的改善，很多女性也开始从传统的劳作中解脱出来，参与到当地旅游发展的相关部门，占54.51%的人认为女性地位得到了很大的提高；然而旅游发展使甘南的犯罪等不良现象变化不大，对于这一现象，近29.50%的人认为无变化，32.88%的人认为在不断减少，这说明甘南民风淳朴。

第四，价值观和文明程度变化显著。

甘南藏族自治州作为少数民族地区，原本处在经济发展落后、文化强弱对比中的弱势文化地位，但是旅游发展的巨大经济价值冲击了传统的甘南社会文化模式，人们开始怀疑自己民族的传统文化，并逐渐转变思想观念。在与旅游者的交流接触中，旅游者携带的现代文化与当地民族的传统文化实现碰撞与交流，使当地人们开始寻求两种文化的适应性模式，这种适应性其实就是传统文化与现代文化碰撞中，传统文化对现代文化的妥协以及认同。旅游者与旅游目的地居民之间的交往，看似平等，实际是旅游者自身携带的强势文化，很大程度上挤压了旅游目的地居民的弱势文化，比如旅游者的价值观，在主客交往中都会对当地居民原有的价值观产生很大的冲击。在问卷统计中，价值观的变化百分比达到72.07%。

旅游业的发展提升了甘南文明程度，占77.93%的人这么认为。

作为一个相对封闭和落后的少数民族地区，旅游的发展打开了其封闭的大门，来自不同地域、拥有不同文化背景的旅游企业的入驻和旅游者的进入，将现代化文明也带进了甘南人们的视野，在现代文明与传统文化的碰撞与交流中，当地人的现代化意识也越来越强，文明程度也随之提升。对于甘南宗教信仰的改变，58.4%的人认为无变化，因为甘南藏族人口比重大，而且基本上全民信教，最为著名的拉卜楞寺是藏传佛教格鲁派六大宗主寺之一，是藏传佛教格鲁派最高佛教学府之一，被誉为“世界藏学府”，还有有名的郎木寺，甘南境内大小寺院多达120多处，历史悠久、底蕴深厚的藏传佛教文化吸引了国内外无数的旅游者前往朝觐、探秘。1980年拉卜楞寺重新对外开放，现已成为国家4A级旅游景区，是甘南州重要的旅游景点。宗教旅游的发展，使很多人提出宗教信仰“世俗化”的说法，在全民信教的甘南，虽然宗教信仰的程度较之以前有很大的变化，人们对佛教的虔诚度有所下降，宗教祈祷主要变为对生活现实的追求，但作为甘南传统文化最具代表性的部分，在当地人看来变化并不大。

综上所述，旅游对甘南社会文化变迁的影响较大，其中对物质文化的影响最大。行为文化层面中，消费方式的变化最大，说明旅游业发展带来的经济增长和旅游者的消费行为，很大程度影响了当地居民的传统消费观。精神文化作为文化最为核心的部分，也是最具稳定性的部分，从评价结果也可以看出其发生了很大的变化，其中文明程度变化最为显著。结合问卷数据统计和评价结果，可以看出，旅游发展对甘南社会文化变迁的积极影响也很大，如女性地位的提高、犯罪现象的减少、人际关系的改善、文明程度的提高和娱乐活动的丰富以及宗教信仰小范围的变迁。其他如民族文化建筑、饮食文化、服饰文化、语言文字、消费方式、价值观都发生了很大的变化，但是无法定性属于正向变迁还是逆向变迁。从传统文化保护方角度来看，这些方面的变化无疑是民族特色文化消退的表现，如建筑风格的改变、饮食和服饰的汉化、语言文字的流失，属于负面影响；从社会发展的角度来看，价值观、消费方式的变化，甚至建筑、服饰等方面的变化，都是人们认识世界，适应现代生活的改变，并无可厚非。所以，这些最具代表甘南社会文化的要素的变化，不能简单地用正面影响和负面影响来总结，只能认识受旅游影响发生变迁程度的大小。如果单纯从甘南旅游业的可持续发展来讲，这些文化要素的变迁，很大程度上表现为负面影响。

二　小结

通过甘南藏族自治州社会文化影响变迁的研究，得出以下几点结论：

（1）运用多层次灰色评价法评价了旅游对社会文化变迁的影响，结合层次分析法和灰色系统理论的优点，有效解决了旅游对社会文化变迁影响评价信息不确定、层次复杂的问题，实现了定性研究与定量研究的结合与转化，使得旅游对社会文化变迁的影响评价结果客观性更强，也使人们对旅游影响下社会文化变迁程度的认识变得更加直观化。

（2）根据社会文化的内涵和指标选取原则，确定物质文化、行为文化和精神文化为社会文化变迁的三个主要影响因素；结合甘南藏族自治州旅游发展负面影响的现实存在，经过反复比较，选取了社会文化中具有代表性的 12 个方面，建立一个由 3 个一级指标和 12 个二级指标构成的社会文化变迁评价体系。在评价指标体系的基础上，采用多层次灰色评价方法计算得到旅游对社会文化变迁的整体影响较大，其中对物质文化的影响最大，行为文化次之，精神文化最小，说明旅游影响与社会文化中的物质文化关联度最大。认识到这一点，就可以通过制定正确的文化保护策略，来指导甘南社会文化变迁正向发展，以减少旅游发展带来的负面影响。

（3）旅游对甘南社会文化变迁影响的 12 个要素中，其中正面影响包括女性地位的提高、人际关系的改善、犯罪现象的减少、文明程度的提高、娱乐活动的丰富和宗教信仰的微变化；其他要素的变化，结合甘南实际情况，单纯从旅游业的健康发展和文化保护的角度来看，负面影响大于正面影响。

（4）文化的习得性和传承性特征，决定了变迁是文化的永恒规律。旅游发展会不可避免地导致旅游目的地产生很多社会问题，但我们应该认识到社会文化变迁是一种正常现象，因为旅游影响下的社会文化变迁不仅是一种结果，即社会事实，还是一种发展，即社会文化发展方向，因此正确地认识这种结果和趋势，作出适应性的调整，在未来发展中减少变迁结果中的负面影响，指导变迁趋势正向发展，才能实现旅游目的地的可持续发展。

第三节　甘南州当地居民对旅游发展影响的感知研究

一　居民对旅游发展影响的感知

“感知”属于心理学范畴，是社会心理学中的重要概念，是指用以描述、解释、预测人们在受到事件、个人、社会集团和问题等刺激后所作出的反应。对于每一个体来说，感知是潜移默化的，只有自身所受到的刺激能够被感觉到时，感知才会在个体的行为和语言等外显方式中体现出来。[①] 心理学界将感知分成感觉及知觉两大类，其中感觉是指人脑对直接作用于感觉器官的客观事物的个别属性的反映；知觉是指人脑对直接作用于感觉器官的客观事物的各个部分和属性的整体反映。[②] 也就是说，感知是部分反映，知觉是整体反映。

居民的感知属于一种心理倾向，即对将要实施的行为做出的准备，可在一定程度上反映目的地在开展旅游活动、发展旅游事业中存在的问题与纰漏，可被视作旅游地旅游发展状况的“晴雨表”。

近年来，随着中国经济迈入新常态，作为现代服务业代表性产业的旅游业发展迅猛。旅游业在为旅游目的地提供良好的发展机遇的同时，亦给当地环境带来诸多不利影响。而当前目的地发展旅游业更多的是侧重于如何吸引外地游客到访，却往往忽视旅游发展对当地居民的影响以及居民对发展旅游业的态度与评价。如果当地居民长期受到旅游业发展带来的不利影响，不断触及他们的心理承载

---

① Knight, R. L., K. J. Gutzwiller, *Wildlife and Recreation: Co-existence Through Management and Research*, Washington, DC: Island Press, 1995.

② Laus De Albuquerque, Jerome Mcelroy, “Tourism and Crime in the Caribbean”, *Annals of Tourism Research*, Vol. 26, No. 4, 1999, pp. 968-984.

能力上限，那么长久发展下去，最终会导致目的地居民对旅游发展产生愤怒、抵触等诸多不良情绪。目的地居民作为旅游发展中具有举足轻重作用的利益相关者与参与者，其对旅游影响的感知与对旅游的态度对旅游业的良性发展发挥着非常重要的作用。

二　甘南州当地居民对旅游发展影响的感知研究

本书以甘南藏族自治州为实证研究对象，先后于 2012 年和 2013 年多次深入甘南州进行实地调研工作，通过运用相关基础理论，从居民的感知视角对旅游目的地的旅游影响做了较为深入的探析，分析了当地居民对旅游发展伴生的各种影响的感知程度，并且利用相关统计学方法研究分析了当地居民感知的差异。力求反映出最真实的民族地区当地居民之于旅游的感知和态度。

（一）居民对旅游影响感知分析

1. 样本人口学特征

在收集的 444 个样本中，就性别角度来说，男性 223 人，占 50.23%，女性 221 人，占 49.77%；属于甘南州的原住民有 402 人，比重为 90.54%。在年龄分布中，以 18—35 岁为主，比重达 71.17%，36—45 岁的人群紧随其后，占比 15.32%；民族统计中，以藏族为主（54.50%），汉族（33.78%）次之，其余还有回族、东乡族、白族等少数民族，大体与甘南州的民族构成相符；调查的样本中，受教育程度分布相对比较均匀，大学本科及以上为 32.43%，大学专科或高职为 29.28%，中专及高中占 21.85%，初中及以下占 16.44%；受访者的职业以政府工作人员和企事业管理人员为主（39.87%），依次为服务等商贸人员（13.29%）、学生（11.71%）、专业及科教人员（9.23%）、农牧民（7.43%）等；月收入主要集中在 2000—3499 元（40.32%），1000 元以下和 1000—1999 元所占比例接近，分别为 21.85%、19.82%，月收入 5000 元以上的仅占 2.93%；工作性质这一选项主要依据职业是否与旅游业相关划分为两类：旅游相关职业及无关旅游职业，样本统计中，旅游相关职业的人数比例为 27.7%。综上所述，样本人口具有一定的典型性和代表性。

2. 居民对旅游影响感知的信度分析

为了确保研究结果的可靠性，特对感知量表的27个题项进行了信度检验，本书采用SPSS19.0软件，结果显示其克朗巴哈系数为a=0.782（a值在0.7以上具有一致性)，由此可知量表信度可基本反映要测量的概念（见表8—12）。

表8—12　**可靠性统计与检测**

Cronbach's Alpha	项数
0.782	27

3. 居民对旅游影响感知的因子分析

对感知量表的27项指标数据进行球形度检验后，其KMO检验结果为0.81，大于0.7的推荐标准，Bartlett的球形度检验的值为3092.334，自由度为351，显著性概率为0（<0.05)，适合进行因子分析（见表8—13)。而后对数据进行方差最大正交旋转处理，萃取了8项特征值大于1的公因子，可以保留累积解释变异量58.893%（见表8—14)。

表8—13　**KMO和Bartlett的检验结果**

取样足够度的Kaiser-Meyer-Olkin度量	0.81
Bartlett的球形度检验近似卡方	3092.334
df	351
Sig.	0

表8—14　**因子提取和因子旋转的结果**

成分	初始方差贡献率			旋转后方差贡献率		
	特征值	方差贡献率（%）	累计方差贡献率（%）	特征值	方差贡献率（%）	累计方差贡献率（%）
1	4.974	18.422	18.422	3.109	11.513	11.513

续表

成分	初始方差贡献率			旋转后方差贡献率		
	特征值	方差贡献率（%）	累计方差贡献率（%）	特征值	方差贡献率（%）	累计方差贡献率（%）
2	3.148	11.66	30.082	2.587	9.581	21.094
3	1.828	6.77	36.852	2.389	8.849	29.943
4	1.46	5.408	42.26	1.887	6.987	36.93
5	1.325	4.908	47.167	1.605	5.943	42.873
6	1.106	4.097	51.264	1.59	5.889	48.762
7	1.042	3.861	55.125	1.446	5.356	54.117
8	1.017	3.768	58.893	1.29	4.776	58.893

表 8—15　**主成分因子载荷矩阵**

指标	提取因子							
	1	2	3	4	5	6	7	8
X_1 收入差距	0.094	0.278	-0.076	-0.068	0.075	0.272	0.598	0.022
X_2 物价水平	-0.092	0.033	0.122	0.065	-0.073	0.82	0.182	0.049
X_3 土地房屋价格	-0.047	0.114	0.016	0.018	0.089	0.819	-0.009	0.068
X_4 文明程度	0.067	-0.039	0.293	0.253	0.45	-0.117	0.4	0.025
X_5 娱乐活动	0.069	0.022	0.412	0.267	-0.072	-0.073	0.406	0.33
X_6 女性地位	0.012	0.042	0.152	0.174	0.103	0.041	0.673	-0.011
X_7 交通状况	-0.028	0.23	0.131	0.667	-0.033	0.067	0.168	0.011
X_8 社区卫生	0.141	0.101	0.097	0.69	0.111	0.057	0.07	-0.135
X_9 社区绿化	0.136	0.05	0.062	0.643	0.374	-0.047	-0.009	0.088
X_{10} 大气质量	0.728	0.076	-0.001	0.211	-0.029	0.169	-0.201	-0.089
X_{11} 土壤质量	0.845	0.052	-0.007	0.027	0.074	-0.041	0.056	-0.025
X_{12} 噪声污染	0.725	-0.003	-0.026	0.004	0.016	-0.141	0.139	-0.062
X_{13} 动植物数量	0.717	-0.017	0.026	-0.028	0.043	-0.123	0.122	0.139
X_{14} 水源质量	0.839	0.063	-0.023	0.096	0.076	0.036	-0.047	-0.096

续表

指标	提取因子							
	1	2	3	4	5	6	7	8
X_{15}基础设施	0.018	0.077	0.736	0.269	0.099	0.053	0.123	-0.009
X_{16}公共设施	-0.061	0.2	0.778	0.169	0.089	0.087	-0.04	0.013
X_{17}投资融资	-0.024	0.107	0.719	-0.109	0.183	0.009	0.095	0.018
X_{18}人际关系	0.128	0.028	0.17	0.264	0.558	0.043	0.224	-0.16
X_{19}语言文字	0.022	0.371	0.214	0.167	0.516	-0.042	-0.05	0.131
X_{20}消费方式	0.059	0.327	0.396	-0.026	0.433	0.182	0.029	0.041
X_{21}民族文化建设	0.014	0.56	0.036	-0.074	0.43	0.077	0.142	0.067
X_{22}价值观	-0.061	0.539	0.276	0.112	0.034	-0.003	0.197	-0.064
X_{23}宗教信仰	0.087	0.671	-0.105	0.028	0.211	0.086	-0.005	-0.04
X_{24}服饰文化	0.054	0.746	0.121	0.139	0.012	0.063	-0.002	0.006
X_{25}饮食文化	0.046	0.692	0.242	0.176	-0.139	0.006	0.069	0.063
X_{26}生活垃圾	-0.029	-0.074	0.037	0.069	0.229	0.094	-0.073	0.81
X_{27}犯罪现象	-0.104	0.118	0	-0.197	-0.285	0.056	0.128	0.624

表8—15的结果显示，各类因子的载荷情况存在差异，其中X_{10}—X_{14}上在第一类公因子载荷上得分很高，且都属于环境类，均值得分为2.61，故命名为环境成本。X_{22}—X_{25}在第二类公因子载荷上得分较高，反映了居民对旅游文化影响的感知，故命名为文化侵略。X_{15}—X_{17}在第三类公因子载荷上得分较高，结合均值等原因考虑，将三个指标统称为经济收益。X_7—X_9在第四类载荷上得分较高，重点考察了居民对文化影响的感知，且其中的指标项目最贴近居民的生活，故命名为“居民期待”。X_{18}—X_{21}在第五类公因子载荷上得分较高，权衡指标项目及均值得分情况，这类指标对旅游起到直接作用，故称为“旅游支持”。X_1—X_3在第六类公因子载荷上得分偏高，重点反映了居民对“经济成本”的感知。X_4—X_6、X_{26}—X_{27}分别在第七类、第八类公因子载荷上得分较高，依据指标和均值得分判断，可直接反映居民对于社会收益或成本的感知，所以命名

为“社会收益”和“社会成本”。

4. 居民对旅游影响感知分析

依据李克特量表等级评分划分标准，1<均值<2.5 为反对，2.5≤均值≤3.5 为中立，3.5<均值<5 为赞成。本书依据不同题项设置进行不同的表述，1—2.5 可表示“降低”、“恶化”、“减少”等，2.5—3.5 可表示无变化，3.5—5 可表示“提高”、“改善”、“增加”等。

从表 8—16 可发现，均值最大的两项是经济成本和经济收益，得分分别为 3.96 和 3.94，且标准差均偏小。在经济成本中，根据题项可知居民普遍认为当地物价上涨，土地房屋价格上涨，贫富差距正在不断地扩大，总体表现为居民日常生活的经济成本增加，且增加幅度远远超过当地的通货膨胀率。在分析问卷后可知，在旅游业相对发达，旅游产业链条更为紧密的地方，该问题更为明显。即随着社会的发展，生活水平的上升，物价水平等势必也会有所上涨，房屋等土地价格也会有所上扬，但上涨的程度在甘南州更多地取决于地方经济水平和旅游业发展程度，旅游业越发达的县乡，生活成本增幅越大，居民的经济成本相对越高；反之，旅游业发展较落后的县乡居民，其生活水平较低，居民经济成本的上涨程度也相对较小，居民经济成本相对较低。同理分析得知，居民的经济收益也取决于地方经济状况和旅游开发力度：旅游开发力度强、旅游资源禀赋程度高的乡村，基础设施、公共设施改善程度明显优于开发力度小、旅游资源禀赋弱的乡村。从居民视角上来看，经济变化在居民感知中最为敏感，这与旅游地生命周期理论中的居民感知结论基本一致，即目的地处于初级阶段时，居民对于经济感知更为明显。

其他均值大于 3.5 的因素还有旅游支持（3.87）、文化侵略（3.75）、居民期待（3.69）、社会收益（3.67）等。居民认为社会整体的变化是向积极方面转变的：文明程度提高，社区绿化面积增加，社区环境卫生改善，女性社会地位提高，娱乐活动场所和娱乐活动都有所增加。居民感知到的这些变化中，尤其在旅游对社区发展的贡献的感知上表现更为明显：原本交通不便的民族地区许多村落的道路大多为土路，夏季多雨，雨后的甘南州很多地方交通可达性极低，而今通往景区等地方的交通有了很大的改善，可进入性大大提高；当地居民在与游客沟通交流中从有障碍变成了无障碍，从开始听不懂汉语、英语到熟练地驾驭汉语和英语，甚至许多藏民的英语口语能力明显优于普通汉族群众；建筑是民族的重要元素和文化符号，为了增强地方民族特色，彰显民族文化精神，当地将原来小规模、小范围的民族风格民居进行了大规模、大范围的改建和扩建。游客可以在城市的街角一览藏文化建筑风情。

表 8—16　　**少数民族地区旅游影响感知的因子分析**

旅游影响感知变量	公因子载荷								公因子方差	均值	标准差
	1	2	3	4	5	6	7	8			
环境成本										2.61	
水源质量	0.839								0.736	2.68	1.014
大气质量	0.728								0.657	2.82	0.949
土壤质量	0.845								0.729	2.57	0.87
噪声污染	0.725								0.57	2.35	0.868
动植物数量	0.717								0.567	2.63	0.944
文化侵略										3.75	
服饰文化		0.746							0.597	3.8	0.665
饮食文化		0.692							0.6	3.85	0.609
价值观		0.539							0.427	3.84	0.61

续表

旅游影响感知变量	公因子载荷								公因子方差	均值	标准差
	1	2	3	4	5	6	7	8			
宗教信仰		0.671							0.523	3.51	0.664
经济收益										3.94	
基础设施			0.736						0.647	3.94	0.526
公共设施			0.778						0.695	3.96	0.507
投资融资			0.719						0.583	3.91	0.575
居民期待										3.69	
社区卫生				0.69					0.554	3.63	0.904
交通状况				0.667					0.55	3.72	0.877
社区绿化				0.643					0.588	3.71	0.882
旅游支持										3.87	
人际关系					0.558				0.505	3.76	0.78
语言文字					0.516				0.499	3.89	0.646
消费方式					0.433				0.491	3.91	0.611
民族文化建设					0.43				0.536	3.91	0.66

续表

旅游影响感知变量	公因子载荷								公因子方差	均值	标准差
	1	2	3	4	5	6	7	8			
经济成本										3.96	
收入差距						0.272			0.534	3.79	0.841
物价水平						0.82			0.741	4.04	0.668
土地房屋价格						0.819			0.699	4.04	0.69
社会收益										3.67	
文明程度							0.4		0.532	3.83	0.665
娱乐活动							0.406		0.531	3.62	0.716
女性地位							0.673		0.52	3.57	0.75
社会成本										3.29	
犯罪现象								0.624	0.554	3.06	1.012
生活垃圾								0.81	0.735	3.51	1.085
特征值	3.109	2.587	2.389	1.887	1.605	1.59	1.446	1.29			
方差贡献率(%)	11.513	9.581	8.849	6.987	5.943	5.889	5.356	4.776			
累计方差贡献率(%)	11.513	21.094	29.943	36.93	42.873	48.762	54.117	58.893			

在文化侵略上，居民感知得分也较高，对于一般旅游目的地，其在旅游发展初级阶段，当地居民的文化感知相对较弱，不易被当地居民所察觉。但对于像甘南州这样具有独特信仰的、宗教色彩浓厚的少数民族聚居地，即便在旅游业发展的初期，文化侵袭也可被居民明显地感知到。当地很多藏民已渐渐被汉化，旅游业发展速度快的地区汉化程度会更加严重。在深度访谈中，发现现在很多藏民已经脱下藏袍着汉服，只有在有盛大的节事活动或者宗教活动时，才换回藏袍。当地居民的宗教信仰和价值观也受到一定程度的影响，原来频繁的宗教朝拜活动与祭祀大典，现在因居民将更多的时间与精力投入到接待游客中去，而减少了他们参与的频率。尽管居民参加的宗教活动的次数有所减少，但是当地藏族群众对宗教信仰依旧坚定不移。

社会成本、环境成本的均值分别是 3. 29 和 2. 61，按照李克特量表的等级评定属于无变化范畴。虽然同属无变化，但环境成本相较其他因素得分明显偏低，说明居民对于旅游所产生的环境负面影响已有所意识，具体表现在当地水体、土壤、大气质量有所下降，而噪声污染单项均值得分为 2. 35，不仅远远低于该类因子的得分(环境成本)，更是 26 个指标中唯一低于 2. 5 的指标项目，这说明旅游者的进入已经破坏了当地静谧祥和的氛围，噪声污染已经干扰到目的地居民的日常生活，在今后的旅游业开发管理过程中，应给予高度的重视。此外，动植物数量明显减少。居民社会成本具体包括生活垃圾和犯罪现象两个指标，从调查结果中我们可以发现，当地居民对此无明显的感知，结合上文可知，当地旅游发展对于社会的影响正面效应大于负面效应。

总体来说，甘南州旅游业发展处于旅游地生命周期中的发展初级阶段，当地居民已经开始认识到旅游发展对于经济、社会文化、环境等领域的消极影响，但鉴于当前发展旅游业所带来的较大积极效益，居民对这些负面影响的感知显得不太明显（但是噪声污染除外)。当地居民对于游客抛出了橄榄枝，对于旅游发展持积极的支持态度。

（二）样本齐性和显著性检验

本书对性别、是否原住民、职业性质（是否与旅游业相关）三个社会学人口统计特征选项进行独立样本 t 检验，对年龄、民族、受教育程度、收入水平、职业五项社会学人口统计特征进行单因素方差分析。检验是否有显著相关性的前提条件为检测变量具有独立性，符合正态或偏正态分布性，且需满足方差齐性。检测结果如表 8—17 所示。在满足 Sig. 或显著性大于 0.05 的同时满足方差齐性（不符合检验结果在表 8—17 中用 * 标注）。

由表 8—17、表 8—18 中的数据可得，在满足独立性、正态或偏正态分布性、方差齐性的同时，存在显著差异的变量有工作性质（职业是否和旅游业相关）、民族、受教育程度、职业四个变量。故本书对以上变量进行详细研究。

表 8—17　　**样本方差齐性检验结果**

检验项目	性别		居民是否属于原住民		职业是否与旅游业相关		年龄	
	F	Sig.	F	Sig.	F	Sig.	F	Sig.
环境成本	0.23	0.632	0.079	0.778	2.428	0.12	0.734	0.598
文化侵略	4.796	0.029*	0	0.989	0.375	0.54	1.294	0.265
经济收益	0.054	0.816	0.655	0.419	0.022	0.881	1.641	0.148
居民期待	0.711	0.4	17.067	0*	0.033	0.857	0.141	0.983
旅游支持	0.189	0.664	0.464	0.496	0.762	0.383	0.291	0.918
经济成本	0.657	0.418	0.354	0.552	0.076	0.783	0.608	0.694
社会收益	0.561	0.454	0.505	0.478	0.292	0.589	1.634	0.15
社会成本	0.7	0.403	0.009	0.925	1.334	0.249	0.718	0.611

检验项目	民族		受教育程度		职业		收入	
	F	Sig.	F	Sig.	F	Sig.	F	Sig.
环境成本	0.789	0.558	0.897	0.443	0.531	0.868	2.587	0.607
文化侵略	1.273	0.274	1.066	0.363	1.186	0.298	0.768	0.546
经济收益	0.175	0.972	0.92	0.431	2.088	0.024*	0.45	0.773

续表

检验项目	民族		受教育程度		职业		收入	
	F	Sig.	F	Sig.	F	Sig.	F	Sig.
居民期待	5.378	0*	0.277	0.842	2.14	0.021*	0.402	0.807
旅游支持	2.068	0.068	1.442	0.23	1.812	0.056	0.294	0.882
经济成本	0.496	0.779	1.232	0.298	0.702	0.723	0.085	0.987
社会收益	2.278	0.046*	0.77	0.511	0.958	0.48	2.238	0.064
社会成本	0.209	0.959	1.683	0.17	1.155	0.319	0.679	0.607

注：Sig. 或显著性<0.05 用 * 标注。

表 8—18　　**变量显著差异检验结果**

检验项目	性别		居民是否属于原住民		职业是否与旅游业相关		年龄	
	F	Sig.（双侧）	F	Sig.（双侧）	F	Sig.（双侧）	F	Sig.
环境成本	0.23	0.159	0.079	0.525	2.428	0.739	1.639	0.148
文化侵略	4.796	0.502	0	0.222	0.375	0.06	0.975	0.433
经济收益	0.054	0.161	0.655	0.537	0.022	0.5	1.093	0.363
居民期待	0.711	0.43	17.067	0.047**	0.033	0.453	1.157	0.33
旅游支持	0.189	0.797	0.464	0.122	0.762	0.038**	1.067	0.378
经济成本	0.657	0.911	0.354	0.431	0.076	0.816	1.403	0.222
社会收益	0.561	0.914	0.505	0.052	0.292	0.001**	1.118	0.35
社会成本	0.7	0.95	0.009	0.62	1.334	0.113	1.835	0.105
检验项目	民族		受教育程度		职业		收入	
	F	Sig.	F	Sig.	F	Sig.	F	Sig.
环境成本	0.134	0.985	3.403	0.018**	1.836	0.046**	2.166	0.072
文化侵略	1.702	0.133	2.855	0.037**	2.102	0.019**	0.725	0.575
经济收益	0.437	0.822	0.057	0.982	1.683	0.075	0.553	0.697
居民期待	2.668	0.022**	1.402	0.242	0.631	0.802	0.996	0.41
旅游支持	0.938	0.456	2.714	0.044**	1.41	0.165	0.15	0.963

续表

检验项目	民族		受教育程度		职业		收入	
	F	Sig.	F	Sig.	F	Sig.	F	Sig.
经济成本	2.949	0.012**	0.46	0.71	2.507	0.005**	2.137	0.075
社会收益	0.449	0.814	0.111	0.953	0.905	0.536	1.762	0.135
社会成本	1.484	0.194	2.473	0.061	1.458	0.144	0.568	0.686

注：Sig.（双侧）或显著性<0.05用**标注。

（三）居民对旅游影响感知的差异分析

1. 不同民族居民旅游影响感知的差异分析

由表8—19可得：考虑到其他民族的样本容量较小，本书主要从藏族、回族、汉族三个当地主体民族进行分析。

对于环境成本（均值为2.61）的感知：从表8—19中可知，藏族在环境成本感知上分值较低（2.5992），而汉族和回族的分值十分相近［汉（2.6295），回族（2.6293）］。从中可以看出，藏族以及白族和其他民族等对于环境成本的变化感知较为强烈，更多地注意到了旅游发展对于当地环境的恶化影响。

对于文化侵略（均值为3.75）的感知：藏族对文化侵略的感知明显强于其他民族（达到3.8004），反映出当地的藏族特色文化受旅游文化影响较重。在访谈藏族居民时，他们也谈到在宗教信仰上发生着不同程度的变化，比如佛事活动变少，不似从前频繁，且风俗习惯汉化程度严重，原来以白食和红食为主，穿藏袍；现在很多藏民吃饭与汉族类似，穿着也基本与汉族群众相似。在生活方式和价值观上也产生了较大变化，原来的生活方式是以畜牧为主，家人生活和乐为宗旨；现在越来越多的藏民选择从事其他行业或到外地打工，经济目的明显。

对于居民期待（均值为3.69）的感知：相较于其他民族，回族的感知得分明显偏低（为3.5447），这可能主要与回族所从事的职业有关，甘南的回族居民大多为餐饮业从业人员或其他服务业从业人员，对于交通、绿化程度、社区环境的感知更为强烈，因此在此类感知中得分较低。

对于经济收益、旅游支持、社会收益以及社会成本等方面，主要民族的感知相差不大，均认为旅游发展对经济发展有较大的促进作用。但对于经济成本来说，藏族（4.0219）和东乡族（4.2222）相较于其他民族居民感知较为强烈，这与藏族和东乡族绝大多数居民为原住民而其他民族居民很多为新进移民有关。

表 8—19　　**不同民族居民旅游影响感知差异**

变量	汉	藏	回	东乡	白	其他	标准差	标准误
	$N=149$	$N=243$	$N=41$	$N=3$	$N=5$	$N=3$		
环境成本	2.6295	2.5992	2.6293	2.6667	2.56	2.3333	0.722	0.0343
文化侵略	3.693	3.8004	3.689	3.4167	3.75	3.5	0.4585	0.0218
经济收益	3.9351	3.952	3.8862	3.6667	3.8667	3.8889	0.4326	0.0205
居民期待	3.7002	3.7215	3.5447	3.6667	2.7333	3.5556	0.6624	0.0314
旅游支持	3.8574	3.8735	3.878	3.3333	4	3.9167	0.4567	0.0217
经济成本	3.8792	4.0219	3.878	4.2222	3.4667	4.3333	0.5279	0.0251
社会收益	3.6644	3.6941	3.6423	3.5556	3.4667	3.5556	0.447	0.0212
社会成本	3.2919	3.3086	3.2073	2.6667	2.6	3.8333	0.8052	0.0382

2. 不同受教育程度居民旅游影响感知的差异分析

从表 8—20 的分析结果可知：教育程度不同，居民对于旅游影响感知差异也不尽相同。

在环境成本的得分中，大学本科及以上的得分偏低，这是由于随着学识的增长，居民的环境保护意识就越强，对于旅游造成的生态环境等变化感知就越明显。低学历特别是初中及以下，大部分职业为农牧民，对于环境的感知变化较为明显，所以得分偏低。结合表 8—15 可知：这部分居民认为旅游使大气、水、土壤环境等遭受破坏，旅游发展已经对自然环境产生严重影响。特别是在噪声等具体方面上。在社会成本因素中，高学历居民对于如犯罪现象等社会属性的感知稍显，这与大部分高学历者对治安环境要求较高有关，但同其他居民的差异不大。在研究访谈中发现大多数居民无法很好地感知到犯罪现象的增多，这一结果很好地验证了罗什·德·阿尔布开克、杰罗姆·迈克埃尔罗伊（Laus De Albuquerque，Jerome Mcelroy，1999）对于巴巴多斯和牙买加调研后的结论——目的地犯罪率与游客来访率之间没有直接必然关系。[①] 在文化侵略的感知上，中专及高中学历的感受更为明显，原因主要是民族因素。在查阅原始问卷后可以得知：中专及高中学历者主要以藏族为主，藏族对于文化的侵略的感知更加强烈。在旅游支持、居民期待感知中，中专及高中学历群体的均值得分较高，主要是由于这两个因素包含消费方式、娱乐活动等项目，这个群体从事服务业的较多，且是娱乐场所的常客，因此可较为直观地感受到消费方式等的变化。加之他们对于旅游业期待低，即使旅游业带来了社会环境的些微变化，对于他们来说也是“受益匪浅”。而在不同教育程度的群体得分中，经济收益、经济成本均依旧居于前两位，再次说明了居民对于经济的变化最敏感。

表 8—20　　不同受教育程度居民旅游影响感知差异

变量	大学本科及以上	大学专科或高职	中专及高中	初中及以下	标准差	标准误
	N=145	N=130	N=97	N=72		
环境成本	2.5834	2.6677	2.732	2.3972	0.72204	0.03427
文化侵略	3.681	3.7885	3.8351	3.6979	0.45849	0.02176
经济收益	3.931	3.9487	3.9381	3.9259	0.43259	0.02053
居民期待	3.6598	3.6615	3.8041	3.6204	0.66244	0.03144
旅游支持	3.8414	3.8673	3.9691	3.7778	0.45672	0.02167
经济成本	3.9379	3.9897	3.9794	3.912	0.52786	0.02505
社会收益	3.6851	3.6564	3.6838	3.6759	0.44702	0.02121
社会成本	3.4	3.2615	3.1186	3.3194	0.80519	0.03821

① Doxey, G. A., *Causation Theory of Visitor-resident Irritants*, *Methology and Research*, Con-ference Proceedings, Travel Research Association, San Diego, 1975.

3. 不同职业居民旅游影响感知的差异分析

在各职业分析中，政府工作人员和企事业管理人员与全体统计数据的均值均相差不大，这表明这两大群体在居民旅游影响感知上比较有代表性（见表 8—21）。而专业技术人员在经济成本（3.7724）变化感知上较于其他职业分数较低，这主要与专业科技人员的收入较高、对价格的感知不明显有关。服务商贸人员在文化侵略和居民期待上的感知在所有职业中最低（分别为 3.6398 和 3.565），这主要与服务商贸人员大部分为商务移民有关，他们在目的地居住时间不长，在文化侵略及社区环境等感知上没有太大感知差异。工人在经济收益上的感知得分较高（4.1264），其他职业居民分数也都较高，这说明旅游发展带动了当地相关基础设施的完善。

农牧民在环境成本、经济收益、居民期待等方面与其他职业居民感知有较大不同。在环境成本这一因素上农牧民的均值为 2.2424（小于 2.5），这说明农牧民对环境变化的感知特别强烈，旅游发展已经影响到当地环境质量。对于经济收益来说，当地农牧民持明显积极的倾向，调查者中很多是从事旅游相关职业的民众，可以看出旅游已经为当地居民带来了较大的经济收益。在居民期待这一因素中，农牧民对此评价较高，这说明近年来农村的社区卫生、交通条件等有了很大改善。离退休人员对除社会成本因素外的其他各因素均特别敏感：其中环境成本和社会成本的得分为 1.9333 和 2.6667，为所有群体中分值最低，而对文化侵略（4.3333）、经济收益（4.1111）、居民期待（4.1111）等大项上分值较高。主要是因为离退休人员年龄较大，见证了甘南旅游的发展，时间跨度相较于年轻人大得多，特别是收入变化、环境成本以及文化侵略等感知上特别强烈。当然在调查中也发现离退休人员多属于较有学识的人，他们的关注点会更多投向社会环境及其变化等方面。社会成本中，他们的分值较低，是由于很少有老年人将这些问题归于旅游发展带来的影响。

表 8—21　　**不同职业居民旅游影响感知差异**

变量	政府工作人员	企事业管理人员	专业/科技人员	服务/销售/商贸人员	工人	农牧民
	N=152	N=24	N=41	N=59	N=29	N=33
环境成本	2.7013	2.775	2.6244	2.6	2.669	2.2424
文化侵略	3.7072	3.7813	3.7561	3.6398	3.9828	3.8258
经济收益	3.9189	3.9722	3.8455	3.9096	4.1264	4.0808
居民期待	3.682	3.7222	3.6911	3.565	3.7471	3.8081
旅游支持	3.8454	3.8854	3.811	3.8347	3.9914	3.803
经济成本	3.9539	4.0278	3.7724	3.8136	4.069	4.0202
社会收益	3.6075	3.7083	3.748	3.6949	3.7471	3.6869
社会成本	3.273	3.2708	3.1707	3.1356	3.6552	3.5152

变量	离退休人员	学生	新闻工作者	自由职业者	其他	所有职业标准差	所有职业标准误
	N=3	N=52	N=5	N=29	N=17		
环境成本	1.9333	2.4923	2.92	2.4897	2.8125	0.72204	0.03427
文化侵略	4.3333	3.8221	3.8	3.7328	3.5938	0.45849	0.02176
经济收益	4.1111	3.9423	4	3.8736	3.8542	0.57049	0.14262
居民期待	4.1111	3.7051	3.8667	3.7241	3.4792	0.66244	0.03144
旅游支持	4.0833	4.0192	4.05	3.8362	3.7031	0.45672	0.02167
经济成本	4	4.109	3.7333	3.8621	4.25	0.52786	0.02505
社会收益	3.7778	3.7692	3.8	3.6322	3.5833	0.44702	0.02121
社会成本	2.6667	3.3846	3.1	3.1207	3.25	0.80519	0.03821

4. 不同工作性质居民旅游影响感知的差异分析

对于环境成本来说，旅游从业人员和不相关从业人员的差距不大，其分数为 2.5919、2.6174，旅游从业人员能更加感知到环境质量的变化，对旅游的环境破坏影响更敏感（见表 8—22）。对于文化侵略来说，旅游从业人员对旅游发展带来的文化冲击也更了解，从访谈中能明显地体会到当地旅游人士对于当地服饰、宗教、饮食等文化习俗改变的关注，普遍倾向能够采取措施保留当地文化的原真性。

作为旅游从业者或者旅游相关从业人员，他们的收入较传统农牧民或其他行业属于高收入人群，因此并没有出现反对旅游发展的现象。该地区旅游从业人员或相关从业人员对于旅游带来的收益感知明显高于非从业人员，具体体现在经济收益、居民期待、旅游支持、社会收益等因素上。旅游从业者在经济成本和社会成本中得分偏低主要原因在于：两类因素中包括的贫富差距扩大、物价水平上升、犯罪现象增加等属于旅游滞后效应或不完全归咎于旅游引起的效应，其群体的感知是滞后的，甚至即使感知到也不会归因于旅游发展。

表 8—22　**不同工作性质居民旅游影响感知差异**

变量	职业与旅游业相关	职业与旅游业相关标准差	职业与旅游业相关标准误	职业与旅游业不相关	职业与旅游业不相关标准差	职业与旅游业不相关标准误
	$N=123$			$N=321$		
环境成本	2.5919	0.66005	0.05952	2.6174	0.74528	0.0416
文化侵略	3.815	0.44334	0.03998	3.7235	0.46233	0.0258
经济收益	3.9593	0.44268	0.03992	3.9283	0.42905	0.02395
居民期待	3.7236	0.69569	0.06273	3.6708	0.64977	0.03627
旅游支持	3.939	0.43342	0.03908	3.8388	0.46299	0.02584
经济成本	3.9485	0.50142	0.04521	3.9616	0.53837	0.03005
社会收益	3.7859	0.43551	0.03927	3.6324	0.44473	0.02482
社会成本	3.187	0.84543	0.07623	3.3224	0.78736	0.04395

三　小结

本书以甘南州作为案例，从区域概况、区域地理位置、资源禀赋情况、开发现状、存在的问题等多方面阐述了该地区旅游发展状况；主要以发放问卷和深入访谈的方式进行了实地调研，运用

SPSS19.0统计软件对问卷数据进行后期的处理与分析。从利益与成本的角度出发，结合学界基本的三类分类观点，将27个指标整合为8类因子，并从人口统计学特征方面分析当地居民对这8类因子的感知状况及探究其感知差异成因。研究结论有以下几点：

第一，通过研究分析，可以将甘南州居民感知原问卷的27项指标浓缩为环境成本、文化侵略、经济收益、居民期待、旅游支持、经济成本、社会收益、社会成本8个维度进行考量，相对于前人采取的社会文化、经济和环境三要素的分析方法，这样可以更清晰地考量在居民感知视角下的当地经济环境、人本环境、自然环境的变化程度或变化趋势。

第二，通过调查分析可以发现，甘南州旅游发展尚处于初级阶段，当地居民对旅游发展的影响总体感知是积极的、正面的，但是他们同时也意识到了旅游的一些负面影响，如生态环境的破坏、文化的侵袭等，这与1975年多克西（Doxey）提出的旅游地生命周期理论中居民感知与态度的论述基本一致：当地居民对经济带来的收益方面的感知较强，对文化影响的感知较弱，并且亦没有清晰意识到旅游正在改变着当地的社会结构，逐渐侵袭着民族的独有文化。

第九章

实证研究：多元目标体系导向的甘南州旅游产业发展模式研究

关于旅游价值的讨论，不同学者有不同的角度和立场。经济实用论者认为，旅游及其相关行业的经济价值是其第一属性。文化审美论者承认旅游活动的经济属性，但强调其非经济内核的本质，主张在发展经济的过程中凸显文化价值。社会人类学者认为旅游活动不仅仅具备单一属性，而应是多种现象的综合反映，涉及社会环境的方方面面，即经济价值、文化价值、生态价值以及人的发展价值的综合体现。①

旅游的发展始终与人类社会经济和文化的发展相统一，其无疑具有经济现象和文化现象的特点。同时，旅游活动还是在具体的社会环境中进行的，涉及社会环境中的方方面面，是社会环境中多种现象的综合反映。因而旅游的本质也应该具有多层面、多向度的意义，无论是经济实用论者、文化审美论者还是社会人类学者，都不可能对旅游的本质做出全面的界定，各学科之间在这一问题上争论孰是孰非是没有任何意义的，关键在于从各自的出发点与学科背景，如何更加真切地把握旅游活动的内在机理和规律，探索出旅游产业发展的模式，为旅游业的跨越发展提供助益。②

甘南藏族自治州属于旅游产业发展后发型区域，要大力发展旅游产业，必须有效识别并充分认知这一产业发展的内在规律及运行条件，在此基础上合理地制定发展战略、确定发展目标，真正实现

① 马勇、周霄：《旅游的产生发展、本质属性与社会价值》，《湖北大学成人教育学院学报》2003 年第 4 期。

② 同上。

旅游产业的可持续发展。基于以上认识，在多元目标价值视域下探讨甘南州旅游产业发展的基本模式与路径就显得尤为关键。[①]

第一节 经济价值视域下的甘南州旅游产业发展模式

旅游经济发展模式是指一个国家或地区在某一特定时期旅游发展的总体方式，是对某一类型的旅游经济系统所做的理论概括和理论抽象。[②] 不同的国家或地区，由于国情或地区情况不同，其旅游发展模式可能完全不同。我国是一个多民族的国家，民族地区旅游业的发展不但在调整传统产业结构、发展多元经济以及实现互利共赢等方面潜力巨大，也是实现我国民族团结和社会安定的重要保证。

古典和新古典经济学认为，根据市场配置社会资源的机理和市场化条件下的发展规律，区域发展差距在一定条件下存在自动弥合或自均衡的趋势，但是，市场在区域发展自均衡过程中的作用是有限的，政府对资源配置的宏观干预和调控，对不发达区域新的经济增长点的选择和相对优势产业的扶持和培育，有着至关重要的意义。我国民族地区的经济增长及其关联的主导产业的选择必须依据现阶段经济发展周期给定的市场条件和民族地区产业条件来确认，大力发展旅游产业是我国民族地区实现增长和发展的结构转型的重要途径。

我国民族地区产业总体发展水平弱，产业结构化与高度化水平低，民族地区的经济发展受限于其产业结构的发展。具体而言，我国各民族地区旅游产业发展整体上起步较晚，属后发型产业发展类型。由于民族地区旅游产业发展程度一般差异不大，所以存在发展特征上的共性。与此同时，由于我国各民族地区旅游产业存在着由资源、环境及社会历史发展水平等原因导致的起点、规模和档次的

---

① 把多勋、游喜喜：《试论我国民族地区旅游产业发展的机理和一般条件》，《开发研究》2007 年第 12 期。

② 李天元：《旅游学概论》，南开大学出版社 2000 年版，第 102 页。

不平衡性，所以，我国不同民族地区在旅游发展模式上也具有不同的选择。①

可以说，没有民族地区的发展，中国的发展就是不完整的；没有民族地区的现代化，就没有中国的现代化。② 因此，从理论上深入研究甘南州经济发展的规律，探寻旅游产业在甘南州经济发展中的作用机理，找寻经济价值视域下甘南州旅游产业发展的模式与路径，就有着重要的应用价值和现实意义。

当前，在旅游经济价值公式 $EV=k\cdot P\cdot Q$ 中，甘南州要实现 EV（Economic Value）的最大化，除去不可控量 P 的影响因素外，必须实现旅游乘数 k 的最优化，同时创造各种条件增加 Q 的比重。基于此，经济价值视域下的甘南州旅游产业发展必须着重关注以下几个方面（见图 9—1）。

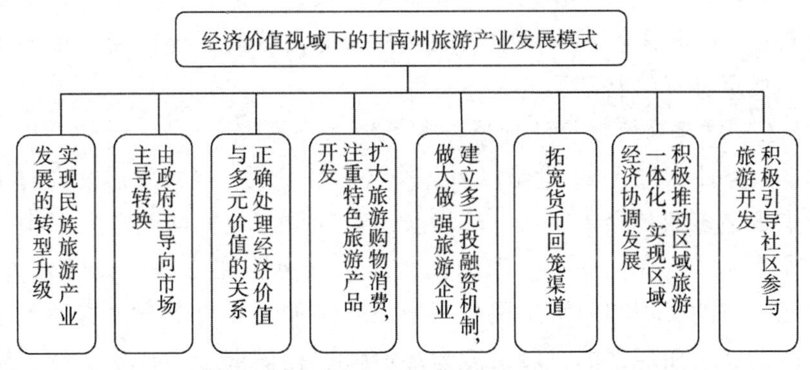

图 9—1　经济价值视域下的甘南州旅游产业发展模式

（一）实现民族旅游产业发展的转型升级

旅游业的发展已经进入质态发展期，在这一形势下，甘南州要最大化地实现旅游产业的经济价值，必须走国际化发展道路，不断增加入境旅游人数，在保证一级客源市场的同时，加大宣传促销力

① 把多勋、王艳：《我国民族地区旅游经济发展模式的比较》，《安徽农业科学》2012 年第 2 期。

② 李天元：《旅游学概论》，南开大学出版社 2000 年版，第 102 页。

度，大力开拓二、三级客源市场；必须走内涵式发展道路，不断改善旅游产业的收入结构，增加旅游购物收入，开发迎合消费者多元需求的旅游产品；必须走转型升级道路，凸显项目建设标准化、衍生产品特色化、资源传导信息化、产品营销多样化的发展模式，[①]实现旅游产业发展的转型升级。

（二）由政府主导向市场主导转换

结合旅游产业发展的阶段性特征分析，在旅游产业发展的早期阶段，政府可以利用其高效的行政手段，短时间集约和动员社会上的各种力量，使本地区的旅游资源迅速形成生产力并转化成经济价值，最短时间实现地区经济的发展。[②] 但在21世纪的今天，旅游产业已过渡到和谐旅游发展阶段，单纯依靠政府主导已不能实现其价值的最大化，必须适应全球经济发展的趋势，向以市场主导为主、政府主导为辅转变。综上所述，鉴于目前我国旅游产业的发展现状，甘南州虽仍应坚持政府主导型发展模式，但必须尽快探讨市场化路径，为将来实现发展模式的转换，即由政府主导转变为市场主导，奠定良好的基础。

（三）正确处理经济价值与多元价值的关系

人类社会进入21世纪以后，经济迅猛发展，经济发展的同时也带来了诸多的社会、文化、环境及道德问题，这些问题在发展中国家尤为明显，在发展中国家的民族地区又更为突出。从长远来看，多元价值的实现与经济发展并不矛盾。例如，环境的改善有助于经济的发展，而经济的发展又能为环境保护提供资金和技术支持。综上，在市场化条件下，确立旅游产业的优先发展地位和主导产业地位，是甘南州实现经济发展目标和产业结构转型的理性选择。在这个过程中，甘南州要正确处理好经济发展与环境保护、文化发展、产业协同配套、人的发展乃至可持续发展的关系，将旅游产业开发成甘南州经济社会发展的重要支柱产业，并以其巨大的产

① 李志勇：《我国旅游产业转型升级的路径》，《光明日报》2013年9月1日。

② 张建梅：《论我国旅游业由政府主导向市场主导模式的转换》，《现代财经》2003年第11期。

业关联效应带动其他产业的发展，从而实现甘南州经济社会的协调发展。①

（四）扩大旅游购物消费，注重特色旅游产品开发

发达国家旅游产业发展的经验证明，购物消费已成为地区旅游收入的重要来源。在旅游产品经济价值公式中，甘南州要想实现EV的最大化，必须在合理调控P_i的基础上，采取灵活多样的方式，积极将民族特需用品、佛教文化、藏药保健品、土特产、民俗文化工艺品等开发成为具有艺术性、纪念性、实用性、便携性、收藏性、馈赠性的旅游纪念品，进而实现提升Q_i的目标。同时，相关部门应出台一系列优惠政策，扶持壮大一批民族服饰、唐卡、洮砚、藏香制作等非公经济实体企业，不断丰富全州旅游商品体系，满足游客多样化购物需求，通过旅游购物最大化地实现甘南州的旅游经济价值。

（五）建立多元投融资机制，做大做强旅游企业

甘南州应积极设立州级旅游产业投资担保基金，放大基金效应，广泛吸引银行贷款和社会资本，重点支持大景区开发、旅游基础设施、旅游配套服务设施建设和旅游商品开发。加大招商引资力度，引进有实力的企业集团，通过合作、租赁、入股、承包等方式参与景区开发，形成多元开发旅游景区的发展格局。建立公平、开放、透明的市场运行规则，促进各类旅游要素和市场向社会资本全面开放。县市政府和部门要积极培育和大力扶持各类旅游企业，鼓励支持各类社会资本投资旅游产业，实现经济效益的最大化。

（六）拓宽货币回笼渠道

国家货币回笼的渠道主要有四条：一是商品回笼，即通过组织生产各种商品投放市场换回货币；二是服务回笼，即通过各种服务行业的收费回笼货币；三是财政回笼，即通过国家征收各种税款来回收货币；四是信用回笼，即通过吸收居民存款、收回农业贷款、发放国库券等手段回笼货币。在经济欠发达的国家和地区，商品投放能力有限，难以及时扩大市场所需商品的投入量，此时，采用服

① 李天元：《旅游学概论》，南开大学出版社2000年版，第102页。

务回笼的方法，转移人们的购买趋向，鼓励人们多消费服务产品，不失为商品回笼的一种有益补充，这样既可以节省大部分物化劳动，又能满足人们的需求。甘南州旅游经济的发展要通过向旅游消费者提供各类旅游商品和服务，以期实现大量回收货币的经济目标，其中既有商品回笼的货币，又有服务回笼的货币。①

（七）积极推动区域旅游一体化，实现区域经济协调发展

区域旅游一体化发展已成为当今世界旅游产业发展的重要模式之一，京津冀、长三角、珠三角的区域协作发展案例已经证实，合作共赢是实现地区尤其是民族地区经济社会发展的重要手段。甘南州应在政府的推动下积极加强与周边区域的战略合作，如建立统一的旅游目的地、合作编制区域旅游规划、合作进行市场营销、统一区域服务标准体系、实现区域旅游资源共享等，并主动融入甘肃省旅游产业开发格局中，依托“三省七市州区域旅游协作组织”平台，建立区域合作协调、联合执法投诉、事故联动处理协作机制，形成区域内优势互补，借势发展的合作格局，进而助推区域经济稳步增长。

（八）积极引导社区参与旅游开发

政府主导的旅游产业开发，必然使得大量的经济利益集中于政府或少数利益集团手中，民族地区居民多数并未因旅游业发展而获得实际收益，生活水平改善不大；相反，可能由于旅游业发展带来的物价上涨而加大当地居民的生活压力，导致地区贫富差距进一步拉大。基于上述现实情况的存在，甘南州必须采取一系列行之有效的方式，使旅游产业的发展建立在社区居民有效参与旅游开发、旅游活动并从中受益的基础上，发挥社区居民的执行能力与监督能力，这样才能最大限度地调动全社会的力量，提高当地居民参与旅游开发的积极性，解决旅游开发过程中的分配不均的问题，将旅游产业发展的红利惠及广大民众，实现良性互动发展。

---

① 马勇、周霄：《旅游的产生发展、本质属性与社会价值》，《湖北大学成人教育学院学报》2003 年第 4 期。

第二节 文化价值视域下的甘南州旅游产业发展模式

文化是重要的旅游资源，是旅游业发展的物质基础。从旅游的价值看，文化的地域性、民族性越强，吸引力就越大。

旅游会给文化发展带来消极影响。文化依附于经济而存在，经济形态的改变就意味着文化形态、生活方式及价值观的改变。以市场经济为中心的民族旅游开发，不可避免地会引起民族旅游文化的变迁。但民族旅游文化变迁的方向是变劣、变无或是变优，却是社会必须考虑也可加以引导的。如果民族旅游“一旦开发到哪里，那里的传统面貌就会急剧改变，从衣着、建筑到生活方式都迅速地与外来者趋同”，那么，该地对旅游者就不再有吸引力，该地旅游业亦不可能持续发展。由于文化滞后于经济的变化，等当地意识到变迁的文化对旅游可持续发展造成的影响时，再采取任何措施都为时太晚。因而，民族地区要实现旅游可持续发展，一定要对旅游对民族文化的消极影响给予足够的重视，加强对民族文化的保护。

旅游也能促进文化发展。旅游文化本身具有开放性和地域性，正所谓民族的就是世界的，世界的就是民族的，只有开放的、走出去的旅游文化才是有特色的、能够传承下去的旅游文化。旅游一方面可以让更多人了解甘南当地的旅游文化，纠正那些有偏颇的看法；另一方面也可以让甘南藏族自治州的旅游文化随着旅游者一起传播开，与其他类型的旅游文化相碰撞，产生新的思想和观念。同时旅游文化不是一成不变的，甘南州旅游文化只有走出草原、走出封闭，经受其他类型旅游文化的冲击，保持自身特色，吸收其他文化的精华，才能够长久地保存和继承下去，不愿见识外界新旅游文化的保守主义必将是不能长久的。

民族地区旅游产业发展所带来的一个突出问题就是文化的涵化问题，人类学家的研究结果表明：强势文化在与弱势文化的接触过程中，必然会对弱势文化产生重大影响，甚至使弱势文化发生大规模变迁而失掉其本真内涵，我们将之称为文化的“涵化”，即为文

化价值函数模型中 $\mu>\alpha$ 时的情况。这种情况主要表现在两个方面，一是外来游客的行为对甘南州居民长期以来形成的传统观念、生产方式、社会习惯和生活习俗等产生排斥和动摇。二是为迎合旅游产业的发展，甘南州传统文化活动不可避免地要面临商业化炒作，大量的“舞台真实”会使甘南州原有的本土文化尤其是服饰文化、建筑文化、宗教文化、民俗文化等丧失本真，导致民族传统文化的传承出现断层，这个潜移默化的过程尤其应该得到应有的重视，如果缺乏保护意识，后果将不堪设想。[①] 为使 $\mu<\alpha$，即实现甘南州文化保护与旅游开发兼容发展，目前较为有效的模式有：原地开发模式（包括原生自然式和原地浓缩式）、异地开发模式、短期节庆模式、长期固定模式、寓教于乐开发模式等。[②]

1. 原地开发模式

原地开发模式就是在民族文化保留较好的地区或少数民族的居住地直接进行旅游开发。它又可以分为以下两种形式：

（1）原生自然式。即选择一个民族文化、民族特色保留较好，自然风光、交通条件以及其他条件都比较适宜的地区进行一些基础设施建设，以自然生活、生产和村落的自然形态为旅游内容来吸引游客。它具有投资少、见效快的优点，而且游客能够直接与当地少数民族进行交流，具有极强的真实感。其缺点是配套设施通常较为落后，卫生条件差，难以满足大量旅游者前来旅游的需要，而且旅游者频繁地到来，会使当地居民的正常生产、生活受到干扰和影响，产生抵触或不合作的态度。这种开发模式常在旅游开发的初期阶段采用。

（2）原地浓缩式。即为了便于游客充分了解或体验当地少数民族的文化精髓，地方政府或投资者在少数民族居住地区选取合适地段建设以当地民族文化为主题的民俗村、文化园等。这种开发方式的优点是能够使游客在最短的时间内充分了解当地少数民族的民族特色，人造景观靠近旅游接待中心或交通便利的地方，服务配套设

① 王亚欣：《论发展民族文化旅游与保护民族文化——以甘南州为例》，《首都师范大学学报》（自然科学版）2005 年第 4 期。

② 把多勋、王艳：《我国民族地区旅游经济发展模式的比较》，《安徽农业科学》2012 年第 2 期。

施较好，游客进出方便，另外也有利于投资者的经营管理。其缺点是在真迹附近“造假”，使游客自然形成对比，降低了它的可持续发展能力。

2. 异地开发模式

异地开发模式是指在经济发达、客源市场广大、旅游需求旺盛、交通便利的大中城市郊区（通常已不是少数民族地区），将一定地域范围内的少数民族的建筑、服饰、歌舞等集中于一个主题公园内表现出来。最典型的例子有深圳的民俗文化村、北京的中华民族园、昆明的民族文化村以及台湾的九族文化村等。这一模式的优点是可以让游客用最短的时间、最短的路程领略到原本需花很长时间、很长路程才能了解到的民族文化。其缺点是在加工和复制过程中会损失很多原有的民族文化内涵，甚至会歪曲真正的少数民族原有文化。

3. 短期节庆模式

主要有两种情况，一是少数民族传统的节庆活动，其本意并非为了发展旅游业，但在节庆期间会吸引大量的旅游者，对当地旅游业的发展有很大促进作用；二是流动性的少数民族文化表演活动，如广东连南县由民间艺人组成的瑶族民间艺术表演队，曾多次应邀到广州、上海等大城市以及到新加坡、中国香港等地表演瑶歌、长鼓舞、伐木舞等，每到一处都吸引了不少观众前来欣赏，扩大了连南瑶族风情的知名度，进而吸引游客前往连南旅游。

4. 长期固定模式

就是对少数民族的建筑、服饰、文化、风俗、历史以及歌舞等进行开发，并使之能够长期稳定地对旅游者开放，旅游者可随时前往欣赏的旅游开发形式。这一模式具有长期性和稳定性，是民族旅游开发中最常用的方式。一个地区的民族旅游开发应选择符合当地实际、体现当地少数民族文化特色的适当形式来进行，在注重经济效益的同时，也不能忽视少数民族文化的保护，并注意开发所得利益的合理分配，这样，民族旅游才能够持续发展下去。

5. 寓教于乐开发模式

从根本上来讲，旅游的目的在于将目的地的文化发扬光大。然而过去 30 余年旅游业的发展并没有做到这一点；相反，由于旅游业发展而造成的社会结构解构、文化消亡数不胜数。从游客的角度来讲，旅游的过程应当是一个以体验为主的学习、膜拜过程。所以在旅游资源的开发过程中，应该更加关注旅游的教育功能。因为只有当地的文化被外界所认同、所接受、所尊重，文化的发展和延续才有一个更加稳定的环境。在这个层面上，旅游业就不仅仅是一种攫取利益的方式，而是一个向外界展示文化魅力的手段。因此，在旅游资源的开发过程中，增强本民族本地区的文化自信心极为重要。

综上考虑，文化价值视域下的甘南州旅游产业发展必须着重关注以下几个方面（见图 9—2）。

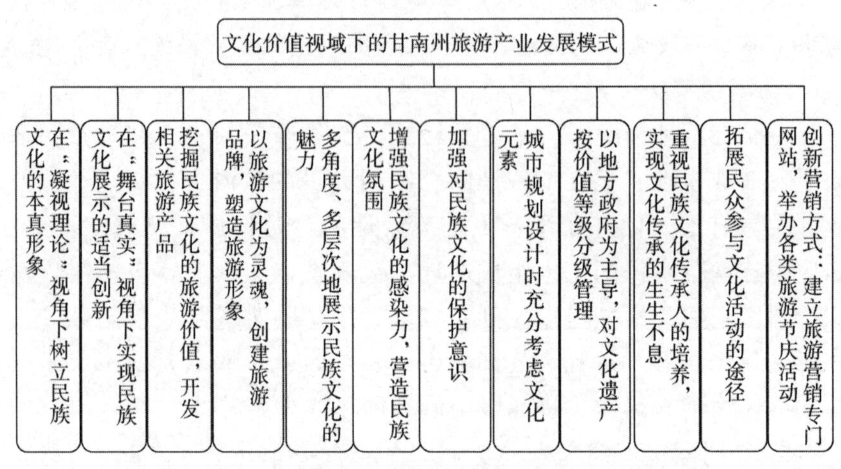

图 9—2　文化价值视域下的甘南州旅游产业发展模式

1. 在"凝视理论"视角下树立民族文化的本真形象

"凝视理论"视角下，游客去凝视旅游目的地，游客是作为"主体"而存在的，相对地，旅游目的地的社会文化是与游客主体相对应的"对象"。在凝视体验的过程中，游客具有决定性的权利，为了满足游客的需求和期望，旅游地往往会想办法改变自身部分形象或者内容，或者添加一些美好的故事，以便提高自身的吸引力，在这种"修正"自身的过程中，旅游目的地的文化有可能丧失自己的真实性，变成一种"虚假事件"。因此，甘南州应在开发民族文化的同时，尽可能地让游客更多地去欣赏、理解和尊重本真的民族文化，而不是为了迎合游客需求一味地创造“舞台真实”，甚至以“舞台真实”取代“本真文化”，在文化价值视域下的旅游产业发展尤其要重视这一点。

2. 在“舞台真实”视角下实现民族文化展示的适当创新

“游客凝视”下的民族文化既不是“完全真实”的，也不是“完全虚假”的，而是“部分真实”的，即所谓的“舞台真实”。“舞台真实”视角下，甘南州民族文化要实现有效的开发，必须根据游客在旅游动机中的期待，对游客观察、参与的部分进行预先选择。呈现给游客的是一部分满足游客期望的真实，而被遮蔽的其他真实部分是旅游地社会自己享有的生活真实。游客所认可的“真实”是建立在游客的“想象”之上的，它虽然不一定是旅游地社会文化客观的、实实在在的样子，但这也是一种真实，是“凝视的舞台真实”，这个真实虽然有建构、想象的成分，但对于游客而言仍然是有意义的。

3. 挖掘民族文化的旅游价值，开发相关旅游产品

充分挖掘民族文化的旅游价值就是不断地实现文化价值中的旅游者对当地文化的正向示范效应，在文化价值模型中即表现为使 n_1 不断增大的过程。以甘南州为例，宗教文化、语言文字、民间文学、民间艺术、特色餐饮、生活方式、传统建筑等都是其文化旅游的重要载体，在旅游开发过程中，应着重从这些载体中寻找甘南州的文化内涵，并将其开发成相应旅游产品尤其是可移动的民族文化旅游纪念品，旅游产品的开发要能够最大化地体现其文化内涵，即文化化的产品，并将之融入甘南州旅游六要素的发展之中。

4. 以旅游文化为灵魂，创建旅游品牌，塑造旅游形象

旅游文化向来为旅游的灵魂，尤其是相对封闭的世界第三极——青藏高原独特的藏文化，对国内外游客的吸引力就更加强烈，同时良好的旅游形象是吸引游客的最主要驱动力之一。而目前甘南州旅游经营者对旅游产业的理解，仅为自然资源和一些表层的旅游文化，未能给自己准确定位。宣传是旅游文化品牌塑造的重要环节，缺少旅游者认可的品牌，旅游产业很难有效开展。目前甘南州打出

的宣传口号也比较多和杂，如小香格里拉、小西藏、香巴拉、美丽甘南等，这些口号或因为容易使旅游者将其与其他旅游区混淆，或因为特色不鲜明而不能给旅游者留下深刻印象，宣传效果也不佳。因此甘南州可以通过在开放本区的旅游资源的同时，深度挖掘其内部深刻的文化内涵，准确为甘南州旅游产业定位，在宣传口号设计上应突出甘南州文化特色，避免空泛和混淆，进而创建一个适合自己的旅游品牌，塑造自己独特的旅游形象。

5. 多角度、多层次地展示民族文化的魅力

甘南州民族文化的展示方式应该实现多样化，在上述原地开发模式、异地开发模式、短期节庆模式、长期固定模式、寓教于乐开发模式等直观表现形式的基础上，还要更好地与“互联网+”、大数据等现代技术相嫁接，加强民族文化与影视戏剧、演艺娱乐、动漫游戏等新型业态的结合，形成纵深发展的“管道”，拓展民族文化表现的载体和形式。对民族文化的传播，除采用“传统+现代”的立体营销模式外，还应不断创新方法，如将民俗文化村、生态旅游区等景区二维码陈列在入口显著位置，游客通过扫描二维码即可事先了解景区的各种信息，为游客提供方便的同时也有利于民族文化的“走出去”传播。

6. 增强民族文化的感染力，营造民族文化氛围

甘南州特色文化旅游资源丰富多彩，但由于过分迎合游客的需要，许多文化未能有效展示，甚至丢失了原有文化。在今后的旅游产业发展过程中，甘南州要着重实现内涵式发展，对其服饰文化、建筑文化、礼仪文化、艺术文化、民俗活动等最能展示民族文化感染力的特色文化进行深入挖掘。如在游客游览过程中，加入特色餐饮、民居体验、民族音乐、舞蹈、民族服饰体验等特色活动，可进一步加深游客对甘南州民族文化的理解，进而形成全方位的认知，真正被当地民族文化的魅力所吸引，潜意识里形成保护意识，形成旅游地文化对客源地文化的反向示范作用；如从业人员穿着传统民族服饰、传统建筑体现浓郁的民俗气息而非现代化气息等，让游客真切感受到自己已经融入一个别具一格、极具特色的文化氛围当中，并乐在其中。

7. 加强对民族文化的保护意识

从长远来看，过分强调经济价值必然会带来对传统文化保护的忽视，甘南州亦如此。文化遗产的商品化并不一定是破坏性的；相反，正确地引导、合理地重视反而会有助于文化遗产的保护，这方面可资借鉴的案例很多，比如日本、韩国等国家在旅游开发的早期阶段即形成了严格的文化遗产保护的制度法规，并将这些制度法规很好地应用到对文化的开发过程中，这些先进的经验对甘南州来说有很多借鉴意义。综上，结合上文文化价值体系的构建机理，对民族文化保护意识的重视，要不断加强游客和当地居民交互中正向和反向示范效应转换成为文化价值的能力，即为不断加大 α 和 β 值，减少 μ 值，实现文化价值的“规模报酬”①。

8. 城市规划设计时充分考虑文化元素

在甘南州城市规划时考虑城市建筑物与旅游环境的协调。例如，在建设一些基础设施和公共设施时可赋予其一定的文化内涵，或对其外形加以特别设计；再如，在对商业街、酒店、民居等改建或新建中，该突出民族建筑特色。在旅游景区接待设施的建设中更应注意通过建设小木屋、踏板房、藏式帐篷等与生态环境协调，又突出民族特色建筑，来营造民族建筑的文化氛围。也可在城镇宾馆建设时，从材料选用、外形设计、内部装饰或融合或自成体系地借鉴民族建筑艺术风格，强化少数民族地区文化特色，尽量使旅游者一进入甘南、一走进甘南各县市，便能感受到浓浓的旅游文化氛围。

9. 以地方政府为主导，对文化遗产按价值等级分级管理

政府对旅游产业发展中文化价值产生的作用主要表现在对文化传承与保护的综合水平上，即在文化价值模型中的 A 值大小，政府管理能力越强则 A 值越大，政府管理能力越弱则 A 值越小。国内外的实践经验表明，如没有中央政府的统一管辖，文化资源难以实现有效的保护；同时，文化遗产又有不同的价值等级，如果全部由中央政府统一管辖，又会造成鞭长莫及的负面效应。所以，甘南州应

① 根据柯布—道格拉斯生产函数，当 $\alpha+\beta>1$ 时，实现规模报酬，即为报酬递增，表明扩大生产可以使产出增加。引用在文化价值模型中，即表现为增加游客量和正向与反向示范效应，可以增加文化价值。

在坚持文化遗产保护法律、法规的前提下，给地方和企业以更大的自主权，对于不同价值等级的文化遗产，设立不同的管理制度，聘用不同学术层级和业务能力的专家，采用高级别文化遗产向上集权、低级别文化遗产向下放权的灵活方式，形成中央政府、地方政府、社会企业共同参与的三级管理体系。

10. 重视民族文化传承人的培养，实现文化传承的生生不息

文化遗产是人的发展的重要载体，而文化遗产的有效传承又离不开人的全面发展，事实证明，民族文化传承人的素质直接决定了民族文化的传承质量。甘南州应在已成立的“西北民族旅游研究院”的基础上，加强与高等院校的合作，建立旅游专家库和旅游培训基地，设立专项培训基金，成立民族文化传承人培训班或研究所，打造民族文化研究基地及教学实训基地，开展乡土文化教育班，或以分期分批外派培训等方式，加大对青少年等民族文化传承后备力量的培训支持力度，树立标志性传承人物，授予荣誉称号，通过人的发展实现文化传承的生生不息。

11. 拓展民众参与文化活动的途径

在该模式中民众参与已经不限于以往的发展牧家乐，让游客骑一骑自家的马、骆驼或牦牛，我们更强调民众的文化参与。众所周知，甘南州民众大部分都能歌善舞，热情豪放，因此，可以发展一种以农户为主体的股份制旅游经营企业。在这种企业中农户所入的股份不是资金，而是自己的某种技术或文化，如群众通过自己的某种制造或生产技能入股，然后再表演给旅游者看；亦可以自己能歌善舞的特性，例如会唱歌的农户以自己唱歌的才能入股，会舞蹈的农户以自己的舞蹈天赋入股，能够弹奏的农户以自己演奏乐曲的本领入股，如此等等。民众通过组成这样的民间旅游文化企业参与到旅游产业发展中来。

12. 创新营销方式：建立旅游营销专门网站，举办各类旅游节庆活动

在专门营销网站中将甘南州旅游资源的概况、自然风光、民族文化风情、宗教信仰、品牌特色旅游资源、精品旅游线路等一一加以介绍，使得游客能及时全面地了解甘南州，从而使其产生出游的

兴趣。此外，在旅游网站的建设中要将甘南州旅游接待设施、宾馆饭店、旅行社等基本情况做详细介绍。通过举办旅游节和相关会展，展示整个甘南州的旅游形象，扩大知名度和美誉度，强化旅游者的认知度。甘南州应根据当地的需要，抓住机遇，适时举办各种旅游节和旅游文化交流会，宣传本地的旅游文化。目前甘南州每年举办一次的香巴拉旅游节活动就获得了很好的效果，类似旅游节庆活动应该多举办几次，以扩大影响。

第三节 生态价值视域下的甘南州旅游产业发展模式

党的十八届三中全会指出，要紧紧围绕建设美丽中国深化生态文明体制改革，加快建立生态文明制度，推动形成人与自然和谐发展现代化建设新格局。生态价值视域下的旅游开发作为一种新的旅游发展方式，其产生不仅在于适应了人们回归自然的需求，更在于迫切需要改变全球生态危机日益严重的形势。无疑，它的实施对于旅游区的环境保护和持续发展有着重大的实践意义。甘南州是国家重要的高原生态安全屏障，是黄河、长江上游重要的水源补给生态功能区和水源涵养区，有着十分丰富和独特的生态旅游资源，大力倡导和促进生态旅游产品的开发，既符合国际旅游发展的潮流，也符合我国环境保护的国策，有利于甘南州旅游业的可持续发展。甘南州必须认真贯彻落实十八届三中全会精神，把资源消耗、环境损害、生态效益纳入经济社会发展评价体系，建立体现生态文明要求的目标体系、考核办法、奖惩机制，不断提高环境生态价值公式 EEV（Eco & Environment Value）$= B \cdot g \cdot Q \cdot P - h \cdot Q$ 中 B 系数的数值，提高环境生态改进综合水平。

当前，甘南州生态保护与旅游开发兼容发展的有效模式有三种：“护源”开发模式、“三 Z”开发模式、循环开发模式等。[①]

① 杨朝继：《甘南藏族自治州生态旅游资源开发与管理》，硕士学位论文，西北民族大学，2005 年，第 43—45 页。

1.“护源”开发模式

根据甘南州生态环境的现状、旅游资源开发的实际以及国家制定的有关西部大开发的方针和政策，把甘南州生态环境的保护对象确定为大气、水体、土地、森林、草原、野生生物、自然遗迹、人文遗迹、自然保护区、风景名胜区和具有代表性的城镇、乡村，全面启动和坚决实施国家天保工程、退耕还林还草工程和长江二防工程，全面保护甘南州的森林、草原、河流和山地等自然生态旅游资源；大力发展观光旅游、度假旅游、科学考察旅游、探险旅游、宗教民俗旅游等有利于旅游业可持续发展的旅游产品；开展宣传教育，使当地农牧民和外来旅游者增强环境意识，增强保护生态环境的自觉性；根据国家已经制定的法律法规，把保护纳入法制轨道，依法治理和保护。

2.“三 Z”开发模式

在旅游资金投入方面，转变“等、靠、要”的观念，通过政府投资、银行贷款、企业融资、外商投资和建立旅游基金等融资渠道，按照“谁投资，谁受益”的原则，坚持国家、地方、集体、个人和外资“五个一起上”的方针，逐步探索建立一种全社会办旅游的新型融资体制。在知识投入方面，应在旅游资源开发的前期做好系统规划；提高从业人员的科技素质，以适应甘南州生态保护、开发对人才的需求；通过参观前的宣传教育，如在景区入口处建宣传站或开办专门的草原、森林等生态保护知识讲座等，提高旅游者的资源保护意识。在资源利用方面，在实现经济、社会效益的同时，寻求环境资源效益的维护和发展，通过对旅游者、开发商、当地居民以及其他相关人员的行为约束，使他们共同分担维护生态价值的成本，从而使生态环境得以保护。

3. 循环开发模式

为了解决旅游资源开发中环境及资源的保护问题，就必须把旅游资源开发过程广义化，即开发包括规划、开发建设、管理和监测四个环节，且四个环节间的关系模式应该是环状的，也就是要在甘南州旅游资源开发中实现循环开发模式。因此，在旅游资源开发过程中，要做出系统的生态旅游总体规划，并在此基础上根据形势发展的需要，通过监测后反馈的信息，不断进行补充、修改和完善，以适应未来各种可能的变化，这也符合延续性或滚动式的开发思想，是对旅游开发中生态环境的更灵活、更有针对性的保护。

综上考虑，生态价值视域下的甘南州旅游产业发展必须着重关注以下几个方面（见图9—3）。

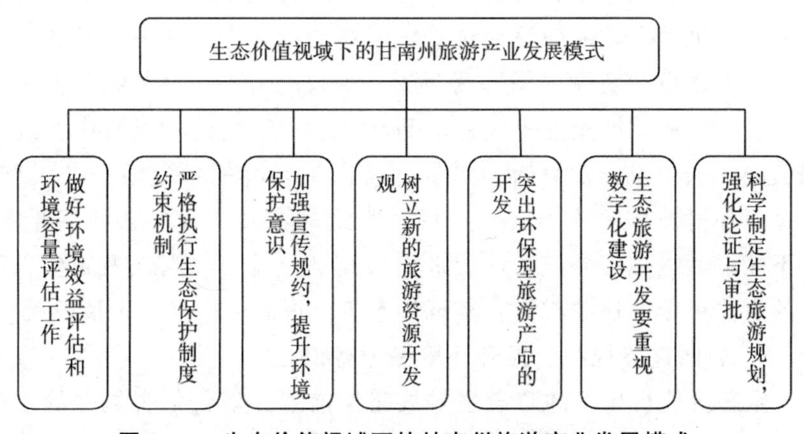

图9—3　生态价值视域下的甘南州旅游产业发展模式

1. 做好环境效益评估和环境容量评估工作

（1）生态价值视域下的旅游产业开发，必须充分考虑旅游的可持续发展，为游客提供安全、舒适的旅游环境。

（2）由于旅游者对旅游资源具有空间、时间占有的要求而形成的某一时间段内（如一天）的游客承载数量，称为资源空间承载力。其计算公式为：

$$REBC = 资源空间总面积/人均基本空间标准$$

人均基本空间标准因不同地区不同景区而存在差异，为此我国学者经过实地调研，对不同类别景区的人均基本空间标准提供了相应的参数。以拉卜楞寺为例，其在类别上大体属于园林建筑类风景区，其空间指标为20㎡/人。拉卜楞寺空间总面积为86.6万平方米，据此可得出拉卜楞寺的旅游资源空间承载力为4.33万人。

旅游目的地日承载力＝旅游地可供游览使用面积÷游客人均使

用标准（㎡/人）×循环系数

循环系数=每天开放时间/平均游览时间

以拉卜楞寺每天开放时间为8小时，每位游客平均游览时间为2小时计算，由此可知，拉卜楞寺日承载力以1732人为宜。

2. 严格执行生态保护制度约束机制

要实现旅游产业的可持续发展，必须建立生态旅游的法规法律体系和标准，使生态旅游开发有法可依，生态旅游活动有章可循。甘南州各级地方政府应该在科学发展观的指导下，在法制观念的支配下，以建设“美丽甘南”为目标，由政府带头，对各级各类风景区、各类性质旅游企业等实行定期环评，在项目运营过程中实施动态监测，从项目开发伊始，同步上马保护环境的各项措施与设施，对生态环境破坏比较严重的项目，即使是重大项目，宁可不开发，也不能以牺牲生态环境为代价来换取经济效益，要真正做到生态保护的有法可依、违法必究，实现生态价值视域下的多元价值发展。

3. 加强宣传规约，提升环境保护意识

生态价值视域下的政府主导战略与前述经济价值视域下的政府主导向市场主导转换并不矛盾。就当前形势来看，甘南州旅游产业生态价值的有效实现，应充分发挥政府的组织管理能力，集约力量，继续加强道德素质教育，加强宣传教育，更重要的是出台一系列环境、生态保护的法律、法规或规章制度，约束游客的不文明行为，如乱刻乱画、乱扔垃圾、随地吐痰、践踏花草等，也对当地居民破坏生态平衡的行为起到警示作用。生态价值视域下的旅游开发重点首先应是软件方面的发展，建立广泛的新的旅游伦理，培养体验大自然时应有的尊重态度和习惯，最终实现旅游地居民和客源地居民环保意识的同步提升。

4. 树立新的旅游资源开发观

甘南州旅游资源有两大特色，一个是生态特色，另一个是文化特色。前文已经论述文化价值视域下甘南州旅游产业发展需要注意的问题和应该采取的发展模式，这些原理同样适用于此，即生态价值视域下的甘南州旅游产业发展应在坚持经济效益、特色产品等一般旅游开发原则的前提下，围绕“保护性开发”展开，采用“循环型”开发模式，注重贯彻多元价值（经济价值、社会价值、文化价值、生态价值及人的发展价值）相结合的方针，达到生态价值视角下的多元价值的有效实现。

5. 突出环保型旅游产品的开发

旅游产品的丰富多样是实现旅游产业发展的关键，在生态价值视域下，甘南州旅游产品的开发应突出生态特色，如住宿旅游产品应以不破坏自然景观为原则，采用藏式传统建筑风格等与大自然和谐一致的特色建筑为主；旅游接待服务中心要搞好垃圾处理、给排水、旅游公厕方面的设施建设，提高服务档次；餐饮旅游产品要在生态承载力的前提下体现特色，尽可能不为满足游客的需求“涸泽而渔”；同时，旅游产品的开发要配合国家和甘南生态工程建设，重点扶持一批草地生态旅游项目，旅游线路的设计要与退耕还林、天保工程等相协调，对开发“禁区”要尽量躲避，以突出环保型旅游产品的开发。①

6. 生态旅游开发要重视数字化建设

目前甘南州虽然已经开通了旅游网站，但总的来看，甘南州旅游资源数字化处在新开发阶段，数字化的工作还没有全面展开，还有待于更加全面地完善改进。如：没有分门别类地逐一介绍遐迩闻名的景区或景点，在网站上也没有以景点名称进行链接，缺少完整地对所有景区和景点的视频资料、图片资料和文字资料的介绍。因此，政府主管部门应在人力、物力和财力等方面给予政策倾斜，并加大资金投入，做好旅游景点的网站建设和旅游资源信息的收集、分析处理、快速更新和维护的机构建设。② 旅游管理的信息化和旅游资源的数字化是势在必行的工作，尤其是生态价值视域下的旅游资源开发，由于其脆弱性和不可再生性等特点，对其进行数字化的开发和保护具有更加重要的意义。

---

① 杨朝继、李辉：《甘南藏族自治州生态旅游开发探讨》，《西北民族研究》2005年第2期。

② 王春丽：《甘南藏族自治州生态旅游资源数字化的现状与对策》，《河北北方学院学报》（社会科学版）2011年第1期。

7. 科学制定生态旅游规划，强化论证与审批

对生态旅游地进行科学的规划是实现生态旅游地资源可持续利用、生态环境保护和经济发展三位一体相互协调的一条重要途径。甘南州生态旅游规划应通过实施功能分区，避免旅游活动对保护对象造成破坏，分流游客以使资源得以优化利用；应用景观生态学原理规划设计生态旅游产品，使人工景观与天然景观共生协调；应分析当地居民与旅游业各个环节的利益相关性，积极鼓励当地农牧民的参与，以更好地发挥地方特长和传统；应设计各类方法和技术，对生态旅游区的游客、经营管理者实施生态环境教育。同时，为保障规划的科学性和严肃性，必须严格控制生态旅游区开发规划的审批制度，由社会学、环境学、文化学、经济学等方面的专家进行全面、科学的论证，最后经有关部门审批实施。[①]

第四节　人的发展价值视域下的甘南州旅游产业发展模式

人的发展问题，是哲学中一个十分重要的问题。首先，发展必须以生存为前提，只有解决了生存才谈得上发展；其次，发展又是与自由相辅相成的，而发展的内核又体现为人不断地从必然王国走向自由王国。共产主义不应当仅仅被理解为“占有”，而应当是人的本质的全面复归，“把自己的全面的本质据为己有”。人应当在一切方面都得到发展，如视觉、听觉、嗅觉、味觉、触觉、思维、直观、感觉、愿望、活动、爱。总之，就是从一切方面拥有整个世界。现代西方著名思想家弗罗姆也谈道，新时代的人应当“觉悟到自己和别人个性的充分发展是人生的最高目标”，新社会的标志之一就是应将“个人的创新精神从经济领域转移到其他生活领域中去”。[②] 也就是说，人的全面发展是人的最终目标。

① 耿庆汇、王晖：《实现生态旅游价值的几个问题探讨》，《中南林业调查规划》2006年第1期。

② ［美］弗罗姆：《占有还是生存》，关山译，生活·读书·新知三联书店1989年版，第180—183页。

首先，人的发展是人的自由自觉活动的发展。“作为自然界的一部分，人的生存和发展绝对依赖于自身以外的自然界，服从自然界的普遍规律和生命运动的一般规律。”从这个层面上理解，人的发展的实质就是：“人不仅仅在适应自然，同时也在通过实践，认识和改造自然。另外，人的活动的发展要求人们不断突破民族和地域的界限，使人的能力在更广泛的社会关系中得到实现和提高。”

其次，人的发展就是人的一切社会关系的发展，就是人的社会关系的丰富性及人对社会关系的控制程度的发展。人的本质不是单个人所固有的抽象物。在其现实性上，它是一切社会关系的总和。从这一层面上说，人的发展主要就是指人的社会关系的不断完善。社会关系对人的历史活动的制约与人通过社会活动塑造自己的社会角色、社会本质是一个共生互动的过程。

最后，人的发展实际是人的自由个性的发展，就是人的独立性和自主性的自由发展。每个人都可以根据自己的自然禀赋、兴趣等来选择自己爱好的活动和专业。歌德说过：“有人说得很对，人的才能最好是得到全面发展，不过这不是人生来就可以办到的。每个人都要把自己培养成某一种人，然后才设法去理解人类各种才能的总和。”黑格尔也指出：“一个志在有大成就的人，他必须如歌德所说，知道限制自己。同是人又是特殊的个体，这是由人的自然素质、人所处的社会历史条件以及人的生活、环境不同等一系列因素造成的。”

人的全面发展主要是指人的个性、能力的全面发展，即每个人的兴趣、爱好、能力的充分实现。在这一过程中，旅游具有不可替代的作用。首先，旅游是一种交往，尽管不同的学者给旅游做了不同的定义，但大家都不否认旅游是一种重要的人际交往、人际沟通的方式，它优于其他交往、沟通方式之外，在于它是旅游者以亲身感受参与到异质文化中去，不同的人群、不同的文化达到了最直接的交流，这是一种最快捷地实现人与人之间沟通、文化与文化之间沟通的方式。其次，旅游反映出人们对于异质文化的认同，一个人如果根本不相信在自己的文明之外存在着其他文明，或从内心里对其他文明不屑一顾，他就不会去那个地方旅游；只有当他承认在自己的生活圈子之外还有另外的世界和文明，这种文明与他自己的文明具有同等的地位和价值时，他才会前往那个地方；同时，他还必须承认不同文明之间的交往、沟通是有益的，旅游才能成行。从这个角度来看，旅游是在人们承认不同文明的存在和平等地位的前提下出现的，是沟通不同民族、不同文明的桥梁和纽带。

通过以上分析可以得出结论：我们不能仅仅从单方面来考察旅游这一人类生活现象，或只看到它的表层意义，而应当认识到它在人的生存、发展中具有重要意义。挖掘它的这一深层内涵，有助于我们更好地认识和规划旅游事业，使之在提高整个中华民族的自身素质，促进社会主义社会中人的高层次发展发挥更大的作用。[①]

西北民族地区的农牧民参与程度较低，在个别地区，广大农牧民甚至基本上被排斥在旅游产业的发展之外，也有个别地区旅游投资商或企业组织与当地人民群众在旅游业发展问题中存在利益冲突。对于西北民族地区来说，广大农牧民是旅游发展的主体及重要的利益相关者。因此，只有让广大农牧民在旅游发展过程中充分受益，才能使他们自愿合作，对民族文化资源产生保护意识和开发利用的积极性，从而营造出和谐的旅游软环境，提高旅游目的地的好客度，增强游客的体验度和满意度，更好地发展当地旅游经济。在柯布—道格拉斯生产函数中，人的发展价值可以表达为 $PDV = C(aPQ)^{\eta}(bPQ)^{\theta}$，在公式中，各系数的数值大小直接影响旅游地人的发展价值，因此，甘南州旅游产业发展必须着重关注公式中 b（就业系数）、Q（游客量）、C（综合水平系数）等变量，实现其最大化。基于此，人的发展价值视域下的甘南州旅游产业发展必须着重关注以下几个方面（见图 9—4）。

1. 旅游开发要以人为本，构建和谐旅游

科学发展观的核心之一就是以人为本，以人为本也是实现和谐旅游、实现人的全面发展的关键。对人的发展价值视域下的甘南州旅游产业发展来说，以人为本就是一切从旅游地居民和客源地游客的实际需求出发，始终把两者的全面发展作为旅游业发展的灵魂，

① 毕爱萍：《闲暇、旅游与人的发展》，《北京联合大学学报》1997 年第 4 期。

并且能够在具体工作中有所体现、全面落实，而不是流于形式、空喊口号。具体来说，甘南州在旅游产业发展过程中，既要满足本地居民在素质提升、道德建设、生活改善、就业提高、受教育机会增加等方面的需求，也要满足游客体验生态、体验文化、体验生活的物质和精神文化需求，营造“旅游的发展带动人的发展、人的发展反哺旅游业的发展”的良好互动氛围。

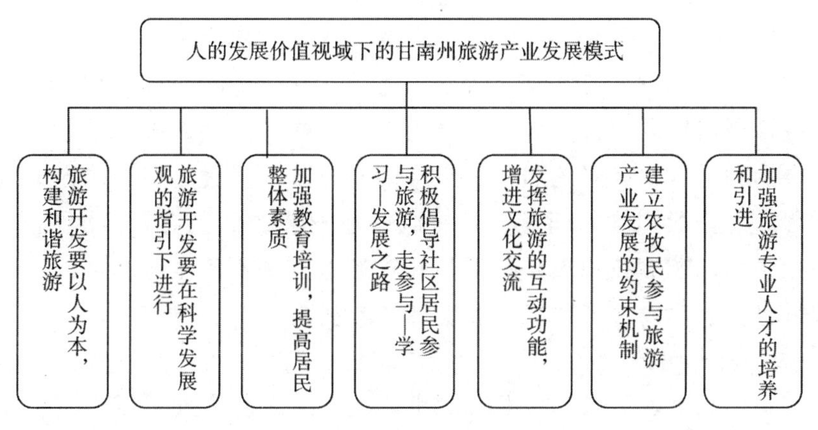

图 9—4　人的发展价值视域下的甘南州旅游产业发展模式

2. 旅游开发要在科学发展观的指引下进行

科学发展观是指引我们社会前进发展的重要思想，也是真正能够实现人的全面发展的指导思想。这一思想放置于旅游产业发展过程中，即形成科学的旅游发展观。科学的旅游发展观要求甘南州在国际国内、城乡之间、区域之间、经济与生态之间、旅游与人的发展之间形成一种良性互动关系，在人的发展价值视域下来看这种互动关系，就是要在科学的旅游发展观的指引下，实现甘南州旅游产业的发展与人的发展的同步并举，从而真正实现旅游业的和谐发展。①

3. 加强教育培训，提高居民整体素质

甘南州必须加大教育经费及培训经费的投入力度，提升基础素

① 曹新向：《和谐社会中的旅游价值观及其实现》，《生态经济》2006 年第 4 期。

质教育发展水平，提高基础教育和高等教育的毛入学率，充分发挥教育扶贫的功能。教育经费的来源形式可以多样化，但始终以政府和企业双筹为主。同时，对社区居民进行包括基本文化知识和旅游专业知识两个方面的教育培训，提高社区居民的素质，使他们更好地参与旅游发展。要积极遵循低级阶段——人力参与，中级阶段——资本参与，高级阶段——文化参与的阶段参与模式，全面实现人的发展与产业发展的齐头并进。①

4. 积极倡导社区居民参与旅游，走参与—学习—发展之路

甘南州必须采取一系列行之有效的方式，使旅游产业的发展建立在社区居民有效参与旅游开发、旅游活动并从中受益的基础上，发挥社区居民的执行能力与监督能力，这样才能最大限度地调动全社会的力量，提高当地居民参与旅游开发的积极性，解决旅游开发过程中的分配不均的问题，将旅游产业发展的红利惠及广大民众，使社区居民能够在积极参与旅游开发的过程中不断学习，进而不断提升自己，为人的全面发展奠定良好的基础。

5. 发挥旅游的互动功能，增进文化交流

互动交流是实现人的发展的重要途径。旅游产业可以使人们增进了解，扩大交流；旅游是和平的使者、友谊的桥梁；旅游是民间对民间、人民对人民友好交往、传递友谊的渠道，是互惠共赢的有效模式。甘南州应从大局角度充分认识并传播旅游的互动功能，让游客和当地居民在潜意识里认同这种促进作用，从而消除外部影响下的文化排斥、文化植入观念，真正实现优势文化的互补，实现不同行为主体的全面发展——暨民族地区居民更广泛地学习、接触外来文化，包括与传统文化迥异的现代生活方式，从而打开闭塞之门，更好地认识世界；游客通过体验民族地区丰富多彩的传统文化，达到拓展视野、增进知识的目的。

6. 建立农牧民参与旅游产业发展的约束机制

一是执行政府关于少数民族文化旅游资源开发利用的相关法律、法规；二是旅游行政管理部门对接待服务的规模、服务质量标

① 曹新向：《和谐社会中的旅游价值观及其实现》，《生态经济》2006 年第 4 期。

准作出严格规定，对不能达到旅游接待服务质量要求和卫生标准的，坚决禁止从事旅游接待服务；三是制定导游和旅客接待户的规章制度，规范他们的接待行为，杜绝导游和民居接待户之间的幕后交易，在尊重游客自主选择权利的前提下，建立公平接待游客的接待制度，严禁拉客、宰客等现象发生。此外还必须重视道德观念、习俗、宗教等在旅游产业发展中的约束作用，大力宣传正确的观念，树立传统的道德观念。

7. 加强旅游专业人才的培养和引进

甘南州旅游起步晚，从业人员素质普遍较差，高层次的旅游管理经营人员严重匮乏。首先，尽快建立旅游培训基地，为甘南州培训一批既懂旅游专业知识又了解历史文化，有一定实际操作技能的旅游人才。对从业人员素质的培训，应从现有从业人员进行培训开始，并选送一批有培养前途的人员到外地系统学习旅游专业知识，掌握现代旅游的管理经验和方法，要求导游人员谙熟有关自然地理、人文史料、民风民俗、神话故事、民间传说等，还要具备汉、英、藏三种语言表达能力。其次，应根据旅游项目需要，突破地域限制，不拘一格引进专业技术人才。最后，与高校和科研部门合作，办成旅游教育科研基地，利用高校与科研部门的优势，提高地方从业人员的整体素质，发挥其窗口和媒介作用，以局部带动整体，最终实现当地居民的全面发展。

第五节　社会价值视域下的甘南州旅游产业发展模式

旅游业在30余年的发展过程中，经济价值导向甚为明显。在新的历史条件下，尤其是在我国经济社会新常态下，过去旅游业只注重经济价值的价值观必须做出调整，在这种价值观引导下的发展模式必须做出改变。只有这样，旅游业才能可持续地、健康地发展，才能为整个社会经济发展做出除经济利益之外的贡献。

在民族旅游中，语言和习俗的差异，会给游客带来生活上的不适应。审美观和价值观的差异，使得游客在理解、认识、鉴赏旅游对象时，需要经过特殊的磨合才能与旅游对象之间形成共鸣。宗教和伦理观的差异，有可能使旅游对象、旅游设施和旅游从业人员触犯游客的禁忌而引起游客的特殊刺激，从而获得族内旅游不会有的新感受。以上情况说明，民族旅游是一个涉及社会诸多层面的特殊旅游项目，其经营目标虽以经济效益为中心，但民族旅游的价值绝不仅仅局限于经济层面，它在民族经济发展进程中有着自身的行业特征和不同于其他产业的社会价值。尤其是在我国民族地区，其社会文化异于主流文化而独树一帜，正因为此，其社会生态环境也更加脆弱。

社会价值是一个比较宽泛的概念，它定位于整个社会历史的发展，实际是前面所述的经济价值、文化价值、生态价值和人的发展价值的统一体。我们将社会价值用SV（Social Value）来表示，则：*PDV*=*F*（*EV*，*CV*，*EEV*，*SP*），其中，*EV*表示民族地区旅游产业发展所带来的经济价值，*CV*表示民族地区旅游产业发展所带来的文化价值，*EEV*表示民族地区旅游产业发展所带来的环境生态价值，*SP*表示民族地区旅游产业发展所带来的社会保障与公共服务的改进水平。在社会价值论当中，经济价值是最简单、最直接可以通过模型等定量方法计算得出的价值，在实际的操作层面也是最显而易见和最容易得到的。所以，在中国改革开放“发展是硬道理”的背景之下，各个行业在发展的过程中，经济价值优先于其他价值甚至经济价值代替了其他价值的发展，由此衍生出以GDP为导向和唯一衡量指标的发展观，这明显不利于甘南州旅游产业社会价值的有效实现。

旅游产业发展的社会价值可以概括为以下几点：①

1. 增加就业机会

作为一个重要的社会问题，就业问题不仅关系到每个劳动者的生存发展和享受，而且关系到社会的稳定；作为一个综合性的服务行业，旅游业比其他行业具备更强的就业吸纳能力，不仅能为旅游

① 马勇、周霄：《旅游的产生发展、本质属性与社会价值》，《湖北大学成人教育学院学报》2003年第4期。

饭店业、旅行社业和旅游交通运输业提供大量的工作岗位，还可为众多关联行业造就新的工作机会。据世界旅游组织资料显示，旅游部门每直接收入1元，相关行业的收入就能增加4.3元；旅游部门每增加1个直接从业人员，社会就能增加5个就业机会。旅游业是典型的劳动密集型行业，主要表现为从业人员直接地对客服务，因而比以资金密集和技术密集为特征的工业企业及高新产业具有更大的就业吸收空间，旅游业中就业岗位层次众多，很多基层接待服务工作并不需要很高的技术，只需进行较短时间的培训便可胜任，所以可为广大妇女和刚步入社会的青年提供就业机会。

2. 提高区域经济水平

地区经济的不平衡是制约社会全面进步的一大瓶颈。旅游业的大发展，有利于促进经济发达地区的人流、物流和资金流导向欠发达地区，有利于提高区域经济水平，促进区域间经济的合作和社会的协调发展。由于先天的原因，许多旅游资源禀赋丰富的地区同时又是交通不便、产业基础薄弱的贫困地区，在做好规划的前提下投入资金开发这些地区的旅游资源，对于尽快推动当地经济和社会发展，使人民脱贫致富具有显著的作用。除了天赋的“扶贫”功能外，旅游发展推动地区经济发展的价值还体现在对乡村城市化的促进上，在城市边缘的一些乡村旅游区，旅游开发不但帮助该地留住了将要外迁务工的人员，而且将那些寻求工作与发展机会的外来人才也吸引进来，人口数量的增多和基础设施的扩充使得这些非城市旅游地渐而粗具城镇规模。

3. 强化民族认同意识

全球化和世界一体化进程的加快，使许多边缘族群慢慢地为主流族群所同化，以中国为例，55个少数民族，大部分都已汉化，他们在饮食、服饰等许多方面都渐渐与汉族趋同，只在其生活领域中保留着比例极小的所谓“传统”的具有民族性的东西。但是，在旅游开发的推动下，旅游民俗和旅游文化成了一种可供利用的市场资源和族群交往的外在符号，由旅游地居民高度参与的职业性旅游民俗文化表演活动，在很大程度上可以强化参与者对本民族群体身份及其传统文化的认同意识，帮助他们走向民族本原的复归。毋庸置疑，旅游的发展为那些边缘族群提供了一种对内相互凝聚、对外扩大影响的途径，同时它也正在帮助其重新确立自己的民族认同。以长远的眼光检视，适度的旅游开发还是保持民族多样性的一种有效手段。

基于此，社会价值视域下的甘南州旅游产业发展必须着重关注以下几个方面（见图 9—5）。

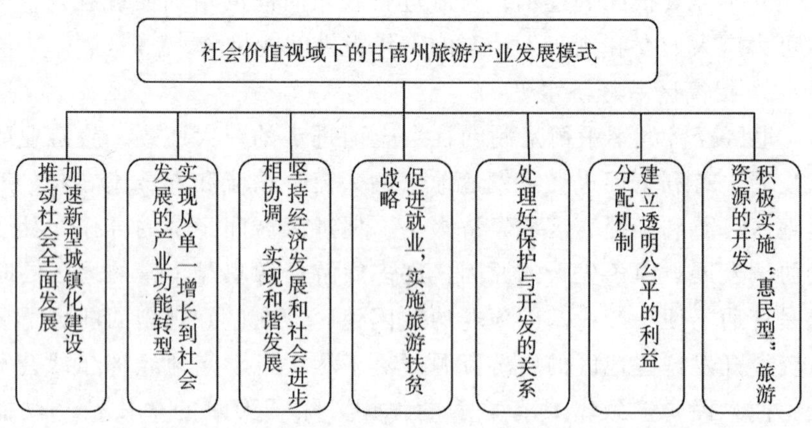

图 9—5　社会价值视域下的甘南州旅游产业发展模式

1. 加速新型城镇化建设，推动社会全面发展

新型城镇化是关系现代化全局的大战略，是最大的结构调整。从短期看，有利于拉动当期需求；从中长期看，有助于改善经济发展基础、优化居民扩大消费的环境，进而推动中国经济结构和城乡区域结构的优化，以及相关体制机制的完善。新型城镇化建设是社会发展的重要体现，新型城镇化发展与旅游产业的发展是同质共生的关系，新型城镇的教育、医疗卫生、公共文化服务设施等的发展为旅游产业各要素的发展提供载体，没有城镇化作为依托，就无法实现旅游产业的集群化发展。在上述视角中，甘南州可通过将代表性的旅游地或大型景区建设成旅游城镇的方式，在加速该地区传统农牧民向市民的转化的同时，也为游客和居民提供升级版的休憩和集聚场所，进而以旅游城镇的发展助推旅游产业的发展和社会的全

面发展。

2. 实现从单一增长到社会发展的产业功能转型

旅游产业的发展经历了外事接待旅游阶段、创汇旅游阶段、效应旅游阶段、就业旅游阶段、和谐旅游阶段等不同阶段。从以上几个阶段的特征分析，旅游业的最初发展是通过入境旅游实现其创汇功能的，之后开始关注旅游的经济价值，这一阶段持续时间最长。当前甘南州旅游产业发展仍主要以实现经济价值为主，但随着国际国内社会对旅游产业功能的重新定位与认识，单一功能即单一增长的模式面临巨大挑战，甘南州必须顺应这种形式，实现旅游产业功能从推动增长到扩大就业向推动社会进步的转型延伸，不断丰富其社会责任内涵，实现各种价值的共生、和谐发展。

3. 坚持经济发展和社会进步相协调，实现和谐发展

一般意义上讲，经济发展与社会进步是相辅相成的，经济发展会带动社会进步，社会进步反过来亦会为经济发展提供良好的社会环境。甘南州旅游产业的发展必须坚持经济效益与社会效益的协调统一，既不能只讲经济效益，也不能过分强调社会效益。比如在早期的发展阶段，由于过分追求经济价值，甘南州一些旅游项目的开发破坏了生态环境，一些旅游设施存在严重安全隐患，一些地方黄、赌、毒等丑恶现象增多，这些问题的出现或多或少都是因为忽视社会价值造成的。因此，要把经济和社会的发展有机结合起来，坚持文明管理、文明开发、文明经营、文明服务，形成经济增长、环境优化、文化繁荣、生活富裕、社会进步的互促互动的良性循环。①

4. 促进就业，实施旅游扶贫战略

贫困问题是影响社会稳定的重要因素，这种现象在民族地区表现得尤为明显。甘南州今后旅游产业的发展必须通过开发贫困地区丰富的旅游资源，兴办旅游经济实体，使旅游产业成为贫困但旅游资源丰富的地区的支柱产业，实现贫困地区居民和地方财政双脱贫致富。在当前来看，旅游扶贫是被实践证实了的投入少、回收快、返贫率低、成效高的扶贫之路。旅游产业对就业的带动作用同样明

① 曹新向：《和谐社会中的旅游价值观及其实现》，《生态经济》2006 年第 4 期。

显，据统计，旅游行业中直接就业1人，就有间接就业5人。因此，在社会价值视域下的甘南州旅游产业发展，必须充分发挥旅游带动就业的积极功能，通过促进就业实现旅游扶贫的战略目标，从而实现社会的和谐稳定。

5. 处理好保护与开发的关系

旅游产业的发展，大量游客以及外来人口的进入，势必对甘南州重要的物质文化载体，对当地居民延续千年的社会观念、价值形态等社会内涵产生或多或少的消耗，乃至产生破坏性的毁坏。与此同时，这些旅游资源是独一无二且不可再生的，伴随着物质形态的消失，其所承载的文化内涵和社会价值必将消亡。基于此，在甘南州旅游资源开发和景区规划的过程中，应该转变思维，创新过程，有所为有所不为，有先为、有后为，以先保护、再开发，保护和开发并存的模式发展旅游产业及相关产业，这样才能有效地发挥旅游产业的社会价值功能。

6. 建立透明公平的利益分配机制

在过去经济指标指导一切的发展阶段，旅游产业带来的巨大经济利益被政府和少数人攫取，普通大众并没有享受到旅游产业发展所带来的利益。这种不健康的发展模式和不均衡的利益分配机制严重打击着当地居民的积极性，制约着旅游产业其他社会功能的发挥。社区参与、全民共享的模式可以有效地解决这一矛盾。甘南州政府可以通过成立相关的旅游企业公司、文化产业经营公司和设立专项基金等方式管理旅游产业带来的收益，再通过社区组织将收益返还给居民。居民的切身利益和权益得到有效的保障之后，才能为民族地区旅游产业的发展提供源源不断的动力。同时，旅游产业反过来亦可以促进民族地区社会各项事业的全面进步。

7. 积极实施“惠民型”旅游资源的开发

“惠民型”旅游资源的开发模式是从居民受益程度的角度认识旅游开发的。甘南州今后应积极建设民族生态旅游惠民示范区，开发“惠民型”旅游产品，在本地居民和企业之间建立一种“双向调控”的机制，由政府负责统筹推动旅游惠民行动，入驻企业必须积极贯彻政府的这一主导开发思想，在追求经济效益的同时，充分尊重本地居民的意见建议，最大限度地实现旅游惠民的目标。同时发挥第三方如行业协会、新闻媒体等的监督制约作用，将“惠民型”旅游资源的开发模式贯彻落实到位，让本地居民真正从此类旅游产品的开发中得到实惠，调动他们的积极性，[①] 进而最大化地实现旅游产业发展的社会价值。

综上所述，我们的观点是：第一，旅游产业的发展对甘南州意义重大，是甘南州提升产业规模、实现经济社会跨越式发展、建设社会主义和谐社会的必然选择；第二，甘南州旅游产业的发展必须建立在对多元价值认知的基础上，建立多维目标体系，在更广阔的视域中探讨旅游产业的价值，即不能单一追求经济价值的最大化，而是应该兼顾社会进步、文化保护、生态平衡以及人的发展等综合价值的同步实现，并以此为导向构建甘南州旅游产业发展的模式与路径，实现甘南州旅游产业的全面协调发展。[②]

第六节　多元目标体系导向的甘南州旅游产业发展路径研究

我国旅游产业发展整体上起步较晚，属后发型产业发展类型，民族地区旅游产业发展程度上一般差异不大，所以又存在发展特征上的共性。根据旅游产业发展的一般共性特征和规律，我国民族地区要大力发展旅游产业，就必须识别、认知这一产业发展的内在产业运行规律，系列梳理这一产业所需的产业运行条件，从而合理地安排旅游产业发展的战略，有效地实施旅游产业的发展，实现区域旅游产业发展的目标。在以上框架中，认识甘南州旅游产业发展的基本路径，是其制定和实施区域旅游产业发展战略、实现区域旅游产业发展目标的关键。[③]

① 赖斌：《基于民生视角的民族地区旅游资源开发模式研究》，《西南民族大学学报》（人文社会科学版）2015 年第 1 期。

② 把多勋、夏冰：《多元目标体系导向的西北民族地区旅游产业发展模式》，《兰州大学学报》（社会科学版）2010 年第 6 期。

③ 参见《中共甘南州委、甘南州人民政府关于促进旅游业改革发展的实施意见》。

（一）深化改革，增加发展动力

1. 创新景区管理体制

以列入全省规划建设的2个大景区和扎尕那景区为重点，积极推进景区管理体制改革。县市政府在现有管理机构的基础上，整合组建拉卜楞、冶力关2个大景区管理委员会和扎尕那、黄河第一湾、当周草原、则岔石林、郎木寺、翠峰山、车巴沟等精品景区管理委员会，对景区实行统一规划、开发、管理，统筹开展景区招商引资、开发建设等工作。

2. 加快政府职能转变

在现有州县市旅游机构的基础上，升格成立州县市旅游发展委员会，将发改、财政、交通、国土、住建、文广新、扶贫等部门纳入委员单位，强化县市政府和其他职能部门在旅游改革发展研究、政策制定、规划编制、形象推广、保障措施等方面的职能和权限。完善旅游统计指标体系和调查方法，建立科学的旅游发展考核评价体系，加大旅游工作在政绩考核中的权重。

3. 做大做强旅游企业

建立公平开放透明的市场运行规则，打破区域限制和行业隐形壁垒，促进各类旅游要素和市场向社会资本全面开放。以香巴拉旅游投资有限责任公司为主体，进一步整合资产，将其打造为甘南旅游产业投融资的高端平台。积极培育和大力扶持各类旅游企业，引进品牌旅行社、旅游策划营销、户外运动等专业旅游经营机构，扶持发展旅游餐饮、休闲农庄、旅游商品开发等特色中小微型旅游企业。

4. 推动区域旅游一体化

主动融入全省精品丝路线、黄河风情线、民族风情线、中医药养生线、红色旅游线5条主题品牌线路，依托“三省七市州区域旅游协作组织”平台，做大做强大九寨北线和丝绸之路南线精品线路，建立区域合作协调、联合执法投诉、事故联动处理协作机制，形成区域内优势互补、借势发展的合作格局。

（二）优化环境，提升服务质量

1. 大力改善基础设施建设

把公路布局建设与景区开发结合起来，州级交通运输部门在制定专项规划时应充分考虑旅游发展需求，做好通往景区道路与高速公路、机场、铁路及国省干线公路的合理对接。将通往旅游景区的标志纳入交通标志建设范围，完善现有道路标识指引和旅游符号等标志设置。逐渐实现4A级及以上景区与依托城镇之间、景区连接高速公路之间二级以上公路贯通，新建或新改造通往大景区道路实现一级以上公路贯通。

2. 加快“智慧旅游”建设

积极开展旅游智慧管理、智慧营销、智慧服务，由州旅游部门与国内顶级传媒公司签订合作协议，建设甘南“智慧旅游”云数据服务中心机房，统一完善州县市“智慧旅游”门户网站群系统，建设集旅游资讯查询、电子商务、微博微信、电子导览、虚拟旅游于一体的甘南“智慧旅游”公共服务信息平台。

3. 加强市场环境整治

深入贯彻落实《中华人民共和国旅游法》和《甘南州旅游管理条例》，进一步健全完善旅游综合协调市场监管机制和投诉机制，加强旅游市场秩序综合整治，建立旅游诚信记录和“黑名单”制度，推动形成政府依法监管、企业守法经营、游客文明旅游的格局。不断加大旅游综合执法力度，集中对各县市城区（周边）、景区景点、宾馆饭店、公路沿线等地开展旅游市场安全生产和环境综合整治活动。

4. 加快旅游标准化建设

积极推行国家旅游局新颁布的旅游统计办法，严格按照景区、旅行社、星级饭店、导游、农（牧、藏、林）家乐行业标准开展工作。建立12301旅游服务热线、旅游现场咨询中心、旅游网站集群等覆盖不同游客的旅游信息服务体系，全面提升旅游信息化、智能化水平。

5. 重视旅游资源保护开发

坚持“保护优先、科学利用、合理开发、禁止破坏”的原则，加强森林、草原、湿地、红色旅游、宗教、民俗、历史遗址等旅游资源的保护，加快生态环境治理与建设步伐，做到旅游设施与自然景观相协调，与生态环境承载能力相适应，实现旅游业可持续发展。

（三）全面推进，加快转型升级

1. 统筹景区建设布局

围绕交通干线，以精品景区开发为核心，辐射带动特色景区，着力构建藏传佛教、民俗风情、草原峡谷、红色旅游文化产业带，不断支撑甘南景区体系。打造拉卜楞寺、冶力关大景区，扎尕那、当周草原国家生态旅游示范区、郎木寺、黄河第一弯、翠峰山、大峪沟、车巴沟9个精品景区，使景区成为旅游经济发展最大的增长极。

2. 科学编制景区规划

坚持规划先行，高起点编制景区总体规划和建设性规划，按照先策划、后规划、再建设的原则，加强行业指导，坚决杜绝有规不依的现象，防止盲目开发和低水平重复建设，强化旅游规划的权威性。临潭、夏河县编制属地大景区建设性规划，其余县市编制属地景区建设性规划，经州政府审定后报省旅游产业发展领导小组组织评审批复后实施。

3. 注重文旅深度融合

由州文化部门、旅游部门对州内重点景区建设项目进行深度的文化论证和包装，将其建成承载文化、向外展示文化、宣传甘南的良好平台。各县市政府结合本地实际，深入挖掘藏歌、藏戏、藏舞等民间民俗文化，充分发挥州县市文艺团体主体作用，引导民间文艺团体，旅游旺季在合作市区、夏河拉卜楞镇、临潭冶力关镇每天定时定点组织文艺演出。

4. 开发品牌旅游线路

积极培育草原峡谷线路、藏传佛教朝圣线路、红色线路、民俗风情线路等特色旅游线路，加大媒体宣传营销。线上线下并举，整合州县市宣传资源，继续在中央一台、甘肃卫视、《中国旅游报》等主流媒体宣传，营销“九色甘南香巴拉”旅游品牌形象。注重“走出去、请进来”宣传。采取州上牵头，县市捆绑的方式，加大对重点客源地兰州、西宁、西安、银川、成都、重庆等周边城市的宣传推介活动，同时积极开拓二级、三级客源市场。打造旅游节会品牌。每年从正月大法会开始，有计划地安排节庆活动。重点举办“中国生态文明腊子口论坛”、“中国·九色甘南香巴拉旅游艺术节”、“临潭冶力关中国拔河公开赛”、“玛曲格萨尔赛马大会”、“碌曲锅庄舞大赛”、“藏乡江南舟曲民俗风情旅游暨楹联文化艺术节”、“卓尼国际自驾狂欢节”等节庆活动。

（四）完善政策，狠抓工作落实

1. 优化土地利用政策

将州级旅游规划的重点项目用地，纳入全州年度用地计划中优先保证。编制和调整土地利用总体规划、城乡发展规划时，充分考虑旅游项目、设施的空间布局和建设用地需求，为旅游发展提供用地保障。不断加快旅游项目、设施用地报批手续，为旅游配套的公益性城乡（镇）基础设施建设用地，以划拨方式提供用地。

2. 加大财政金融支持

设立甘南旅游产业发展专项资金，根据旅游业发展需要，逐年按一定比例增加投入。州政府金融办负责协调各类金融机构大力扶持旅游项目，中小企业信用担保机构要积极为中小微旅游企业提供融资担保，支持保险资金参与旅游开发建设。

3. 落实税费优惠政策

对纳税确有困难的旅游企业，可向税务机关申请，经批准可定期减免房产税、城镇土地使用税。进一步规范行政审批前置服务项目及收费，坚决制止乱收费、乱罚款和摊派等行为，严禁擅自提高收费标准、扩大收费范围。

4. 落实带薪休假制度

将带薪休假制度落实情况纳入州县市政府议事日程，作为劳动监察和职工权益保障的重要内容。积极落实州内机关、企事业单位职工带薪休假制度，全面落实“甘南浪山节”假期安排。

5. 强化人才队伍建设

成立“西北民族旅游研究院”，建立旅游专家库，为全州旅游发展提供智力支持。加强与西北师大旅游学院、甘肃民族师范学院等院校的合作，建立旅游培训基地，优化旅游学科专业设置，大力发展旅游职业教育。落实人才扶持政策，在就业中持续安排旅游名额，向景区景点和旅游乡村倾斜，落实旅游从业人员薪酬和社会保险制度。

6. 加大组织领导力度

各级党委、政府要加强和改进对旅游改革发展工作的组织领导，形成“一把手”亲自抓、分管领导具体抓、其他领导配合抓的工作机制，层层签订责任书，共同推进旅游业改革发展。州委督查考核局每半年对旅游目标任务完成情况开展督查，为实施“旅游兴州”战略和建设“旅游甘南”目标提供有力保障。

第七节　甘南州旅游产业运行绩效评价

基于多元价值目标导向的西北民族地区旅游产业运行绩效评价体系主要是对旅游产业发展进行指导与检测，从而使得旅游产业朝着更合理、更科学的方向发展。本文以2005—2013年甘南藏族自治州为例，检测旅游产业多元价值发展情况。

一　甘南藏族自治州旅游价值指标数据收集

根据第四章旅游产业运行绩效评价指标体系，收集甘南藏族自治州2005—2013年的数据，如表9—1所示。

表9—1　**甘南藏族自治州2005—2013年旅游相关指标数据**

年份	2005	2006	2007	2008	2009	2010	2011	2012	2013
国民生产总值（亿元）	26	30	35	43	58	68	81	97	109
第三产业生产总值（亿元）	12	89	17	20	30	36	42	49	56
居民消费（万元）	17295	22194	27206	33103	40071	44912	50558	56204	61850

续表

年份	2005	2006	2007	2008	2009	2010	2011	2012	2013
城镇居民消费（万元）	9245	12320	14890	18234	23050	25605	28957	32310	35662
就业总人口（人）	14389	15214	16133	17333	19912	20546	21862	23410	24495
第三产业就业人口（人）	4908	5421	6331	6934	7820	8484	9218	9951	10685
公路里程（公里）	4230	4280	4350	4590	4850	4925	5080	5235	7423
艺术表演团体个数（个）	4	4	4	4	6	8	8	8	8
城市园林绿化面积（公顷）	709	713	742	836	890	64	972	1021	1069
废水治理设施套数（套）	15	21	26	30	33	5	43	48	52
森林覆盖率（%）	18	19	19	20	21	21	22	23	23
总人口（万人）	61	63	66	68	70	69	69	69	70
居民消费水平（元）	1420	1613	1837	2201	2492	2732	3005	3279	3552
农村居民家庭住房情况（m^2/人）	12	14	15	15	16	17	18	19	20
城镇人均可支配收入（元）	5182	5501	6245	7810	10347	10374	12063	13970	16200
人均 GDP（元）	4266	4737	5396	6377	8222	9810	11814	13958	15658

资料来源：《甘南州年鉴》，《甘肃年鉴》，甘南藏族自治州人民政府网等。

二　甘南藏族自治州旅游价值指标无量纲化

甘南藏族自治州旅游产业价值体系检测实质上是多指标综合评价的问题，在多指标综合评价中，由于从不同的角度选取指标，不同的指标有其不同的含义，计算方法也各不相同，致使各指标的量纲差异巨大，不能直接综合计算，这便需要对数据进行无量纲化处理，即将指标的原始数据按照一定的计算方法求得该指标的得分，称为指标的标准值，以消除原始指标值量纲的影响。① 本书的价值指标皆为相关分析中具有正向相关性的指标，据此，本文选取"均值化"处理方法对数据进行无量纲化处理。具体公式如下：

$$x' = \frac{x}{\tilde{x}} \qquad (9\text{—}1)$$

式中：x'——某一样本变量无量纲化处理后的标准值；

x——某一样本变量初始数值；

$\tilde{x}$——某一样本变量平均值。

通过上述公式计算，未知的贡献率被消掉，最终可计算出甘南藏族自治州旅游价值指标标准值，如表9—2所示。

表9—2　　**甘南藏族自治州旅游价值指标标准值**

年份	2005	2006	2007	2008	2009	2010	2011	2012	2013
国民生产总值′	0.43	0.49	0.58	0.71	0.95	1.11	1.33	1.59	1.79
第三产业生产总值′	0.32	2.27	0.43	0.50	0.77	0.92	1.07	1.26	1.44
居民消费′	0.44	0.57	0.69	0.84	1.02	1.14	1.29	1.43	1.58
城镇居民消费′	0.42	0.55	0.67	0.82	1.04	1.15	1.30	1.45	1.60
就业总人口′	0.81	0.86	0.91	0.98	1.13	1.16	1.24	1.31	0.60

① 黄燕玲、罗盛锋：《基于居民感知的少数民族地区农业旅游影响研究——以贵州巴拉河旅游区为例》，《贵州民族研究》2008年第3期。

续表

年份	2005	2006	2007	2008	2009	2010	2011	2012	2013
第三产业就业人口′	0.69	0.76	0.88	0.97	1.09	1.18	1.29	1.39	0.75
公路里程′	1.01	1.03	1.04	1.10	1.16	1.18	1.22	1.25	1.29
艺术表演团体个数′	0.67	0.67	0.67	0.67	1.00	1.33	1.33	1.33	1.33
城市园林绿化面积′	0.81	0.81	0.85	0.96	1.02	1.06	1.11	1.17	1.22
废水治理设施套数′	0.44	0.62	0.76	0.88	0.97	1.13	1.26	1.40	1.53
森林覆盖率′	0.87	0.90	0.92	0.94	1.00	1.01	1.04	1.07	1.10
总人口′	0.91	0.94	0.98	1.02	1.05	1.03	1.03	1.03	1.04
居民消费水平′	0.58	0.66	0.75	0.90	1.01	1.11	1.22	1.33	1.44
农村居民家庭住房情况′	0.76	0.86	0.93	0.94	1.01	1.07	1.13	1.18	1.24
城镇人均可支配收入′	0.53	0.56	0.64	0.80	1.06	1.06	1.24	1.43	1.66
人均 GDP′	0.48	0.53	0.61	0.72	0.92	1.10	1.33	1.57	1.76

三　甘南藏族自治州旅游产业发展多元价值目标检测

根据上文分析，得到2005—2013年各项指标在不同阶段价值体系中的价值量，如表9—3所示。

表9—3　**甘南藏族自治州2005—2013年旅游多元价值体系各价值指标价值量**

年份	2005	2006	2007	2008	2009	2010	2011	2012	2013
国民生产总值′	0.06	0.07	0.08	0.09	0.13	0.09	0.11	0.13	0.15

续表

年份	2005	2006	2007	2008	2009	2010	2011	2012	2013
第三产业生产总值′	0.10	0.69	0.13	0.15	0.23	0.17	0.20	0.24	0.27
居民消费′	0.02	0.03	0.03	0.04	0.05	0.04	0.04	0.05	0.05
城镇居民消费′	0.02	0.03	0.04	0.04	0.06	0.03	0.04	0.04	0.05
经济价值合计	0.20	0.81	0.28	0.33	0.47	0.33	0.39	0.46	0.52
就业总人口′	0.02	0.03	0.03	0.03	0.03	0.08	0.09	0.09	0.04
第三产业就业人口′	0.03	0.03	0.03	0.04	0.04	0.11	0.12	0.12	0.07
公路里程′	0.01	0.01	0.01	0.01	0.01	0.03	0.03	0.03	0.03
艺术表演团体个数′	0.01	0.01	0.01	0.01	0.01	0.02	0.02	0.02	0.02
社会文化价值合计	0.06	0.07	0.07	0.08	0.09	0.23	0.25	0.26	0.16
城市园林绿化面积′	0.03	0.03	0.03	0.04	0.04	0.05	0.05	0.05	0.05
废水治理设施套数′	0.02	0.03	0.04	0.05	0.05	0.07	0.07	0.08	0.09
森林覆盖率′	0.02	0.02	0.02	0.02	0.02	0.01	0.01	0.01	0.01
总人口′	0.01	0.01	0.01	0.01	0.01	0.03	0.03	0.03	0.03
环境生态价值合计	0.08	0.09	0.10	0.11	0.12	0.15	0.16	0.17	0.18
居民消费水平′	0.02	0.02	0.02	0.03	0.03	0.04	0.05	0.05	0.06
农村居民家庭住房情况′	0.02	0.02	0.02	0.02	0.02	0.03	0.03	0.04	0.04
城镇人均可支配收入′	0.07	0.07	0.08	0.10	0.14	0.10	0.12	0.14	0.16
人均 GDP′	0.04	0.04	0.05	0.05	0.07	0.18	0.22	0.26	0.29
人的发展价值合计	0.14	0.15	0.17	0.20	0.26	0.36	0.42	0.49	0.55
旅游产业运行价值绩效	0.48	1.12	0.62	0.73	0.94	1.08	1.22	1.38	1.40

将 2005—2013 年甘南藏族自治州旅游多元价值体系经济价值、社会文化价值、环境生态价值与人的发展价值量占旅游产业运行绩效评价体系的比重测算，如表 9—4 所示。

尽管甘南藏族自治州旅游产业各价值量是通过表 4—24 和表 4—25 西北民族地区旅游产业发展初级阶段和成长阶段的各权值与各项无量纲化后的价值指标之积测算而得，但通过表 9—4 依然可以看出甘南藏族自治州旅游产业各准则层价值，即经济价值、社会文化价值、环境生态价值与人的发展价值与对应阶段的准则层价值的目标权重仍有所不同。这是因为旅游产业在发展过程中所产生的实际价值影响与目标价值之间有所差异所致，故此，结合表9—4，可以得出以下结论：

表9—4　　2005—2013年甘南藏族自治州旅游运行绩效评价体系准则层价值量权重

年份	经济价值权重	社会文化价值权重	环境生态价值权重	人的发展价值权重
2005	0.41	0.13	0.17	0.29
2006	0.72	0.06	0.08	0.13
2007	0.44	0.12	0.17	0.27
2008	0.45	0.11	0.16	0.28
2009	0.50	0.10	0.13	0.27
初级阶段各价值目标权重	0.54	0.08	0.12	0.25
2010	0.31	0.22	0.14	0.33
2011	0.32	0.20	0.13	0.35
2012	0.33	0.19	0.12	0.35
2013	0.37	0.11	0.13	0.39
成长阶段各价值目标权重	0.33	0.20	0.14	0.33

（1）2005/2007/2008/2009年四年甘南藏族自治州旅游产业经济价值权重尚未达到西北民族地区旅游产业初级阶段经济价值目标权重，这说明这四年甘南藏族自治州旅游产业发展中给经济带来的实际价值尚未达到预期目标；这四年社会文化价值、环境生态价值与人的发展价值均高于初级阶段各价值对应的目标权重，这说明这四年甘南藏族自治州旅游产业发展给社会文化、环境生态和人的发展带来的价值较高。

（2）2006年甘南藏族自治州旅游产业经济价值权重高于初级

阶段经济价值目标权重，而其他价值权重均低于目标权重，这说明2006年甘南藏族自治州旅游产业发展出现过于追求经济价值的状态。

（3）2010—2012年，甘南藏族自治州旅游产业发展经济价值权重皆低于西北民族地区旅游产业成长阶段经济价值的目标权重，这说明2010—2012年甘南藏族自治州旅游产业发展实现的经济价值低于预期目标。这三年的社会文化、环境生态与人的发展价值均较高于目标价值权重，说明这三年甘南藏族自治州旅游产业发展与目标价值相对一致，偏差不大。

（4）2013年，甘南藏族自治州旅游产业发展经济价值与人的发展价值远高于目标价值权重，社会文化价值回落，低于目标价值权重，说明2013年旅游产业发展价值体系存在一定问题，需要进一步完善。

四　甘南藏族自治州旅游产业发展价值体系中存在的问题及对策

（一）甘南藏族自治州旅游产业发展价值体系中存在的问题

通过上文分析，甘南藏族自治州在西北民族地区旅游产业价值体系的检测下可以看出，目前，甘南藏族自治州旅游产业在运行和发展过程中实现的各类价值尚存在一定问题，需要进行进一步的调整，以便于甘南藏族自治州旅游产业向着科学、合理的多元价值目标发展，进一步实现旅游产业价值最大化。

1. 旅游产业发展初期阶段经济价值基础不牢固

本书根据甘南藏族自治州近五年旅游产业发展的基本情况，将2005—2009年五年划为旅游产业发展的初级阶段，其价值指标中应充分实现经济价值。其含义有三：一是旅游产业经济价值的实现是旅游产业得以发展的基础。甘南藏族自治州面临的现实情况是较为落后的经济社会发展水平，旅游产业起步阶段首先是要解决一系列的经济问题，才能在经济增长与经济发展的诉求较为强烈的甘南藏族自治州使其自身得以立足与稳固发展。二是旅游产业经济价值的实现同时也应当涵盖社会文化、环境生态、人的发展等价值。从很多民族地区发展的先例和经验可以得出，经济价值的追求若以社会文化、环境生态以及人的发展作为代价，则旅游产业的生命周期是短暂的，即便是在产业发展之初，除经济价值这一主要价值之外的其他扩展价值也是应该并必须兼顾的。三是旅游产业经济价值的实现是其他价值实现的基础。旅游产业经济价值的实现是国民经济新的增长点，国民经济的增长是保证社会文化文明进步、环境生态永续发展以及人的全面自由发展的基石与根本，故此，对于经济社会发展水平较低的甘南藏族自治州旅游产业经济价值的实现，可以进一步保证旅游产业发展在下一阶段所要实现的社会文化、环境生态以及人的发展等价值。因此，对于社会经济发展水平较低的甘南藏族自治州，在旅游产业发展初级阶段应更充分地实现旅游产业的经济价值。

2. 旅游产业发展成长阶段社会文化价值与环境生态价值兼顾不够

本书将 2010—2013 年甘南藏族自治州旅游产业发展界定在成长阶段，但在此阶段，社会文化价值与环境生态价值兼顾不够。根据巴特尔的旅游目的地生命周期理论，旅游目的地在进入成长阶段，目的地与客源地两大社会文化将出现较为激烈的碰撞，这一碰撞之后是融合还是排斥是这一阶段能否顺利进入下一阶段的重要保障，因此，在此阶段如不使旅游产业实现对民族社会环境以及文化的保护与传承乃至深入挖掘，很可能会使旅游业成为“毁灭”民族文化的“罪人”或是成为本土文化排斥的产业，无论是哪种可能都将无法实现旅游产业的科学、合理、可持续的发展。同时，甘南地区在过去的几年发展中，环境与生态已经遭受到一定程度的破坏，已经影响了水源的补给功能的有效发挥。① 作为我国重要的江河源区，又是我国十个藏族自治州之一，甘南州水源地的保护不仅事关我国的生态和经济安全，而且具有重大的政治意义和社会发展意义，所以，在甘南旅游产业发展过程中，要绝对避免旅游产业发展迫使环境生态的“被代价化”。通过上述分析，甘南藏族自治州旅游产业在即将面临系列问题的旅游产业成长期，对社会文化价值与

① 王美英、许巧云：《凉山旅游发展现状及对策研究》，《西南民族大学学报》（人文社会科学版）2010 年第 7 期。

环境生态价值的兼顾尤为重要，一定要在实现经济价值的同时，保证社会文化与环境生态价值的实现。

3. 旅游产业发展中人的发展价值实现情况不稳定

在旅游产业初级发展阶段，甘南藏族自治州旅游产业发展在实现人的发展价值方面有回落的趋势。人的全面自由发展是民族地区经济发展、社会进步的最主要保障之一，也是实现民族团结、社会和谐的重中之重，更是贯彻落实科学发展观的重要途径。因此，人的全面自由发展贯穿于西北民族地区旅游产业发展的始终，甘南藏族自治州尤为如此。同时，人的全面自由发展也是民族地区旅游产业的最终追求，其含义有二：一是人的全面自由发展是自我价值实现的基础。人的全面自由的发展是人的经济能力、社会能力、文化能力的全面提升，是人们对自我认知与认同的根基所在。按照马斯洛的需要层次理论可知，人的最终需求既是对自我价值实现的追求，这也是最高层面的人的全面与自由发展，是人在充分实现经济能利基础上对社会能力与文化能力的追求。二是人的全面自由发展是实现民族认同的有效途径。民族认同是民族团结与社会和谐的先决条件。人的自由全面的发展在提高社会能力与文化能力的基础上能实现人对自我民族的进一步认同与对不同民族文化的宽容与理解，进而实现自身民族与民族之间的认同。故此，甘南藏族自治州在旅游产业发展的过程中要自始至终兼顾并重视人的发展，并最终在旅游产业发展成熟阶段实现人的全面自由发展最大化目标。

（二）多元价值导向的甘南藏族自治州旅游产业发展建议

根据上述问题的提出与分析，针对问题以及对照甘南藏族自治州旅游产业发展情况，提出如下改进并完善甘南藏族自治州旅游产业价值体系的对策。

1. 加强旅游经济价值实现

甘南藏族自治州旅游产业由于其在发展初期经济价值实现水平尚未达到西北民族地区旅游产业经济价值的预期权重目标，“旅游产业作为优先发展的产业或主导产业是实现民族地区经济发展目标和产业结构转型的理性选择”[①]。故此，在未来一段时间内，甘南藏族自治州仍不能松懈，要注重经济价值的实现，在保证成长阶段社会文化、环境生态以及人的发展价值实现的同时，保持经济价值的稳步增长，为旅游产业从成长阶段顺利进入成熟阶段奠定良好的产业发展与运行基础，同时也为实现旅游产业成熟阶段人的自由全面发展奠定坚实的物质基础。

2. 进一步加强旅游产业环境与生态价值的实现

要充分利用旅游产业的绿色与生态效应，同时着重注意从旅游活动中实现旅游产业环境与生态价值的实现；架构良好的旅游产业运行模式，以实现产业运行“生态化”，旅游活动“生态化”，旅游消费“生态化”，进一步将旅游产业环境与生态价值向更深入的精神意识层面转移，促进甘南藏族自治州旅游产业全方位、立体化的环境与生态价值实现。

3. 稳步发展旅游产业社会文化价值

在未来一段时期，尤其是旅游产业成长阶段，甘南藏族自治州旅游产业社会文化价值将面临诸多考验。故此，要稳步发展旅游产业的社会文化价值，通过旅游活动增强民族文化的认同感，加强地区民族文化与特色地方文化的保护与传承；同时，保证旅游对社会就业的广泛与深入性，增强旅游产业对就业人口结构以及就业人口技能化、职能化等方面调整与优化的社会价值，尤其是广泛吸纳广大游牧民就业，进而实现稳步发展旅游产业社会文化价值，为成熟阶段人的全面自由发展奠定坚实的物质基础。

4. 逐步实现向成熟阶段旅游产业人的发展最高价值过渡

在加固旅游经济价值实现、加强旅游产业环境与生态价值的实现以及稳步发展旅游产业社会文化价值的实现的基础上，甘南藏族自治州要通过旅游产业的发展最终实现人的全面自由发展。旅游产业究其根本是文化产业，文化产业最终的目标皆为实现人的全面自由发展，而民族地区基于其自身的社会文化特性以及旅游产业实现

① 郝晓兰：《基于利益相关者理论的草原旅游发展研究——以锡林郭勒盟为例》，《内蒙古大学学报》（哲学社会科学版）2010年第2期。

其经济价值的基础上，能够更有效率、更有效果地实现人的全面自由发展。故此，甘南藏族自治州旅游产业要将人的发展贯穿始终，待旅游产业发展进入成熟阶段以后逐步实现向人的全面自由发展的价值最大化目标迈进。

第十章

西北民族地区旅游产业发展模式的运行核心——兼容性发展

第一节　兼容性发展：一个审视我国西北民族地区旅游产业发展的新视角

在改革开放至今30多年的时间里，作为国民经济发展序列中的一员，我国旅游产业得以长足的发展，国内各地的民族地区也纷纷开始发展旅游业。旅游业在民族地区经济发展的强烈需求下承担着经济增长的重要使命，民族地区旅游产业价值属性在承担地方经济发展重任的过程中越来越倾向对单一经济价值的追求，这一单一的经济价值追求从某个角度来说不断地促进了旅游产业的壮大与发展，夯实了旅游产业的发展基础，为我国经济社会发展水平相对较低的西北民族地区带来了新的经济增长点，提高了西北民族地区经济社会总体发展水平。旅游产业在西北民族地区的发展让世界进一步了解并认识了这些地区的特色资源与文化，从某种程度上加强了西北民族地区与外界的交流与沟通，扩张了其开放水平。但从兼容性发展的角度看，两大目标实现的机会成本和隐性成本却是高昂的：在旅游产业的发展过程中，对经济价值过度追求及其负效应的出现，文化本体价值被忽视和扭曲，环境生态价值发展“被代价化”，人的发展尺度和标准模具化等“价值损漏”问题也逐渐浮现出来。无论从民族旅游产业发展过程中对兼容性发展目标的忽视还是丧失的角度来看，我们都不能继续追求单一价值导向和目标引领的民族旅游产业发展了，必须以兼容性发展的新型理念来统率和支配我国民族旅游产业的发展。民族旅游产业的兼容性发展特指在民族旅游产业发展中，必须建立产业发展的多元价值体系和目标体系，旅游产业的发展必须同时或同步实现旅游产业应当涵盖的多元价值或多元目标，如果多元价值或多元目标存在产业关联意义上的目标序列的因果逻辑关系，则应当厘清并顺应产业发展目标之间的逻辑关系，科学、合理、有效地安排产业发展的要素秩序和产业发展所实现的目标序列，最终实现旅游产业发展与多元价值和目标体系相兼容的兼容性发展。兼容性发展视角下的我国西北民族地区旅游产业的发展应当涵盖如下内容①：

第一，西北民族地区旅游产业的兼容性发展是一个满足多元目标而非单一目标的产业发展。从产业经济学的角度讲，纵观世界各国的工业化进程或产业发展进程，任何产业都由于国民经济的产业结构的存在，形成了产业之间的质态关联和数量比例，任何产业的发展都会由于产业的关联性和辐射性带动其他产业的发展。我国西北民族地区旅游产业的发展也无疑具有这样的特征，从旅游产业发展的要素结构和角度看，我国西北民族地区旅游业的发展也极大地推动了民族地区文化、商贸、交通运输、信息及某些传统民族制造业的发展。但这种发展是一种平面的或横向的带动性和辐射性发展，它并没有也不会自发地去实现民族地区以多元社会性目标发展为特征的立体的或纵向的发展。如果说之前在单一经济价值和经济目标导向下的民族旅游产业的发展有着中国经济社会发展尤其是我国民族地区经济社会发展的阶段性合理的话，在下一阶段我国西北民族地区旅游产业发展的进程中，我们则必须建立民族旅游产业发展的多元价值和多元目标体系，实现民族旅游产业的兼容性发展，它既符合世界旅游产业发展的一般规律和趋势，同时也深刻地反映了我国尤其是我国民族地区经济社会发展和现代化进程的本质。

第二，民族地区旅游产业的兼容性发展的价值基准和目标体系应当同步地涵盖经济增长和发展、生态环境优化与发展、人的自由全面的进步和发展、文化个性的续存、弘扬与发展等目标体系。首

① 把多勋、夏冰：《我国民族地区旅游产业的兼容性发展与要处理好的若干关系》，《甘肃社会科学》2011 年第 5 期。

先，在旅游产业发展之初，应当根据各民族地区的实际情况在旅游产业发展战略中建立这一目标体系；其次，在这一目标体系的统率下，定义民族地区旅游产业发展的战略内容、战术结构、要素集约与配置结构，即战略实施；再次，应当建立民族地区旅游产业发展的宏观检测与控制机制，保障在民族旅游产业发展的进程中各种兼容性目标的有效实现；最后，在每一个周期的民族旅游产业发展战略完成之后，要用起初所建立的定质或定量的目标体系对民族地区旅游产业发展的周期性目标绩效进行有效的、科学的评价，以检验在兼容性发展导向下的民族旅游产业发展的结果，进而推动民族旅游产业不断地朝着健康和有效的方向发展。

第三，民族地区旅游产业的兼容性发展的各项目标应为由于不同民族地区的资源开发与产业发展模式差异、业态差异、要素赋存与结构差异以及文化差异等原因，其发展目标序列之间的因果逻辑和孰轻孰重、孰先孰后的选择上都有差异。一般的规律是，在兼容性发展的理念导向下，民族旅游产业的发展一开始是各类兼容性目标的非均衡发展，然后，有顺序地过渡到均衡发展；兼容性目标的非均衡发展是手段，均衡发展是目标；非均衡发展是基础，均衡发展是必然结果；非均衡发展是短期发展，均衡发展是长远发展；非均衡发展是不可持续发展，均衡发展是可持续发展。需要特别注意的是，兼容性目标导向下的各子目标之间是互补关系，不是替代关系，绝不能因为追求某一子目标的绝对实现而牺牲或舍弃其他子目标的发展，在兼容性发展理念支配下的民族旅游产业发展价值或者效用之和一定大于在单一价值目标导向下的旅游产业价值之和。

第四，我们民族地区旅游产业的兼容性发展必须是与市场作为民族旅游资源和要素基础性配置的力量的同步，特别强调政府在民族旅游产业发展中宏观指导和支配的作用。如果说民族旅游产业发展的平面或者横向目标是一个被广泛理解的关于现代市场经济运行的自发的逻辑结果的话，则其立体或纵向的社会性发展目标的实现则不被市场经济配置社会资源的自发逻辑所兼容。从我国民族旅游产业发展的情况来看，它存在于实现民族地区立体的纵向的社会性发展目标中的显著的“市场失败”。从近年来我国民族旅游产业发展的情况看，过分依赖现代市场经济体制作为社会资源配置的主体力量是导致我国民族旅游产业发展出现误区的一个基础性原因。应当深刻地认识到，民族旅游产业由于其产业所固有的多要素、多目标、多元性等特征，其资源配置和发展并不能完全依赖于市场的配置力量，必须有政府指导、引领和规制这一产业的发展；即使政府在宏观上建立了引领这一产业发展的合理的、科学的目标序列，市场也并不会自动地将其引入多元兼容性目标的实现和由非均衡自发导入均衡的实现中。因此，我们的结论是，在国民经济的各产业序列中，旅游业与教育、农业、生态等产业具有相似的弱质性质，一定要正确地处理好产业发展中市场和政府的关系，政府自始至终对旅游产业发展的干预和控制是旅游产业多元目标体系实现的充要前提，对我国民族旅游产业的发展而言，尤为迫切和重要。

第二节　兼容性发展视角下的民族地区旅游产业发展需要处理好的若干关系

兼容性发展理念支配下的我国民族地区旅游产业的发展是涵盖多要素的发展；是促使经济社会全面的进步和发展；是经济、社会、生态、文化和人的均衡协调发展。这一发展必须处理好以下基本关系：

第一，在民族旅游产业发展的定位上，要正确地处理好民族旅游业发展驱动经济增长的产业定位和引领民族发展的社会定位之间的关系。无疑，囿于我国尤其是我国民族地区现代化发展的赶超性质以及经济增长和发展的后发性质，旅游产业的发展初始不可能不成为驱动经济增长和经济发展的新兴产业和实现区域结构转型和高度化的首选产业。事实上，通过近几年旅游产业尤其是我国民族地区旅游产业的发展，也确实使我国民族旅游资源富集的一些地区由于民族旅游产业的发展，极大地推动了民族经济转型和民族经济的增长和发展，像我国民族旅游资源富集的四川省、贵州省和云南省旅游产业产值已经接近或超过 GDP 的 10%以上，某些以旅游产业为绝对支柱产业的民族地区这一比重更高。但是在进入 21 世纪以后，在我国民族旅游资源开发和民族旅游产业发展30余年的今天，我们必须以全新的眼光去审视我国民族旅游产业发展的产业定位。我们认为，我国民族旅游的发展一方面当然要承载沉重的增长使命和结构优化使命，但更重要的是我们要把我国民族旅游产业发展定位为民族发展的重要的社会载体，使民族旅游的发展嵌入它本该有的、宝贵的民族生态、民族群体和个体、民族文化等多元的发展要素，使民族旅游发展所承载的产业要素和增长要素成为民族旅游发展社会要素的结果，而不是相反。

第二，在民族旅游产业所承载的经济目标上，要正确地处理好民族旅游产业发展推动区域经济增长和增加区域国民收入水平与富民、增加充分就业及提高民族地区人的收入水平之间的关系。在近几年的民族旅游开发和发展中，政府往往会在经济增长和财政收入的双层压力下最大限度地使民族旅游资源成为实现上述两个目标的重要手段。在民族旅游资源开发和民族旅游产业的发展中，由于民族地区一方面具有发展旅游产业所需要的天赋的自然生态资源和文化生态资源；但另一方面又严重缺乏使天赋资源转化为旅游产品，进而形成旅游产业的各类生产要素，尤其是以资本的缺乏最为突出。如此，要发展民族旅游产业便不能通过生产要素的自我积累和自我组织去实现，“招商引资”成了绝大部分民族地区解决在民族旅游产业发展过程中资本瓶颈的一般手段。无疑，资本等生产要素的外部嵌入解决了发展的难题，但同时又导致了许多民族地区在民族旅游资源的开发和民族旅游产业的发展中对民族地区民众作为民族旅游发展主体的严重忽视甚至排斥，进而使得民族地区民众对于发展的合理愿望不能实现，在民族旅游资源的市场化产权交易及实施中的权益不能得到有效的保障，就业与发展状态得不到有效改善，收入结构也得不到优化，在某些民族地区甚至出现了旅游开发商与当地民众之间的严重的摩擦和冲突。我们认为，民族地区在旅游资源开发和旅游产业发展中必须与实现民族旅游产业发展、民族经济增长和财政收入同步，使广大农牧民能够充分地和最大限度地参与到民族旅游产业发展的进程中去。民族地区在资源开发、资源的产权明晰和交易、旅游经济主体的成长和培育，尤其是旅游作为人力资源密集型产业的发展中充分地尊重和保护广大农牧民的愿望和权益，充分地吸纳广大的农牧民在旅游产业中就业。通过旅游产业的发展优化广大农牧民的收入结构，提高广大农牧民的收入，甚至以地方性政策和制度安排的形式对旅游企业规定一些关乎广大农牧民就业和收入的强制性要求和规定，以有效地避免资本等各类生产要素进入民族地区时广大农牧民可能的被忽略和被损伤，使旅游产业的发展既是推动经济增长发展的新型产业，又是广大农牧民充分就业、收入提高和实现发展与进步的富民工程。

第三，在民族旅游业发展的过程中，要正确处理好民族传统旅游业态与新型旅游业态之间的关系。国务院《关于加快发展旅游业的意见》中明确指出，要“大力推进旅游与文化、体育、农业、工业、林业、商业、水利、地质、海洋、环保、气象等相关产业和行业的融合发展”。显然，在中国旅游产业发展30余年之后，新型旅游业态的发展将会成为下一阶段中国旅游产业发展的新的产业现象。对于民族地区而言，其旅游产业的发展的资源认知起点和产业发展模式起点都源于民族地区拥有宝贵的、独特的和不可替代的民族自然旅游资源和民族文化旅游资源。所以，民族地区的自然生态旅游和民族地区的民族文化、民族风情和民族宗教文化旅游一直是该地区旅游产业发展的标准业态或传统业态。德国诗人歌德曾经说过：“越是民族的，越是世界的。”的确，如果说近30年来，民族地区旅游业获得了长足的发展并促进了本地区经济社会全面进步和发展的话，是与民族地区坚持从本地区实际出发，因地制宜、因时制宜、因特制宜选择最能凸显民族地区特色、优势和内涵的民族旅游资源，并将其转化为具有强大竞争力和垄断优势的产品体系，并进而形成在国内游和入境游两大市场上稳定的市场优势是分不开的；在“十二五”及其以后旅游业发展的周期中，我们认为民族地区在旅游产业业态的发展选择和产品创新上，有着与其他非民族旅游区域不同的成长规律和旅游产业业态的选择路径。如果说非民族旅游区域的发展在产业业态的选择上要注重产品的更新换代、要积极创新并力求与国际一流旅游目的地接轨的话，而民族地区旅游业态的发展和产品创新的方向却应当是对民族传统旅游业态和产品体系的类型上的坚守、内涵上的挖掘及外延上的扩展，注重遵循民族地区旅游资源在生态上、文化上和民俗风情上内在的逻辑脉络，积极创新真正富有民族特色和民族文化内涵的观赏性、体验性及参与性的民族旅游产品；条件允许的民族地区，也应该积极促进旅游与其他产业的融合，创造新的旅游业态和旅游产品，但是在新型旅游业态的发展中，要特别注意新型旅游业态的发展与民族旅游资源开发特色和民族旅游产业发展特定模式的可能损伤。新型旅游业态的发展必须以不破坏和消解民族地区长期形成的、固化的和特色鲜明的旅游产业结构和产品竞争力为前提。新型旅游业态的发展必须是对民族传统旅游业态的完善、发展和提升，而不是相反。在民族传统旅游与其他产业融合的过程中，应当在民族旅游资源有效保护、民族旅游产业可持续发展及民族旅游市场稳步增长的前提下科学论证、精心规划、慎重发展，使民族旅游产业获得更好的发展。

第四，在民族旅游产业发展的进程中，应正确处理好民族旅游产业发展的特殊模式与全球化背景下旅游产业发展的一般模式之间的关系。在全球化的进程中，世界各个国家旅游产业的发展肯定有某种趋同或者一般化的趋势。这是由于在全球化进程中，世界各个国家的经济和社会发展是不平衡的，发达国家以其强大的经济社会发展的先发优势和经济增长以及社会发展的传统优势对新兴旅游产业的发展有着强大的支撑和催化作用，而且其旅游业的发展也和经济社会总体上是同步的。从 18 世纪 60 年代工业革命以后到现在已运行了 200 年，其产业体系、产品体系、管理体系、市场体系和服务接待体系几经淬火、日臻完善，无疑成了其他序列国家旅游业发展的标杆。我国 30 多年来旅游产业的发展在某种意义上来讲，也是向着标杆渐行渐近的一个过程。在我国一些旅游产业发展水平高、速度快的非民族旅游区域，我们可以看到其旅游业形成和发展的各个要素无不深深地打上国际一流旅游目的地国家、城市和景区的烙印。如果说我国非民族地区旅游业的发展与世界一流旅游目的地旅游业的发展必须要接轨的话，而我国民族地区旅游资源开发与旅游业的发展必须审慎地与国际接轨。民族旅游资源开发与旅游业发展与国际接轨的关键点应该在旅游资源开发与旅游产业发展的理念、民族旅游资源的有效保护和永恒存续的方式、具有独特的民族特色的民族旅游资源的开发与运营模式、工业化进程对民族文化可能戕害的有效规避以及民族旅游产品符合民族旅游发展规划的创新方法等诸多领域，而不是在接轨过程中对强势文化的不假思索的接纳和迎合。我国民族旅游在未来的发展中会受到全球化浪潮越来越猛烈的影响和冲击，与其他产业的发展不同，旅游产业尤其是民族地区旅游产业由于其固有的文化性质和产业价值的多重性质，必须正确地处理好遵循世界旅游产业发展的一般规律与恪守特定民族文化传统和旅游产业特定性质的特殊规律的关系，在发展中越来越张扬民族特质而不是越来越削减民族特质，才能使民族旅游产业的发展有越来越强大的生命力。

第五，在民族产业发展中，尤其要处理好产业的发展与人的发展的关系。一部社会发展史本质上是一部人的发展史；现代化进程也必然是通过社会物质现代化的进程承载并驱动人的现代化的进程。任何一个国家或区域的经济增长和经济发展必然最终要让参与其中的人获得更多、更高、更远和更好的发展，而不是单纯的产业发展与人的发展的割裂。一个健康的产业发展和经济发展是和人的发展越来越密切相关的发展，而不是相反。综观世界上新型旅游产业发展得比较好、比较快的国家和地区，如美国、法国、西班牙等，大部分都是与人的发展紧密关联的旅游产业的发展，或者说，由于在产业发展之前就建立了绝对不能动摇的关于人的发展的产业运行与绩效标准，因此，人的发展就成了新型旅游产业与经济的绩效标准相提并论甚至更高的发展结果。我国民族地区在策动民族旅游产业发展的过程中，往往将人视为民族旅游产业发展中的一般的、技术层面上的生产要素，更多的是用发展“手段”或“工具”的心态去审视产业发展中的人，从而在产业的发展中成为一个从生产层面上的一个要素、从技术层面上的一个部件以及从成本层面上的一种支出，人是被动的、被需要的和被技术化安排的一个经济角色，而不是一个主动的、主体的和主流的社会发展主体，甚至迫于发展所需要的资本压力，在某些民族地区，广大农牧民对旅游产业发展的介入或参与程度很低。由于其景区和景点的规划设计过分强调标准化、规范化和一般旅游目的地的接轨或者趋同，本地农牧民可能都是不合格的旅游经济活动中的人的主体而被排斥在旅游企业组织和旅游产业发展之外，从而成为与民族旅游产业发展毫不相关的人，更遑论从产业运行中受惠与发展了。因此，我国民族旅游产业的未来发展必须将广大农牧民的发展置于民族旅游发展的重要位置上考量，要建立民族旅游产业发展的人的发展指标体系，包括旅游企业组织中本土农牧民参与的程度和吸纳广大农牧民的比重、民族旅游产业发展与广大农牧民生产结构和生活结构转型的必然关联、适合广大农牧民参与的传统民族旅游业态和新型民族旅游业态在整个民族旅游产业结构中的比重、对广大农牧民必要的培训、广大农牧民在民族旅游产业中的收入以及他们在旅游企业组织和产业中的个人职业生涯的成长和发展等。我们的结论是，实现民族旅游产业发展和人的发展高度关联，将人的发展贯穿于民族旅游发展的全过程，通过民族旅游产业的发展充分带动广大农牧民的就业、生产生活结构的转型、生活水平的提高以及个体和群体的发展，对民族地区而言就显得尤为迫切和重要。

第六，在民族旅游产业发展中，也要正确地处理好产业发展与文化发展的关系。从世界范围来看，一些发达国家和地区在旅游产业发展的过程中比较好地处理了文化与旅游产业发展之间的关系，他们更多的是将文化的发展自然嵌入旅游产业发展的过程中。如果说文化在旅游产业发展的过程中是一种资源，抑或是一种产品的话，文化也是处在自然的存在、成长与发展的状态中，文化作为民族的符号、性格或价值并没有被刻意地修饰、嫁接、组合、重复，甚至“舞台化”或“表演化”，他们保留了文化的本真、文化的童趣、文化的胎记、文化的气味以及文化的尊严，是在文化特有的存在状态下接受游客对民族文化的欣赏、审美、思考、学习、体悟甚至膜拜。处在这种状态中的文化，越来越为文化主体所自重，也越来越为更多的域外或境外游客所敬重；反过来，它又吸引了越来越多的旅游者去领略和感受，文化便成为全人类共同的、宝贵的资源，民族文化的符号和个性就会越来越鲜明，在交流和融通中的文化的可持续发展就成为必然。在我国某些民族地区，文化在民族旅游产业的发展中，一般是被视为一种在经济学意义上的具有高度垄断性质的特殊资源来对待。一方面，给游客展示的往往是文化的表层和最易被游客识别的文化符号，在文化资源向文化旅游产品的转化中，对游客的迎合多于引领、刻意多于随意、华丽多于率直、变体多于本体，丧失了文化的本真和自然；另一方面，本民族文化的全貌、文化的内涵、文化的起源、文化对于本民族存在的意义、文化异于游客所在民族的特质以及民族文化的真善美却无从深刻领略。我们认为，民族旅游资源的重心在民族文化旅游资源。山川大地往往具有自然地理学意义上的一般资源性质，而文化资源，包括民族特有的器物文化、方式文化和价值文化却是民族特有的，它是我们认知一个民族的起点，甚至也应当是我们认识一个民族的终点。因此，我国民族地区旅游产业的发展要合理认知文化之于旅游业的角色和意义，正确处理民族旅游产业发展与民族文化之间的关系，积极创新既符合旅游产业发展规律又符合文化发展规律的民族文化旅游产品，通过旅游产业的发展去发展文化，通过文化的发展去发展旅游产业，实现文化与旅游产业的共同发展和可持续发展。

结　论

西北民族地区是我国重要的民族地区，在我国政治、经济、生态和社会发展中具有举足轻重的特殊地位。近30年以来，我国西北民族地区经济社会发展取得了长足的进步，尤其是新型旅游产业对西北民族地区的整体和全面发展起到了相当重要的支撑作用，是助推我国西北民族地区经济社会全面进步和发展的重要的战略性新型产业。但是，由于经济社会发展的内在动力和与全国共同进入全面小康社会的外在压力，在民族地区特殊经济结构转型的发展背景下，支配旅游产业发展的基本目标或价值导向都是经济增长价值，导致在西北民族地区旅游产业的快速发展中产生了较为突出的环境、生态、资源、文化、人的发展及社会发展的问题，影响了西北民族地区旅游产业的可持续发展和整体全面发展。本书基于以上认识，研究了西北民族地区旅游产业发展传统发展的价值基准和发展现状，试图在理论上刻画一个能够满足多元目标和价值的西北民族地区旅游产业发展的全新的目标体系、价值基准和新型模式，并试图提出我国西北民族地区旅游产业发展的一般条件和政策建议体系。该研究对我国西北民族地区旅游产业在全球化、经济发展新常态及旅游产业的可持续发展背景下的新发展具有较好的引领和借鉴意义。

一　本书研究的基本背景

1. 我国西北民族地区旅游产业在过去的近30年中获得了长足的进步和发展，几乎成为这一地区产业经济中的支柱产业或战略性支柱产业，对这一地区的经济社会发展产生做出了突出的贡献。可以预料，旅游产业过去是，现在是，并且未来相当长的时期都应当是西北民族地区区域经济和社会发展中的引领性龙头性和支柱型产业。

2. 我国西北民族地区过去 30 年旅游产业的发展基本遵循产业经济价值导向，发展旅游产业的初衷基于区域经济社会发展的强大动力和全面实现小康社会的外在压力，在客观上有产业经济和经济社会发展的阶段合理性，也符合世界和国内区域产业发展的一般规律和经验；同时由于我国西北民族地区特定的发展基础、资源禀赋、发展阶段和产业比较优势等原因，也存在在单一经济价值和经济发展目标导向下的发展偏差，致使在发展中凸显出生态环境渐趋恶化、文化异化、人的发展进程的迟缓以及社会发展不能与旅游产业发展同步等一系列问题，必须予以高度重视。

3. 近十几年以来，关于我国民族旅游的研究已经成为旅游研究的一个非常重要的领域，研究成果颇丰，对科学地概括和把握我国民族旅游产业发展规律和促进我国民族旅游产业的发展具有相当重要的应用研究推动作用。但这一时期的研究主要聚焦在民族旅游产业发展的本体研究上；是以单一经济价值导向为基准的研究，研究目标指向民族地区特定经济增长和发展上；缺乏对民族地区旅游产业发展的可持续研究和科学发展研究；缺乏对民族地区旅游产业发展的价值研究和价值引领研究；也缺乏对我国特定民族地区旅游产业发展的特殊规律的把握和研究。在全球化、新常态、民族地区长远发展和可持续发展以及经济社会全面协调发展的新的历史时期，必须高度关注我国民族地区旅游产业发展的规律，并适时地探索构建民族地区旅游产业发展的新型模式。

二　本书的研究目标

本书研究旨在解决并推出在同一时空条件下满足多元目标价值体系的民族地区旅游产业全方位发展的创新体系；在理论上刻画和仿真一个当前国际背景和国内新常态发展背景下的民族旅游产业发展的新业态模式；建立一个我国民族旅游产业发展的新的价值基准和价值引领；在新的历史时期和经济社会发展的新阶段探索一条我

国民族旅游产业发展的创新驱动的新的路径；解决并推出在同一时空条件下满足多元目标价值体系的民族地区旅游产业全方位发展的创新体系。

三 本书研究的学术价值和实践价值

1. 本书研究的学术价值。本书研究的学术价值在于对旅游产业运行的哲学基准研究和价值基准研究的重新审视；为区域民族旅游发展研究注入新的内容；丰富我国民族地区旅游产业高度化的研究；促进我国旅游学科体系的发展；构造一个我国高等教育旅游管理类专业课程和课堂教学应当关注的价值基准。

2. 本书研究的实践价值。本书研究的实践价值可概括为为民族地区旅游产业发展注入一种全新的发展理念；重新界定我国民族地区通过发展民族旅游产业所实现的目标收益结构；为民族地区测度新一轮关乎旅游产业发展的制度安排和政策制定提供价值基础；改善和优化处在中观层面上的我国民族旅游产业的发展品质；为民族地区区域旅游发展规划和资源开发规划注入新的价值理念；引导民族地区旅游产业发展的产业主体和市场主体的行为；为民族旅游地区的社区和民众提供新的发展观。

四 本书研究的主要结论

1. 对我国西北民族地区旅游产业发展的价值基准进行了反思与批评。长期以来，在我国西北民族地区，由于经济社会发展水平一般较低，而自然资源和文化资源富集程度一般较好，旅游产业更多地被赋予了带动并提高地方经济发展水平的期待和使命，在旅游业发展过程中过度追求经济价值而忽略文化价值、环境生态价值及其人的价值发展，导致了民族文化本体价值的扭曲、当地环境生态价值发展的“被代价化”以及人的发展尺度和标准的模具化等诸多问题。为此，我们必须建立新的产业运行的价值基准，以此为价值判断标准，对我国西北民族地区过去 30 年旅游产业发展进行客观的描述、理性的反思和科学的评价，以此作为研究我国西北民族地区旅游产业发展新型模式的起点。

2. 构建了我国西北民族地区旅游产业发展的多元价值体系。本书通过对建立在经济价值导向的我国西北民族地区旅游产业发展的全面的反思与审视，建立了一种指向未来的、全面均衡协调发展的和可持续发展的我国西北民族地区旅游产业运行的新的价值基准，即西北民族地区旅游产业运行的最终价值——社会价值。西北民族地区社会发展实际上是经济发展、环境发展、文化发展和人的发展的前提，同时也是上述各个单体价值发展的结果。民族地区社会价值主要包括四个部分，一是在旅游经济价值发展下实现的人的发展；二是在文化价值发展下实现的人均文化素质的提高；三是在环境生态价值下实现的生态环境改善；四是在旅游经济价值的发展下实现的教育、医疗等公共服务与社会保障水平等公共社会发展价值和能力的提高，最终实现人的全面自由发展。

研究发现，在西北民族地区，各个单体价值的发展呈现较为明显的阶段性。即发展初期的经济价值导向、初中期的社会发展要求的紧迫、中期的人的发展诉求的凸显和中后期对文化发展的反思和对民族文化坚守的追求，这一发展规律和阶段性特征是客观的和必然的，体现了民族发展价值和发展意识的理性自觉。

3. 构建了我国西北民族地区旅游产业运行中的价值最优模型。西北民族地区的经济社会、环境生态、民族文化和人的发展有着时代和地域所赋予的发展需求，通过西北民族地区旅游产业运行中的价值最优模型的构建，试图梳理各种价值形成的影响变量，并阐释各影响变量之间的逻辑关系，寻求出西北民族地区旅游产业发展多元价值形成的一般机理与规律。在此基础上，不难发现西北民族地区旅游产业的发展应该也能够担负起经济、环境、生态、文化、人和社会的多元发展的价值目标与使命，这一使命的实现有赖于科学合理地制定具有前瞻性的旅游规划，有赖于政府政策体系和制度安排的不断完善，有赖于对旅游企业的行为规约，有赖于旅游产品、旅游方式和旅游线路具有逻辑性和文化内涵的策划与设计，有赖于对旅游资源和环境生态环境科学的研判和评估，有赖于当地居民对旅游产业发展的有效参与，等等。

4. 分析了我国西北民族地区旅游产业发展新型模式运行的环境

和条件。多元目标价值引领的我国西北民族地区旅游产业的新发展从本质上也决定于我国尤其是西北民族地区发展环境和条件的变化。进入2010年以后，我国尤其是西北民族地区旅游产业发展的经济环境、制度环境、社会环境和国际国内其他要素环境都发生了重大变化，要求我国西北民族地区旅游产业的发展必须适应于这一变化，做出重大的调整和创新，才能使得我国西北民族地区旅游产业健康、科学、有序和协调地发展，进一步有力地引领我国西北民族地区社会的全面进步和发展。西北民族地区旅游产业发展新型模式的实践需要完善和重建新的产业发展条件，包括对民族文化旅游资源的丰度、厚度及潜在的产业价值进行认知与评价；对民族区域内外产业选择的比较优势进行分析；对关联区域竞争的环境进行分析；对旅游市场进行科学的细分和定位，确立“文化—产品—市场”的有机关联；对民族旅游产业发展的目标进行合理的定位；为民族旅游产业发展提供稳定和可持续的资金等生产要素供给；着力培育和扶持一批结构合理、规模适度和品质优良的本土民族旅游微观企业组织；实施“政府主导—政府规制—市场主导”的产业发展战略；深化体制机制改革，加快实施创新驱动发展。

5. 研究了新常态下西北民族地区旅游产业发展问题。旅游产业在国民经济和社会发展中具有重要地位，但需要进一步改革以激发其巨大的发展潜力。2014年8月22日国务院发布《关于促进旅游业改革发展的若干意见》，该意见以十八届三中全会《中共中央关于全面深化改革若干重大问题的决定》等重要文件为指导思想，重点放在了“改革发展”上，这切中了当前旅游业发展的根本——如何在新常态下实现旅游业的新发展。在新常态下，旅游业是稳增长的重要引擎、是调结构的重要突破口、是惠民生的重要抓手、是生态文明建设的重要支撑、是繁荣文化的重要载体、是对外交往的重要桥梁，在国民经济和社会发展中的重要战略地位更加凸显。鉴于此，本书以专题形式重点探讨了新常态下西北民族地区旅游扶贫问题、西北民族地区旅游城镇化发展问题以及西北民族地区旅游融合发展问题（包括旅游与“互联网+”，旅游与体育、节庆，旅游与农牧业等的融合发展），以期对新常态下西北民族地区旅游产业发展提供新的思路。

6. 探讨了西北民族地区旅游产业发展的外部性问题。外部性的概念在经济学中虽然出现较晚，却十分重要，并且成为新古典经济学进行政府干预的重要理论依据。西北民族地区旅游产业具有极强的关联性特征，这种特征必然导致旅游产业在其发展过程中产生经济、环境与文化的关联效应，而这种关联效应在经济学层面上就表现为正外部性与负外部性效应，而这种外部性效应势必会波及甚至统摄旅游产业发展的目标体系、产业定位、资源分析、环境支持、产品设计与安排、市场形成与成长、产业形象与产品推广、生产力布局以及旅游产业的运行，等等。我们认为西北民族地区旅游产业的发展是和经济、环境以及文化的发展等量齐观的。西北民族地区旅游产业的发展会支持经济、环境与文化的发展，而经济、环境以及文化各变量的外部性影响又是综合的，因此，它们就成了制定西北民族地区旅游产业发展战略、发展目标的重要参考依据。它们的发展会反哺于西北民族地区旅游产业的可持续发展，保证彼此之间的一种均衡发展态势，促进西北民族地区旅游产业健康的发展。

7. 构建了我国西北民族地区旅游产业发展的新型模式。如果说在单一经济价值基准上的运行模式的话，多元目标价值为价值基准的我国西北民族地区旅游产业的发展则必将是一种全新的发展模式；如果说我国西北民族地区旅游产业发展传统模式只满足单一经济价值和目标的话，我国西北地区民族旅游产业发展的新型模式则必须满足经济价值、生态价值、文化价值、人的发展价值和社会发展价值在内的多元价值协调发展的目标。本书将通过多元目标价值基准的构建，试图在我国西北民族旅游产业发展的进程中探索一种能够满足多元目标价值诉求的新型民族地区旅游产业发展模式，定义我国西北民族地区旅游产业发展的目标体系，研究西北民族地区新型旅游产业发展模式的实现路径，探索在多元目标价值引领下的西北民族地区旅游产业发展新型模式运行条件及其制度体制保障等重大命题。

在理论上，新的发展模式对多元价值的实现是能够满足的，实践上则需要强化顶层设计；建立更加科学、协调和完善且不断创新的制度安排体系和创新驱动；提高市场在资源配置的主体作用，实现经济发展、环境发展、文化发展、人的发展以及社会发展的多元价值目标，以将我国西北民族地区旅游产业发展推向一个崭新的发展阶段。

8. 提出了我国西北民族地区旅游产业在多元价值目标引导下要处理好的若干关系。在民族旅游产业发展的定位上，要正确地处理好民族旅游业发展驱动经济增长的产业定位和引领民族发展的社会定位之间的关系；在民族旅游产业所承载的经济目标上，要正确地处理好民族旅游产业发展推动区域经济增长和增加区域国民收入水平与富民、增加充分就业及提高民族地区人的收入水平之间的关系；在民族旅游业发展的过程中，要正确处理好民族传统旅游业态与新型旅游业态之间的关系；在民族旅游产业发展的进程中，应正确处理好民族旅游产业发展的特殊模式与全球化背景下旅游产业发展的一般模式之间的关系；在民族产业发展中，尤其要处理好产业的发展与人的发展的关系，也要正确地处理好产业发展与文化发展的关系。

9. 提出了我国西北民族地区旅游产业新型模式运行的核心抓手。西北民族地区的旅游产业发展要通过顶层设计、制度创新和制度建设、创新驱动、资源配置以市场为主导等方式和手段，通过新型城镇化建设带动经济、环境、文化和当地居民以及公共服务和保障等综合社会发展水平，实现经济发展、环境发展、文化发展、人的发展以及综合社会发展的多元价值目标。通过打造民族地区旅游产业发展的升级版，对旅游产品的合理开发，积极创新旅游产品实现方式，对旅游产业内部要素的优化提升和旅游产业体系的构造，对旅游产业与相关产业协同水平的提高等，实现旅游产业发展中的产业经济价值；通过构建文化保护、传承和发展体系，在文化交流和碰撞中不断提高本民族文化在世界文化体系中的显示度等方式，实现旅游产业发展过程中的文化发展；通过建立并实施最严格的生态环境保护机制，对环境生态容量评估、监测，对旅游者和旅游活动足迹的存量、流量和增量的合理控制，充分估量在资源同构、区域内和临近区域内替代和竞争关系，做到“有所为，有所不为”，实现旅游产业发展过程中的环境生态价值；通过全面提升人的素质与文明化程度，不断扩大民族地区居民的选择空间，提高基础教育水平和高等教育毛入学率等人的发展指标，实现旅游产业发展过程中的人的自由全面发展。

五　本书研究存在的缺陷和进一步研究的问题

1. 以经济价值、生态价值、文化价值、人的发展价值和社会价值统领新阶段的西北民族地区旅游产业发展是否全面和合理？本书对西北民族地区旅游产业发展价值基准和目标体系的研究尚有待于在哲学和社会学层面上进行进一步深化。

2. 在学术层面上对多元目标价值同时满足的旅游产业发展模式的构建尚不全面和具有对产业发展的直接指向价值，是否可以形成较为成熟的理论体系还有待于进一步的试错和检验。

3. 提出的模式和政策体系还比较肤浅，对我国千差万别的民族地区旅游产业的发展缺乏相应的适应性和应对性。

4. 限于研究主旨，尚没有涉及关乎西北民族地区旅游产业发展的制度变迁研究、体制创新研究、投融资研究、旅游影响研究、旅游扶贫机制与途径研究、旅游发展与新型城镇化的关系研究、具体案例研究等。

5. 支撑性政策研究也还比较粗糙。在以后的研究中，要进一步进行关于民族地区旅游产业发展目标体系和价值基准的深化研究、具体民族地区旅游产业发展的过程研究、满足多元目标体系的旅游产业发展模式的实践研究、我国西北民族地区旅游产业发展的投融资、产权制度和分配研究以及西北民族地区旅游产业发展模式的适应性研究等。

参考文献

Gotham K.，“Tourism Gentrification：The Case of New Orleans Vieux Carre（French Quarter）”，*Ur-. ban Studies*，Vol. 42，No. 7，2005.

Howard Green，Colin Hunter，Bruno Moore，“Applications of the Delphi Technique in Tourism”，*Annals of Tourism Research*，Vol. 17，No. 2，1990.

Janet Chang，“Segmenting Tourists to Aboriginal Cultural Festivals：An Example in the Rukai Tribal Area，Taiwan”，*Tourism Managemen*，No. 6，2006.

MacCannell，D.，“Staged Authenticity：Arrangements of Social Space in Tourist Settings”，*American Journal of Sociology*，No. 79，1973.

Page S. J.，*Urban Tourism*，London：Routledge，1995.

Saaty L. T.，“How to Make a Decision：The Analytic Hierarchy Process”，*European Journal of Operational Research*，Vol. 1，No. 48，1990.

United Nations Educational Scientific and Cultural Organization，“The Effects of Tourism on Socio-culture Value”，*Annals of Tourism Research*，Vol. 3，No. 4，1976.

Wood，R. Ethnic，“Tourism，the State，and Cultural Change in SoutheastAsia”，*Annals of Tourism Research*，Vol. 11，No. 1，1984.

Zurick D. N.，“Adventure Travel and Sustainable Tourism in the Peripheral Economy of Nepal”，*Annals of the Association of American Geographers*，Vol. 82，No. 4，1992.

把多勋、彭睿娟、程容：《文脉视角下的区域旅游产业可持续发展研究》,《兰州大学学报》(社会科学版) 2007 年第 1 期。

把多勋:《区域旅游产业发展战略研究论纲》,《旅游科学》2005 年第 3 期。

把多勋、王艳:《我国民族地区旅游经济发展模式的比较》,《安徽农业科学》2012 年第 2 期。

把多勋、夏冰:《多元目标体系导向的西北民族地区旅游产业发展模式》,《兰州大学学报》(社会科学版) 2010 年第 6 期。

把多勋、徐金海、杨志国:《甘肃省 14 城市旅游竞争力比较研究》,《干旱区资源与环境》2014 年第 7 期。

把多勋、游喜喜:《试论我国民族地区旅游产业发展的机理和一般条件》,《开发研究》2007 年第 12 期。

把多勋、张欢欢:《基于协同理论的区域旅游产业发展——以西北地区为例》,《开发研究》2007 年第 2 期。

保继刚、楚义芳:《旅游地理学》,高等教育出版社 1999 年版。

车婷婷:《民族地区旅游商品创新开发研究》,硕士学位论文,西北师范大学,2005 年。

崔广彬、郑岩:《关于民族地区民俗旅游资源开发的几点思考》,《黑龙江民族丛刊》2007 年第 1 期。

代敏:《旅游人类学视野下的甲居藏寨研究》,硕士学位论文,四川师范大学,2010 年。

[德] 海因兹·许尔曼:《旅游业在第三世界国家的地区发展中的作用》,张凌云译,《旅游学刊》1990 年第 5 期。

董平:《民族地区旅游经济的外部性问题研究——以甘南州为例》,硕士学位论文,西北师范大学,2008 年。

方世巧:《旅游对民族地区社区文化影响的国内研究述评》,《旅游研究》2013 年第 4 期。

付强、廖勇:《促进西部民族地区生态旅游的发展》,《西南民族大学学报》(人文社会科学版) 2004 年第 4 期。

付蓉:《1997 年我国旅游研究回顾》,《旅游学刊》1998 年第 4 期。

高舜礼:《对旅游产业范围与地位问题的思考》,《旅游学刊》

2007 年第 11 期。

高舜礼：《对旅游扶贫的初步探讨》，《中国行政管理》1997 年第 7 期。

高新才、堂伟：《西北民族地区经济发展差距及其产业经济分析》，《民族研究》2006 年第 1 期。

巩劼、陆林：《旅游环境影响研究进展与启示》，《自然资源学报》2007 年第7 期。

郭玉坤：《民俗旅游与民族地区经济发展》，《西南民族大学学报》（人文社会科学版）2005 年第 4 期。

何效祖：《对国家标准〈旅游资源分类、调查与评价〉的若干修订意见》，《旅游科学》2006 年第 5 期。

黄震方：《关于旅游业可持续发展的环境伦理学思考》，《旅游学刊》2001 年第 2 期。

赖斌：《基于民生视角的民族地区旅游资源开发模式研究》，《西南民族大学学报》（人文社会科学版）2015 年第 1 期。

李惠惠：《基于多层次灰色评价方法的旅游对民族地区社会文化变迁的影响研究——以甘南藏族自治州为例》，硕士学位论文，西北师范大学，2015 年。

李祝舜、蒋艳：《欠发达旅游地社会文化变迁与社会心理现代化》，《北京第二外国语学院学报》2003 年第 5 期。

梁敏：《少数民族地区传统节日与旅游经济结合模式初探——以理塘县“八一”国际赛马节为例》，《湖北民族学院学报》（哲学社会科学版）2007 年第 1 期。

梁焰：《浅议少数民族地区旅游发展中的政府主导——以黔东南苗族侗族自治州为例》，《黔东南民族职业技术学院学报》（综合版）2006 年第 9 期。

刘安全：《近二十年来民族地区旅游研究综述》，《边疆经济与文化》2008 年第 4 期。

刘云：《论民族文化旅游中的舞台真实》，《云南财经大学学报》2007 年第 2 期。

刘韫：《民族地区旅游开发中的外部性影响及其消除》，《黑龙江民族丛刊》2006 年第 6 期。

刘振礼：《中国式旅游道路》，《旅游论坛》1986 年第 3 期。

陆岚：《论旅游业的发展对旅游地社会环境的影响》，《襄樊职业技术学院学报》2007 年第 5 期。

敏行、游喜喜：《区域旅游产业营销的一般模式初探》，《甘肃联合大学学报》（社会科学版）2006 年第 7 期。

牛迪：《浅论少数民族地区旅游开发中民族文化的保护》，《内蒙古科技与经济》2005 年第 7 期。

祁颖：《中国旅游立法活动中存在的问题》，《旅游学刊》1997 年第 6 期。

申葆嘉：《国外旅游研究进展之三》，《旅游学刊》1996 年第 3 期。

申葆嘉：《国外旅游研究进展之一、之二》，《旅游学刊》1996 年第 1、2 期。

申葆嘉：《旅游研究中的经济和文化问题》，《旅游学刊》1991 年第 6 期。

史雯：《基于居民感知视角的跨文化旅游影响研究》，硕士学位论文，西北师范大学，2012 年。

苏东水：《产业经济学》，高等教育出版社 2000 年版。

唐留雄：《现代旅游产业经济学》，广东旅游出版社 2001 年版。

田里：《旅游经济学》，高等教育出版社 2006 年版。

田敏：《民族社区社会文化变迁的旅游效应再认识》，《中南民族大学学报》2003 年第 9 期。

王凤辉、许玉贵：《从民族特性入手谈谈民族地区的旅游开发》，《科技信息》2006 年第 4 期。

王建：《西部民族地区旅游业发展问题研究》，硕士学位论文，东北师范大学，2004 年。

王志发：《当前旅游产业发展的战略思考》，《旅游学刊》2007 年第 4 期。

魏小安：《关于旅游发展的几个阶段性问题》，《旅游学刊》2000 年第 5 期。

翁钢民、鲁超：《基于突变级数法的旅游产业竞争力评价研究——以西北五省为例》，《软科学》2009 年第 6 期。

吴昊：《旅游对民族地区文化变迁的影响》，《经济与社会发展》2006 年第 5 期。

吴士峰：《西北民族地区不同生活方式对环境影响的时空比较研究——以甘肃定西、甘南、临夏为例》，博士学位论文，兰州大学，2011 年。

吴晓萍、何彪：《民族地区旅游开发与民族社区的可持续发展》，《贵州民族学院学报》（哲学社会科学版）2000 年第 1 期。

吴晓萍：《浅析民族地区旅游可持续发展的某些限制性因素》，《旅游学刊》2000 年第 5 期。

武魏巍：《民族旅游发展与民族文化保护的研究》，硕士学位论文，广西大学，2004 年。

夏骏、王琪：《对民族地区建设旅游支柱产业的战略性思考》，《黑龙江民族丛刊》2000 年第 3 期。

颜文洪、张朝枝：《旅游环境学》，科学出版社 2005 年版。

杨昇、王晓云、冯学钢：《近十年国内外民族旅游研究综述》，《广西民族研究》2008 年第 3 期。

余建英、何旭宏：《数据统计分析与 SPSS 应用》，人民邮电出版社 2003 年版。

张群：《现代旅游对传统民族文化的影响》，《边疆经济与文化》2007 年第 2 期。

赵玉宗等：《旅游绅士化：概念类型与机制》，《旅游学刊》2008 年第 11 期。

赵赞：《基于 PSR 模型框架下旅游发展对民族传统文化影响机制分析》，《中国农学通报》2010 年第 13 期。

钟海生：《旅游业的两种发展观和政策导向》，《旅游学刊》1999 年第 1 期。

后 记

历时五年，伴随着国家社科基金项目《多元目标体系导向的西北民族地区旅游产业发展模式研究——以甘肃甘南藏族自治州为例（09BJY086）》的结项，本书也终于成形。回顾从项目伊始到书稿落成的整个过程，有我们面对民族地区经济社会发展复杂多变时的困难与艰辛，也有我们从新的视角寻求到民族地区旅游发展新模式时的欢喜与激动。书稿的研究对象——甘南藏族自治州是我国西北地区自然生态资源与民族民俗文化富集的宝库，在一次次的深入调研中，藏族同胞对这片净土的敬慕与挚爱深深地打动着我们，让我们感受到作为地方高校学者理应和他们一起去寻求平衡经济、文化、生态、环境、社会协调发展新路径的责任与使命，可以说，这本书稿凝聚着我们的深思，凝聚着我们的心血，更凝聚着我们对这片土地的炽热情感。

在书稿的撰写与研究过程中，我们同时培养了一批致力于少数民族地区旅游发展研究的优秀人才，包括数十名目前从事旅游高等院校教育的优秀旅游管理硕士研究生，数十名目前在西北少数民族地区工作的优秀旅游管理本科生，也为作者所在单位的部分青年教师提供了科研支持与平台，促进了一批青年教师的成长，这是我们颇为欣慰的结果。

在本书整理出版过程中，特别感谢西北师范大学社会科学处及其前处长、现研究生院院长张兵教授为本书稿从研究到出版过程中多次提供的关照与帮助，使本书能够纳入到西北师范大学社科文库的出版计划之中；感谢重庆师范大学旅游学院罗兹柏教授、陕西师范大学旅游与环境学院薛东前教授等旅游学科领域各位专家学者的认可与鼓励；感谢团队成员梁旺兵教授、王力博士和我的弟子彭睿娟、夏冰、王瑞等青年学者。同时，还要感谢中国社会科学出版社编辑同志们的辛苦工作。最后还要感谢我们的家人对我们工作的理解与支持，如果没有家人的鼎力相助，书稿难以顺利完成。

民族的就是世界的，民族地区的发展关系着人类文明的进程，本书虽已成稿，但民族地区的发展在持续着，作为地方高校科研工作者的我们也仍在路上。我们共同行走在草原上，思考，探讨，辨析，形成了共同的学术志趣和方向。经济发展，旅游中兴，我国民族地区旅游业虽蓬勃发展，然弊端显现，疑问丛生，是非曲直，幽微难明。是时候反思、审视我国民族地区旅游产业运行的价值基准、重构民族地区旅游产业运行的模式和路径了。虽然我们对民族地区旅游业发展模式的关注才刚刚开始，但我们始终在探索，奉我们的民族为至尊，为其幸福和发展殚精竭虑，至为荣光，我们会永远在路上！唯盼本书的撰写能够在我国民族地区经济社会发展过程中略尽绵薄之力，在我国民族旅游研究中略添一笔墨彩。

作 者

2016 年 5 月 6 日